21世纪高等教育给水排水工程系列规划教材

给水排水管道系统

主 编 张 奎 张志刚
参 编 周书葵 何亚丽 吴永强
主 审 袁一星

机械工业出版社

编者根据普通高等院校教学的特点,对给水和排水管道系统的部分内容进行了有机的整合和统一,力求全面系统地阐述给水排水管道系统的基础理论、工程规划与设计、运行与管理的基本知识与基本技能。本书主要内容包括给水排水管道系统概论、给水排水管道工程规划、管道水力学基础知识、给水管道的设计计算、排水管道的设计计算、给水排水管道材料、给水排水管道系统的运行管理以及管网信息化技术和应用等。通过对本书内容的学习,能使学生掌握给水排水管道系统的基本知识和具有解决实际工程问题的能力。

本书不仅可作为给排水科学与工程、环境工程、城乡规划等专业本科生用教材,也可作为从事给水排水工程、城乡规划和环境工程技术等方面工作的工程技术人员的参考书。

本书配有电子课件,免费提供给选用本书的授课教师,需要者请根据书末的"信息反馈表"进行索取。

图书在版编目(CIP)数据

给水排水管道系统/张奎,张志刚主编.—北京:机械工业出版社,2006.11(2025.1重印)

(21世纪高等教育给水排水工程系列规划教材)

ISBN 978-7-111-20329-2

Ⅰ.给... Ⅱ.①张...②张... Ⅲ.给排水系统-管道工程-高等学校-教材 Ⅳ.TU991

中国版本图书馆CIP数据核字(2006)第133932号

机械工业出版社(北京市百万庄大街22号 邮政编码100037)
责任编辑:刘 涛 版式设计:冉晓华 责任校对:李秋荣
封面设计:王伟光 责任印制:张 博
北京建宏印刷有限公司印刷
2025年1月第1版第12次印刷
169mm×239mm・24印张・461千字
标准书号:ISBN 978-7-111-20329-2
定价:55.00元

电话服务 网络服务
客服电话:010-88361066 机 工 官 网:www.cmpbook.com
010-88379833 机 工 官 博:weibo.com/cmp1952
010-68326294 金 书 网:www.golden-book.com
封底无防伪标均为盗版 机工教育服务网:www.cmpedu.com

前　言

本教材是在"普通高等教育建筑类教学工作委员会"的指导下,根据该教学工作委员会 2003 年 11 月北京会议通过的教材编写原则,并依据课程教学基本要求进行编写的,是"21 世纪高等教育给水排水工程系列规划教材"之一。

水是人类生命的源泉,科学用水和排水是人类社会发展史上最重要的社会活动和生产活动内容之一。特别是现代,随着城市化进程的加快,给水排水工程已经发展成为城市建设和工业生产的重要基础设施,成为人类健康安全和工农业科技与生产发展的基础保障,同时也发展成为高等教育人才培养的重要专业领域。

给水排水工程由给水工程和排水工程两大部分组成,给水排水管道工程是给水排水工程的主要组成部分,其建设投资占给水排水工程建设总投资的 70% 左右,长期以来备受给水排水工程建设、管理、运营和研究部门的高度重视。给水排水管道系统是贯穿给水排水工程整体工艺流程和连接所有工程环节和对象的通道和纽带,给水管道系统和排水管道系统在功能顺序上虽然前后不同,但两者在建设上却始终是平行进行的。在建设过程中,必须作为一个整体系统工程来考虑。本教材就是将给水管道和排水管道两大系统合并在一起,作为一个统一的专业教材内容体系,成为给水排水工程专业一门主要专业课,这样将有利于加强给水排水管道系统的整体性和科学性。

在编写过程中,为了使给水排水管道系统成为一个有机的整体,在内容安排上,将给水排水管道系统的组成、形式、规划、水力学基础和管道的维护与管理等内容进行了整合,形成了统一。对于给水管道系统和排水管道系统的设计计算以及管材等内容,由于给水管道和排水管道的设计规范和工程性质有一定的差异性,还是将其分别单设章节进行论述。

本教材以课程教学大纲为依据,从培养应用型人才的角度出发,在内容上力求体现"概念准确、基础扎实、突出应用、淡化过程"的原则,重点突出给水排水管道工程实用技术,适当介绍国内外给水排水管道工程的新技术和新材料。为了便于学生加深对课程内容的理解和提高实际应用能力,书中编入了一定数量的工程实例,同时每章均列有大量的思考题和习题,可供学生练习使用。

本教材由张奎、张志刚担任主编。其中第1章、第2章、第8章、第10章由河南城建学院张奎编写;第3章、第9章由河北建筑工程学院张志刚编写;第4章、第5章由河北建筑工程学院吴永强编写;第6章由河南城建学院何亚丽编写;第7章、第11章由南华大学周书葵编写。最后张奎对全书进行了统稿。

全教材由哈尔滨工业大学袁一星教授主审。

编者在编写过程中参考了不少十分经典的素材和文字材料,为此对相关的作者们表示诚挚的感谢。

由于编者水平有限,书中缺点和错误之处在所难免,恳请广大读者批评指正。

编　者

目 录

前言
第1章 给水排水管道系统概论 ·············· 1
1.1 给水排水系统的组成 ················ 1
1.2 给水排水管道系统的功能与特点 ······· 7
1.3 给水管网系统 ···················· 8
1.4 排水管道系统 ···················· 14
思考题 ····························· 20

第2章 给水排水管道系统规划与布置 ········ 21
2.1 给水排水管道系统规划原则与建设程序 ·· 21
2.2 给水排水工程技术经济分析方法 ······· 25
2.3 给水管网系统规划布置 ············· 27
2.4 排水管道系统规划布置 ············· 33
思考题 ····························· 43

第3章 给水排水管道系统水力计算基础 ······ 44
3.1 基本概念 ······················· 44
3.2 管渠水头损失计算 ················ 47
3.3 无压圆管的水力计算 ·············· 50
3.4 非满流管渠水力计算 ·············· 53
3.5 管道的水力等效简化 ·············· 55
思考题 ····························· 58
习题 ······························· 58

第4章 给水管道设计用水量 ·············· 60
4.1 用水量定额 ····················· 60
4.2 用水量变化 ····················· 66
4.3 用水量计算 ····················· 69
思考题 ····························· 71
习题 ······························· 71

第5章 给水系统的运行工况 ·············· 73
5.1 给水系统的流量关系 ·············· 73
5.2 清水池和水塔 ··················· 77
5.3 给水系统的水压关系 ·············· 82

思考题 ……………………………………………………………………………… 87

第6章 给水管网的设计计算 …………………………………………………… 88
6.1 概述 ……………………………………………………………………… 88
6.2 管网图形的性质与简化 ………………………………………………… 89
6.3 管段设计流量计算 ……………………………………………………… 92
6.4 管径计算 ………………………………………………………………… 99
6.5 枝状管网水力计算 ……………………………………………………… 102
6.6 环状管网水力计算 ……………………………………………………… 108
6.7 输水管水力计算 ………………………………………………………… 132
6.8 给水管网优化设计 ……………………………………………………… 137
6.9 给水管道的敷设 ………………………………………………………… 150
6.10 给水管道工程图 ………………………………………………………… 153
思考题 ……………………………………………………………………………… 157
习题 ………………………………………………………………………………… 158

第7章 给水管道材料与附件 ……………………………………………………… 160
7.1 给水管道材料与配件 …………………………………………………… 160
7.2 给水管道附件 …………………………………………………………… 165
7.3 给水管道附属构筑物 …………………………………………………… 172
思考题 ……………………………………………………………………………… 176

第8章 污水管道系统的设计计算 ………………………………………………… 177
8.1 污水设计流量的计算 …………………………………………………… 177
8.2 污水管段设计流量的计算 ……………………………………………… 185
8.3 污水管道的水力计算 …………………………………………………… 186
8.4 排水管道工程图 ………………………………………………………… 203
思考题 ……………………………………………………………………………… 206
习题 ………………………………………………………………………………… 206

第9章 雨水管渠的设计计算 ……………………………………………………… 208
9.1 雨量分析及暴雨强度公式 ……………………………………………… 208
9.2 雨水管渠设计流量的确定 ……………………………………………… 215
9.3 雨水管道设计数据的确定 ……………………………………………… 219
9.4 雨水径流调节 …………………………………………………………… 239
9.5 城市防洪设计 …………………………………………………………… 243
9.6 合流制排水管渠的设计计算 …………………………………………… 253
思考题 ……………………………………………………………………………… 265
习题 ………………………………………………………………………………… 266

第10章 排水管渠材料及附属构筑物 …………………………………………… 268
10.1 排水管渠的断面及材料 ………………………………………………… 268
10.2 排水管渠系统上的附属构筑物 ………………………………………… 275

思考题 …… 292

第11章 给水排水管道系统的技术管理和维护 …… 293
11.1 给水排水管道系统档案管理 …… 293
11.2 给水管网的检漏与监测 …… 295
11.3 给水管道的防腐与维修 …… 305
11.4 给水管道的水质管理和供水调度 …… 310
11.5 排水管渠系统的管理和维护 …… 337
思考题 …… 341

附录 …… 342
附录A 排水管道与其他管线(构筑物)的最小净距 …… 342
附录B 铸铁管水力计算表 …… 343
附录C 给水管径简易估算 …… 353
附录D 钢筋混凝土圆管水力(不满流 $n=0.014$)计算图 …… 354
附录E 我国部分城市暴雨强度公式 …… 366
附录F 钢筋混凝土圆管水力(满流 $n=0.013$)计算图 …… 370

参考文献 …… 371

第1章
给水排水管道系统概论

1.1 给水排水系统的组成

1.1.1 给水排水系统的功能与组成

给水排水系统是为人们的生活、生产、市政和消防提供用水和废水排除设施的总称。

给水排水系统的功能是向各种不同类别的用户供应满足不同需求的水量和水质，同时承担用户排除废水的收集、输送和处理，达到消除废水中污染物质对人体健康的危害和保护环境的目的。因此，给水排水系统可分为给水系统和排水系统。

给水系统是由保障城市、工矿企业等用水的各项构筑物和输配水管网组成的系统。根据系统的性质不同有四种分类方法：按水源种类，分为地表水（江河、湖泊、水库、海洋等）和地下水（潜水、承压水、泉水等）给水系统；按服务范围，可分为区域给水、城镇给水、工业给水和建筑给水等系统；按供水方式，可分为自流系统（重力供水）、水泵供水系统（加压供水）和两者相结合的混合供水系统；按使用目的，可分为生活给水、生产给水和消防给水系统。

根据用户使用水的目的，通常将给水分为生活用水、工业生产用水、消防用水和市政用水四大类。

生活用水是指人们在各类生活活动中直接使用的水，在给水工程设计时，常有居民生活用水、综合生活用水、城市综合用水和工业企业职工生活用水等概念。其中，居民生活用水是指城镇居民家庭生活中的饮用、烹饪、洗浴、冲洗等用水，是保障居民身体健康、家庭清洁卫生和生活舒适的重要条件；综合生活用水包括城镇居民日常生活用水和公共设施用水两部分的总水量；公共设施用水是指机关、学校、医院、宾馆、车站、公共浴场等公共建筑和场所的用水供应，其特点是用水量大，用水地点集中，该类用水的水质要求基本上与居民生活用水相同；城市综合用水包含综合生活用水、工业用水、市政用水及其他用水；工业企业职工生活用水是工业企业区域内从事生产和管理的人员在工作时间内的饮用、烹饪、洗浴、冲洗等生活用水，该类用水的水质要求基本上与居民生活用水相同，用水量则根据工业企业的生产工艺、生产条件、工作人员数量、工作时间安排等因素的变化而变化。

工业生产用水是指工业生产过程中为满足生产工艺和产品质量要求的用水，又可分为产品用水（水成为产品或产品的一部分）、工艺用水（水做为载体、溶剂等）和辅助用水（冷却、清洗等）。由于工业企业工艺繁多，系统庞大复杂，对水量、水质、水压的要求差异很大。在确定生产用水的水质指标时，应视具体生产条件而定，如：一般冷却水允许有一定的浊度，但要求水温低、不含侵蚀性物质，电子工业和中、高压锅炉等用水，要求使用纯水和高纯水，当生产用水所需要的水质高于生活饮用水水质标准时，通常是将自来水进一步处理，以满足其特殊的水质要求；在确定生产用水的水量指标时，要根据生产工艺要求而定，并要考虑工艺的改革和水的重复使用率问题。

消防用水是指扑灭火灾所用的水。消防用水对水质没有特殊要求，用水量一般较大。室外消防用水按对水压的要求，分为高压（或临时高压）消防系统和低压消防系统。如采用高压（或临时高压）消防系统，管道的压力应保证用水总量达到最大且水枪在任何建筑物的最高处时，水枪充实水柱仍不小于10m；而采用低压消防系统，管道的压力应保证用水总量达到最大灭火时最不利点消火栓的自由水压不小于 $10mH_2O$（9.8kPa）。我国城镇一般采用低压消防系统，灭火时由消防车（消防泵）自室外消防栓中取水加压。

市政用水是指城镇或工业企业区域内的道路清洗、绿化浇灌、公共清洁卫生的用水。对水质没有特殊的要求，但不得引起环境污染；市政用水量应根据路面种类、浇洒面积、气候和土壤条件等确定。

上述各种用水在使用过程中受到不同程度的污染，改变了它原来的化学成分和物理性质，我们把它称作污水或废水。这些废水携带着不同来源的污染物质，会对人体健康、生活环境和自然生态环境带来严重危害，需要及时地收集和处理，然后才可以排放到自然水体或者重复利用。为此而建立的废水收集、处理和排放工程设施，称为排水系统。

根据排水系统所接受的废水的性质和来源不同，废水可分为生活污水、工业废水和雨水三类。

生活污水主要是指居民在日常生活中排出的废水，主要来自住宅、机关、学校、医院、公共建筑、生活福利设施和工业企业的生活间等部分，这类污水中含有大量有机和无机污染物，如蛋白质、碳水化合物、脂肪、氨氮、洗涤剂和尿素等，还有常在粪便中出现的病原微生物（寄生虫卵、传染性病菌和病毒等）。这类污水受污染程度比较严重，是废水处理的主要对象。

工业废水是指工业企业在生产过程中所排出的废水，主要来自各车间或矿场。由于工业企业的生产类别、生产工艺、使用的原材料以及用水的成分不同，工业废水的水质和水量变化较大。大量的工业废水是在生产过程中被用做冷却和洗涤后排出的，受到较轻微的水质污染或水温变化，这类废水往往经过简单处理后就可重复使用或排入水体；另一类工业废水在生产过程中受到严重污染，例如，许多化工生产废水，含有很高浓度的污染物质，甚至含有大量有毒有害物质，必须给予严格的处理。

雨水是指在地面上径流的雨水和冰雪融化水。这类水径流量大而急，若不及时排除，往往会积水成灾，阻塞交通淹没房屋，造成生命和财产的损失，尤其是山洪水危害更甚。雨水较清洁，但初降的雨水却挟带大量污染物质。特别是流经制革厂、炼油厂和化工厂等地区的雨水，可能会含有这些部门的污染物质。因此，流经这些地区的雨水应经适当处理后才能排入水体，有些国家已经对初降雨水进行了处理。在水资源缺乏的地区，降水尽可能被收集和利用。

总之，只有建立合理、经济和可靠的排水系统，才能达到保护环境、保护水资源、促进生产和保障人们生活和生产活动安全的目的。给水排水系统的组成和功能如图 1-1 所示。

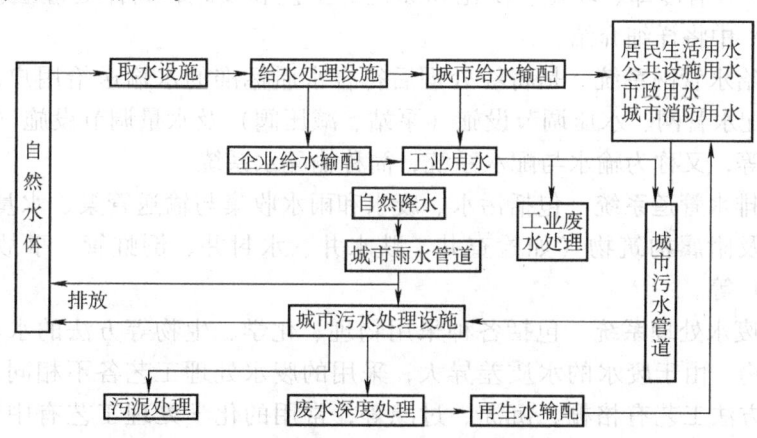

图 1-1　给水排水系统的组成和功能示意图

给水排水系统除以上功能外，还应具有以下三项主要功能：

（1）水量保障　向人们指定的用水地点及时可靠地提供满足用户需求的用水量，并将用户排出的废水（包括生活污水和生产废水）和雨水及时可靠地收集并运输到指定的地点。

（2）水质保障　向指定用水地点和用户供给符合质量要求的水，使用后的水按有关废水排放标准排入受纳水体。主要包括：采用合适的给水处理措施使供水（包括水的循环利用）水质达到或超过人们用水所要求的质量；通过设计和运行管理中的物理和化学等手段控制储水和输配水过程中的水质变化；采用合适的废水处理措施使废水水质达到排放的要求，保护环境不受污染。

（3）水压保障　为用户的用水提供符合标准的用水压力，使用户在任何时间都能取得充足的水量；同时，使排水系统具有足够的高程和压力，使之能够顺利排入受纳水体。在地形高差较大的地区，应充分利用地形高差所形成的重力提供供水的压力和排水的输送能量；在地形平坦的地区，给水压力一般采取水泵加压，必要时还需要通过阀门或减压设施降低水压，以保证用水设施安全和用水舒适。排水一般采用重力流输送，必要时用水泵提升高程，或者通过跌水消能设施降低高程，以保证排水系统的通畅和稳定。

给水排水系统是由一系列构筑物和给水排水管道所组成，它包括以下几个系统：

（1）取水系统　用以从选定的水源取水，它包括水资源（地表水资源、地下水资源和复用水资源等）、取水设施、提升设备和输水管渠等。

（2）给水处理系统　将取水系统输送来的水进行处理，以期符合用户对水质的要求，包括各种采用物理、化学、生物等方法的水质处理设备和构筑物。生活饮用水一般采用反应、絮凝、沉淀、过滤和消毒等常规处理工艺和设施，工业用水一般有冷却、软化、淡化和除盐等工艺和设施，具体处理工艺在《水质工程学》中将详细介绍。

（3）给水管网系统　是将经处理后符合水质标准的水输送给用户，包括输水管渠、配水管网、水压调节设施（泵站、减压阀）及水量调节设施（清水池、水塔等）等，又称为输水与配水系统，简称输配水系统。

（4）排水管道系统　包括污水、废水和雨水收集与输送管渠、水量调节池、提升泵站及附属构筑物（如检查井、跌水井、水封井、倒虹管、事故排放口、雨水口等）等。

（5）废水处理系统　包括各种采用物理、化学、生物等方法的水质净化设备和构筑物。由于废水的水质差异大，采用的废水处理工艺各不相同，常用的物理处理方法工艺有格栅、沉淀、过滤等，常用的化学处理工艺有中和、氧化等，常用的生物处理工艺有活性污泥处理、生物滤池、氧化沟、稳定塘等，具体处理工艺详见《水质工程学》。

（6）废水排放系统　包括废水受纳体（如自然水体、土壤等）和最终处置设施，如排放口、稀释扩散设施、隔离设施等。

（7）重复利用系统　包括城市污水、工业废水和建筑小区的废水回用设施（如中水系统）等。

一般城镇给水排水系统如图1-2所示。

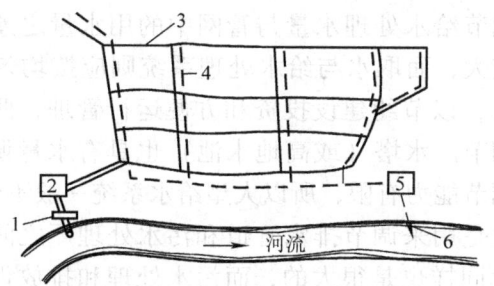

图 1-2 城镇给水排水系统示意图
1—取水系统 2—给水处理系统 3—给水管网系统 4—排水管道系统 5—污水处理系统 6—污水排放系统

1.1.2 给水排水系统工作原理

给水排水系统中的各组成部分在水量、水质和水压（能量）上有着紧密的联系，必须正确认识和理解他们的相互关系并有效地进行控制和运行调度管理，才能满足用户给水排水的水量、水质和水压需要，达到水资源优化利用、满足生产要求、保证产品质量、方便人们生活、保护环境、防止灾害等目标。

1. 给水排水系统的流量关系

给水排水系统各组成部分具有流量连续关系，原水从给水水源进入系统后形成流量，然后依次经过取水系统、给水处理系统、给水管网系统、用户、排水管道系统、污水处理系统，最后排入水体或再利用。各组成部分的流量在同一时间内不一定相等，并且随时变化。

给水排水系统流量关系如图 1-3 所示，其中 q_1 为给水处理系统自用水，q_2 为给水管网系统漏失水量；q_3 为给水管网系统水量调节，其流向根据水

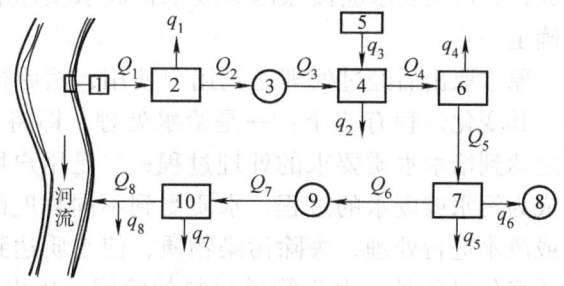

图 1-3 给水排水系统流量关系示意图
1—取水系统 2—给水处理系统 3—清水池 4—给水管网系统 5—水塔 6—用户 7—排水管道系统 8—调节池 9—均和池 10—污水处理系统

塔（或高位水池）进水或出水而变；q_4 为用户使用后未排入排水系统的水量；q_5 为进入排水管网系统的降水或渗入的地下水；q_6 为排水管道水量调节，其流向根据调节池进水或出水而变化；q_7 为污水处理系统自耗水；q_8 为污水回用用水量。

清水池是用来调节给水处理水量与管网中的用水量之差，因为用户用水量在一天中往往变化较大，而取水与给水处理系统则应按均匀的流量（接近日平均流量）设计和运行，以节约建设投资和方便运行管理，两者流量之差主要是通过清水池来进行调节。水塔（或高地水池）也具有水量调节的作用，不过其容积一般比较小，调节能力有限，所以大型给水系统一般不建水塔。

调节池和均和池是用来调节排水管道和污水处理厂之间的流量差，因为排水量在一日中的变化同样也是很大的，而污水处理和排放设施一般是按日平均流量设计和运行，以节约建设投资和方便运行管理。由于雨水排除的流量相当集中，有时在排水管网中建雨水调节池可以减少排水管（渠）尺寸，节约投资。排水调节池（均和池）还具有均和水质的作用，以降低因污染物随时间变化造成的处理困难。

2. 给水排水系统的水质关系

给水排水系统的水质主要以各组成部分的水质标准和变化过程来体现。

作为城镇给水水源，其水质必须符合国家生活饮用水水源水质标准，并加强监测、管理与保护，使原水水质能够达到和保持国家标准要求；原水经处理后供给城镇各用户使用，生活饮用水必须达到国家生活饮用水水质卫生规范要求，工业用水和其他用水必须达到有关行业水质标准或用户特定的水质要求；水经使用后受到不同程度的污染，必须经过处理并达到一定的水质标准后才能排放，其水质要求应按照国家废水排放水质标准及废水排放受纳水体的承受能力确定。

原水取出后经过处理送到用户使用，然后排放水体，整个过程水质是变化的。其变化过程有三个：一是给水处理，即将原水水质净化或加入有益物质，使之达到给水水质要求的处理过程；二是用户用水，即用户用水改变水质，使之成为污水或废水的过程，水质受到不同程度的污染；三是废水处理，即对污水或废水进行处理，去除污染物质，使水质达到排放标准的过程。除了这三个水质变化过程外，由于管道材料的溶解、析出、结垢和微生物的滋生等原因，给水管网内的水质也会发生变化，虽然其变化并不太明显，但在供水水质标准不断提高的今天，管网水质变化与控制问题也已逐步引起重视并成为科研人员研究的课题。

3. 给水排水系统的水压关系

给水排水系统的水压不但是用户用水所要求的，也是给水和排水系统输送水的能量来源。

在给水系统中，从水源开始，水流到达用户前，一般要经过多次提升，特殊情况下也可以依靠重力直接输送给用户，水在输送中的压力方式有：

（1）全重力供水　当水源地势较高时，如取用山溪水、泉水或高位水库水等，水流通过重力自流输水到水厂进行处理，然后又靠重力输水管和管网送至用户使用。当原水水质较好而不用处理时，原水可直接通过重力输送给用户使用，或仅经过消毒等简单处理直接输送给用户使用。这种情况属于完全利用原水的位能克服输水过程中的能量损失和转换成为用户要求的水压关系，这是一种最经济的给水方式。当原水位能有富余时还可以通过阀门调节供水压力。

（2）一级加压供水　一级加压供水在以下几种情况下可以采用：一是当水厂地势较高时，从水源取水到水厂采用一级提升，经处理后的清水依靠水厂的地势高程，直接靠重力输水给用户；二是水源地势较高时，原水先靠重力输水至水厂，经处理后的清水再加压输送给用户使用；三是当原水水质较好时，如无需处理，则从取水时直接加压输送给用户使用；四是当给水处理全过程采用封闭式设施时，从取水处加压后，采用承压方式进行处理，直接输送给用户使用。

（3）二级加压供水　这是目前采用最多的供水方式，原水经过第一级加压，提升到水厂进行处理，处理好的清水储存于清水池中，清水经过第二级加压进入输水管和管网，供用户使用。第一级加压的目的是取水和提供原水输送与处理过程中的能量要求，第二级加压的目的是提供清水在输水管与管网中流动所需要的能量，并提供用户用水所需的水压。

（4）多级加压供水　有两种情形，一是长距离输水时需要多级加压提升，如水源离水处理厂较远时，原水须经多级提升输送到水厂，或水处理厂离用水区域较远时，清水需要多级提升输送到用水区的供水管网；二是大型给水系统的用水区域很大，或用水区域呈窄长型，采用一级加压供水不经济或前端管网水压偏高，应采用多级加压供水。

排水系统首先是间接承接给水系统的压力，也就是说，用户用水所处位置越高，排水系统起点的位能就越大。排水系一般靠地形高差按重力输水，只有当管渠埋深较大时，才考虑采用排水泵站进行提升。

将污（废）水输送到处理厂后，往往先储存到均和池中，在处理和排放（或复用）过程中往往还要进行一到两级的提升。当处理厂所处地势较低时，污（废）水可以靠重力自流进入处理设施，处理完后再提升排放或复用；当处理厂所处地势较高时，污（废）水经提升后进入处理设施，处理完后靠重力自流排放或复用；一般情况下，污（废）水需要经提升后进入处理设施，待处理完后再次提升排放或复用。

1.2　给水排水管道系统的功能与特点

给水排水管道系统是给水排水工程设施的重要组成部分，是由不同材料的管道和附属设施构成的输水网络。根据其功能可以分为给水管道系统和排水管道系统。给水管道系统承担供水的输送、分配、压力调节和水量调节任务，起到保障用户用水的作用；排水管道系统承担污（废）水收集、输送、高程或压力调节和水量调节任务，起到防止环境污染和防治洪涝灾害的作用。

给水管道系统和排水管道系统均应具有以下功能：

1) 水量输送：即实现一定水量的位置迁移，满足用水和排水的地点要求。

2) 水量调节：即采用储水措施解决供水、用水与排水的水量不平均问题。

3) 水压调节：即采用加压和减压措施调节水的压力，满足水输送、使用和排放的能量要求。

给水排水管道系统具有一般网络系统的特点，即分散性（覆盖整个用水区域）、连通性（各部分之间的水量、水压和水质紧密关联且相互作用）、传输性（水量输送、能量传递）、扩展性（可以向内部或外部扩展，一般分多次建成）等。同时给水排水管道系统又具有与一般网络系统不同的特点，如隐蔽性强、外部干扰因素多、容易发生事故、基建投资费用大、扩建改建频繁、运行管理复杂等。

1.3 给水管网系统

1.3.1 给水管网系统的组成

给水管网系统一般是由输水管（渠）、配水管网、水压调节设施（泵站、减压阀）及水量调节设施（清水池、水塔、高位水池）等构成，如图1-4a、图1-4b所示。

(1) 输水管（渠） 是指在较长距离内输送水量的管道或渠道，输水管（渠）一般不沿线向两侧供水。如从水厂将清水输送至供水区域的管道（渠）、从供水管网向某大用户供水的专线管道、区域给水系统中连接各区域管网的管道等。输水管道的常用材料有铸铁管、钢管、钢筋混凝土管、PVC-U管等，输水渠道一般由砖、砂、石、混凝土等材料砌筑。

由于输水管发生事故将对供水产生较大影响，所以较长距离输水管一般敷设成两条平行管线，并在中间的一些适当地点分段连通和安装切换阀门，以便其中一条管道局部发生故障时由另一条并行管段替代。

输水管的流量一般都较大，输送距离远，施工条件差，工程量巨大，甚至要穿越山岭或河流。输水管的安全可靠性要求很严格。特别是现代化城市建设和发展中，远距离输水工程越来越普遍，对输水管道工程的规划和设计必须给予高度重视。

第 1 章 给水排水管道系统概论

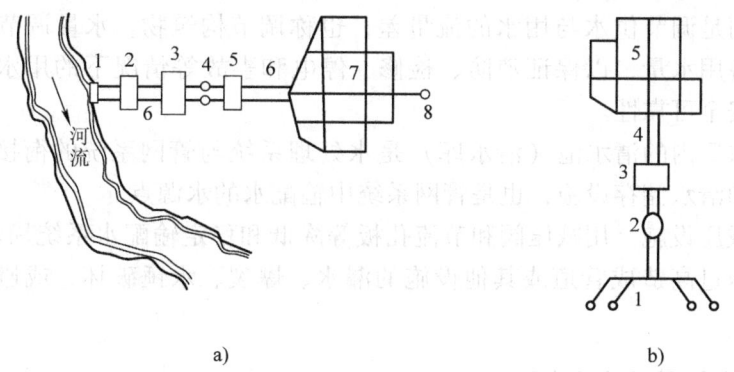

图 1-4 给水系统示意图
a）地表水源给水系统示意图　　　b）地下水源给水系统示意图
1—取水构筑物　2——级泵站　3—水处理构　1—地下水取水构筑物　2—集水池
筑物　4—清水池　5—二级泵站　6—输　3—泵站　4—输水管　5—管网
水管　7—管网　8—水塔

（2）配水管网　是指分布在整个供水区域内的配水管道网络。其功能是将来自于较集中点（如输水管渠的末端或储水设施等）的水量分配输送到整个供水区域，使用户从近处接管用水。配水管网由主干管、干管、支管、连接管、分配管等构成。配水管网中还需要安装消火栓、阀门（闸阀、排气阀、泄水阀等）和检测仪表（压力、流量、水质检测等）等附属设施，以保证消防供水和满足生产调度、故障处理、维护保养等管理需要。

（3）泵站　泵站是输配水系统中的加压设施，一般由多台水泵并联组成，当水不能靠重力流动时，必须使用水泵对水流增加压力，以使水流有足够的能量克服管道内壁的摩擦阻力，在输配水系统中还要求水被输送到用户连接地点后有符合用水压力要求的水压，以克服用水地点的高差及用户的管道系统与设备的水流阻力。

给水管网系统中的泵站有供水泵站（又称二级泵站）和加压泵站（又可称为三级泵站）两种形式。供水泵站一般位于水厂内部，将清水池中的水加压后送入输水管或配水管网。加压泵站则对远离水厂的供水区域或地形较高的区域进行加压，即实现多级加压。泵站一般从储水设施中吸水，前一类属于间接加压泵站（亦称为水库泵站），后一类属于直接加压泵站。

泵站内部以水泵机组为主体，由内部管道将其并联或串联起来，管道上设置阀门，以控制多台泵站灵活地组合运行，以便于水泵机组的拆装与检修。泵站内还应设有水流止回阀（逆止阀），必要时安装水锤消除器、多功能阀（具有截止阀、止回阀和水锤消除作用）等，以保证水泵机组安全运行。

（4）水量调节设施　有清水池，又称清水库和高位水池（或水塔）等形式。

其主要作用是调节供水与用水的流量差，也称调节构筑物。水量调节设施也可用于储存备用水量，以保证消防、检修、停电和事故等情况下的用水，提高系统供水的安全可靠性。

设在水厂内的清水池（清水库）是水处理系统与管网系统的衔接点，既作为处理好的清水储存设施，也是管网系统中输配水的水源点。

（5）减压设施　用减压阀和节流孔板等降低和稳定输配水系统局部的水压，以避免水压过高造成管道或其他设施的漏水、爆裂、水锤破坏，或避免用水的不舒适感。

1.3.2 给水管网系统的类型

给水管网系统主要有统一给水管网系统、分系统给水管网系统和不同输水方式的给水管网系统三种类型。

（1）统一给水管网系统　整个给水区域（如城镇）的生活、生产、消防等多项用水，均以同一水压和水质，用统一的管网系统供给各个用户。该系统适用于地形起伏不大、用户较为集中，且各用户对水质、水压要求相差不大的城镇和工业企业的给水系统。如果个别用户对水质或水压有特殊要求时，可自统一给水管网取水再进行局部处理或加压后再供给用户使用。

根据向管网供水的水源数目，统一给水管网系统可分为单水源给水管网系统和多水源给水管网系统两种形式。

1）单水源给水管网系统。即只有一个水源地，处理过的清水经过泵站加压后进入输水管和管网，所有用户的用水来源于一个水厂清水池（清水库），较小的给水管网系统，如企事业单位或小城镇给水管网系统，多为单水源给水管网系统，系统简单，管理方便，如图1-5所示。

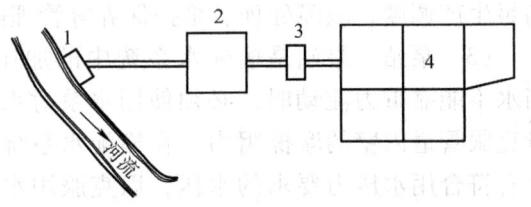

图1-5　单水源给水管网系统示意图
1—取水设施　2—给水处理厂
3—加压泵站　4—给水管网

2）多水源给水管网系统。有多个水厂的清水池（清水库）作为水源的给水管网系统，清水从不同的地点经输水管进入管网，用户的用水可以来源于不同的水厂。较大的给水管网系统，如中大城市甚至跨城镇的给水管网系统，一般是多水源给水管网系统，如图1-6所示。

多水源给水管网系统的特点是：调度灵活、供水安全可靠（水源之间可以互补），就近给水，动力消耗较小；管网内水压较均匀，便于分期发展，但随着水源的增多，管理的复杂程度也相应提高。

(2) 分系统给水管网系统　因给水区域内各用户对水质、水压的要求差别较大，或地形高差较大，或功能分区比较明显，且用水量较大时，可根据需要采用几个相互独立工作的给水管网系统分别供水。分系统给水管网系统和统一给水管网系统一样，也可采用单水源或多水源供水。根据具体情况，分系统给水管网系统又可分为：分区给水管网系统、分压给水管网系统和分质给水管网系统。

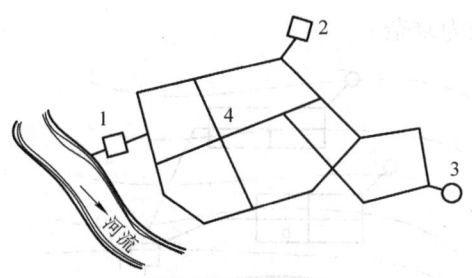

图 1-6　多水源给水管网系统示意图
1—地表水水源　2—地下水水源
3—水塔　4—给水管网

1) 分区给水管网系统。将给水管网系统划分为多个区域，各区域管网具有独立的供水泵站，供水具有不同的水压。分区给水管网系统可以降低平均供水压力，避免局部水压过高的现象，减少爆管的几率和泵站能量的浪费。

管网分区的方法有两种：一种是城镇地形较平坦，功能分区较明显或自然分隔而分区，如图 1-7 所示，城镇被河流分隔，两岸工业和居民用水分别供给，自成给水系统，随着城镇发展，再考虑将管网相互沟通，成为多水源给水系统。另一种是因地形高差较大或输水距离较长而分区，又有串联分区和并联分区两类：采用串联分区，设泵站加压（或减压措施）从某一区取水，向另一区供水；采用并联分区，不同压力要求的区域有不同泵站（或泵站中不同水泵）供水。大型管网系统可能既有串联分区又有并联分区，以便更加节约能量。图 1-8 所示为并联分区给水管网系统，图 1-9 所示为串联分区给水管网系统。

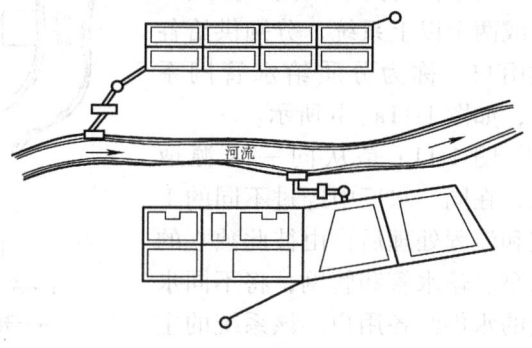

图 1-7　分区给水管网系统

2) 分压给水管网系统。由于用户对水压的要求不同而分成两个或两个以上的系统给水，如图 1-10 所示。符合用户水质要求的水，由同一泵站内的不同扬程的水泵分别通过高压、低压输水管网送往不同用户。如果给水区域中用户对水压要求差别较大，采用一个管网系统，对于水压要求较低的用户就会存在较大的富余水压，不但造成动力浪费，同时对使用和维护管理都很不利，且管网系统漏损水量也会增加，危害很多。采用分压给水或局部加压的给水系统，可避免上述缺点，减少高压管道和设备用量，但需要增加低压管道和设备，管理较为复杂。

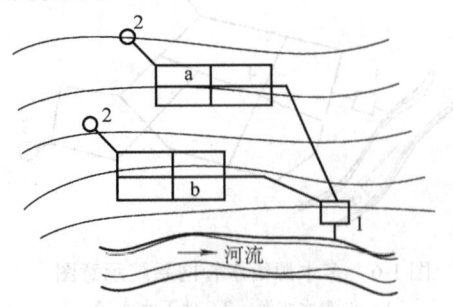

图 1-8　并联分区给水管网系统
a—高区　b—低渠　1—净水厂
2—水塔

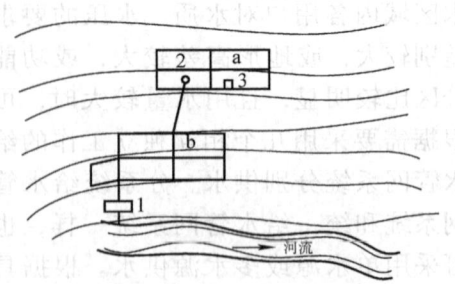

图 1-9　串联分区给水管网系统
a—高区　b—低区　1—净水厂
2—水塔　3—加压泵站

3）分质给水管网系统。因用户对水质的要求不同而分成两个或两个以上系统，分别供给各类用户，称为分质给水管网系统，如图 1-11a、b 所示。

图 1-11a 是从同一水源取水，在同一水厂中经过不同的工艺和流程处理后，由彼此独立的水泵、输水管和管网，将不同水质的水供给各用户。该系统的主要特点是城市水厂的规模可缩

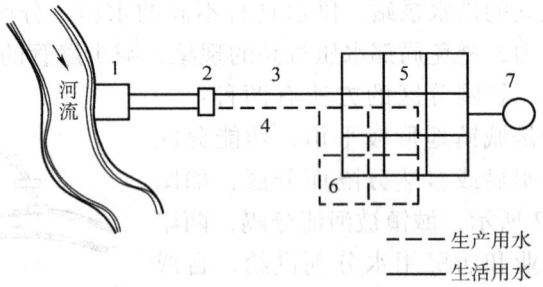

图 1-10　分压给水管网系统
1—净水厂　2—二级泵站　3—低压输水管
4—高压输水管　5—低压管网　6—高压
管网　7—水塔

小，特别是可以节约大量的药剂费用和动力费用，但管道设备多，管理较复杂。

图 1-11b 是从不同水源取水，再由独立的给水系统分别供给各自用户，这种布置方式除具有图 1-11a 的特点外，可利用不同水源的水质特点，分别供应不同水质要求的用户。例如，可利用地下水源夏季水温低于江河水的特点，将地下水供作空调降温使用等；可利用海水或某些废水经过适当处理后作为冲洗厕所和某些工业用水等，以达到综合利用水资源的目的。

（3）不同输水方式的给水管网系统　根据水源和供水区域地势的实际情况，可采用不同的输水方式向用户供水。

1）重力输水管网系统。当水源地高于给水区，并且高差可保证以经济的造价输送所需的水量时，清水池（清水库）中的水可依靠自身的重力，经重力输水管进入管网并供用户使用。重力输水管网系统无动力消耗，而且管理方便，是运行较为经济的输水管网系统。当地形高差很大时，为降低水管中的压力，

第1章 给水排水管道系统概论

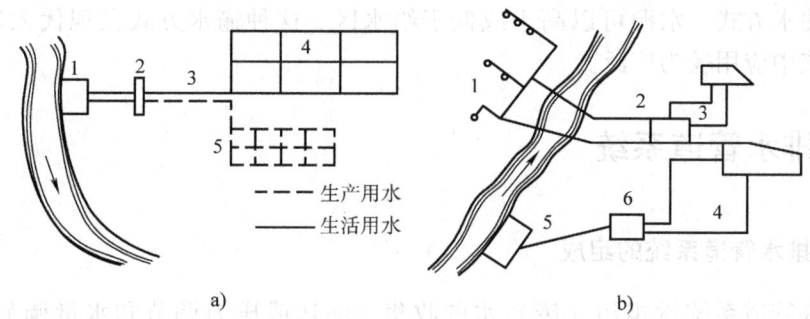

图 1-11 分质给水管网系统
a) 同一水源取水的分质给水管网系统　b) 不同水源取水的分质给水管网系统
1—分质净水厂　2—二级泵站　3—输水管　　1—井群　2—地下水水厂　3—生活用水管网
4—居住区　5—工厂区　　　　　　　　　　4—生产用水管网　5—取水构筑物
　　　　　　　　　　　　　　　　　　　　　6—生产用水厂

可在中途设置减压水池，将水管分成几段，形成多级重力输水系统，如图 1-12 所示。

2）水泵加压输水管网系统。指水源地没有可充分利用的地形优势，清水池（清水库）中的水须由泵站加压送出，经输水管进入管网供用户使用，甚至要通过多级加压将水送至更远或更高处的用户使用。压力给水管网系统需要消耗大量的动力。如图 1-8～图 1-11 所示均为压力输水管网系统。

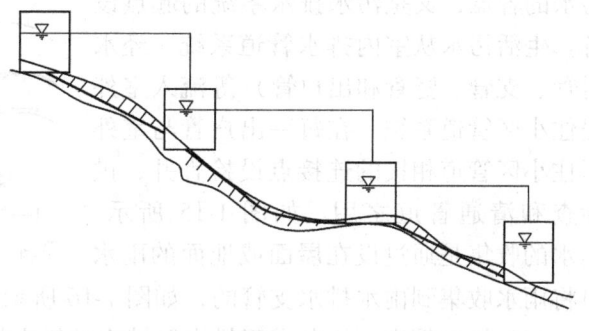

图 1-12 重力输水管网系统

在地形复杂的地区且又是长距离输配水时，往往需要采用重力和水泵加压相结合的输水方式。如图 1-13 所示，上坡部分 1～2 段、3～4 段，分别用泵站 1、3 加压输水，在下坡部分利用高地水池重力输水，从而形成加压—重力交替

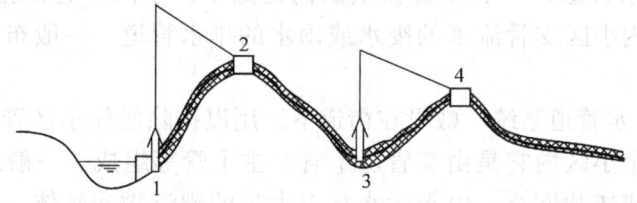

图 1-13 重力和水泵加压相结合的输水方式
1、3—泵站　2、4—高位水池

的多级输水方式。水源可以高于或低于给水区。这种输水方式在现代大型输水管道系统中应用较为广泛。

1.4 排水管道系统

1.4.1 排水管道系统的组成

排水管道系统承担污（废）水的收集、输送或压力调节和水量调节任务，起到防止环境污染和防治洪涝灾害的作用。排水管道系统一般由废水收集设施、排水管道、水量调节池、提升泵站、废水输水管（渠）和排放口等组成，如图1-14所示。

（1）废水收集设施及室内排水管道 收集住宅及建筑物内废水的各种卫生设备，它们既是人们用水的容器，也是承受污水的容器，又是污水排水系统的起点设备。生活污水从室内排水管道系统（经水封管、支管、竖管和出户管）等流入室外居住小区管道系统。在每一出户管与室外居住小区管道相接的连接点设检查井，供检查和清通管道之用。如图1-15所示。雨水的收集是通过设在屋面或地面的雨水口将雨水收集到雨水排水支管的，如图1-16所示。

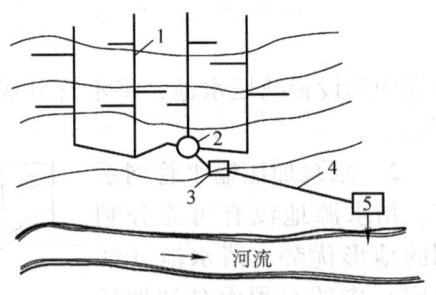

图1-14 排水管道系统示意图
1—排水管道 2—水量调节池 3—提升泵站 4—输水管道（渠） 5—污水处理厂

（2）排水管道 指分布于排水区域内的排水管道（渠），其功能是将收集到的污水、废水和雨水等输送到处理地点或排放口，以便集中处理或排放。它又分为居住小区管道系统和街道管道系统。

1）居住小区管道系统。敷设在居住小区内，连接各建筑物出户管和雨水口的管道系统。它分小区支管和小区干管。小区支管是指布置在居住组团内与接户管连接的排水管道，一般布置在组团内道路下。小区干管是指居住小区内，接纳居住组团内小区支管流来的废水或雨水的排水管道，一般布置在小区道路或市政道路下。

2）街道排水管道系统。敷设在街道下，用以排除居住小区管道流来的废水或雨水。在一个小区内它是由支管、干管、主干管等组成。一般顺延地面高程由高向低布置成树状网络。由于污水含有大量的漂浮物和气体，所以污水管道一般采用非满流管道，以保留漂浮物和气体的流动空间。雨水管道一般采用满管流。工业废水的输送管道是采用满管流或者非满管流，则应根据水质的特性

第1章 给水排水管道系统概论

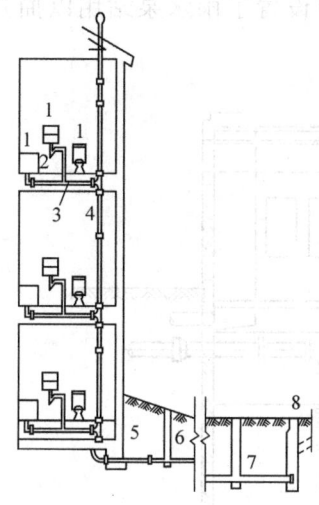

图 1-15 生活污水收集系统

1—房屋卫生设备 2—水封 3—支管 4—竖管 5—出户管 6—庭院污水管道 7—连接支管 8—窨井

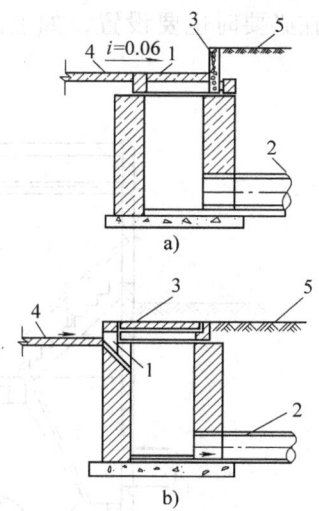

图 1-16 街道路面雨水排水口

a) 边沟雨水口 b) 侧石雨水口

1—雨水进口 2—连接管 3—侧石 4—道路 5—人行道

决定。

（3）排水管道系统上的构筑物　排水管道系统中设置有雨水口、检查井、跌水井、溢流井、水封井、换气井、倒虹管等附属构筑物及流量等检测设施，便于系统的运行与维护管理。

（4）排水调节池　指拥有一定容积的污水、废水和雨水储存设施。用于调节排水管道流量或处理水量的差值。通过水量调节池可以降低其下游高峰排水量，从而减少输水管渠或污水处理设施的设计规模，降低工程造价。

水量调节池还可以在系统事故时储存短时间的排水量，以降低造成环境污染的危害。水量调节池也能起到均和水质的作用，特别是工业废水，不同工厂和不同车间排水的水质不同，不同时段排水的水质也会变化，不利于净化处理，调节池可以中和酸碱，均化水质。

（5）提升泵站及压力管道　排水一般按重力流输送，因此管道需按一定坡度敷设，但往往由于受到地形等条件的限制而需要把低处的水向高处提升，这时就需要设置泵站。泵站分为中途泵站、局部泵站和总泵站。压送从泵站出来的水至高地自流管道或至污水厂的承压管段称为压力管道。如图 1-17 所示为某排水提升泵站。

提升泵站应根据需要设置，当管道系统的规模较大或需要长距离输送时，可能需要设置多座泵站。因雨水的径流量较大，一般应尽量不设或少设雨水泵站,但在必要时也要设置,如上海、武汉等城市设置了雨水泵站用以抽升部分雨水。

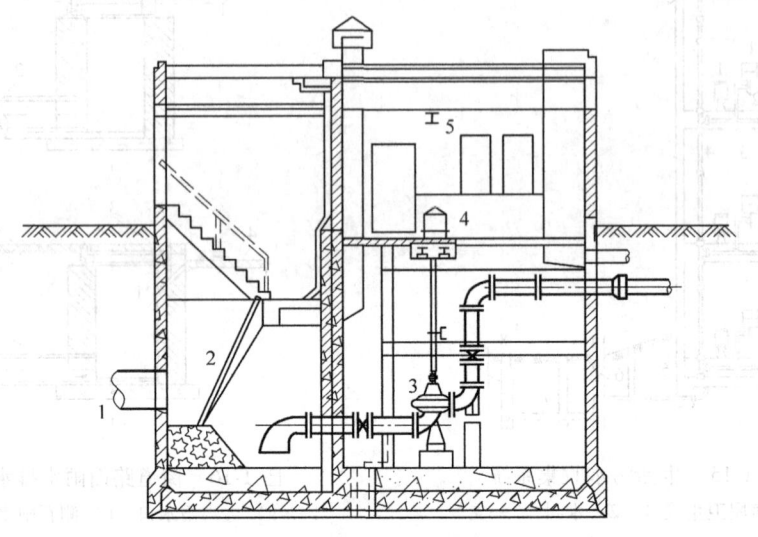

图 1-17 排水提升泵站
1—进水管 2—格栅 3—水泵 4—电动机 5—起重设备

(6) 废水输水管(渠) 指长距离输送废水的压力管道或渠道。为了保护环境,污水处理设施往往建在离城市较远的地区,排放口也选在远离城市的水体下游,都需要长距离输送。

(7) 出水口及事故排出口 排水管道的末端是废水排放口,与接纳废水的水体连接。为了保证排放口部的稳定,或者使废水能够比较均匀地与接纳水体混合,需要合理设置排放口。事故排出口是指在排水系统发生故障时,把废水临时排放到天然水体或其他地点的设施,通常设置在某些易于发生故障的构筑物面前(如在总泵站的前面)。

1.4.2 排水管道系统的体制

城镇和工业企业排出的废水通常分为生活污水、工业废水和雨水三类,它们可以采用同一个排水管道系统来排除,也可以采用两个或两个以上各自独立的排水管道系统来排除。这种不同的排除方式所形成的排水系统,称为排水体制。

排水系统的体制主要有合流制和分流制两种基本方式。

1. 合流制排水系统

将生活污水、工业废水和雨水混合在同一管道(渠)系统内排放的排水系统称为合流制排水系统。根据污水汇集后的处置方式不同,又可把合流制分为下列三种情况：

（1）直排式合流制排水系统 管道系统的布置就近坡向水体，分若干排出口，混合的污水未经处理直接排入水体（图1-18），我国许多老城市的旧城区大多采用的是这种排水体制。这是因为以往工业尚不发达，城市人口不多，生活污水和工业废水量不大，直接排入水体，环境卫生和水体污染问题还不是很明显。但是，随着现代化城镇和工业企业的建设和发展，人们生活水平的不断提高，污水量不断增加，水质日趋复杂，造成的水体污染越来越严重。因此，这种直排式合流制排水系统目前不宜采用。

（2）截流式合流制排水系统 这是为了改善老城市直排式合流制排水系统严重污染水体的缺点而采用的一种排水体制（图1-19）。这种系统是沿河岸边铺设一条截流干管，同时在截流干管上设置溢流井，并在下游设置污水处理厂。晴天和初降雨时，所有污水都排入污水处理厂进行处理，处理后的水再排入水体或再利用。随着降雨量的增加，雨水径流量也增加，当混合污水的流量超过截流干管的输水能力后，将会有部分污水经溢流井直接流入水体。这种排水系统虽比直排式有了较大的改进，但在雨天时，仍有部分混合污水未经处理而直接进入，成为水体的污染源而使水体遭受污染。国内外在对老城区的旧合流制改造时，通常采用这种方式。

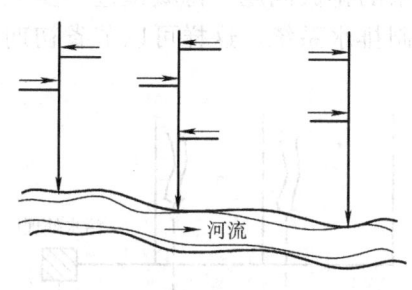

图1-18 直排式合流制排水系统

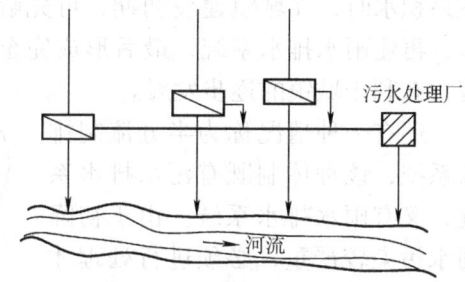

图1-19 截流式合流制排水系统

（3）完全合流制排水系统 是将生活污水、工业废水和雨水集中于一条管渠排除，并全部送往污水处理厂进行处理（图1-20）。显然，这种体制的卫生条件较好，对保护城市水环境非常有利，在街道下管道综合也比较方便，但工程量较大，初期投资大，污水厂的运行管理不便。因此，目前国内采用者不多。

2. 分流制排水系统

将生活污水、生产废水和雨水分别在两种或两种以上管道（渠）系统内排放的排水系统称为分流制排水系统。排除生活污水、工业废水的系统称为污水排水系统；排除雨水的系统称为雨水排水系统。根据雨水的排除方式不同，分流制又分为下列两种情况：

(1) 完全分流制排水系统 在同一排水区域内，既有污水管道系统，又有雨水管道系统（图1-21）。生活污水和工业废水通过污水排水系统送至污水处理厂，经处理后再排入水体。雨水是通过雨水排水系统直接排入水体。这种排水系统比较符合环境保护的要求，但城市排水管道（渠）的一次性投资较大。

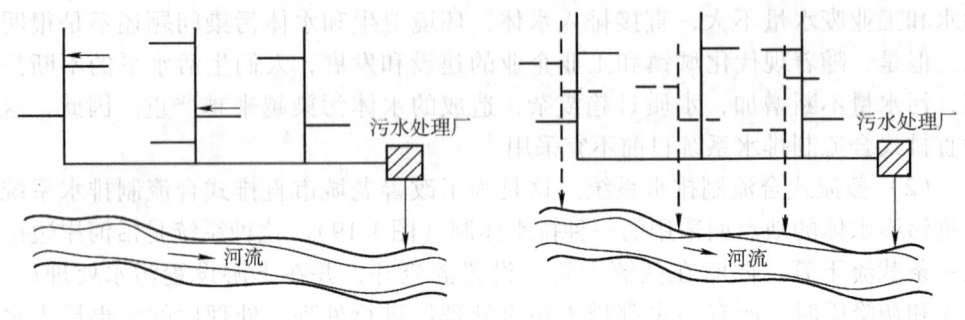

图1-20 完全合流制排水系统　　　　图1-21 完全分流制排水系统

(2) 不完全分流制排水系统 这种体制只有污水排水系统，没有完整的雨水排水系统（图1-22）。各种污水通过污水排水系统送至污水厂，经过处理后排入水体；雨水沿着地面、道路边沟、明渠和小河进入水体。如城镇的地势适宜，不易积水时，在城镇建设初期，可先解决污水的排放问题，待城镇进一步发展后，再建雨水排水系统，最后形成完全分流制排水系统。这样可以节省初期投资，有利于城镇的逐步发展。

还有一种情况称为半分流制排水系统，该种体制既有污水排水系统，又有雨水排水系统。由于初降雨水污染较严重，必须进行处理才能排放，因此在雨水截流干管上设置溢流井或雨水跳越井（见本书10.2），把初降雨水引入污水管道送到污水厂一并处理和利用。这种体制的排水系统，可以更好的保护

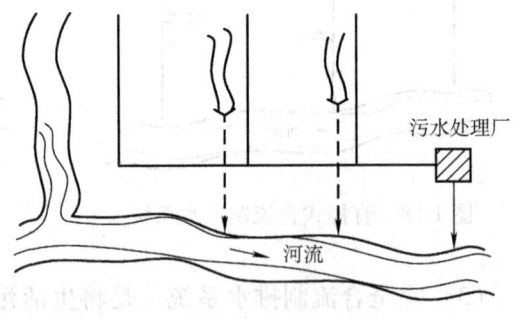

图1-22 不完全分流制排水系统

水环境，但工程费用较大，目前使用不多。在一些工厂由于地面污染较严重，初降雨水也被严重污染，应进行处理才能排放，在这种情况下，可以考虑采用半分流制排水系统（图1-23）。

在工业企业中，一般采用分流制排水系统。然而，由于工业废水的成分和性质很复杂，不但与生活污水不宜混合，而且彼此之间也不宜混合，否则造成污水和污泥处理复杂化，给废水重复利用和有用物质的回收利用造成很大困难。

所以，工业企业多数采用分质分流、清污分流的几种管道系统来分别排除污水。但如生产污水的成分和性质同生活污水类似时，可将生活污水和生产污水用同一管道系统来排除。

在一个城镇中，有时既有分流制，又有合流制，这种体制可称为混合制。该体制一般是在具有合流制的城镇需要扩建排水系统时出现的。

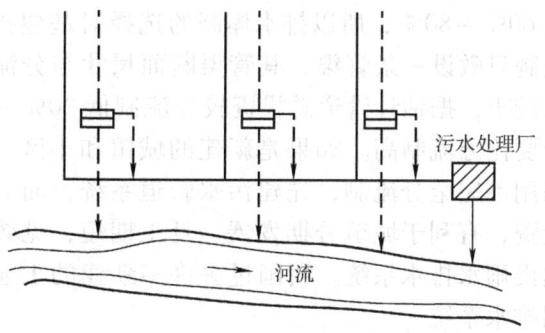

图 1-23　半分流制排水系统

在大城市中，因各区域的自然条件以及修建情况可能相差较大，因地制宜地在各区域采用不同的排水体制也是合理的，如美国的纽约以及我国的上海等城市便是这样形成的混合制排水系统。

合理地选择排水体制，是城镇和小区排水系统设计的重要问题，它不仅从根本上影响排水系统的设计、施工和维修管理，而且对城镇和小区的规划和环境保护影响深远，同时也影响排水系统的工程总投资和初期投资。通常，排水体制的选择，必须符合城镇建设规划，在满足环境保护要求的前提下，根据当地的具体条件，通过技术经济比较决定。

从城镇规划方面看，合流制仅有一条管渠系统，地下建筑相互间的矛盾较小，占地少，施工方便，但这种体制不利于城镇的分期发展。分流制管线多，地下建筑的竖向规划矛盾较大，占地多，施工复杂，但这种体制便于城镇的分期发展。

从环境保护方面看，直排式合流制不符合卫生要求，新建的城镇和小区已不再采用。完全合流制排水系统卫生条件好，有利于环境保护，但工程量大，初期投资大，污水厂的运行管理不便，特别是在目前我国经济实力还不雄厚的情况下，这种体制还暂不能采用。在老城市的改造中，常采用截流式合流制，充分利用原有的排水设施，与直排式相比，减小了对环境的危害，但仍有部分混合污水通过溢流井排入水体，环境污染问题依然存在。分流制排水系统的管线多，但卫生条件较好，虽然初降雨水对水体污染相当严重，但它比较灵活，容易适应社会发展的需要，一般又能符合城镇卫生的要求，所以在国内外得到推荐应用，而且也是城镇排水系统体制发展的方向。不完全分流制排水系统，初期投资少，有利于城镇建设的分期发展，在新建城镇和小区可考虑采用这种体制。半分流制卫生情况比较好，但管渠数量多，建造费用高，一般仅用在地面污染较严重的区域（如某些工业区）采用。

从投资方面看，排水管道工程占整个排水工程总投资的比例很大，一般约占60%～80%，所以排水体制的选择对基建投资影响很大，必须慎重考虑。合流制只敷设一条管渠，其管渠断面尺寸与分流制的雨水管渠相差不大，施工矛盾较小，据估计管道总投资较分流制低20%～40%，但泵站和污水处理厂的造价要比分流制高。如果是新建的城镇和小区，初期投资受到限制时，可以考虑采用不完全分流制，先建污水管道系统，而后再建雨水管道系统，以节省初期投资，有利于城镇分期发展，且工期短，见效快，随着工程建设的发展，逐步建设雨水排水系统。我国过去许多新建的工业小区和居民区均采用不完全分流制排水系统。

从排水系统的管理上看，合流制管道系统在晴天时污水只是部分流，流速较低，容易产生沉淀。据经验，管道中的沉淀物易被暴雨水流冲走，这样，合流制管道系统的维护管理费用可以降低；但是，流入污水厂的水量和水质变化较大，增加了污水厂运行管理的复杂性。而分流制管道系统可以保证管内水流的流速，不致发生沉淀；同时，流入污水厂的水量和水质较合流制变化小得多，污水厂的运行管理易于控制。

总的看来，排水系统体制的选择，应根据城镇和工业企业规划、当地降雨情况、排放标准、原有排水设施、污水处理和利用情况、地形和水体条件等，在满足环境保护要求的前提下，全面规划，考虑远期发展，通过技术经济比较，综合考虑而定。一般情况下，新建的城镇和小区宜采用分流制和不完全分流制；老城镇的城区由于历史原因，一般已采用合流制，要改造成完全分流制难度较大，故在同一城镇内可采用不同的排水体制，旧城区可采用截流式合流制，易改建地区和新建的小区宜采用分流制或不完全分流制；在干旱少雨地区，或街道较窄地下设施较多而修建污水和雨水两条管线有困难的地区，也可考虑采用完全合流制。

思 考 题

1. 试分别说明给水系统和排水系统的功能。
2. 根据用户使用水的目的，通常将给水分为哪几类？
3. 根据废水的性质和来源不同，废水可分为哪些类型？并用实例说明之。
4. 给水排水系统的组成有哪些？各系统包括哪些设施？
5. 给水排水系统各部分的流量是否相同？若不同，又是如何调节的？
6. 水在输送中的压力方式有哪些？各有何特点？
7. 给水排水管道系统有哪些功能？
8. 给水管网系统是由哪些部分组成的？并分别说明各组成部分的作用。
9. 试说明给水管网系统的类型及其特点有哪些？
10. 排水管道系统是由哪些部分组成的？并分别说明各组成部分的作用。
11. 什么是排水系统的体制？并简要说明如何进行体制的选择。

第 2 章
给水排水管道系统规划与布置

2.1 给水排水管道系统规划原则与建设程序

给水排水管道系统规划是城市总体规划工作的重要组成部分，是对水源、供水系统、排水系统的综合优化功能和工程布局进行的专项规划，是城市专业功能规划的重要内容。在城市规划工作中，称为给水排水工程规划。给水排水工程规划必须与城市总体规划相协调，规划内容和深度应与城市规划步骤相一致，充分体现城市规划和建设的合理性、科学性和可实施性。在给水排水工程规划中，又被划分为给水工程专项规划和排水工程专项规划。

2.1.1 给水排水工程规划原则

1. 贯彻执行国家和地方的相关政策和法规

在进行给水排水工程规划时，必须认真贯彻执行国家及地方政府颁布的《中华人民共和国城市规划法》、《中华人民共和国环境保护法》、《中华人民共和国水污染防治法》、《中华人民共和国海洋环境保护法》、《中华人民共和国水法》、《城市供水条例》等法律和法规及《城市给水工程规划规范》、《生活饮用水水源水质标准》、《生活饮用水卫生标准》、《防洪标准》等国家标准与设计规范，它是城市规划和工程建设的指导方针。

2. 给水排水工程规划要服从城镇总体规划

城镇及工业区总体规划中的设计规模、设计年限、功能分区布局、城镇人口的发展、居住区的建筑层数和标准以及相应的水量、水质、水压资料等，是给水排水工程规划的主要依据。

当地农业灌溉、航运、水利和防洪等设施和规划等是水源和排水出路选择的重要影响因素；城镇和工业企业的道路规划、地下设施规划、竖向规划、人防工程规划、防洪工程规划等单向工程规划对给水排水工程的规划设计都有影响，要从全局出发，合理安排，构成城镇建设的有机整体。

3. 城市及工业企业规划时应兼顾给水排水工程

在进行城镇及工业企业规划时应考虑水资源条件，在水资源缺乏的地区，不宜盲目扩大城镇规模，也不应设置用水量大的工厂，水量大的工业企业一般应设在水源比较充沛的地方。

对于采用统一给水系统的城镇，一般在给水厂站附近或地形较低处的建筑层次可以规划的较高些，在远离水厂或地形较高处的建筑层次则宜低些，对于工业企业生产用水量占供水量比例较大的城镇，应把同一性质的工业企业适当集中，或者能把复用水的工业企业规划在一起，以便对相近性质的废水集中处理。

4. 近远期规划与建设相结合

给水排水工程一般要远期规划，而按近期规划进行设计和分期建设。例如，近期给水工程先建一个水源、一条输水管以及树枝状配水管网，远期再逐步发展成多水源、多输水管和环状配水管网；地表水取水构筑物及取水泵房等土建工程如采用分期工程并不经济，故土建工程可按远期规模一次建成，但其内部设备则应按近期所需进行安装，投入使用后再分期安装或扩大；在环境容量许可的前提下，排水管网近期可就近排入水体，远期可采用截流式合流制并运送到污水处理厂进行处理，或近期先建污水与雨水合流排水管网，远期另建污水管网和污水处理厂，实现分流排水体制；排水主干管（渠）一般应按远期设计和建设更经济；给水排水的调节水池并不会随远期供水和排水量同步增大，因为远期水量变化往往较小，如计算远期水池调节容量增加不多，则可按远期设计和建设。

5. 要合理利用水资源和保护环境

给水水源有地表水源和地下水源，在选择前必须对所在地区水资源状况进行认真的勘察、研究，并根据城镇和工业总体规划以及农、林、渔、水、电等各行业用水的需要，进行综合规划、合理开发利用，同时要从供水水质的要求、水文地质及取水工程条件出发，考虑整个给水系统的安全和经济性。

6. 规划方案尽可能经济和高效

在保证技术合理和过程可行性的前提下，努力提高给水排水工程投资效益和降低工程项目的运行成本，必要时进行多方面和多方案比较分析，选择尽可能经济的工程规划方案。

给水排水系统的体系结构对其经济性具有重要影响，对是否采用分区或分质给水或排水及其实施方案，应进行技术经济方案比较，认真论证。给水系统的供水压力应以满足大多数用户要求考虑，而不能根据个别的高层建筑或水压要求较高的工业企业来确定，在规划排水管道系统时，也不能因为局部地区地势低而降低整个管道系统的埋深，因而采取局部加压或提升措施。

2.1.2 给水排水工程规划与建设程序

1. 给水排水工程规划的主要依据和内容

给水排水工程规划应以批准的当地城镇（地区）总体规划为主要依据。给水排水工程规划包括给水水源规划、给水处理厂规划、给水管网规划、排水管道规划、污水处理厂规划和废水排放与利用规划等内容。规划工作的主要任务是：

1) 确定给水排水系统的服务范围和建设规模。
2) 确定水资源综合利用与保护措施。
3) 确定系统的组成与体系结构。
4) 确定给水排水主要构筑物的位置。
5) 确定给水处理及污水处理的工艺流程与水质保证措施。
6) 进行给水排水管网规划和干管布置与定线。
7) 确定污水的处置方案及其环境影响评价。
8) 进行给水排水工程规划的技术经济比较，包括经济、环境和社会效益分析。

给水排水工程规划应以规划文本和说明书的形式进行表达。规划文本应阐述规划编制的依据和原则，确定近远期的用水量和排水量的计算依据和方法，以及对规划内容的分项说明。规划文本应有必要的附图，使规划的内容和方案更加直观、易读。与城市规划步骤一样，给水排水工程规划应从城市总体规划到详细实施方案进行综合考虑，分区、分级进行规划，规划内容应逐级展开和细化，而且应该按近期和远期分别进行，一般近期按5~10年进行规划，远期按10~20年进行规划。

2. 规划设计基础资料的调查

为了很好的完成给水排水工程的规划设计任务，首先应了解、研究规划设计任务书或批准文件的内容，弄清本工程的规划设计范围和具体要求，然后进行翔实的基础资料调查，其工作内容有：

1) 城镇总体规划资料的收集：工业布局、人口规划、公共设施、地下构筑物、交通网络、竖向规划、各专项工程规划等资料的收集。
2) 踏勘：按现状图对建设现场进行实际勘探，了解现状与城市规划的概貌，如流域的高程、坡度、坡向、建筑、道路、水资源及水环境概貌等内容，以便对工程作大体上的估计，并酝酿规划设计方案。
3) 测量：测定规划设计流域面积、分水线、等高线、道路交叉点高程、高地和低地的高程、控制点高程。

4）给水和排水资料的收集：用水量标准、卫生设备情况、工业给水量和工业污水量以及水质情况、现有给水排水系统的情况等资料的收集。

5）气象资料的收集：风向、风速、气温（平均气温、极端最高气温和极端最低气温）、空气湿度、降雨量或当地的雨量公式等资料的收集。

6）水文、地质资料的调查：水体分布、河流流量、流向、水位、潮汐、地下水位、水源的水质、水体环境现状及综合利用规划，以及土质、冰冻深度、土壤承载力和地震等级等资料的调查。

7）人力物力调查：本地区施工力量、建筑材料、电力供应的情况和价格、建筑及安装单位的等级和装备情况等的调查。

给水排水管道系统规划设计所需的资料范围比较广泛，其中有些资料虽然可由建设单位提供，但往往不够完善，个别地方不够准确。为了取得准确、可靠、充分的规划设计基础资料，规划设计人员必须到现场进行实地调查踏勘，必要时还应到提供原始资料的气象、水文、勘测等部门查询，并将收集到的资料进行整理分析、补充完善。

3. 给水排水工程建设程序

给水排水工程建设程序可分为以下几个步骤：

1）提出项目建议书：项目建议书由企业法人经过调查研究后提出，主要是从宏观上来衡量项目建议的必要性，同时初步分析建设的可能性。

2）进行可行性研究：根据批准的项目建议书，对基建项目从经济上、技术上进行可行性论证，从环保方面进行环境影响评价。然后经由计划和环保部门审批，如获批准，按照项目隶属关系，由主管部门组织实施。

3）编制设计文件：可行性研究和环境影响评价报告按规定程序审批后，企业法人通过招投标或其他形式确定设计单位，编制设计文件。由建设单位（称甲方）编制计划任务书，再由设计单位（乙方）根据批准的计划任务书和设计委托书进行工程设计。

4）组织施工：由施工单位（丙方）根据审批的设计图样进行施工，并且由建设单位聘请监理部门进行工程监理。

5）竣工验收、交付使用：工程建成以后交建设单位验收使用。

给水排水管道工程的规划设计可分为三个阶段（初步设计、技术设计、施工图设计）或两个阶段（初步设计或扩大初步设计和施工图设计）进行。大中型项目一般采用两个阶段设计；重大工程或技术复杂而缺乏经验的工程采用三个阶段设计；非常简单的零星工程或进度要求紧迫的工程，在征得有关部门同意后可按一阶段设计，即用设计原则或设计方案代替扩初设计，以工程估算代替工程概算，经有关部门批准后即可进行施工图设计。

初步设计又称方案设计，主要是确定一些重大的原则性问题，以文字形式和简单图表完成设计文件，设计的深度只要能满足审批的需要即可；技术设计根据批准的初步设计进行，是初步设计的具体化，要完成设计图样、设计计算书、说明书，列出设备材料，做出总预算，其设计深度要满足审批、施工图设计及施工前准备工作的需要；扩初设计是初步设计与技术设计合并在一个阶段进行的设计，它比初步设计做的深些，比技术设计做的浅些；施工图设计是根据批准了的技术设计（三阶段设计时）或扩初设计（两阶段设计时）进行，要完成施工图样并能满足施工和安装的要求，要作出修正预算（三阶段设计时）或工程预算（两阶段设计时）。

在给水排水工程的规划设计过程中，往往先拟定出几个方案，通过技术经济比较后，再确定出一个经济合理、安全可靠、技术先进，社会和经济效益好的方案。任何一个设计阶段，都可能有方案的比较和选择的问题，但初步设计或扩初设计阶段，方案的选择尤为重要，它的确定常常需要上级主管部门和相关部门一起参加。

2.2　给水排水工程技术经济分析方法

给水排水工程规划方案的科学性和合理性是技术与经济可行性的综合体现，需要通过技术经济分析来确定最佳规划方案。在技术上可行的方案，有可能在经济上不一定符合当时当地投资能力，而投资最省的方案在技术上又有可能不一定合理。通常，给水排水工程规划要对多个方案进行技术经济分析和计算，选择其中一个经济上节省、技术上可靠的最佳方案。

技术分析的方法主要有数学分析法和方案比较法。数学分析法是将工程方案构成工程费用最小化数学模型，以经济性作为目标函数，而将工程技术要求作为约束条件，据此建立目标函数和约束条件的表达式，通过数学最优化求解计算，使目标函数达到最优解。一般情况下，给水排水工程规划是一个比较复杂的系统工程，建立数学模型比较困难，往往通过多方案的技术经济比较，从有限个方案中寻求经济效果最佳者，称为方案比较法，或称对比分析法。对于用数学模型可以完整表达的给水或排水管道系统，数学分析法的应用也已日益普及，而对给水或排水工程整体系统，仍然常采用方案比较法。

建设项目和工程规划方案的技术经济分析是在技术上满足工程建设目标的条件下，计算方案的经济费用。在给水排水工程项目中，通常采用工程项目的年计算费用值来表达，即年平均费用值最低的工程方案为最佳方案。其分析方法有静态分析法和动态分析法两种。

2.2.1 静态分析法

工程项目费用一般是由建设投资费用和运行费用之和构成,静态分析法就是计算出静态年计算费用值,静态年计算费用可用下式表达

$$W = \frac{1}{T}C + Y \tag{2-1}$$

式中　W——年计算费用(元/a);
　　　C——工程项目投资额(元);
　　　T——投资偿还期(a),一般由项目的性质和投资来源情况确定;
　　　Y——年运行费,元/a。

静态分析方法比较简捷易行,节省时间,能够较快的得出结论。但其中的投资偿还期具有多方面的影响因素,确定比较困难,而且年计算费用中不能反映资金的时间价值因素,经济概念不够清晰,在商品经济环境中,显得不够符合经济规律。所以只在制定规划的阶段,要求精确度不高时采用。

2.2.2 动态分析法

动态分析法又称动态年计算费用法,就是针对不同时间的经济因素的变化,对项目在一定时期内发生的投资、运行成本等费用折算成当前的现值作为经济比较的指标,称为折现计算。特别是在工程项目分期投资实施的情况下,如何分期才能使项目的经济效益最佳,应采用动态计算法进行多种规划方案和分期投资方案的比较。

动态评价方法,考虑了资金的时间因素,能够比较确切地反映客观经济发展变化的状况,在国内外得到了广泛的应用。国家计划委员会关于可行性研究问题的通知中规定,在可行性研究中,对建设项目的经济评价要进行静态和动态分析,并且以动态分析的结果为主。

投资资金的时间价值计算通常采用复利法,常用的计算公式如下:

1)当资金的现值为P,利率为$i\%$,则n年后的资金终值F为

$$F = (1 + i\%)^n P \tag{2-2}$$

2)因此,当已知资金的终值为F,则现值P为

$$P = \alpha F = \frac{F}{(1 + i\%)^n} \tag{2-3}$$

式中　α——折现系数。

将资金的终值折算为现值称为贴现,其相应的利率称为贴现率。

3)当资金现值为P,利率为$i\%$,设在n年内各年平均分摊资金现金A,则各年分摊资金现值的计算方法如下

$$第一年 \quad A_1 = \frac{A}{(1+i\%)}$$

$$第二年 \quad A_2 = \frac{A}{(1+i\%)^2} \tag{2-4}$$

……

$$第 n 年 \quad A_n = \frac{A}{(1+i\%)^n}$$

为保证资金现值 P 得到回收，则有

$$\begin{aligned} P &= \sum (A_1 + A_2 + \cdots A_n) \\ &= \sum \left[\frac{A}{(1+i\%)} + \frac{A}{(1+i\%)^2} + \cdots + \frac{A}{(1+i\%)^n} \right] \\ &= \frac{(1+i\%)^n - 1}{i\%(1+i\%)^n} A \end{aligned} \tag{2-5}$$

亦即

$$A = \theta P = \frac{i\%(1+i\%)^n}{(1+i\%)^n - 1} P \tag{2-6}$$

式中 θ——资金回收系数，表示资金现金在 n 年内每年平均分摊的份额。

由此可见，动态分析法计算工程费用更能反映项目经济效益的真实性。因此，工程项目的年计算费用即为上述的年平均分摊资金额与项目年运行费用之和，即

$$W = \theta C + Y = \frac{i\%(1+i\%)^T}{(1+i\%)^T - 1} C + Y \tag{2-7}$$

【例 2-1】 某排水工程项目建设投资为 8800 万元，年运转费用为 260 万元/年，求：（1）投资偿还期为 20 年的静态年计算费用值；（2）利率为 5.58%，还款期为 20 年的动态年计算费用值。

【解】（1）静态年计算费用值为

$$W = \left(\frac{8800}{20} + 260 \right) 万元/a = 700 \text{ 万元}/a$$

（2）动态年计算费用值

$$W = \left[\frac{0.058 \times (1+0.0558)^{20}}{(1+0.0558)^{20} - 1} \times 8800 + 260 \right] 万元/a = 1001.27 \text{ 万元}/a$$

2.3 给水管网系统规划布置

给水管网系统是由输水系统和配水系统两大部分组成的，它是保证输水到给水区内并且配水到所有用户的全部设施。它包括输水管渠、配水管网、泵站

水塔和水池等。输水管渠是指从水源到城镇水厂或从城镇水厂到供水区域的管线或渠道,它中途一般不接用户,主要起转输水的作用;配水管网就是将输水管渠送来的水,输送到各用水区并分配到各用户的管道系统。对输水和配水系统的总的要求是:供给用户所需的水量、保证配水管网足够的水压、保证不间断供水。

2.3.1 给水管网布置原则

给水管网的规划布置应符合下列基本原则:

1)按照城市总体规划,结合当地实际情况布置给水管网,并进行多方案技术经济比较。

2)管线应均匀地分布在整个给水区域内,保证用户有足够的水量和水压,并保持输送的水质不受污染。

3)力求以最短距离敷设管线,并尽量减少穿越障碍物等,以节约工程投资与运行管理费用。

4)必须保证供水安全可靠,当局部管线发生故障时,应保证不中断供水或尽可能缩小断水的范围。

5)尽量减少拆迁,少占农田或不占农田。

6)管渠的施工、运行和维护方便。

7)规划布置时应远近期相结合,考虑分期建设的可能性,并留有充分的发展余地。

给水管网的规划布置主要受给水区域下列因素影响:地形起伏情况;天然或人为障碍物及其位置;街道情况及其用户的分布情况,尤其是大用户的位置;水源、水塔、水池的位置等。

2.3.2 给水管网布置的基本形式

尽管给水管网布置受上述原则和影响因素的制约,其形状有各种各样,但不外乎两种基本形式:树状管网和环状管网,如图2-1和图2-2所示。

树状管网:因管网布置成树枝状而得名。随着从水厂泵站或水塔到用户管线的延伸,其管径越来越小。显而易见,树状网的供水可靠性较差,因为管网中的任一段管线损坏时,在该管线以后的所有管线就会断水。另外,在树状网的末端,因用水量已经很小,管中的水流缓慢,甚至停滞不流动,因此水质容易变坏。但这种管网的总长度较短,构造简单,投资较省。因此最适用于小城镇和小型工矿企业采用,或者在建设初期采用树状管网,待以后条件具备时,再逐步发展成环状管网。

环状管网:这种管网中管线间连接成环状,当任一段管线损坏时,可以关闭附近的阀门，与其余的管线隔开，然后进行检修，水还可从另外管线供应用户，断水的地区可以缩小，从而增加供水可靠性。环状网还可以大大减轻因水锤作用产生的危害，而在树状管网中，则往往因此而使管线损坏。但是，环状管网管线总长度较大，建设投资明显高于树状管网。环状管网使用于对供水连续性、安全性要求较高的供水区域，一般在大、中城镇和工业企业中采用。

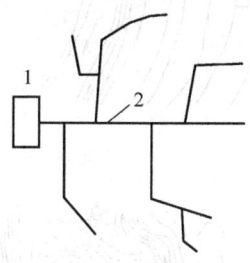
图 2-1　树状管网
1—二级泵站　2—管网

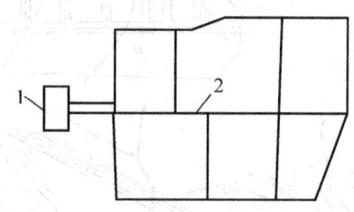
图 2-2　环状管网
1—二级泵站　2—管网

一般在城镇建设初期可采用树状网，以后随着供水事业的发展逐步连成环状网。实际上，现有城市的给水管网，多数是将树状网和环状网结合起来。在城市中心地区，布置成环状网，在郊区则以树状网形式向四周延伸。供水可靠性要求较高的工矿企业须采用环状网，并用树状网或双管输水至个别较远的车间。

给水管网规划布置方案直接关系到整个给水工程投资的大小和施工的难易程度，并对今后供水系统的安全可靠运行和经营管理等有较大的影响。因此，在进行给水管网具体规划布置时，应深入调查研究，充分利用资料，对多个可行的布置方案进行技术经济比较后再加以确定。

2.3.3　给水管网定线

给水管网定线是指在地形平面图上确定管线的位置和走向。定线时一般只限于管网的干管以及干管的连接管，不包括从干管到用户的分配管和接到用户的进水管。

1. 城镇给水管网

由于城镇给水管线一般敷设在街道下，就近供水给两侧用户，所以管网的形状常随城镇的总平面布置图而定。如图 2-3 所示，图中实线表示干管，管径较大，用以输水到各地区。虚线表示分配管，它的作用是从干管取水供给用户和消火栓，管径较小，常由城市消防流量决定所需最小的管径。

城镇给水管网定线取决于城镇平面布置，供水区的地形，水源和调节构筑物位置，街区和用户特别是大用户的分布，河流、铁路、桥梁的位置等。定线时可按以下步骤和要点进行：

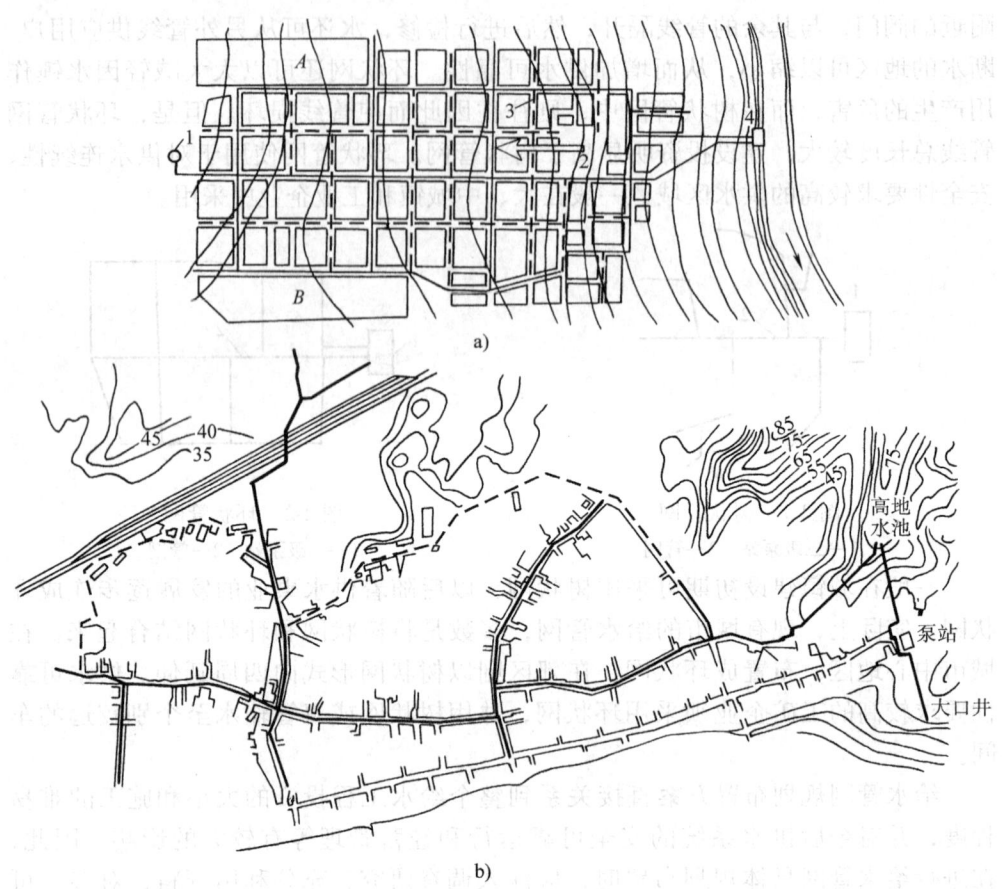

图 2-3 城镇给水管网布置
a) 干管和分配管布置 b) 某城镇干管布置
1—水塔 2—干管 3—分配管 4—水厂 A、B—工业区

定线时干管的延伸方向应与水源（二级泵站）、输水管渠、水池、水塔、大用户的水流方向基本一致。随水流方向以最短的距离布置一条或数条干管，干管位置应从用水量较大的街区通过。干管的间距，一般为 500～800m 左右。从经济上来说，给水管网的布置采用一条干管接出许多支管形成树状网，费用最省，但从供水可靠性着想，以布置几条接近平行的干管并形成环状网为宜。所以应在干管与干管之间的适当位置设置连接管以形成环状管网。连接管的作用在于局部管线损坏时，可以通过它重新分配流量，从而缩小断水范围，提高供水管网系统的可靠性。连接管之间的间距一般在 800～1000m 左右。干管与干管、连接管与连接管间距的大小，主要取决于供水区域大小和要求，一般是在保证供水要求的前提下，干管和连接管的数量尽量减少，以节省投资。

干管一般按城镇规划道路定线，尽量避免在高级路面或重要道路下通过，以减少以后检修时的困难。管线在道路下的平面位置和标高，应符合城镇或厂区地下管线综合设计的要求，给水管线与构筑物、铁路以及其他管道的水平净距，均应参照有关规定。

在供水范围内的道路下还需敷设分配管，以便把干管的水送到用户和消火栓，最小分配管直径为100mm，大城市采用150~200mm，主要原因是使通过消防流量时分配管中的水头损失不致过大，以免火灾地区的水压过低。

接户管一般连接于分配管上，以将水接入用户的配水管网。一般每一用户设一条接户管，重要或用水量较大的用户可采用两条或数条，并由不同方向接入，以增加供水的可靠性。

为了保证给水管网的正常运行以及消防和管网的维修管理工作，管网上必须安装各种必要的附件，如阀门、消防栓、排气阀和泄水阀等。阀门是控制水流、调节流量和水压的重要设备，阀门的布置应能满足故障管段的切断需要，其位置可结合连接管或重要支管的节点位置；消防栓易设在使用方便、明显易见之处，如路口、道边等位置。

在干管的高处应装设排气阀，用以排除管中积存的空气，减少水流阻力；当管线损坏出现真空时，空气可经该阀门进入水管。在管线低处和两阀门之间的低处，应装设泄水管，管上须安装阀门，用来在检修时放空管内积水或平时用来排除管内的沉积物。泄水管及泄水阀布置应考虑排水的出路

考虑了上述要求，城镇管网将是树状网和若干环组成的环状网相结合的形式，管线大致均匀地分布于整个给水区域内。

2. 工业企业管网

工业企业管网定线的原则与城镇管网大致相同，但工业企业管网的布置根据企业的性质不同也有它自己的特点。大型工业企业的各车间用水量一般较大，生产用水管网不像城镇给水管网那样易于划分干管和分配管，所以定线和计算时都要加以考虑。

根据企业内的生产用水和生活用水对水质和水压的要求，两者可以合用一个管网，或者可按水质或水压的不同要求分建两个管网，即使是生产用水，由于各车间对水质和水压的要求不完全一样，因此，在同一工业企业内，往往根据水质和水压要求，分别布置管网，形成分质、分压的管网系统。消防用水管网通常不单独设置，而是由生活或生产给水管网供给消防用水。

工业企业内的管网定线比城镇管网简单，因为厂区内车间位置明确，车间用水量大且比较集中，易于做到以最短的管线到达用水量大的车间的要求。但是，由于某些工业企业有许多地下建筑物和管线，地面上又有各种运输设施，这种情况下，管线定线就比较困难。

2.3.4 输水管渠定线

输水管渠线路的选择,涉及城乡工农业诸方面的问题,线路选择的合理与否,对工程投资、建设周期、运行和管理等均产生直接影响,尤其对跨流域、远距离输水工程的影响将会更大,因此必须全面考虑,慎重选定。

当水源、水厂和配水区的位置较近时,输水管渠的定线问题并不突出。但是由于城镇需水量的快速增长,以及环境污染的日趋严重,为了从水量充沛、水质良好、便于防护的水源地取水,就须有几十千米甚至几百千米以外取水的远距离输水管渠,定线就比较复杂。例如,天津的最高日流量为 300 万 m^3、输水距离达 234km 的引滦入津工程;上海黄浦江上游引水工程;秦皇岛、邯郸的数十千米的输水工程等。这些工程技术相当复杂,投资也很大。

输水管渠在整个给水系统中是很重要的。它的一般特点是距离长,因此与河流、高地、交通路线等的交叉较多。多数情况下,输水管渠定线时,缺乏现成的地形平面图可以参照。如有地形图时,应先在图上初步选定几种可能的定线方案,然后到现场沿线踏勘了解,从投资、施工、管理等方面,对各种方案进行技术经济比较后再做决定。缺乏地形图时,则需在踏勘选线的基础上,进行地形测量,绘出地形图,然后在图上确定管线位置。

输水管渠定线时,必须与城市建设规划相结合,尽量缩短线路长度,减少拆迁,少占农田或不占农田,以利于管渠施工和运行维护,保证供水安全;应选择最佳的地形和地质条件,尽量沿现有道路定线,以便施工和检修;减少与铁路、公路和河流的交叉;管线避免穿越滑坡、岩层、沼泽、高地下水位和河水淹没与冲刷地区,以降低造价和便于管理。

当输水管渠定线时,经常会遇到山嘴、山谷、山岳等障碍物以及穿越河流和干沟等。这时应考虑:在山嘴地段是绕过山嘴还是开凿山嘴;在山谷地段是延长路线绕过还是用倒虹管穿过;遇独山时是从远处绕过还是开凿隧洞通过;穿越河流或干沟时是用过河管还是倒虹管等。即使在平原地带,为了避开工程地质不良地段或其他障碍物,也须绕道而行或采取有效措施穿过。

为保证安全用水,可以用一条输水管渠而在用水区附近建造水池进行流量调节,或者采用两条输水管渠。输水管渠条数主要根据输水量、事故时需保证的用水量、输水管渠长度、当地有无其他水源和用水量增长情况而定。供水不许间断时,输水管渠一般不宜少于两条。当输水量小、输水管长或有其他水源可以利用时,可考虑单管渠输水另加调节水池的方案。

为避免输水管渠局部损坏时,输水量降低过多,可在平行的两条或三条输水管渠之间设置连接管和阀门,以缩小事故检修时的断水范围。

输水管敷设应有一定的坡度,输水管的最小坡度应大于 $1:5D$ (D 为管径,以 mm 计)。输水管线坡度小于 1:1000 时，应每隔 0.5~1.0km 装设排气阀。即使在平坦地区，埋管时也应做成上升和下降的坡度，以便在管坡顶点设排气阀，管坡低处设泄水阀。排气阀一般以每千米设一个为宜，在管线起伏处应适当增设。管线埋深应按当地条件决定，在严寒地区敷设的管线应注意防止冰冻。

图 2-4 为输水管渠的平面和纵断面图。

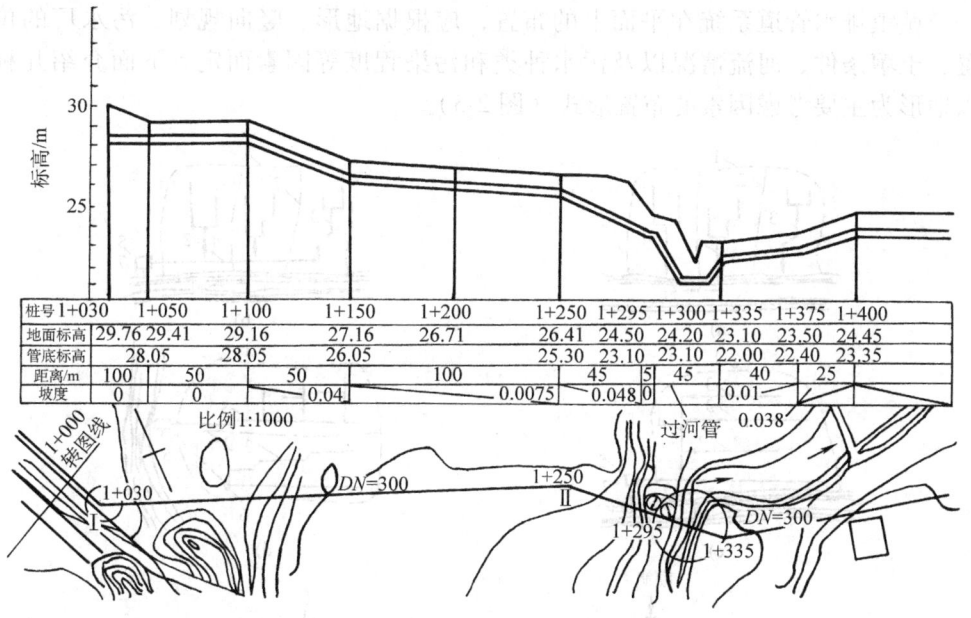

图 2-4　输水管平面和纵断面图

2.4　排水管道系统规划布置

2.4.1　排水管道系统布置原则

1）按照城市总体规划，结合当地实际情况布置排水管道，并对多方案进行技术经济比较。

2）首先确定排水区界、排水流域和排水体制，然后布置排水管道，应按从主干管、干管、支管的顺序进行布置。

3）充分利用地形，尽量采用重力流排除污水和雨水，并力求使管线最短和埋深最小。

4）协调好与其他地下管线和道路等工程的关系，考虑好与企业内部管网的衔接。

5）规划时要考虑到使管渠的施工、运行和维护方便。

6) 规划布置时应远近期相结合，考虑分期建设的可能性，并留有充分的发展余地。

2.4.2 排水管道系统布置形式

1. 城镇排水管道系统的布置形式

城镇排水管道系统在平面上的布置，应根据地形、竖向规划、污水厂的位置、土壤条件、河流情况以及污水种类和污染程度等因素而定。下面介绍几种以地形为主要考虑因素的布置形式（图2-5）。

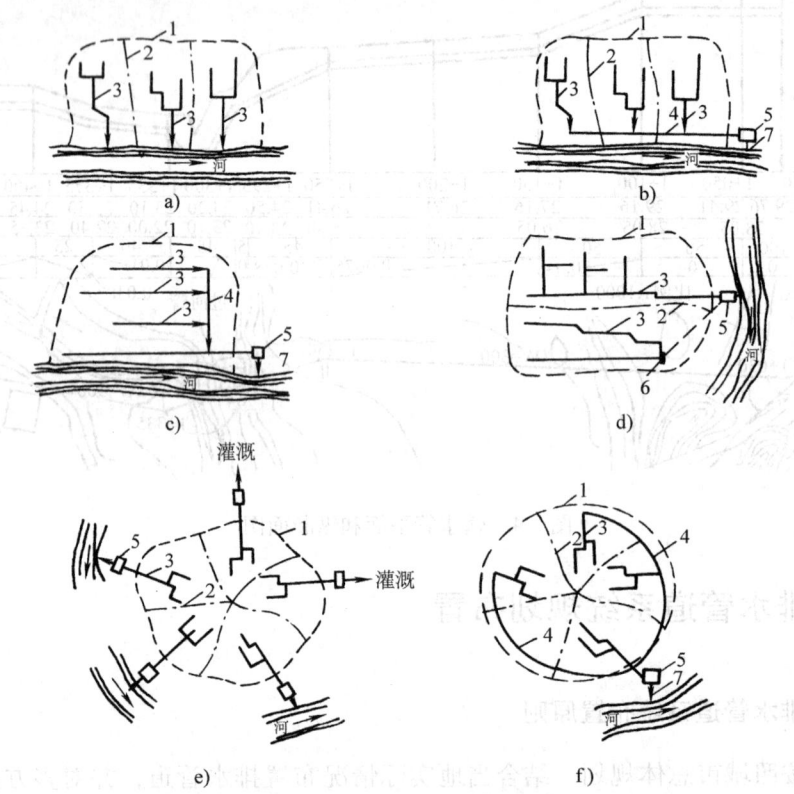

图2-5　城镇排水管道系统布置形式
a) 正交式　b) 截流式　c) 平行式　d) 分区式　e) 分散式　f) 环绕式
1—城镇边界　2—排水流域分界线　3—干管　4—主干管
5—污水厂　6—泵站　7—出水口

在地势向水体适当倾斜的地区，各排水流域的干管可以最短距离沿与水体垂直相交的方向布置，这种布置也称正交式布置（图2-5a）。正交布置的干管长度短，管径小，因而较经济，污水和雨水排出也迅速，这种布置形式多用于原老城市合流制排水系统。但由于污水未经处理就直接排放，会使水体遭受严重污染，影响环境。因此，在现代城镇中，这种布置形式仅用于排除雨水。若沿低边再敷设主干管，并将各干管的污水截流送至污水厂，这种布置形式称截流式布置（图2-5b），所以截流式是正交式发展的结果。截流式布置对减轻水体污染，改善和保护环境有重大作用。它适用于分流制排水系统，将生活污水、工业废水及初降雨水经处理后排入水体；也适用于区域排水系统，区域主干管截流各城镇的污水送到区域污水厂进行处理。

在地势向河流方向有较大倾斜的地区，为了避免因干管坡度过大而导致管内流速过大，使管道受到严重冲刷或跌水井过多，可使干管与等高线及河道基本上平行，主干管与等高线及河道成一倾斜角敷设，这种布置也称平行式布置（图2-5c）。

在地势高低相差很大的地区，当污水或雨水不能靠重力流至污水厂或出水口时，可采用分区布置形式（图2-5d）。这时，可分别在高地区和低地区敷设独立的管道系统。高地区的污水或雨水靠重力流直接流入污水厂或出水口，而低地区的污水或雨水用水泵抽送至高地区污水厂或干管。这种布置只能用于个别阶梯地形或起伏很大的地区，它的优点是能充分利用地形排水，节省电力。

当城镇中央部分地势高，且向周围倾斜，四周又有多处排水出路时，各排水流域的干管常采用辐射状分散布置（图2-5e），各排水流域具有独立的排水系统。这种布置具有干管长度短，管径小，管道埋深浅，便于污水灌溉等优点，但污水厂和泵站（如需设置时）的数量将增多。在地势平坦的大城市，采用辐射状分散布置可能是比较有利的，如上海等城市便采用了这种布置形式。近年来，由于建造污水厂用地不足以及建造大型污水厂的基建投资和运行管理费用也较建造小型污水厂经济等原因，故不希望建造数量多规模小的污水厂，而倾向建造规模大的污水厂。所以，可沿四周布置主干管，将各干管的污水截流送往污水厂集中处理（雨水就近排入水体），这样就由分散式发展成环绕式布置（图2-5f）。

由于各城市地形差异很大，大中城市不同区域的地形条件也不相同，排水管道的布置要紧密结合各区域地形的特点和排水体制进行，同时要考虑排水管渠流动的特点，即大流量干管坡度小，小流量支管坡度大。实际工程往往结合上述几种布置形式，构成丰富的具体布置形式。

2. 区域排水系统

区域是按照地理位置、自然资源和社会经济发展情况划定的，这种规划可以在一个更大范围内统筹安排经济、社会和环境的发展关系。区域规划有利于对污水的所有污染源进行全面规划和综合整治以及水污染防治，有利于建立区域（或称流域）性排水系统。

将两个以上城镇地区的污水统一排除和处理的系统，称做区域（或流域）

排水系统。这种系统是以一个大型区域污水厂代替许多分散的小型污水厂,这样就能降低污水厂的基建和运行管理费用,而且能可靠地防止工业和人口稠密地区的地面水污染,改善和保护环境。实践证明,生活污水和工业废水的混合治理效果以及控制的可靠性,大型区域污水厂比分散的小型污水厂要高。所以,区域排水系统由局部单项治理发展至区域综合治理,是控制水污染、改善和保护环境的新发展。要解决好区域综合治理,应运用系统工程学的理论和方法以及现代计算技术和控制理论,对复杂的各种因素进行系统分析,建立各种模拟试验和数学模式,寻找污染控制的设计和管理的最优化方案。

图 2-6 为某地区的区域排水系统平面示意图。全区有六座已建和新建城镇,在已建的城镇中均分别建了污水厂。按区域排水系统的规划,废除了原建成的各城镇污水厂,用一个区域污水厂处理全区域排出的污水,并根据需要设置了泵站。

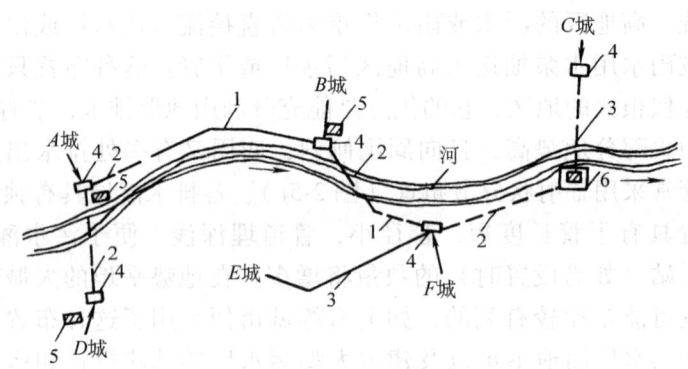

图 2-6 区域排水系统平面示意图
1—区域干管 2—压力管道 3—新建城市污水干管
4—泵站 5—废除的城镇污水厂 6—区域污水厂

区域排水系统在欧美、日本等一些国家,正在推广使用。它具有:①污水厂数量少,处理设施大型化,每单位水量的基建和运行管理费用低,因而经济;②污水资源利用与污水排放的体系合理化,而且可能形成统一的水资源管理体系等方面的优点。但是,它也具有:①当排入大量工业废水时,有可能使污水处理发生困难;②工程设施规模大,造成运行管理困难,而且一旦污水处理厂运行管理不当,对整个河流影响较大;③因工程设施规模大,就有发挥效益慢等方面的缺点。

2.4.3 污水管道系统布置

污水管道系统布置的主要内容有:确定排水区界,划分排水流域;选择污水厂出水口的位置;拟定污水主干管及干管的路线;确定需要提升的排水区域和设置泵站的位置等。平面布置的正确合理,可为设计阶段奠定良好基础,并使整个排水系统投资节省。

1. 确定排水区界、划分排水流域

污水排水系统设置的界限为排水区界。它是根据城市规划的设计规模确定的。一般情况下,凡是卫生设备设置完善的建筑区都应布置污水管道。

在排水区界内,一般根据地形划分为若干个排水流域。在丘陵和地形起伏的地区,流域的分界线与地形的分水线基本一致,由分水线所围成的地区即为一个排水流域。在地形平坦无显著分水线的地区,应使主干管在最大埋深的情况下,让绝大部分污水自流排出。如有河流或铁路等障碍物贯穿,应根据地形情况、周围水体情况及倒虹管的设置情况等,通过方案比较,决定是否分为几个排水流域。每一个排水流域应有一根或一根以上的干管,根据流域高程情况,就能确定干管水流方向和需要污水提升的地区。

图 2-7 表示某市排水流域的划分。该市被河流划分为 4 个区域,根据自然地形,划分为 4 个排水流域。每个流域内有一条或若干条干管,Ⅰ、Ⅲ两流域形成河北排水区,Ⅱ、Ⅳ两流域形成河南排水区,两排水区的污水分别进入各区的污水厂,经处理后排入河流。

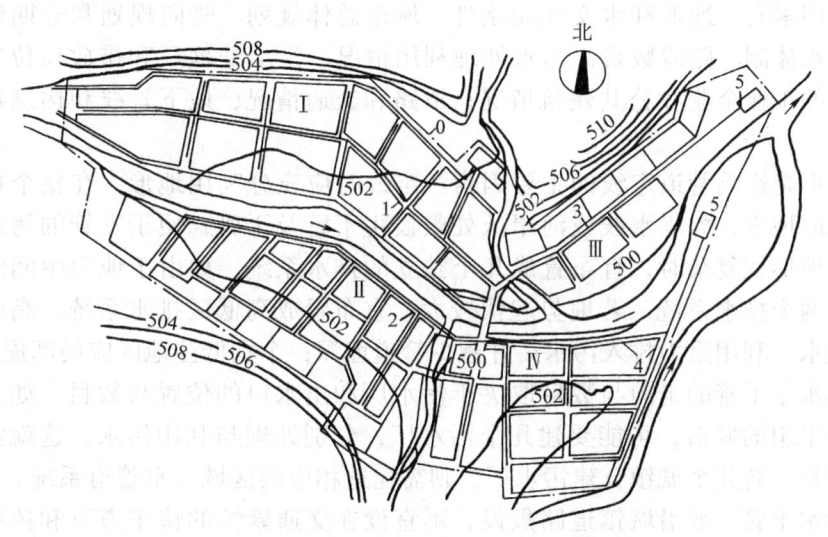

图 2-7 某市排水流域的划分及污水管道平面布置
0—排水区界　Ⅰ、Ⅱ、Ⅲ、Ⅳ—排水流域编号
1、2、3、4—各排水流域干管　5—污水处理厂

2. 污水厂和出水口位置的选定

现代化的城镇,需将各排水流域的污水通过主干管送到污水厂,经处理后再排放,以保护受纳水体。因此,在污水管道系统的布置时,应遵循以下原则

选定污水厂和出水口的位置。

1) 出水口应位于城市河流的下游。

2) 出水口不应设回水区，以防回水区的污染。

3) 污水厂要位于河流的下游，并与出水口尽量靠近，以减少排放渠道的长度。

4) 污水厂应设在城镇夏季主导风向的下风向，并与城镇、工矿企业以及郊区居民点保持300m以上的卫生防护距离。

5) 污水厂应设在地质条件较好，不受雨洪水威胁的地方，并有扩建的余地。

综合考虑以上原则，在取得当地卫生和环保部门同意的条件下，确定污水厂和出水口的位置。

3. 污水管道的布置与定线

污水管道平面布置，一般按主干管、干管、支管的顺序进行。在总体规划中，只决定污水主干管、干管的走向与平面位置。在详细规划中，还要决定污水支管的走向及位置。

在进行定线时，要在充分掌握资料的前提下综合考虑各种因素，使拟定的路线能因地制宜的利用有利条件，避免不利条件。通常影响污水管道平面布置的主要因素有：地形和水文地质条件；城市总体规划、竖向规划和分期建设情况；排水体制、路线数目；污水处理利用情况、污水处理厂和排放口位置；排水量大的工业企业和公共建筑情况；道路和交通情况；地下管线和构筑物的分布情况。

地形是影响管道定线的主要因素。定线时应充分利用地形，在整个排水区域较低的地方，如集水线或河岸低处敷设主干管及干管，便于支管的污水自流接入。地形较复杂时，宜布置成几个独立的排水系统，如由于地表中间隆起而布置成两个排水系统。若地势起伏较大，宜布置成高低区排水系统，高区不宜随便跌水，利用重力排入污水厂并减少管道埋深；个别低洼地区应局部提升。

污水主干管的走向与数目取决于污水厂和出水口的位置与数目。如大城市或地形平坦的城市，可能要建几个污水厂，分别处理与利用污水，这就需设几个主干管。若几个城镇合建污水厂，则需建造相应的区域污水管道系统。

污水干管一般沿城镇道路敷设，不宜设在交通繁忙的快车道下和狭窄的道路下，也不宜设在无道路的空地上，而通常设在污水量较大或地下管线较少一侧的人行道、绿化带或慢车道下。道路宽度超过40m时，可考虑在道路两侧各设一条污水管，以减少连接支管的数目以及与其他管道的交叉，并便于施工、检修和维护管理。污水干管最好以排放大量工业废水的工厂（或污水最大的公共建筑）为起端，除了能较快发挥效用外，还能保证良好的水力条件。某城市污水管道布置如图2-7所示。

污水支管的平面布置取决于地形及街区建筑特征,并应便于用户接管排水。当街区面积较小而街区污水管道可采用集中出水方式时,街道支管敷设在服务街区较低侧的街道下,如图2-8a所示,称低边式布置;当街区面积较大且地形平坦时,宜在街区四周的街道敷设污水支管,如图2-8b所示,建筑物的污水排出管可与街道支管连接,称周边式;当街区已按规定确定,街区内的污水管道已按各建筑物的需要设计,组成一个系统时,可将该系统穿过其他街区并与所穿过的街区的污水管道相连接,如图2-8c所示,称为穿坊式布置。

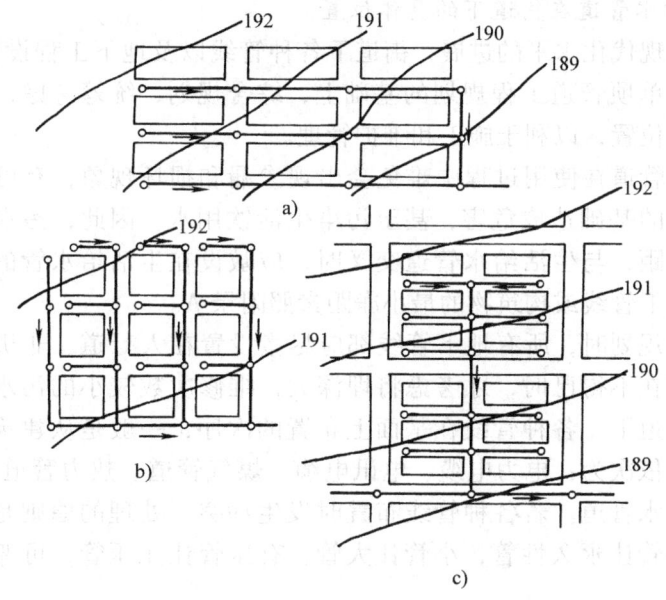

图2-8 污水支管的平面布置
a) 低边式 b) 周边式 c) 穿坊式

4. 确定污水管道系统的控制点和泵站的设置地点

控制点是指在污水排水区域内,对管道系统的埋深起控制作用的点。各条干管的起点一般都是这条管道的控制点。这些控制点中离出水口最远最低的点,通常是整个管道系统的控制点。具有相当深度的工厂排出口也可能成为整个管道系统的控制点,它的埋深影响整个管道系统的埋深。

确定控制点的管道埋深,一方面应根据城市的竖向规划,保证排水区域内各点的污水都能自流排出,并考虑发展留有适当的余地;另一方面,不能因照顾个别点而增加整个管道系统的埋深。对于这些点,应采取加强管材强度,填土提高地面高程以保证管道所需的最小覆土厚度,设置泵站提高管位等措施,以减小控制点的埋深,从而减小整个管道系统的埋深,降低工程造价。

在排水管道系统中,当管道的埋深超过最大允许埋深时,应设置泵站以提高下游管道的管位,这种泵站称为中途泵站;当地形起伏较大时,往往需要将地势较低处的污水抽升至地势较高地区的污水管道中,这种抽升局部地区污水的泵站称为局部泵站;污水管道系统终点的埋深一般都很大,而污水厂的第一个处理构筑物埋深较浅,或设在地面以上,这时需要将管道系统输送来的污水抽升到第一个处理构筑物中,这种泵站称为终点泵站或总泵站。泵站设置的具体位置,应综合考虑环境卫生、地址、电源和施工条件等因素,并征得规划、环保、城建等部门的许可。

5. 确定污水管道在街道下的具体位置

随着城镇现代化水平的进展,街道下各种管线以及地下工程设施越来越多,这就需要在各单项管道工程规划的基础上,综合规划,统筹考虑,合理安排各种管线的空间位置,以利于施工和维护管理。

由于污水管道在使用过程中难免会出现渗漏和损坏现象,有可能对附近建筑物和构筑物的基础造成危害,甚至污染生活饮用水。因此,污水管道与建筑物应有一定间距,与生活给水管道交叉时,应敷设在生活给水管的下面。污水管道与其他地下管线或构筑物的最小净距参照附录 A。

管线综合规划时,所有地下管线都应尽量设置在人行道、非机动车辆和绿化带下,只有在不得已时,才考虑将埋深大,维修次数较小的污水、雨水管道布置在机动车道下。各种管线在平面上布置的次序,一般是从建筑规划线向道路中心线方向依次为:电力电缆、电讯电缆、煤气管道、热力管道、给水管道、雨水管道、污水管道。若各种管线布置时发生冲突,处理的原则是:未建让已建的,临时性管让永久性管,小管让大管,有压管让无压管,可弯管让不可弯管。

在地下设施较多的地区或交通极为繁忙的街道下,可把污水管道与其他管线集中设置在隧道(管廊)中,但雨水管道应设在隧道外,并与隧道平行敷设。

图 2-9 为某市街道下地下管线布置实例(图中尺寸以 m 计)。

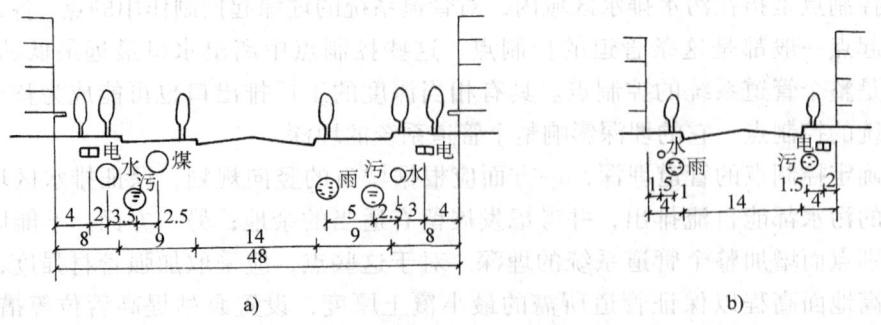

图 2-9 某市街道地下管线布置
a) 双侧布置 b) 单侧布置

2.4.4 雨水管渠系统布置

城市雨水管渠系统的布置与污水管道系统的布置相近,但也有自己的特点。雨水管渠规划布置的主要内容有:确定排水流域与排水方式,进行雨水管渠的定线;确定雨水泵房、雨水调节池、雨水排放口的位置。

雨水管渠系统的布置,要求使雨水能顺畅及时地从城镇和厂区内排出去。一般可从以下几个方面进行考虑:

1)充分利用地形,就近排入水体。规划雨水管线时,首先按地形划分排水区域,进行管线布置。根据分散和直接的原则,尽量利用自然地形坡度,多采用正交式布置,以最短的距离重力流排入附近的池塘、河流、湖泊等水体中。只有当水体位置较远且地形较平坦或地形不利的情况下,才需要设置雨水泵站。一般情况下,当地形坡度较大时,雨水干管宜布置在地形低处或溪谷线上。当地形平坦时,雨水干管宜布置在排水流域的中间,以便尽可能扩大重力流排出雨水的范围。

2)根据街区及道路规划布置雨水管道。通常应根据建筑物的分布、道路的布置以及街坊或小区内部的地形、出水口的位置等布置雨水管道,使街坊和小区内大部分雨水以最短距离排入雨水管道。道路边沟最好低于相邻街区地面标高,尽量利用道路两侧边沟排除地面径流。雨水管渠应平行与道路敷设,宜布置在人行道或草地下,不宜设在交通量大的干道下。当路宽大于40m时,应考虑在道路两侧分别设置雨水管道。雨水干管的平面和竖向布置应考虑与其他地下管线和构筑物在相交处相互协调,以满足其最小净距的要求。

3)合理布置雨水口,保证路面雨水顺畅排除。雨水口的布置应根据地形和汇水面积确定,以使雨水不至漫过路口。一般在道路交叉口的汇水点、低洼地段均应设置雨水口。此外,在道路上每隔25~50m也应设置雨水口。道路交叉口雨水口的布置如图2-10所示。

4)采用明渠和暗渠相结合的形式。在城市市区,建筑密度较大、交通频繁地区,应采用暗管排除雨水,尽管造价高,但卫生情况好,养护方便,不影响交通;在城市郊区或建筑密度低、交通量小的地方,可采用明渠,以节省工程费用,降低造价。在地形平坦、深埋和出水口深度受限制的地区,可采用暗渠(盖板明渠)排除雨水。

5)出水口的设置。当出口的水体离流域很近,水体的水位变化不大,洪水位低于流域地面标高,出水口的建筑费用不大时,宜采用分散出口,以便雨水就近排放,使管线较短,减小管径。反之,则可采用集中出口。

6)调蓄水体的布置。充分利用地形,选择适当的河湖水面作为调蓄池,以调节洪峰流量,降低沟道设计流量,减少泵站的设置数量。必要时,可以开挖池塘或人工河，以达到调节径流的目的。调蓄水体的布置应与城市总体规划相协调，把调蓄水体与景观规划结合起来，亦可以把储存的水量用于市政绿化和农田灌溉。

7）排洪沟的设置。城市中靠近山麓建设的中心区、居住区、工业区，除了应设雨水管道外，还应考虑在规划地区周围设置排洪沟，以拦截从分水岭以内排泄下来的雨洪水，并将其引入附近水体，避免洪水的损害。

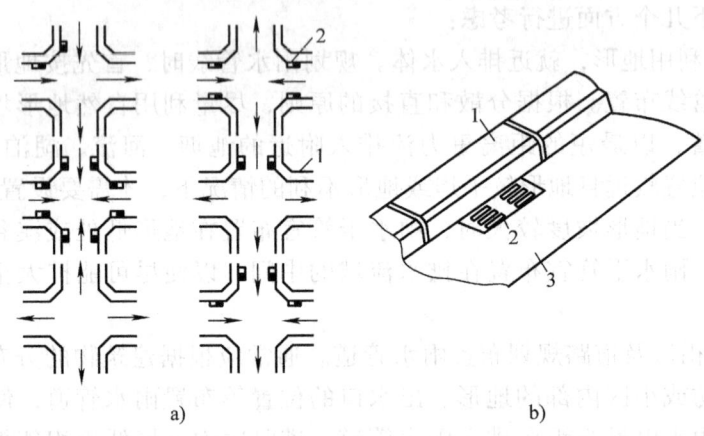

图 2-10　道路交叉口雨水口的布置
a）雨水口在道路上的布置　b）道路边雨水口布置
1—路边石　2—雨水口　3—道路路面

2.4.5　废水的综合治理

城市污水和工业废水是造成水体污染的一个重要污染源。实践证明，对废水进行综合治理并纳入水污染防治体系，是解决水体污染的重要途径。

废水综合治理应当对废水进行全面规划和综合治理。做好这一工作是与很多因素有关的，如要求有合理的生产布局和城市区域功能规划；要合理利用水体、土壤等自然环境的自净能力；严格控制废水和污染物的排放量；做好区域性综合治理及建立区域排水系统等等。

合理的工业布局，有利于合理开发和利用自然资源，达到既保证自然资源的充分利用，并获得最佳的经济效果，又能使自然资源和自然环境免受破坏，减少废水及污染物的排放量。合理的生产布局也有利于区域污染的综合防治，合理地规划居住区、商业区、工业区等，使产生废水和污染物的单位尽量布置在水源的下游，同时应搞好水源保护和污水处理工程规划等。

各地区的水体、土壤等自然环境都不同程度地对污染物具有稀释、转化、净化能力，而污水最终出路是要排放到外部水体或灌溉农田及绿地，所以应充分发挥和合理利用自然环境的自净能力。例如，由生物氧化塘、储存湖和污水灌溉田等组成的土地处理系统便是一种节约能源和合理利用水资源的经济有效方法，它又是生态系统物质循环和能量交换的一种经济高效的技术手段。

严格控制污水及污水量的排放量。防止废水污染，不是消极处理已生产的废水，而是控制和消除产生废水的源头。如尽量做到节约用水、废水重复使用及采用闭路循环系统、发展不用水或少用水或采用无污染或少污染生产工艺等，以减少废水及污染物的排放量。

思 考 题

1. 给水排水工程规划的主要任务是什么？
2. 给水排水工程的建设程序有哪些？
3. 给水排水工程的年计算费用由哪些部分组成？
4. 给水排水工程技术经济分析方法有哪两种？各有何不同？你认为哪种计算方法更合理些？
5. 给水管网的规划布置应符合哪些基本原则？
6. 给水管网布置的两种基本形式是什么？试比较它们的优缺点。
7. 简要叙述给水管网定线时保证经济性和安全性的方法有哪些？
8. 排水管道系统应遵循哪些原则？
9. 以地形为主要考虑因素，城镇排水管道系统有哪些布置形式？
10. 什么是区域排水系统？有哪些优缺点？
11. 污水管道系统布置的主要内容有哪些？
12. 什么是控制点？在确定控制点的管道埋深应考虑哪些方面？
13. 雨水管渠系统的布置一般要考虑哪些方面？

第3章
给水排水管道系统水力计算基础

在给水排水管道工程设计计算中，所遇到和需要解决的问题最多的还是水力计算问题。因此，为了更好的解决工程实际问题，必须熟练掌握水力学的基本概念和基本理论。

3.1 基本概念

3.1.1 管道内水流特征

水的流动有层流、湍流和介于两者之间的过渡流三种流态，在不同流态下水流的阻力特性也不相同，因此，在进行水力计算前首先要进行流态的判别。判别流态的标准采用临界雷诺数 Re_k，经多次实验测定，临界雷诺数大都稳定在2000左右，当计算出的雷诺数 Re 小于2000时，一般为层流；当 Re 大于4000时，一般为湍流；当 Re 介于2000~4000时，水流状态不稳定，属于过渡流态。

对给水排水管道进行水力计算时，管道内流体流态均按湍流考虑，因为绝大多数情况下管道里水流处于湍流流态。以圆管满流为例，给水排水管道中水流流速一般在0.5~2.5m/s之间，管径一般在100~1000mm之间，水温一般在5~25℃之间，水的动力粘度约在（1.52~0.89）×10^{-6}Pa·s之间。经计算得出的水流雷诺数一般约在33000~2800000之间，显然处于湍流状态。对于排水管道中常见的非满管流和非圆管流，情况基本相同。

湍流流态又分为三个阻力特征区：湍流光滑区、湍流过渡区及湍流粗糙管区。在湍流粗糙管区，管渠水头损失与流速平方成正比，故又称为阻力平方区；在湍流光滑管区，管渠水头损失（或压力损失）约与流速的1.75次方成正比；而在过渡区，管渠水头损失与流速的1.75~2.0次方成正比。湍流三个阻力区的判别，可通过水力计算确定，主要与管径（或水力半径）及管壁粗糙度有关。给水排水管道中，在常用管材的直径与表面粗糙度范围内，经计算，阻力平方区与过渡区的流速界限在 0.6~1.5m/s 之间，过渡区与光滑区的流速界限则在 0.1m/s 以下。给水排水管道中的管内流速一般在 0.5~2.5m/s 之间，水流均处于湍流过渡区和阻力平方区，不会到达湍流光滑管区。当管壁较粗糙或管径较大时，水流多处于阻力平方区；当管壁较光滑或管径较小时，水流多处于湍流过渡区。

3.1.2 有压流与无压流

水体沿流程整个周界与固体壁面接触，而无自由液面，这种流动称为有压流或压力流。它是一种满管流动的液体，故又称为管流，任意一点的动水压力一般与大气压力不等。例如，给水管道中的水流一般都是有压流。有压流的水流阻力主要依靠水的压能克服，阻力大小只与管道内壁粗糙程度、管道长度和流速有关，与管道埋设深度和坡度等无关。

如果水体沿流程一部分周界与固体壁面接触，另一部分与空气接触，具有自由液面，这种流动称为无压流或重力流，它是一种非满管流动的液体，故又称为明渠流。且液面上的各点压力不变，通常就是大气压力。例如，渠道和排水管道中的水流，一般都是无压流。无压流输水通过管道或渠道进行，水流常常不充满管渠，水流的阻力主要依靠水的位能克服，形成水面沿水流方向降低，单位长度上的位能差值称为水力坡降。无压流输水时，要求管渠的埋设高程随着水流水力坡度下降。

给水排水管道根据需要和实际情况，可以采取有压流输水或无压流输水两种方式。给水管道基本上采用有压流输水方式，而排水管道大都采用无压流输水方式。但是，在给水长距离输水时，当地形条件允许时也可以采用无压流或有压流与无压流相结合的形式输水以降低输水成本。对于排水管网，泵站出水管和倒虹管均为压力流，排水管道的实际过流量超过设计能力时也会形成压力流。

从水流断面形式看，由于圆管的水力条件和结构性能好，因此在给水排水管道中采用得最多，特别是有压流输水基本上采用圆管。圆管也用于无压流输水，当管道埋于地下时，圆管能很好地承受土壤的压力。除圆管外，明渠或暗渠一般只能用于无压流输水，其断面形状有多种，以梯形和矩形居多。

3.1.3 恒定流与非恒定流

水体在运动过程中，其各点的流速和压力不随时间而变化，而与空间位置有关的流动称为恒定流。反之，水体各点的流速和压力不仅与空间位置有关，而且还随时间而变化的流动称为非恒定流。在给水排水管道中水体的运动，由于用水量和排水量的经常性变化，均处于非恒定流状态，特别是在雨水及合流制排水管道中，流量变化频繁，水力因素随时间快速变化，属于显著的非恒定流。但是，非恒定流的水力计算特别复杂，在设计时，一般也只能按恒定流（又称稳定流）计算。

3.1.4 均匀流与非均匀流

液体质点流速的大小和方向沿流程不变的流动，称为均匀流；反之，液体质点流速的大小和方向沿流程变化的流动，称为非均匀流。从总体上看，给水排水管道中的水流不但多为非恒定流，且常为非均匀流，即水流参数往往随时间和空间变化，特别是排水管道的明渠流或非满管流，通常都是非均匀流。

对于满管流动，如果管道截面在一段距离内不变且不发生转弯，则管内流动为均匀流；而当管道在局部有交汇、转弯与变截面时，管内流动为非均匀流。均匀流的管道对水流的阻力沿程不变，水流的水头损失可以采用沿程水头损失公式进行计算；满管流的非均匀流动距离一般较短，采用局部水头损失公式进行计算。

对于非满管流或明渠流，只要长距离截面不变，也没有转弯或交汇时，也可以近似为均匀流，按沿程水头损失公式进行水力计算，对于短距离或特殊情况下的非均匀流动则运用水力学理论按层流或湍流计算。

3.1.5 水流的水头和水头损失

水头是指单位质量的流体所具有能量除以重力加速度，一般用符号 h 或 H 表示，常用单位为米（m）。水头分为位置水头、压力水头和流速水头三种形式。位置水头用流体所处的高程来度量，用符号 Z 表示；压力水头即 p/γ（式中的 p 为计算断面上的压力，γ 为流体的重度）；流速水头即 $v^2/2g$（式中 v 为计算断面的平均流速，g 为重力加速度）。

位置水头和压力水头之和称为测压管水头。流体在流动过程中，三种形式的水头总是处于不断转换之中。给水排水管道中的测压管水头较之流速水头一般大得多，在水力计算中，流速水头往往可以忽略不计。

实际流体存在粘性，因此在流动中，流体受固定界面的影响（包括摩擦与限制作用），导致断面的流速不均匀，相邻流层间产生切应力，即流动阻力。流体克服阻力所消耗的机械能，称为水头损失。当流体受固定边界限制做均匀流动（如断面大小，流动方向沿流程不变的流动）时，流动阻力中只有沿程不变的切应力，称沿程阻力。由沿程阻力所引起的水头损失称为沿程水头损失。当流体的固定边界发生突然变化，引起流速分布或方向发生变化，从而集中发生在较短范围的阻力称为局部阻力。由局部阻力所引起的水头损失称为局部水头损失。

在给水排水管道中，由于管道长度较大，沿程水头损失一般远远大于局部水头损失，所以在进行管道水力计算时，一般忽略局部水头损失，或将局部阻力转换成等效长度的管道沿程水头损失进行计算。

3.2 管渠水头损失计算

3.2.1 沿程水头损失计算

管渠的沿程水头损失常用谢才公式计算，其形式为

$$h_f = \frac{v^2}{C^2 R} l \tag{3-1}$$

式中　h_f——沿程水头损失（m）；
　　　v——过水断面平均流速（m/s）；
　　　C——谢才系数（$m^{1/2}/s$）；
　　　R——过水断面水力半径，即过水断面面积除以湿周（m），圆管满流时 $R = 0.25D$（D 为圆管直径）；
　　　l——管渠长度（m）。

对于圆管满流，沿程水头损失也可用达西公式计算

$$h_f = \lambda \frac{l}{D} \frac{v^2}{2g} \tag{3-2}$$

式中　D——圆管直径（m）；
　　　g——重力加速度（m/s^2）；
　　　λ——沿程阻力系数，$\lambda = \frac{8g}{C^2}$。

沿程阻力系数或谢才系数与水流流态有关，一般只能采用经验公式或半经验公式计算。目前国内外较为广泛使用的主要有舍维列夫（Ф·А·Щевелев）公式、海曾-威廉（Hazen-Williams）公式、柯尔勃洛克-怀特（Colebrook-White）公式和巴甫洛夫斯基（Н·Н·Павловский）等公式，其中，国内常用的是舍维列夫公式和巴甫洛夫斯基公式。

（1）舍维列夫公式　舍维列夫公式根据他对旧铸铁管和旧钢管的水力实验（水温10℃），提出了计算湍流过渡区的经验公式。

当 $v \geq 1.2 m/s$ 时

$$\lambda = 0.00214 \frac{g}{D^{0.3}} \tag{3-3}$$

当 $v < 1.2 m/s$ 时

$$\lambda = 0.001824 \frac{g}{D^{0.3}} \left(1 + \frac{0.867}{v}\right)^{0.3} \tag{3-4}$$

将式（3-3）、式（3-4）代入式（3-2）分别得：
当 $v \geqslant 1.2 \text{m/s}$ 时

$$h_f = 0.00107 \frac{v^2}{D^{1.3}} l \tag{3-5}$$

当 $v < 1.2 \text{m/s}$ 时

$$h_f = 0.000912 \frac{v^2}{D^{1.3}} \left(1 + \frac{0.867}{v}\right)^{0.3} l \tag{3-6}$$

（2）海曾-威廉公式　海曾-威廉公式适用于较光滑的圆管满管湍流计算

$$\lambda = \frac{13.16 g D^{0.13}}{C_w^{1.852} q^{0.148}} \tag{3-7}$$

式中　q——流量（m^3/s）；

C_w——海曾-威廉粗糙系数，其值见表 3-1；

其余符号意义同式（3-2）。

表 3-1　海曾-威廉粗糙系数 C_w 值

管道材料	C_w	管道材料	C_w
塑料管	150	新铸铁管、涂沥青或水泥的铸铁管	130
石棉水泥管	120~140	使用 5 年的铸铁管、焊接钢管	120
混凝土管、焊接钢管、木管	120	使用 10 年的铸铁管、焊接钢管	110
水泥衬里管	120	使用 20 年的铸铁管	90~100
陶土管	110	使用 30 年的铸铁管	75~90

将式（3-7）代入式（3-2）得

$$h_f = \frac{10.67 q^{1.852}}{C_w^{1.852} D^{4.87}} l \tag{3-8}$$

（3）柯尔勃洛克-怀特公式　柯尔勃洛克-怀特公式适用于各种湍流

$$C = -17.7 \lg \left(\frac{e}{14.8R} + \frac{C}{3.53 Re}\right)$$

或

$$\frac{1}{\sqrt{\lambda}} = -2\lg \left(\frac{e}{3.7D} + \frac{2.51}{Re\sqrt{\lambda}}\right) \tag{3-9}$$

式中　Re——雷诺数，$Re = \frac{2vR}{\nu} = \frac{vD}{\nu}$，其中 ν 为水的动力粘度，和水温有关，其

单位为 (m^2/s);

e——管壁当量粗糙度 (m), 由实验确定, 常用管材的 e 值见表3-2。

该式适用范围广, 是计算精度最高的公式之一, 但运算较复杂, 为便于应用, 可简化为直接计算的形式

$$C = -17.7\lg\left(\frac{e}{14.8R} + \frac{4.462}{Re^{0.875}}\right)$$

或

$$\frac{1}{\sqrt{\lambda}} = -2\lg\left(\frac{e}{3.7D} + \frac{4.462}{Re^{0.875}}\right) \quad (3\text{-}10)$$

表 3-2　常用管渠材料内壁当量粗糙度 e 　　（单位: mm）

管渠材料	光　滑	平　均	粗　糙
玻璃	0	0.003	0.006
钢、PVC 或 AC	0.015	0.03	0.06
有覆盖的钢	0.03	0.06	0.15
镀锌管、陶土管	0.06	0.15	0.3
铸铁管或水泥衬里	0.15	0.3	0.6
预应力混凝土管或木管	0.3	0.6	1.5
铆接钢管	1.5	3	6
脏的污水管道或结瘤的给水主管线	6	15	30
毛砌石头或土渠	60	150	300

(4) 巴甫洛夫斯基公式　巴甫洛夫斯基公式适用于明渠流和非满流管道的计算, 公式为

$$C = \frac{R^y}{n_b} \quad (3\text{-}11)$$

式中　$y = 2.5\sqrt{n_b} - 0.13 - 0.75\sqrt{R}(\sqrt{n_b} - 0.10)$

n_b——巴甫洛夫斯基公式粗糙系数, 见表3-3。

将式 (3-11) 代入式 (3-2) 得

$$h_f = \frac{n_b^2 v^2}{R^{2y+1}} l \quad (3\text{-}12)$$

表 3-3　常用管渠材料粗糙系数 n_b 值

管渠材料	n_b	管渠材料	n_b
铸铁管、陶土管	0.013	浆砌砖渠道	0.015
混凝土管、钢筋混凝土管	0.013~0.014	浆砌块石渠道	0.017
水泥砂浆抹面渠道	0.013~0.014	干砌块石渠道	0.020~0.025
石棉水泥管、钢管	0.012	土明渠（带或不带草皮）	0.025~0.030

（5）曼宁（Manning）公式 曼宁公式是巴甫洛夫斯基公式中 $y=1/6$ 时的特例，适用于明渠或较粗糙的管道计算

$$C = \frac{\sqrt[6]{R}}{n} \tag{3-13}$$

式中 n——粗糙系数，与式（3-12）中 n_b 相同，见表3-3。

将式（3-13）代入式（3-1）得

$$h_f = \frac{n^2 v^2}{R^{1.333}} l \text{ 或 } h_f = \frac{10.29 n^2 q^2}{D^{5.333}} l \tag{3-14}$$

3.2.2 局部水头损失计算

局部水头损失用下式计算

$$h_j = \zeta \frac{v^2}{2g} \tag{3-15}$$

式中 h_j——局部水头损失（m）；
ζ——局部阻力系数，见表3-4。

根据经验，室外给水排水管网中的局部水头损失一般不超过沿程水头损失的5%，因和沿程水头损失相比很小，所以在管网水力计算中，常忽略局部水头损失的影响，不会造成大的计算误差。

表3-4 局部阻力系数 ζ

配件、附件或设施	ζ	配件、附件或设施	ζ
全开闸阀	0.19	90°弯头	0.9
50%开启闸阀	2.06	45°弯头	0.4
截止阀	3~5.5	三通转弯	1.5
全开蝶阀	0.24	三通直流	0.1

3.3 无压圆管的水力计算

所谓无压圆管，是指非满流的圆形管道。在环境工程和给排水工程中，圆形断面无压均匀流的例子很多，如城市排水管道中的污水管道、雨水管道以及无压涵管中的流动等。这是因为它们既是水力最优断面，又具有制作方便、受力性能好等特点。由于这类管道内的流动都具有自由液面，所以常用明渠均匀流的基本公式对其进行计算。

圆形断面无压均匀流的过水断面如图3-1所示。设

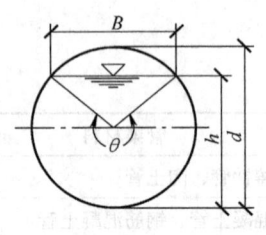

图3-1 无压圆管均匀流的过水断面

第3章 给水排水管道系统水力计算基础

其管径为 d，水深为 h，定义 $\alpha = \dfrac{h}{d} = \sin^2\dfrac{\theta}{4}$，$\alpha$ 称为充满度，所对应的圆心角 θ 称为充满角。由几何关系可得各水力要素之间的关系为：

过水断面面积

$$A = \frac{d^2}{8}(\theta - \sin\theta) \tag{3-16}$$

湿周

$$\chi = \frac{d}{2}\theta \tag{3-17}$$

水力半径

$$R = \frac{d}{4}\left(1 - \frac{\sin\theta}{\theta}\right) \tag{3-18}$$

所以

$$v = \frac{1}{n}\left[\frac{d}{4}\left(1 - \frac{\sin\theta}{\theta}\right)\right]^{\frac{2}{3}} i^{\frac{1}{2}} = \frac{1}{n}R^{\frac{2}{3}}i^{\frac{1}{2}} \tag{3-19}$$

$$Q = \frac{d^2}{8}(\theta - \sin\theta)\frac{1}{n}\left[\frac{d}{4}\left(1 - \frac{\sin\theta}{\theta}\right)\right]^{\frac{2}{3}} i^{\frac{1}{2}} = \frac{1}{n}AR^{\frac{2}{3}}i^{\frac{1}{2}} \tag{3-20}$$

为便于计算，表 3-5 列出不同充满度时圆形管道过水断面面积 A 和水力半径 R 的值。

表 3-5 不同充满度时圆形管道过水断面面积 A 和水力半径 R 的值（表中 d 以 m 计）

充满度 α	过水断面积 A/m^2	水力半径 R	充满度 α	过水断面积 A/m^2	水力半径 R
0.05	$0.0147\,d^2$	$0.0326\,d$	0.55	$0.4426\,d^2$	$0.2649\,d$
0.10	$0.0400\,d^2$	$0.0635\,d$	0.60	$0.4920\,d^2$	$0.2776\,d$
0.15	$0.0739\,d^2$	$0.0929\,d$	0.65	$0.5404\,d^2$	$0.2881\,d$
0.20	$0.1118\,d^2$	$0.1206\,d$	0.70	$0.5872\,d^2$	$0.2962\,d$
0.25	$0.1535\,d^2$	$0.1466\,d$	0.75	$0.6319\,d^2$	$0.3017\,d$
0.30	$0.1982\,d^2$	$0.1709\,d$	0.80	$0.6736\,d^2$	$0.3042\,d$
0.35	$0.2450\,d^2$	$0.1935\,d$	0.85	$0.7115\,d^2$	$0.3033\,d$
0.40	$0.2934\,d^2$	$0.2142\,d$	0.90	$0.7445\,d^2$	$0.2980\,d$
0.45	$0.3428\,d^2$	$0.2331\,d$	0.95	$0.7707\,d^2$	$0.2865\,d$
0.50	$0.3927\,d^2$	$0.2500\,d$	1.00	$0.7845\,d^2$	$0.2500\,d$

为了避免上述各式繁杂的数学运算，在实际工作中，常用预先制作好的图表来进行计算。下面介绍计算图表的制作及其使用方法。为了使图表在应用上更具有普遍意义，能适用于不同管径、不同粗糙系数的情况，特引入一些量纲为一的数来表示图形的坐标。

设以 Q_0、v_0、C_0、R_0 分别表示满流时的流量、流速、谢才系数、水力半径；以 Q、v、C、R 分别表示不同充满度时的流量、流速、谢才系数、水力半径。令

$$A = \frac{Q}{Q_0} = \frac{K\sqrt{i}}{K_0\sqrt{i}} = \frac{f(h)}{f(d)} = f_1\left(\frac{h}{d}\right) = f_1(\alpha) \qquad (3-21)$$

$$B = \frac{v}{v_0} = \left(\frac{R}{R_0}\right)^{\frac{2}{3}} = \frac{f(h)}{f(d)} = f_2\left(\frac{h}{d}\right) = f_2(\alpha) \qquad (3-22)$$

根据式（3-21）和式（3-22），只要有一个 α 值，就可求得对应的 A 和 B 值。根据它们的关系即可绘制出关系曲线，如图 3-2 所示。

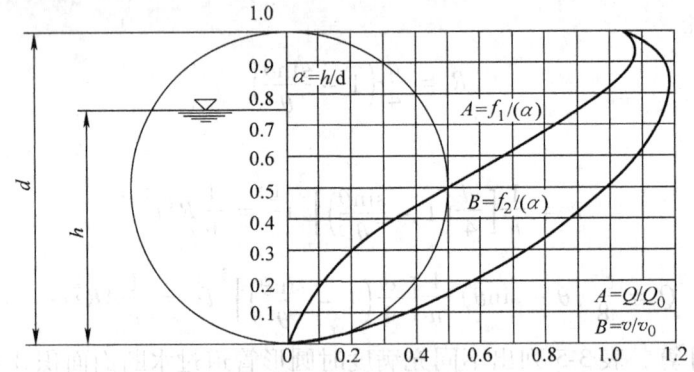

图 3-2 水力计算图

从图 3-2 中可看出：

当 $h/d = 0.95$ 时，$A_{max} = Q/Q_0 = 1.087$，此时通过的流量为最大，恰好为满管流流量的 1.087 倍。

当 $h/d = 0.81$ 时，$B_{max} = v/v_0 = 1.16$，此时管中的流速为最大，恰好为满管流时流速的 1.16 倍。

因为，水力半径 R 在 $\alpha = 0.81$ 时达到最大，其后，水力半径相对减小，但过水断面却在继续增加，当 $\alpha = 0.95$ 时，A 值达到最大；随着 α 的继续增加，过水断面虽然还在增加，但湿周 χ 增加得更多，以致水力半径 R 相比之下反而降低，所以过流量有所减少。

在进行无压管道的水力计算时，还要遵从一些有关规定。《室外排水设计规范》（GB 50101—2005）中规定：

1) 污水管道应按非满流计算，其最大设计充满度按规范规定取值。

2) 雨水管道和合流管道应按满管流计算。

3) 排水管的最小设计流速：对于污水管道（在设计充满度时），当管径 $d \leqslant 500$mm 时，为 0.7m/s；当管径 $d > 500$mm 时，为 0.8m/s。

另外，对最小管径和最小设计坡度等也有相应规定。在实际工作中可参阅

有关手册与现行规范。

【例3-1】 已知：圆形污水管道，直径 $d = 600$mm，管壁粗糙系数 $n = 0.014$，管底坡度 $i = 0.0024$。求最大设计充满度时的流速 v 和流量 Q。

【解】 管径 $d = 600$mm 的污水管最大设计充满度 $\alpha = \dfrac{h}{d} = 0.75$；由表3-5查得，$\alpha = 0.75$ 时，过水断面上的水力要素为

$$A = 0.6319 d^2 = 0.6319 \times 0.6^2 \text{ m}^2 = 0.2275 \text{ m}^2$$

$$R = 0.3017 d = 0.3017 \times 0.6 \text{ m} = 0.1810 \text{ m}$$

$$C = \frac{1}{n} R^{\frac{1}{6}} = \frac{1}{0.014} \times 0.181^{\frac{1}{6}} \text{ m}^{\frac{1}{2}}/\text{s} = 53.722 \text{ m}^{\frac{1}{2}}/\text{s}$$

从而得

$$v = C\sqrt{Ri} = 53.722 \times \sqrt{0.181 \times 0.0024} \text{ m/s} = 1.12 \text{ m/s}$$

$$Q = vA = 1.12 \times 0.2275 \text{ m/s} = 0.2548 \text{ m}^3/\text{s}$$

【例3-2】 已知：圆形管道直径 $d = 1$m，管底坡度 $i = 0.0036$，粗糙系数 $n = 0.013$。求在水深 $h = 0.7$m 时的流量 Q 和流速 v。

【解】 根据图3-2计算。首先计算满流时的流量 Q_0 和流速 v_0。

$$R_0 = \frac{d}{4} = \frac{1}{4} \text{ m} = 0.25 \text{ m}$$

$$C_0 = \frac{1}{n} R_0^{\frac{1}{6}} = \frac{1}{0.013} \times 0.25^{\frac{1}{6}} \text{ m}^{\frac{1}{2}}/\text{s} = 61.1 \text{ m}^{\frac{1}{2}}/\text{s}$$

$$v_0 = C_0 \sqrt{R_0 i} = 61.1 \times \sqrt{0.25 \times 0.0036} \text{ m/s} = 1.83 \text{ m/s}$$

$$Q_0 = A_0 v_0 = \frac{\pi}{4} \times 1^2 \times 1.83 \text{ m}^3/\text{s} = 1.44 \text{ m}^3/\text{s}$$

$$\alpha = \frac{h}{d} = \frac{0.7}{1} = 0.7$$

由图3-2查得，当 $\alpha = 0.7$ 时，$A = 0.84$，$B = 1.12$，所以：

$$Q = AQ_0 = 0.84 \times 1.44 \text{ m}^3/\text{s} = 1.21 \text{ m}^3/\text{s}$$

$$v = Bv_0 = 1.12 \times 1.83 \text{ m/s} = 2.05 \text{ m/s}$$

3.4 非满流管渠水力计算

流体具有自由表面，其重力作用下沿管渠的流动称为非满流。因为在自由水面上各点的压力为大气压力，其相对压力为零，所以又称为无压流。

非满流管渠水力计算的目的，在于确定管渠的流量、流速、断面尺寸、充满度、坡度之间的水力关系。

3.4.1 非满流管渠水力计算公式

非满流管渠内的水流状态基本上都处于阻力平方区，接近于均匀流，所以，在非满流管渠的水力计算中一般都采用均匀流公式，其形式为

$$v = C\sqrt{Ri} \tag{3-23}$$

$$Q = Av = AC\sqrt{Ri} = K\sqrt{i} \tag{3-24}$$

式中，$K = AC\sqrt{R}$，称为流量模数，其值相当于底坡等于 1 时的流量。

式（3-23）、式（3-24）中的谢才系数 C 如采用曼宁公式计算，则可分别写成

$$v = \frac{1}{n}R^{\frac{2}{3}}i^{\frac{1}{2}} \tag{3-25}$$

$$Q = A\frac{1}{n}R^{\frac{2}{3}}i^{\frac{1}{2}} \tag{3-26}$$

式中 Q——流量（m³/s）；
v——流速（m/s）；
A——过水断面面积（m²）；
R——水力半径（过水断面面积 A 与湿周 χ 的比值：$R = A/\chi$）（m）；
i——水力坡度（等于水面坡度，也等于管底坡度）（m/m）；
C——谢才系数或称流速系数；
n——粗糙系数。

式（3-25）、式（3-26）为非满流管渠水力计算的基本公式。

粗糙系数 n 的大小综合反映了管渠壁面对水流阻力的大小，是管渠水力计算中的主要因素之一。

管渠的粗糙系数 n 不仅与管渠表面材料有关，同时还和施工质量以及管渠修成以后的运行管理情况等因素有关。因而，粗糙系数 n 的确定要慎重。在实践中，n 值如选得偏大，即设计阻力偏大，设计流速就偏小，这样将增加不必要的管渠断面积，从而增加管渠造价，而且，由于实际流速大于设计流速，还可能会引起管渠冲刷。反之，如 n 选得偏小，则过水能力就达不到设计要求，而且因实际流速小于设计流速，还会造成管渠淤积。通常所采用的各种管渠的粗糙系数见表 3-3，或参照有关规范和设计手册。

3.4.2 非满流管渠水力计算方法

在非满流管渠水力计算的基本公式中，有 Q、d、h、i 和 v 共五个变量，已知其中任意三个，就可以求出另外两个。由于计算公式的形式很复杂，所以非满流管渠水力计算比满流管渠水力计算要繁杂得多，特别是在已知流量、流速

等参数求其充满度时，需要解非线性方程，手工计算非常困难。为此，必须找到手工计算的简化方法。常用简化计算方法如下：

1. 利用水力计算图表进行计算

应用非满流管渠水力计算的基本公式（3-25）和式（3-26），制成相应的水力计算图表，将水力计算过程简化为查图表的过程。这是《室外排水工程设计规范》和《给水排水设计手册》推荐采用的方法，使用起来比较简单。

水力计算图适用于混凝土及钢筋混凝土管道，其粗糙系数 $n=0.014$（也可制成不同粗糙系数的图表）。每张图适用于一个指定的管径。图上的纵座标表示坡度 i，即设计管道的管底坡度，横座标表示流量 Q，图中的曲线分别表示流量、坡度、流速和充满度间的关系。当选定管材与管径后，在流量 Q、坡度 i、流速 v、充满度 h/d 四个因素中，只要已知其中任意两个，就可由图查出另外两个。参见附录 D、设计手册或其他有关书籍，这里不详细介绍。

2. 借助于满流水力计算公式并通过一定的比例变换进行计算

假设：同一条满流管道与待计算的非满流管道具有相同的管径 d 和水力坡度 i，其过水断面面积为 A_0，水力半径为 R_0，通过流量为 Q_0，流速为 v_0。满流管渠的 A_0、R_0、Q_0、v_0 与非满流时相应的 A、R、Q、v 存在一定的比例关系，且随充满度 $\alpha = h/d$ 的变化而变化。

为方便计算，可根据上述关系预先制作成图 3-2 和表 3-5，供水力计算时采用，具体计算方法见"无压圆管的水力计算"。

3.5 管道的水力等效简化

为了计算方便，在给水排水管网水力计算过程中，经常采用水力等效原理，将局部管网简化成为一种较简单的形式。如多条管道串联或并联工作时，可以将其等效为单条管道；管道沿线分散的出流或者入流可以等效转换为集中的出流或入流；泵站多台水泵并联工作可以等效为单台水泵等。

水力等效简化原则是：经过简化后，等效的管网对象与原来的实际对象具有相同的水力特性。如两条并联管道简化成一条后，在相同的总输水流量下，应具有相同的水头损失。

3.5.1 串联或并联管道的简化

1. 串联

当两条或两条以上管道串联使用时，设它们的长度和直径分别为 l_1，l_2，$\cdots$，l_N 和 d_1，d_2，$\cdots$，d_N。如图 3-3 所示，则可以将它们等效为一条直径为 d，长度为 $l = l_1 + l_2 + \cdots + l_N$ 的管道。根据水力等效原则有

$$h_{\mathrm{f}} = \frac{kq^n}{d^m} l \tag{3-27}$$

$$\frac{kq^n}{d^m} l = \sum_{i=1}^{N} \frac{kq^n l_i}{d_i^m}$$

$$d = \left(l / \sum_{i=1}^{N} \frac{l_i}{d_i^m} \right)^{\frac{1}{m}} \tag{3-28}$$

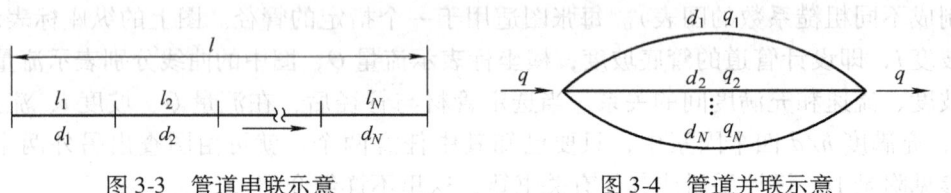

图 3-3 管道串联示意   图 3-4 管道并联示意

2. 并联

当两条或两条以上管道并联使用时,各并联管道的长度 l 相等,设它们的直径和流量分别为 d_1, d_2, …, d_N 和 q_1, q_2, …, q_N。

如图 3-4 所示,可以将它们等效为一条直径为 d 长度为 l 的管道,输送流量为

$$q = q_1 + q_2 + \cdots + q_N$$

根据水力等效原则和式(3-27),有

$$\frac{kq^n}{d^m} l = \frac{kq_1^n l}{d_1^m} = \frac{kq_2^n l}{d_2^m} = \cdots = \frac{kq_N^n l}{d_N^m}$$

$$d = \left(\sum_{i=1}^{N} d_i^{\frac{m}{n}} \right)^{\frac{n}{m}} \tag{3-29}$$

当并联管道直径相同,即 $d_1 = d_2 = \cdots = d_N = d_i$ 时,则有

$$d = (Nd_i^{\frac{m}{n}})^{\frac{n}{m}} = N^{\frac{n}{m}} d_i \tag{3-30}$$

【**例 3-3**】 两条相同直径管道并联使用,管径分别为 $DN200\mathrm{mm}$、$DN300\mathrm{mm}$、$DN400\mathrm{mm}$、$DN500\mathrm{mm}$、$DN600\mathrm{mm}$、$DN700\mathrm{mm}$、$DN800\mathrm{mm}$、$DN900\mathrm{mm}$、$DN1000\mathrm{mm}$ 和 $DN1200\mathrm{mm}$,试计算等效管道直径。

【**解**】 采用曼宁公式计算水头损失,$n=2$,$m=5.333$,计算结果见表 3-6,如两条 $DN500\mathrm{mm}$ 管道并联,其等效管道直径为

$$d = N^{\frac{n}{m}} d_i = 2^{\frac{2}{5.333}} \times 500 \mathrm{~mm} = 648 \mathrm{~mm}$$

表 3-6 双管并联等效管道直径

双管并联管道直径/mm	200	300	400	500	600	700	800	900	1000	1200
等效管道的直径/mm	259	389	519	648	778	908	1037	1167	1297	1556

3.5.2 沿线均匀出流的简化

在给水管网中,配水管道沿线向用户供水,设沿线用户的用水流量为 q_l,向下游管道转输的流量为 q_t,如图3-5所示。假设沿线出流量是均匀的,则管道内任意断面 x 处的流量可表示为

$$q_x = q_t + \frac{l-x}{l} q_l$$

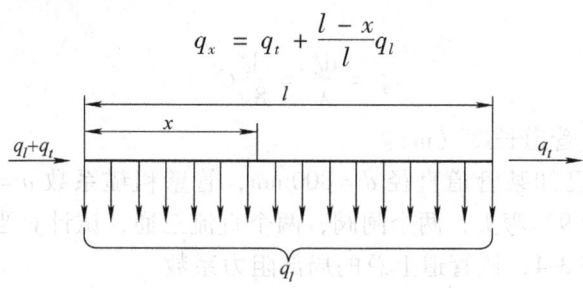

图 3-5 管道沿线出流示意

沿程水头损失计算如下

$$h_f = \int_0^l \frac{k\left(q_t + \frac{l-x}{l}q_l\right)^n}{d^m} dx = k \frac{(q_t + q_l)^{n+1} - q_t^{n+1}}{(n+1)d^m q_l} l$$

为了简化计算,现将沿线流量 q_l 分为两个集中流量,分别转移到管道的起端和末端,假设转移到末端的沿线流量为 αq_l,(α 称为流量折算系数),其余沿线流量转移到起端,则通过管道的流量为 $q = q_t + \alpha q_l$,根据水力等效原则,应有

$$h_f = k \frac{(q_t + q_l)^{n+1} - q_t^{n+1}}{(n+1)d^m q_l} l = k \frac{(q_t + \alpha q_l)^n}{d^m} l$$

令 $n=2$,$\gamma = q_t/q_l$,代入上式可求得

$$\alpha = \sqrt{\gamma^2 + \gamma + \frac{1}{3}} - \gamma \tag{3-31}$$

从上式可见,流量折算系数 α 只和 γ 值有关,在管网末端的管道,因转输流量为零,即 $\gamma = 0$,代入上式得 $\alpha = \sqrt{1/3} = 0.577$,而在管网起端的管道,转输流量远大于沿线流量,$\gamma \to \infty$,流量折算系数 $\alpha \to 0.50$。由此表明,管道沿线出流的流量可以近似地一分为二,转移到两个端点上,由此造成的计算误差在工程上是允许的。

3.5.3 局部水头损失计算的简化

在给水排水管网中,局部水头损失一般占总水头损失的比例较小,通常可以忽略不计。但在一些特殊情况下,局部水头损失必须进行计算。为了简化计算,可以将局部水头损失等效于一定长度的管道(称为当量管道长度)的沿程

水头损失,从而可以与沿程水头损失合并计算。

设某管道直径为 d,管道上的局部阻力设施的阻力系数为 ζ,令其局部水头损失与当量管道长度的沿程水头损失相等,则有

$$\zeta \frac{v^2}{2g} = \lambda \frac{l_d v^2}{d 2g} = \frac{v^2}{C^2 R} l_d$$

经简化得

$$l_d = \frac{d\zeta}{\lambda} = \frac{d\zeta}{8g} C^2 \tag{3-32}$$

式中 l_d——当量管道长度(m)。

【例3-4】 已知某管道直径 $d=800$mm,管壁粗糙系数 $n=0.013$,管道上有两个45°和一个90°弯头,两个闸阀,两个直流三通,试计算当量管道长度 l_d。

【解】 查表3-4,该管道上总的局部阻力系数

$$\zeta = 2 \times 0.4 + 1 \times 0.9 + 2 \times 0.19 + 2 \times 0.1 = 2.28$$

采用曼宁公式计算谢才系数

$$C = \frac{1}{n} R^{\frac{1}{6}} = \frac{1}{0.013} \times (0.25 \times 0.8)^{\frac{1}{6}} = 58.82$$

求得当量管道长度为

$$l_d = \frac{d\zeta}{8g} C^2 = \frac{0.8 \times 2.28}{8 \times 9.81} \times 58.82^2 \text{m} = 80.41 \text{m}$$

思 考 题

1. 在给水排水管网中,沿程水头损失一般与流速(或流量)的多少次方成正比?为什么?
2. 为什么给水排水管网中的水流实际上是非恒定流,而水力计算时却按恒定流对待?
3. 如果沿程水头损失计算不准确,你认为可能是哪些原因?
4. 对于非满流而言,管渠充满度越大过流能力越大吗?为什么?
5. 在进行管道沿线均匀出流简化时,如果将一条管道划分为长度较短的多条管段,误差会减小吗?
6. 在管道直径未确定时,能将局部水头损失简化为当量长度管道沿程水头损失吗?为什么?

习 题

1. 已知某管道直径为500mm,长度为1000m,当管壁当量粗糙度为1.25mm,流速为1.2m/s,水温为20℃,试分别用舍维列夫、海曾-威廉、科尔勃洛克-怀特、巴甫洛夫斯基和曼宁公式计算沿程水头损失。
2. 已知某管道直径为700mm,长度为800m,海曾-威廉粗糙系数为105,管道上有45°弯头2个、直流三通6个、全开闸阀2个,输水流量为480L/s,试分别计算沿程水头损失(用

海曾-威廉公式）和局部水头损失，并计算出局部水头损失相当于沿程水头损失的百分比。

3. 某排水管道采用铸铁管，曼宁粗糙系数为0.014，要求通过设计流量300L/s，根据地形水力坡度采用5‰，拟采用设计管径600mm，求相应的充满度和流速。

4. 某排水管道粗糙系数为0.014，设计流量195L/s，充满度采用设计规范规定最大值，见表8-6，分别计算采用设计管径 $DN400mm$、$DN450mm$、$DN500mm$、$DN600mm$、$DN700mm$ 时的水力坡度。

5. 给水管网中某管段，从起端流入流量为277.8L/s，沿线配水共计28.8L/s（假定均匀出流），试计算流量折算系数 α。

第 4 章 给水管道设计用水量

城市用水量计算是给水系统规划和设计的主要内容之一，是决定给水系统中水资源的利用量、取水、水处理、泵站和管网等设施的工程建设规模和投资额的基本依据。城市给水系统的设计年限，应符合城市总体规划，近远期结合，以近期为主，一般近期宜采用 5~10 年，远期规划年限宜采用 10~20 年。

设计用水量通常由下列各项组成：

1) 综合生活用水，包括居民生活用水和公共建筑及设施用水。前者指城市中居民的饮用、烹调、洗涤、冲厕、洗澡等日常生活用水，后者则包括娱乐场所、宾馆、浴室、商业、学校和机关办公楼等用水。
2) 工业企业生产用水和企业职工生活用水。
3) 消防用水。
4) 浇洒道路和绿地等市政用水。
5) 管网漏失水量及未预计水量。

在确定设计用水量时，应根据各种供水对象的使用要求及发展规划和现行用水定额，计算出相应的用水量，最后加以综合作为设计的依据。

4.1 用水量定额

用水量定额是指不同的用水对象在设计年限内达到的用水水平。它是确定设计用水量的主要依据，它直接影响给水系统相应设施的规模、工程投资、工程扩建的期限、今后水量的保证等方面，所以必须慎重考虑确定。一般根据城市的地理位置、水资源状况、城市性质和规模、产业结构、国民经济发展和居民生活水平等因素，参照《室外给水设计规范》的规定确定各种用水的用水定额。但随着水资源的日益紧缺和国民水资源意识的提高，城市用水量在不断发生变化，在设计和使用时，应考虑生活用水采取节约用水措施，工业用水采取计划用水、提高工业用水重复利用率等措施的影响。

4.1.1 生活用水定额

生活用水定额指每人每天的用水量，以 L/（人·d）计。影响生活用水定额的因素很多，如当地的水资源和气候条件、人民的生活水平、生活习惯、收费标准及办法、管理水平、水质和水压等因素有关。一般说来，我国东南地区沿海经济开发特区和旅游城市，因水资源丰富，气候较好，经济比较发达，用水量普遍高于水源短缺、气候寒冷的西北地区。

1. 居民生活用水定额和综合生活用水定额

设计时应根据当地国民经济、城市发展规划和水资源充沛程度，在现有用水定额基础上，结合给水专业规划和给水工程发展条件综合分析确定。如缺乏实际用水资料，则居民生活用水定额和综合生活用水定额可参照现行《室外给水设计规范》的规定，见表 4-1 和表 4-2。以现行规范为依据，按照设计对象所在分区和城市规模大小，确定其幅度范围。然后再综合考虑影响生活用水量的因素，选定设计采用的具体数值。

表 4-1 居民生活用水定额　　　　　　　[单位：L/（人·d）]

城市规模 用水情况 分区	特大城市		大城市		中、小城市	
	最高日	平均日	最高日	平均日	最高日	平均日
一	180~270	140~210	160~250	120~190	140~230	100~170
二	140~200	110~160	120~180	90~140	100~160	70~120
三	140~180	110~150	120~160	90~130	100~240	70~110

表 4-2 综合生活用水定额　　　　　　　[单位：L/（人·d）]

城市规模 用水情况 分区	特大城市		大城市		中、小城市	
	最高日	平均日	最高日	平均日	最高日	平均日
一	260~410	210~340	240~390	190~310	220~370	170~280
二	190~280	150~240	170~260	130~210	150~240	110~180
三	170~270	140~230	150~250	120~200	130~230	100~170

注：1. 居民生活用水指：城市居民日常生活用水。
　　2. 综合生活用水指：城市居民日常生活用水和公共建筑用水。但不包括浇洒道路、绿地和其他市政用水。
　　3. 特大城市指：市区和近郊区非农业人口 100 万及以上城市。
　　　大城市指：市区和近郊区非农业人口 50 万及以上城市，不满 100 万的城市。
　　　中、小城市指：市区和近郊区非农业人口不满 50 万的城市。
　　4. 一区包括：贵州、四川、湖北、湖南、江西、浙江、福建、广东、广西、海南、上海、云南、江苏、安徽、重庆。
　　　二区包括：黑龙江、吉林、辽宁、北京、天津、河北、山西、河南、山东、宁夏、陕西、内蒙古河套以东和甘肃黄河以东的地区。
　　　三区包括：新疆、青海、西藏、内蒙古河套以西和甘肃黄河以西的地区。
　　5. 经济开发区和特区城市，根据用水实际情况，用水定额可酌情增加。

2. 公共建筑用水定额

可参照现行《建筑给水排水设计规范》的规定，见表4-3。

表4-3 集体宿舍、旅馆和公共建筑生活用水定额及小时变化系数

序号	建筑物名称	单位	生活用水定额（最高日）/L	小时变化系数
1	集体宿舍 　有盥洗室 　有盥洗室和浴室	每人每日 每人每日	50~100 100~200	2.5 2.5
2	旅馆、招待所 　有集中盥洗室 　有集中盥洗室和浴室 　设有浴室的客房	每床每日 每床每日 每床每日	50~100 100~200 200~300	2.5~2.0 2.0 2.0
3	宾馆 　客房	每床每日	400~500	2.0
4	医院、疗养院、休养院 　有集中盥洗室 　有集中盥洗室和浴室 　设有浴室的病房	每病床每日 每病床每日 每病床每日	50~100 100~200 250~400	2.5~2.0 2.5~2.0 2.0
5	门诊部、诊疗所	每病人每次	15~25	2.5
6	公共浴室 　有淋浴器 　设有浴池、淋浴器、浴盆、理发室	每顾客每次 每顾客每次	100~150 80~170	2.0~1.5 2.0~1.5
7	理发室	每顾客每次	10~25	2.0~1.5
8	洗衣房	每公斤干衣	40~80	1.5~1.0
9	餐饮业 　营业餐厅 　工业企业、机关、学校食堂	每顾客每次 每顾客每次	15~20 10~15	2.0~1.5 2.5~2.0
10	幼儿园、托儿所 　有住宿 　无住宿	每儿童每次 每儿童每次	50~100 25~50	2.5~2.0 2.5~2.0
11	商场	每顾客每次	1~3	2.5~2.0
12	菜市场	每平方米每次	2~3	2.5~2.0
13	办公楼	每人每班	30~60	2.5~2.0
14	中小学校（无住宿）	每学生每日	30~50	2.5~2.0
15	高等院校（有住宿）	每学生每日	100~200	2.5~1.5
16	电影院	每观众每场	3~8	2.5~2.0
17	剧院	每观众每场	10~20	2.5~2.0

第4章 给水管道设计用水量

（续）

序号	建筑物名称	单位	生活用水定额（最高日）/L	小时变化系数
18	体育场 运动员淋浴 观众	每人每次 每人每场	50 3	2.0 2.0

注：1. 高等学校、幼儿园、托儿所为生活用水综合指标。

2. 集体宿舍、旅馆、招待所、医院、疗养院、休养所、办公楼、中小学校生活用水定额均不包括食堂、洗衣房的用水量，医院、疗养院、休养所指病房生活用水。

3. 菜市场用水指地面冲洗水。

4. 生活用水定额除包括主要用水对象的用水外，还包括工作人员的用水，其中旅馆、招待所、宾馆生活用水定额包括服务员生活用水，不包括其他服务人员生活用水量。

5. 理发室包括洗毛巾用水。

6. 生活用水定额包括生活用热水定额和饮水定额。

3. 工业企业职工生活及淋浴用水定额

工业企业职工生活及淋浴用水定额是指工业企业职工在从事生产活动时所消费的生活及淋浴用水量，以L/（人·班）计，设计时可按《工业企业设计卫生标准》的规定。工作人员生活用水量应根据车间性质决定，一般车间采用每人每班25L，高温车间采用每人每班35L。职工淋浴用水定额与车间特征有关，淋浴时间在下班后一小时内进行，详见表4-4。

表4-4　工业企业内工作人员淋浴用水量

分级	车间卫生特征			用水量/[L/（人·班）]
	有毒物质	生产性粉尘	其他	
1级	极易经皮肤吸收引起中毒的剧毒物质（如有机磷、三硝基甲苯、四乙基铅等）		处理传染性材料、动物原料（如皮、毛等）	60
2级	易经皮肤吸收或有恶臭的物质、或高毒物质（如丙烯腈、吡啶、苯酚等）	严重污染全身或对皮肤有刺激的粉尘（如炭黑、玻璃棉等）	高温作业、井下作业	60
3级	其他毒物	一般粉尘（如棉尘）	重作业	40
4级	不接触有毒物质及粉尘、不污染或轻度污染身体（如仪表、机械加工、金属冷加工等）			40

4.1.2 工业企业生产用水定额

工业生产用水一般是指工业企业在生产过程中的用水，包括直接冷却水、工艺用水（产品用水、洗涤用水、直接冷却水、锅炉用水）、空调用水等方面。在城市给水中，工业用水占很大比例。生产用水中，冷却用水是大量的，特别是火力发电、冶金和化工等工业。但随着水资源的日益紧张，有些工业企业正在尝试用空气冷却来代替水冷却。空调用水则以纺织、电子仪表和精密机床生产等工业用得较多。

工矿企业门类很多，生产工艺多种多样，用水量的增长与国民经济发展计划、工业企业规划、工艺的改革和设备的更新等密切相关，因此通过工业用水调查以获得可靠的资料是非常重要的。

工业企业生产用水定额通常采用以下三种表示方法：①以万元产值用水量表示。不同类型的工业万元产值用水量不同。如果城市中用水单耗指标较大的工业多，则万元产值的用水量也高；即使同类工业部门，由于管理水平提高、工艺条件改革和产品结构的变化，尤其是工业产值的增长，单耗指标也会逐年降低。提高工业用水重复利用率，重视节约用水等可以降低工业用水单耗。随着工业的发展，工业用水量也随之增长，但用水量增长速度比不上产值的增长速度。工业用水的单耗指标由于水的重复利用率提高而有逐年下降趋势。由于高产值、低单耗的工业发展迅速，因此万元产值的用水量指标在很多城市有较大幅度的下降。②按单位产品用水量表示，如每生产一吨钢要用多少水，每生产一吨纸要用多少水等，这时，应根据生产工艺过程的要求确定。③按每台设备每天用水量表示。可参照有关工业用水量定额。

生产用水量通常由企业的工艺部门提供。在缺乏资料时，可参考同类型企业用水指标。在估计工业企业生产用水量时，应按当地水源条件、工业发展情况、工业生产水平，预估将来可能达到的重复利用率。

4.1.3 消防用水定额

消防用水只在火灾时使用，历时短暂，但从数量上说，它在城市用水量中占有一定的比例，不容忽视。消防用水通常储存在水厂的清水池中，发生火灾时由水厂的二级泵站送至火灾现场。消防用水量、水压和火灾延续时间等，应按照现行的《建筑设计防火规范》及《高层民用建筑设计防火规范》等执行。

城镇或居住区的室外消防用水量，通常按同时发生的火灾次数和一次灭火的用水量确定，见表4-5。

工厂、仓库和民用建筑的同时发生火灾次数见表4-6，其室外消防一次灭火用水量还与耐火等级及火灾危险性有关，参见表4-7。

表 4-5　城市（或居住区）室外消防用水量表

人口数/万人	同一时间内的灭火次数	一次灭火用水量/（L/s）	
		全部为一、二层建筑物	一、二层及二层以上的混合建筑物或全部为二层以上的建筑物
1 以下	1	10	10
1.0~2.5	1	10	15
2.5~5.0	2	20	25
5.0~10.0	2	25	35
10.0~20.0	2	—	40
20.0~30.0	2	—	55
30.0~40.0	2	—	70
40.0~50.0	3	—	80

注：1. 城市室外消防用水量包括居住区、工厂、仓库（包括堆场）和民用建筑的室外消防用水量。当工厂、仓库、民用建筑的室外消防用水量超过上表规定时，仍应确保其室外消防用水量。
2. 人数超过 50 万人的城市，在同一时间内的火灾次数和一次灭火用水量，应根据具体情况和实际资料确定。

表 4-6　工厂、仓库和民用建筑同时发生火灾次数

名称	基地面积/ha	附有居住区人数/万人	同时发生的火灾次数	备　注
工厂	≤100	≤1.5	1	按需水量最大的一座（或堆场）计算
工厂	≤100	>1.5	2	工厂、居住区各考虑一次
工厂	>100	不限	2	按需水量最大的两座（或堆场）计算
仓库、民用建筑	不限	不限	1	按需水量最大的一座（或堆场）计算

表 4-7　室外消防一次灭火量

耐火等级	建筑物名称和火灾危险性		建筑物体积/m³					
			≤1500	1501~3000	3001~5000	5001~20000	20001~50000	>50000
			一次灭火用水量/（L/s）					
一、二级	厂房	甲、乙、丙	10	15	20	25	30	35
		丁	10	15	20	25	30	40
		戊	10	10	10	15	15	20
	库房	甲、乙、丙	15	15	25	25	—	—
		丁	15	15	25	25	35	45
		戊	10	10	10	15	15	20
	民用建筑		10	15	15	20	25	30

(续)

耐火等级	建筑物名称和火灾危险性		建筑物体积/m³					
			≤1500	1501~3000	3001~5000	5001~20000	20001~50000	>50000
			一次灭火用水量/(L/s)					
三级	厂房或库房	乙、丙、丁、戊	15	20	30	40	45	—
			10	10	15	20	25	30
	民用建筑		10	15	20	25	30	
四级	丁、戊类厂房或库房民用建筑		10	15	20	25		
			10	15	20	25		

注：1. 消防用水量应按消防需水量最大的一座建筑物或防火墙间最大的一段计算。
　　2. 耐火等级和生产厂房的火灾危险性，详见《建筑设计防火规范》。

4.1.4 其他用水

浇洒道路和绿化用水量应根据路面种类、绿化面积、气候和土壤等条件确定。浇洒道路用水量一般为每平方米路面每次 1.0~2.0L，每日 2~3 次。大面积绿化用水量可采用 1.5~4.0L/($m^2 \cdot d$)。

城市的未预见水量和管网漏失水量可按最高日用水量的 15%~25% 合并计算，工业企业自备水厂的上述水量可根据工艺和设备情况确定。

4.2 用水量变化

无论是生活或生产用水，用水量是经常变化的。生活用水量随着生活习惯和气候而变化，如假期比平日高，夏季比冬季用水多。从我国大中城市的用水情况来看，在一天内又以早晨起床后和晚饭前后用水最多。又如工业企业的冷却用水量，随气温和水温而变化，夏季多于冬季。

工业生产用水量中包括冷却用水、工艺用水、空调用水以及清洗、绿化等其他用水，在一年中水量是有变化的。冷却用水主要是用来冷却设备，带走多余热量，所以用水量受到水温和气温的影响，夏季多于冬季。例如火力发电厂、钢厂和化工厂等 6~7 月份高温季节的用水量约为月平均的 1.3 倍；空调用水用以调节室温和湿度，一般在 5~9 月时使用，在高温季节用水量大；生产量随季节性变化很强的工业如食品工业用水，在高温时因生产量大，用水量骤增。其他工业的用水量，一年中比较均衡，很少随气温和水温变化，如化工厂和造纸厂，每月用水量变化较少。

前面所述的用水量定额只是一个平均值，在设计时还须考虑每日、每时的用水量变化。因此，在给水系统设计时，除了正确地选定用水定额外，还必须了解供水对象（如城镇）的逐日逐时用水量变化情况，以便合理地确定给水系统及各单项工程的设计流量，使给水系统能经济合理地适应供水对象在各种用水情况下对供水的要求。

用水量变化规律可以用变化系数或变化曲线表示，为了计算给水系统各组成部分的设计流量，必须给出最高日用水量的变化规律。

4.2.1 用水量变化系数

由于室外给水工程服务区域较大，卫生设备数量和用水人数较多，且一般是多目标供水（如城镇包括居民、工业、公用事业、市政等方面供水），各种用水参差使用，其用水高峰可以相互错开，使用水量能在以小时为计量单位的区间内基本保持不变的可能性较大。因此，为降低给水工程造价，室外给水工程系统设计只需要考虑日与日、时与时之间的差别，即逐日逐时用水量变化情况。实践证明，这样考虑既可使室外给水工程设计安全可靠，又可使其经济合理。

为了反映用水量逐日逐时的变化幅度，在给水工程设计中，引入了两个重要的特征系数：日变化系数和时变化系数。

1. 日变化系数

在一年中，每天用水量的变化可以用日变化系数表示，即最高日用水量与平均日用水量的比值，称为日变化系数，记作 K_d，即

$$K_d = \frac{Q_d}{\overline{Q_d}} \tag{4-1}$$

或

$$K_d = 365 \frac{Q_d}{Q_y} \tag{4-2}$$

式中　Q_d——最高日用水量（m³/d）；
　　　Q_y——全年用水量（m³/a）；
　　　$\overline{Q_d}$——平均日用水量（m³/d）。

2. 时变化系数

在一日内，每小时用水量的变化可以用时变化系数表示，设计时一般计最高日用水量的时变化系数。最高一小时水量与平均时用水量的比值，叫做时变化系数，记作 K_h，即

$$K_h = \frac{Q_h}{\overline{Q_h}} \tag{4-3}$$

或

$$K_d = 24 \frac{Q_h}{Q_d} \tag{4-4}$$

式中　Q_h——最高日最高时用水量（m^3/h）；
　　　$\overline{Q_h}$——最高日平均时用水量（m^3/h）。

K_h 及 K_d 值实质上显示了一定时段内用水量的变化幅度，反映了用水量的不均匀程度。K_h 及 K_d 值可根据多方面长时间的调查研究统计分析得出。在城市供水设计中，时变化系数、日变化系数应根据给水区的城市性质、城市规模、国民经济与社会发展水平和城市供水系统现状，并结合城市供水曲线分析确定。在缺乏实际用水资料情况下，最高日城市综合用水的时变化系数 K_h 宜采用 1.3~1.6，大中城市的用水比较均匀，K_h 值较小，可取下限，小城市可取上限或适当加大。日变化系数 K_d，根据给水区的地理位置、气候、生活习惯和室内给水排水设施完善程度，其值约为 1.1~1.8，可根据《城市给水工程规划规范》（GB50282—1998）选用，见表4-8。个别小城镇可适当加大。另外，工业企业内工作人员的生活用水时变化系数为 2.5~3.0。淋浴用水量按每班连续用水 1h 确定变化系数，工业生产用水一般变化不大，可以在最高日内各小时均匀分配。

表 4-8　城市用水量日变化系数表

特大城市	大城市	中等城市	小城镇
1.1~1.3	1.2~1.4	1.3~1.5	1.4~1.8

4.2.2　用水量变化曲线

在设计给水系统时，除了求出设计年限内最高日用水量和最高日的最高 1h 用水量外，还应知道 24h 的用水量变化，以确定各种给水构筑物的大小，这种用水量变化规律，通常以用水量时变化曲线表示。

图 4-1 为某大城市的用水量变化曲线，图中纵坐标表示逐时用水量，按最高日用水量的百分数计，横坐标表示用水的时程，即最高日用水的小时数，图形面积等于 $\sum_{i=1}^{24} Q_i\% = 100\%$，$Q_i\%$ 是以最高日用水量百分数计的每小时用水量。由曲线可以看出，用水高峰集中在 8~12 时和 16~20 时。因为城市大，用水量也大，各种用户用水时间相互错开，使各小时的用水量比较均匀，最高时（上午 9 时）用水量为最高日用水量的 5.81%。时变化系数 $K_h = \dfrac{5.81\%}{4.17\%} = 1.39$。实际上，用水量的 24h 变化情况天天不同，图 4-1 只是说明大城市的每小时用水量相差较小。中小城市的用水时间比较均匀，24h 用水量变化较大，人口较少、用水定额较低的小城市，24h 用水量的变化幅度更大。

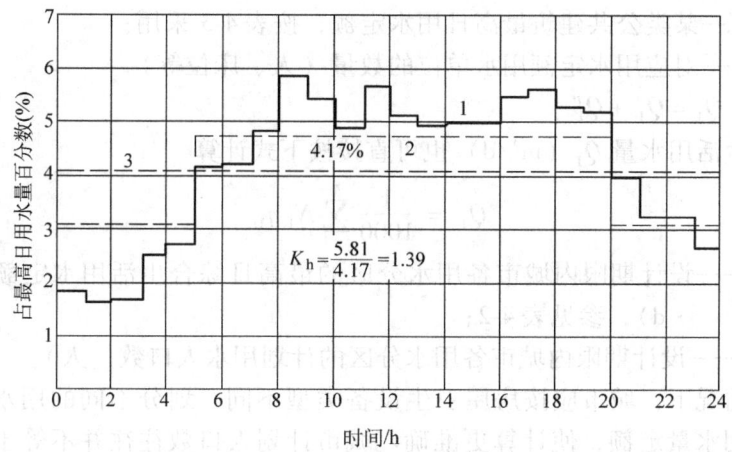

图 4-1 城市用水量变化曲线
1——用水量变化曲线 2——二级泵站设计供水线 3——一级泵站设计供水线

4.3 用水量计算

城市总用水量的计算，应包括设计年限内该给水系统所供应的全部用水：居住区综合生活用水、工业企业职工生活用水、淋浴用水和生产用水、浇洒道路和绿地等市政用水以及未预见水量和管网漏失水量等。由于用水集中且历时短暂，消防用水量不累计到总用水量中，仅作设计校核。

4.3.1 最高日设计用水量计算

城市最高日设计用水量应包括以下几项：

1. 生活用水量计算

（1）综合生活用水量 Q_1 的计算 综合生活用水量包括城市居民生活用水量 Q_1' 和公共建筑用水量 Q_1''，其中：

1) 居民生活用水量 Q_1'（m³/d）可按下式计算

$$Q_1' = \frac{N_1 q_1'}{1000} \tag{4-5}$$

式中 q_1'——设计期限内采用的最高日居民生活用水定额 [L/（人·d）]，参见表 4-1；

N_1——设计期限内规划人口数（人）。

2) 公共建筑用水量 Q_1''，可按下式计算

$$Q_1'' = \frac{1}{1000} \sum_{i=1}^{n} N_{1i} q_{1i}'' \tag{4-6}$$

式中 q''_{1i}——某类公共建筑最高日用水定额,按表4-3采用;

N_{1i}——对应用水定额用水单位的数量(人、床位等)。

所以:$Q_1 = Q'_1 + Q''_1$

综合生活用水量 Q_1(m^3/d)也可直接按下式计算

$$Q_1 = \frac{1}{1000}\sum_{i=1}^{n} N_{1i}q_{1i} \tag{4-7}$$

式中 q_{1i}——设计期限内城市各用水分区的最高日综合生活用水定额,L/(人·d),参见表4-2;

N_{1i}——设计期限内城市各用水分区的计划用水人口数(人)。

一般情况下,城市应按房屋卫生设备类型不同,划分不同的用水区域,以分别选用用水量定额,使计算更准确。城市计划人口数往往并不等于实际用水人数,所以,应按实际情况考虑用水普及率,以便得出实际用水人数。

(2)工业企业职工的生活用水和淋浴用水量 Q_2(m^3/d)计算

$$Q_2 = \sum \frac{q_{2ai}N_{2ai} + q_{2bi}N_{2bi}}{1000} \tag{4-8}$$

式中 q_{2ai}——各工业企业车间职工生活用水量定额,L/(人·班);

q_{2bi}——各工业企业车间职工淋浴用水量定额,L/(人·班);

N_{2ai}——各工业企业车间最高日职工生活用水总人数(人);

N_{2bi}——各工业企业车间最高日职工淋浴用水总人数(人)。

注意,N_{2ai} 和 N_{2bi} 应计算全日各班人数之和,不同车间用水量定额不同时,应分别计算。

2. 工业企业生产用水量 Q_3(m^3/d)计算

$$Q_3 = \sum q_{3i}N_{3i}(1-n) \tag{4-9}$$

式中 q_{3i}——各工业企业最高日生产用水量定额[m^3/万元、m^3/产品单位或 m^3/(生产设备单位·d)];

N_{3i}——各工业企业产值[万元/d,或产量,产品单位/d,或生产设备数量,生产设备单位];

n——各工业企业生产用水重复利用率。

3. 市政用水量计算 Q_4(m^3/d)计算

$$Q_4 = \frac{q_{4a}N_{4a}n_4 + q_{4b}N_{4b}}{1000} \tag{4-10}$$

式中 q_{4a}——城市浇洒道路用水量定额[L/(m^2·次)];

q_{4b}——城市大面积绿化用水量定额[L/(m^2·d)];

N_{4a}——城市最高日浇洒道路面积(m^2);

n_4——城市最高日浇洒道路次数;

N_{4b}——城市最高日大面积绿化面积（m^2）。

除上述各种用水量外，未预见水量及管网漏失水量，一般按上述各项用水量之和的 15%～25% 计算。

因此，设计年限内城镇最高日设计用水量 Q_d（m^3/d）为

$$Q_d = (1.15 \sim 1.25)(Q_1 + Q_2 + Q_3 + Q_4) \tag{4-11}$$

4.3.2 最高日平均时和最高时用水量计算

1. 最高日平均时用水量 $\overline{Q}_h$（m^3/d）为

$$\overline{Q}_h = \frac{Q_d}{24} \tag{4-12}$$

2. 最高日最高时设计用水量 Q_{max}（m^3/d）或 Q_h（L/s）为

$$Q_{max} = K_h Q_d / 24 \tag{4-13}$$

或 $$Q_h = \frac{1000 \times K_h Q_d}{24 \times 3600} = \frac{K_h Q_d}{86.4} \tag{4-14}$$

式中　K_h——时变化系数；

　　　Q_d——最高日设计用水量（m^3/d）。

由于各种用水的最高时用水量并不一定同时发生，因此不能简单将其叠加，一般是通过编制整个给水区域的逐时用水量计算表，从中求出各种用水按各自用水规律合并后的最高时用水量或时变化系数 K_h，作为设计依据。

4.3.3 消防用水量计算

由于消防用水量是偶然发生的，不累计到设计总用水量中，所以消防用水量 Q_x 仅作为给水系统校核计算之用，Q_x 可按下式计算

$$Q_x = N_x q_x \tag{4-15}$$

式中　N_x、q_x——分别为同时发生火灾次数和一次灭火用水量，按国家现行《建筑设计防火规范》的规定确定。

思 考 题

1. 设计城市给水系统时应考虑哪些用水量？
2. 什么是用水定额？确定居住区生活用水量定额应考虑哪些影响因素？
3. 城市规模与消防流量的关系如何？
4. 工业企业为什么要提高水的重复利用率？
5. 说明日变化系数 K_d 和时变化系数 K_h 的意义，它们与城市规模有何关系？

习 题

1. 某城市最高日用水量为 12 万 m^3/d，每小时用水量变化如表 4-9。（1）绘制用水量变

化曲线，求该城市的时变化系数 K_h。（2）求该城市最高时和平均时用水量。（3）拟定一级和二级泵站工作曲线，确定泵站流量。

表 4-9　某城市最高日逐时用水量变化

时间	0~1	1~2	2~3	3~4	4~5	5~6	6~7	7~8
用水量（%）	1.82	1.73	1.70	1.71	2.45	2.67	4.75	5.94
时间	8~9	9~10	10~11	11~12	12~13	13~14	14~15	15~16
用水量（%）	5.76	5.45	5.32	5.69	5.36	5.45	5.53	5.75
时间	16~17	17~18	18~19	19~20	20~21	21~22	22~23	23~24
用水量（%）	5.86	5.68	5.63	5.36	3.13	2.68	2.58	2.00

第 5 章
给水系统的运行工况

给水系统是由功能互不相同而且又彼此密切联系的各组成部分连接而成，它们必须共同工作满足用户对给水的要求。因此，需从整体上对给水系统各组成部分的工作特点和它们在流量、压力方面的关系进行分析，以便确定各构筑物、管道和设备的设计或运行参数。

5.1 给水系统的流量关系

为了保证供水的可靠性，给水系统中所有构筑物都应以最高日设计用水量 Q_d 为基础进行设计计算。但是，给水系统中各组成部分的工作特点不同，其设计流量也不同。

5.1.1 取水构筑物、一级泵站和给水处理构筑物

城市的最高日设计用水量确定后，取水构筑物和水厂的设计流量将随一级泵站的工作情况而定，通常一级泵站和水厂应该是连续、均匀地运行。原因是：①从水厂运行角度，流量稳定，有利于水处理构筑物稳定运行和管理；②从工程造价角度，每日均匀工作，平均每小时的流量将会比最高时流量有较大的降低，同时又能满足最高日供水要求，这样，取水和水处理系统的各项构筑物尺寸、设备容量及连接管直径等都可以最大限度地缩小，从而降低工程造价。因此，为使水厂稳定运转和便于操作管理，降低工程造价，通常取水和水处理工程的各项构筑物、设备及其连接管道，以最高日平均时设计用水量加上水厂的自用水量作为设计流量 Q_1 （m³/d），即

$$Q_1 = \frac{\alpha Q_d}{T} \tag{5-1}$$

式中　α——考虑水厂本身用水量系数，以供沉淀池排泥、滤池冲洗等用水。其值取决于水处理工艺、构筑物类型及原水水质等因素，一般在 1.05

~1.10之间；

T——每日工作小时数。水处理构筑物不宜间歇工作，一般按24h均匀工作考虑，只有夜间用水量很小的县镇、农村等才考虑一班或两班制运转。

取用地下水若仅需在进入管网前消毒而无需其他处理时，一级泵站可直接将井水输入管网，但为提高水泵的效率和延长井的使用年限，一般先将水输送到地面水池，再经二级泵站将水池水输入管网。因此，取用地下水的一级泵站计算流量 Q_1（m^3/d）为

$$Q_1 = \frac{Q_d}{T} \tag{5-2}$$

和式（5-1）不同的是，水厂本身用水量系数 α 为1。

5.1.2 二级泵站

二级泵站的工作情况与管网中是否设置流量调节构筑物（水塔或高地水池等）有关。当管网中无流量调节构筑物时，任一小时的二级泵站供水量应等于用水量。这种情况下，二级泵站最大供水流量，应等于最高日最高时设计用水量 Q_h；为使二级泵站在任何时候既能保证安全供水，又能在高效率下经济运转，设计二级泵站时，应根据用水量变化曲线选用多台大小搭配的水泵（或采用改变水泵转速的方式调节水泵装置的工况）来适应用水量变化。实际运行时，由管网的压力进行控制。例如，管网压力上升时，表明用水量减少，应适当减开水泵或大泵换成小泵（或降低水泵转速）；反之，应增开水泵或小泵换成大泵（或提高水泵转速）。水泵切换（或改变转速）均可自动控制。这种供水方式，完全通过二级泵站的工况调节来适应用水量的变化，使二级泵站供水曲线符合用户用水曲线。目前，大中城市一般不设水塔，均采用此种供水方式。

当管网内设有水塔或高地水池时，二级泵站分级供水。二级泵站的设计供水线应根据用水量变化曲线拟定。拟定时应注意以下几点：①泵站各级供水线尽量接近用水线，以减小水塔的调节容积，但从泵站运转管理的角度来说，供水线的分级数又不宜过多，一般不应多于3~5级。②分级供水时，应注意每级能否选到合适的水泵，以及水泵机组的合理搭配，并尽可能满足目前和今后一段时间内用水量增长的需要。

管网内设有水塔或高地水池时，由于它们能调节水泵供水和用水之间的流量差，因此二级泵站每小时的供水量可以不等于用水量。从图4-1所示的二级泵站设计供水线看出，水泵工作情况分成两级：从5时到20时，一组水泵运转，流量为最高日用水量的4.80%；其余时间的水泵流量为最高日用水量的3.11%。虽然每小时泵站供水量不等于用户用水量，但一天的泵站总供水量等于最高日

用水量，即

$$4.80\% \times 15 + 3.11\% \times 9 = 100\%$$

设计的水泵分级供水线应满足这一要求。

5.1.3 输水管和配水管网

从取水构筑物到水厂的原水输水管的设计流量与一级泵站的设计流量相同，这里只讨论从水厂到配水管网的清水输水管的设计流量问题。

输水管和配水管网的计算流量均应按输配水系统在最高日最高用水时工作情况确定，且与管网中有无水塔（或高地水池）及其在管网中的位置有关。

当管网中无水塔时，泵站到管网的输水管和配水管网都应以最高日最高时设计用水量 Q_h 作为设计流量。

管网起端设水塔时（网前水塔），泵站到水塔的输水管直径应按泵站分级工作的最大一级供水流量计算，水塔到管网的输水管和配水管网仍按最高时用水量 Q_h 计算。

管网末端设水塔时（对置水塔或网后水塔），因最高时用水量必须从二级泵站和水塔同时向管网供水，泵站到管网的输水管以泵站分级工作的最大一级供水流量作为设计流量，水塔到管网的输水管流量按照水塔输入管网的流量进行计算。

设有网中水塔时，有两种情况，一种是水塔靠近二级泵站，并且泵站的供水流量大于泵站与水塔之间用户的用水流量，此种情况类似于网前水塔；一种是水塔离泵站较远，以致泵站的供水流量小于泵站与水塔之间用户的用水流量，在泵站与水塔之间将出现供水分界线，情况类似于对置水塔。这两种情况下的设计流量确定问题可参见前文所述。

5.1.4 水塔与清水池的调节作用

1. 水塔的流量调节

水塔在给水系统中位于二级泵站与用户之间，尽管各城市的具体条件有差别，水塔在管网内的位置可能不同，例如可放在管网的起端、中间或末端，但水塔的调节流量作用并不因此而有变化。

二级泵站供水流量和用户用水流量不相等时，其差额可由水塔来调节。从图 4-1 的用水量曲线和设计水泵供水线，可以看出水塔的流量调节作用：供水量高于用水量时，多余的水可进入水塔或高地水池内储存；相反，当供水量低于用水量时，则从水塔流出以补水泵供水量的不足。由此可见，如供水线和用水线越接近，则为了适应流量的变化，泵站工作的分级数或水泵机组数可能增加，但是水塔的调节容积可以减小。

2. 清水池的流量调节

一级泵站通常均匀供水，而二级泵站一般为分级供水，所以一、二级泵站的每小时供水量并不相等。为了调节两泵站供水量的差额，必须在一、二级泵站之间建造清水池。图 5-1 中，实线 2 表示二级泵站工作线，虚线 1 表示一级泵站工作线。一级泵站供水量大于二级泵站供水量这段时间内，图中为 20 时到次日 5 时，多余水量在清水池中储存；而在 5 时至 20 时，因一级泵站供水量小于二级泵站供水量，这段时间内需取用清水池中存水，以满足用水量的需要。但在一天内，储存的水量刚好等于取用的水量，即清水池所需调节容积或等于图中二级泵站供水量大于一级泵站时累计的 A 部分面积，或等于 B 部分面积。换言之，等于累计储存水量或累计取用的水量。

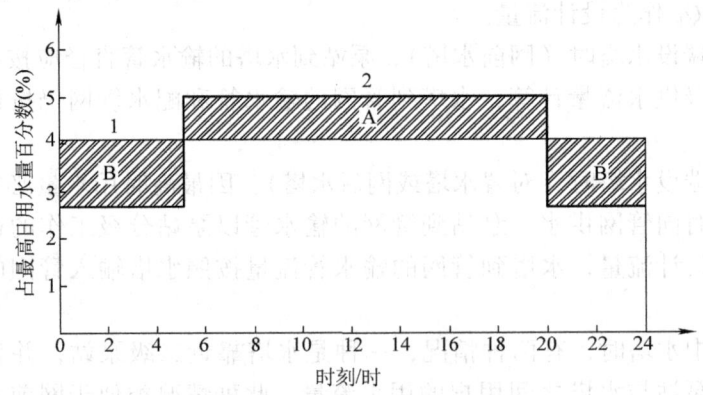

图 5-1 清水池的调节容积计算
1—一级泵站供水线 2—二级泵站供水线

由上述分析可知，水塔和清水池都是给水系统中调节流量的构筑物，彼此之间存在着密切联系。水塔的调节容积取决于二级泵站供水量和用户用水量，而清水池的调节容积则取决于一级泵站供水量和二级泵站供水量。若一级泵站供水线和用户用水线一定时，水塔和清水池的调节容积将随二级泵站供水线的变化而变化。如果二级泵站供水线越接近用水线，则二级泵站所分级数较多，由于一级泵站是均匀供水，则水塔的调节容积可以减小，但清水池的调节容积将会增大，如二级泵站供水曲线与用户用水曲线重合，则水塔调节容积等于零，即成为无水塔的管网系统，但清水池的调节容积达到最大值。反之，清水池的调节容积可大为减小，但水塔的调节容积将明显增大。由此可见，给水系统中流量的调节由水塔和清水池共同分担，并且通过二级泵站的供水线拟定，二者所需的调节容积可以相互转化。由于单位容积的水塔造价远高于清水池造价，所以在工程实践中，一般均增大清水池的容积而缩减水塔的容积，以节省总投资。

5.2 清水池和水塔

清水池和水塔在给水系统中主要起流量调节作用，另外，清水池还兼有储存水量和保证与消毒剂有充分消毒接触时间等作用，水塔还兼有储存水量和保证管网水压的作用。

本节将具体介绍清水池和水塔的构造及其容积的确定方法。

5.2.1 清水池和水塔的调节容积计算

清水池和水塔的调节容积的计算，通常采用两种方法：一种是根据24h供水量和用水量变化曲线推算，一种是凭经验估算。

缺乏用水量变化规律的资料时，城市水厂的清水池调节容积，可凭运转经验，按最高日用水量的10%~20%估算。供水量大的城市，因24h的用水量变化较小，可取较低百分数，以免清水池过大。至于生产用水的清水池调节容积，应按工业生产的调度、事故和消防等要求确定。水塔的调节容积，也可凭运转经验确定，当泵站分级工作时，可按最高日用水量的2.5%~6%估算，城市用水量大时取低值。工业用水可按生产上的要求（调度、事故和消防）确定水塔调节容积。

当有城市24h用水量变化的详细资料时，清水池和水塔的调节容积可按连续相加等方法进行计算。以图4-1为例，用水量变化幅度从最高日用水量的1.64%（1~2时）~5.81%（8~9时）。二级泵站供水线按用水量变化情况，采用3.11%（20~5时）和4.80%（5~20时）两级供水。

水塔和清水池的调节容积计算见表5-1。表中第（2）项为某大城市一天中每一小时的用水量，第（3）项为二级泵站的供水量，第（4）项为假定一级泵站24h均匀供水。由于清水池是调节一级泵站和二级泵站的流量差额，而水塔调节二级泵站和用户用水的流量差额，当管网中无水塔时，总调节容积均由清水池承担，故第（5）项为第（2）项与第（4）项之差。第（6）项为第（3）项与第（4）项之差。第（7）项为第（2）项与第（3）项之差。计算采用连续相加法。第（5）、（6）、（7）项中的累计正值或负值其值相同，说明储存的水量和流出的水量相等，因此由累计的正值（或负值）可确定水塔或清水池所需的调节容积，其值以最高日用水量的百分数计。例如第（5）项累计值为14.22%，就是不设水塔时，清水池应有的调节容积百分数。设最高日用水量为Q_d（m³/d），则清水池的调节容积为$\frac{14.22}{100}Q_d$（m³）。

从表5-1第（5）、（6）、（7）项可以看出，无水塔和有水塔时，水塔和清水池两者的总调节容积不同,无水塔时的清水池调节容积为14.22%,有水塔时,清水池调节容积虽可减小,但总容积为9.50+6.78=16.28,总容积增大。

表5-1 清水池和水塔调节容积计算

时刻	用水量（%）	二级泵站供水量（%）	一级泵站供水量（%）	清水池调节容积（%）		水塔调节容积（%）
				无水塔时	有水塔时	
(1)	(2)	(3)	(4)	(5)	(6)	(7)
0~1	1.71	3.11	4.17	-2.46	-1.06	-1.40
1~2	1.64	3.11	4.17	-2.53	-1.06	-1.47
2~3	1.66	3.11	4.16	-2.50	-1.05	-1.45
3~4	2.49	3.11	4.17	-1.68	-1.06	-0.62
4~5	2.68	3.11	4.17	-1.49	-1.06	-0.43
5~6	4.26	4.80	4.16	0.10	0.64	-0.54
6~7	4.35	4.80	4.17	0.18	0.63	-0.45
7~8	4.81	4.80	4.17	0.64	0.63	0.01
8~9	5.81	4.80	4.16	1.65	0.64	1.01
9~10	5.43	4.80	4.17	1.26	0.63	0.63
10~11	4.87	4.80	4.17	0.70	0.63	0.07
11~12	5.68	4.80	4.16	1.52	0.64	0.88
12~13	5.19	4.80	4.17	1.02	0.63	0.39
13~14	4.89	4.80	4.17	0.72	0.63	0.09
14~15	4.93	4.80	4.16	0.77	0.64	0.13
15~16	4.93	4.80	4.17	0.76	0.63	0.13
16~17	5.42	4.80	4.17	1.25	0.63	0.62
17~18	5.57	4.80	4.16	1.41	0.64	0.77
18~19	5.32	4.80	4.17	1.15	0.63	0.52
19~20	5.26	4.80	4.17	1.09	0.63	0.46
20~21	3.94	3.11	4.16	-0.22	-1.05	0.83
21~22	3.23	3.11	4.17	-0.94	-1.06	0.12
22~23	3.23	3.11	4.17	-0.94	-1.06	0.12
23~24	2.70	3.11	4.16	-1.46	-1.05	-0.41
累计	100.00	100.00	100.00	14.22	9.50	6.78

清水池中除了储存调节用水以外,还存放消防用水和水厂生产用水,因此,清水池有效容积等于

$$W = W_1 + W_2 + W_3 + W_4 \tag{5-3}$$

式中　W_1——清水池调节容积（m³）；

W_2——消防储水量（m³），按 2h 火灾延续时间计算；

W_3——水厂冲洗滤池和沉淀池排泥等生产用水，等于最高日用水量的 5%~10%；

W_4——安全储水量。

清水池有效容积按上式计算时，尚需复核必要的消毒接触时间（消毒时间不低于 30min）。

清水池的个数一般不少于两个，并能单独工作和分别放空。如有特殊措施能保证供水要求时，亦可采用一个，但需分格或采取适当措施，以便清洗或检修时不间断供水。

水塔除了储存调节用水量以外，还需储存室内消防用水量。因此，水塔设计有效容积为

$$W = W_1 + W_2 \tag{5-4}$$

式中　W_1——调节容积（m³）；

W_2——消防储水量（m³），按 10min 室内消防用水量计算。

5.2.2　清水池和水塔的构造

1. 清水池的构造

在给水工程中，常采用钢筋混凝土水池、预应力钢筋混凝土水池或砖石水池，一般将其做成圆形或矩形。钢筋混凝土水池使用最广，见图 5-2。一般当水池容积小于 2500m³ 时，以圆形较为经济，大于 2500m³ 以矩形较为经济。

水池应有单独的进水管和出水管，安装地点应保证池水的循环流动，一般从池一侧上部进水，从另一侧下部出水。进、出水管管径按最高设计流量确定，管内流速在 0.7~1.0m/s 左右。此外，池上部应有溢水管，其管径和进水管相同，管端有喇叭口，管上不设阀门。水池的放空管设在集水坑内，管径一般按 2h 内将池水放空计算。容积在 1000m³ 以上的水池，至少应设两个检修孔，孔的尺寸应满足池内管配件及检修人员的进出。为避免池内水的短流以及保证最小的消毒时间，池内应设导流墙，在导流墙底部，隔一定距离设过水孔，使洗池时排水方便。池顶应设若干通风孔，为使池内自然通风，孔口应有高低，一般高出水池填土面 0.7m 以上。池顶覆土厚度视当地平均室外气温而定，一般在 0.5~1.0m 之间，气温低则覆土厚一些。此外，覆土厚度还应考虑到池体抗浮要求。当地下水位较高、温度低时则覆土厚一些。为便于观测池内水位，可装置水位仪，可就地指示或远传水位，常用的水位传示仪有电阻式、电容式和数字显示液位计等。

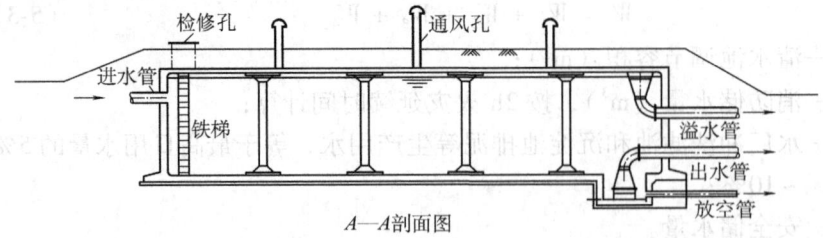
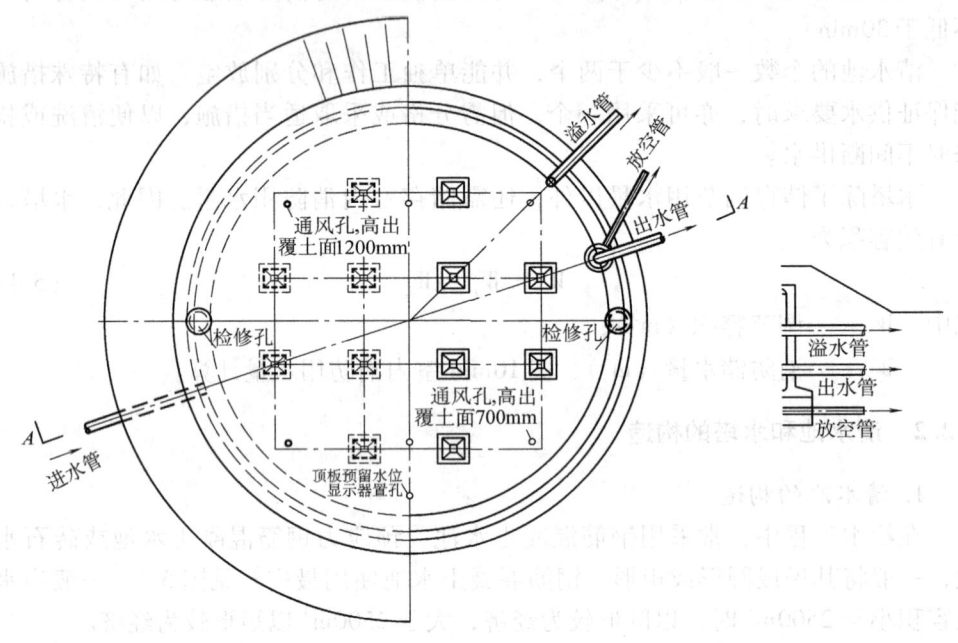

图 5-2 圆形钢筋混凝土水池

清水池个数或分格数,一般不少于两个,并且可以单独工作,分别检修。如近期只建造一个清水池时,水厂应设超越管绕过清水池,以便清洗时仍可供水。

预应力钢筋混凝土水池水密性高,不出现裂缝。大型预应力钢筋混凝土水池较同容积的钢筋混凝土水池造价低。

装配式钢筋混凝土水池近年也有采用。它是将水池的柱、梁、板等构件事先预制,因此可节约模板。各构件拼装完毕后,外面再加钢箍,并加张力,接缝处喷涂砂浆使之不漏水。我国已编有容量 50~1000m³ 圆形钢筋混凝土蓄水池国家标准图 96S811~96S820,矩形钢筋混凝土蓄水池国家标准图 96S823~96S833,可供设计时选用。

2. 水塔的构造

多数水塔采用钢筋混凝土或砖石等建造，但以钢筋混凝土水塔或砖支座的钢筋混凝土水柜用得较多。

钢筋混凝土水塔主要由水柜（或水箱）、塔架、管道和基础组成，如图5-3所示。

（1）水柜（或水箱） 水柜通常做成圆筒形，高度和直径之比约为0.5~1.0。水柜过高不好，因为水位变化幅度大会增加水泵的扬程，多耗动力，且影响水泵效率。水柜必须牢固不透水，其材料可用钢材、钢筋混凝土或木材，容积很小时，可用砖砌。

（2）塔体 塔体用以支承水柜，常用钢筋混凝土、砖石或钢材建造。近年来也采用装配式和预应力钢筋混凝土水塔。

（3）管道和设备 进水管应设在水柜中心并伸到水柜的高水位附近，出水管可靠近柜底，以保证水柜内的水流循环。为防止水柜溢水和将柜内存水放空，须设置溢水管和排水管，管径可和进、出水管相同。溢水管上不应设阀门。排水管从水柜底接出，管上设阀门，并接到溢水管上。

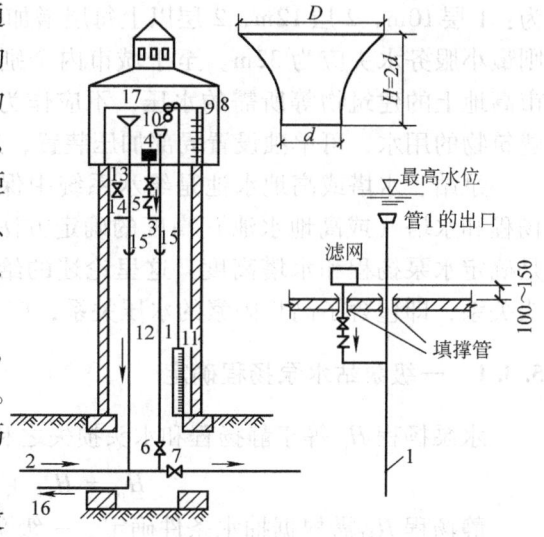

图5-3 钢筋混凝土水塔

（4）基础 水塔基础可采用单独基础、条形基础和整体基础。常用的材料有砖石、混凝土、钢筋混凝土等。

另外，水塔上还有一些附属设施，如塔顶设有防雷电的避雷针，为观察水柜内的水位变化应设置浮标水位尺或水位显示仪等。

水塔外露于大气中，应注意保温问题。因为钢筋混凝土水柜经过长期使用后，会出现微细裂缝，浸水后再加冰冻，裂缝会扩大，可能因此引起漏水。根据当地气候条件，可采取不同的水柜保温措施或在水柜壁上贴砌8~10cm的泡沫混凝土、膨胀珍珠岩等保温材料，或在水柜外贴砌一砖厚的空斗墙，或在水柜外再加保温外壳，外壳与水柜壁的净距不应小于0.7m，内填保温材料。

我国已编有容量30~400m³、高度15~32m水塔的国家标准图 S843~845、90S846、90S847，可供设计时选用。

5.3 给水系统的水压关系

为供给用户足够的生活用水或生产用水，给水系统应保证一定的水压，通常叫做自由水压，即从地面算起的水压。城市给水管网需保持最小的自由水压为：1层10m，2层12m，2层以上每层增加4m。例如，当地房屋按7层楼考虑，则最小服务水头应为32m。至于城市内个别高层建筑物或建筑群，或建筑在城市高地上的建筑物等所需的水压，不应作为管网水压控制的条件。为满足这类建筑物的用水，可单独设置局部加压装置，这样比较经济。

泵站、水塔或高地水池是给水系统中保证水压的构筑物，因此需了解水泵扬程和水塔（或高地水池）高度的确定方法，即讨论给水系统水压关系的目的是确定水泵扬程和水塔高度。这里论述的给水系统的水压关系实际上就是指水头关系，即包含了高程因素的水压关系，广义地讲就是能量关系。

5.3.1 一级泵站水泵扬程确定

水泵扬程 H_p 等于静扬程和水头损失之和

$$H_p = H_{ST} + \sum h \tag{5-5}$$

静扬程 H_{ST} 需根据抽水条件确定。一级泵站静扬程是指水泵吸水井最低水位与水厂的前端处理构筑物（一般为混合池）最高水位的高程差。在工业企业的循环给水系统中，水从冷却池（或冷却塔）的集水井直接送到车间的冷却设备，这时静扬程等于车间所需水压标高（车间地面标高加所需服务水头）与集水井最低水位的高程差。

水头损失 $\sum h$ 包括水泵吸水管、压水管和泵站连接管线的水头损失。

所以一级泵站的扬程为（图5-4）

$$H_p = H_0 + h_s + h_d \tag{5-6}$$

式中 H_0——静扬程（m）；

       h_s——由最高日平均时供水量加水厂自用水量确定的吸水管路水头损失（m）；

       h_d——由最高日平均时供水量加水厂自用水量确定的压水管和泵站到絮凝池管线中的水头损失（m）。

5.3.2 二级泵站水泵扬程和水塔高度的确定

二级泵站是从清水池取水直接送向用户或先送入水塔，而后流进用户。

二级泵站水泵扬程和水塔的高度与管网中是否设置水塔及水塔在管网中的位置有关。

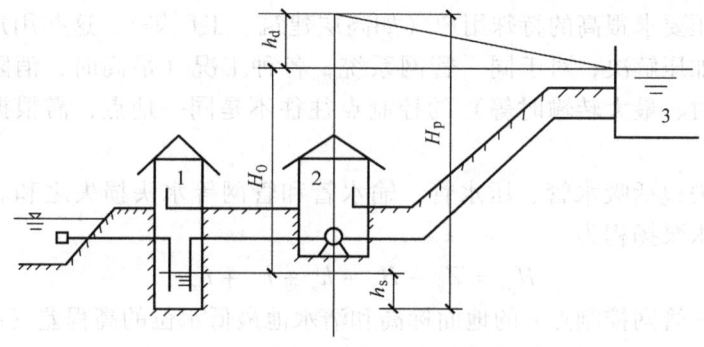

图 5-4　一级泵站扬程计算
1—吸水井　2——级泵站　3—混合池

1. 无水塔管网

无水塔的管网（图5-5）由泵站直接输水到用户时，静扬程等于清水池最低水位与管网控制点所需水压标高的高程差。所谓的控制点是指整个给水系统中水压最不容易满足的地点（又称最不利点），用以控制整个给水管网系统的水压，只要该点的压力在最高用水量时可以满足最小服务水头（最小自由水压）的要求，管网的其他点均可满足最小服务水头的要求。该点对供水系统起点（泵站或水塔）的供水压力要求最高，这一特征是判断某点是不是控制点的基本准则。正确地分析确定系统的控制点非常重要，它是正确进行给水系统水压分析的关键。一般情况下，控制点通常在系统的下列地点：

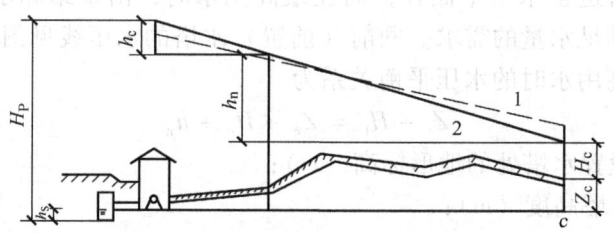

图 5-5　无水塔管网的水压线
1—最小用水时　2—最高用水时

1）地形最高点。
2）距离供水起点最远点。
3）要求自由水压最高点。

当然，若系统中某一地点能同时满足上述条件，这一地点一定是控制点，但实际工程中，往往不是这样，多数情况下只具备其中的一个或两个条件，这时需选出几个可能的地点通过分析比较才能确定。另外，选择控制点时，应排除个别对水压要求很高的特殊用户（如高层建筑、工厂等），这些用户对水压的要求应自行加压解决，对于同一管网系统，各种工况（最高时、消防时、最不利管段损坏时、最大转输时等）的控制点往往不是同一地点，需根据具体情况正确选定。

水头损失包括吸水管、压水管、输水管和管网等水头损失之和。故无水塔时二级泵站水泵扬程为

$$H_p = Z_c + H_c + h_s + h_c + h_n \tag{5-7}$$

式中　Z_c——管网控制点 c 的地面标高和清水池最低水位的高程差（m）；

H_c——控制点所需的最小服务水头（m）；

h_s——吸水管中的水头损失（m）；

h_c、h_n——输水管和管网中水头损失（m）。

h_s、h_c 和 h_n 都应按水泵最高时供水量计算。

2. 网前（前置）水塔管网

水塔是靠重力作用将所需的流量压送到各用户的。大中城市一般不设水塔，因城市用水量大，水塔容积小了不起作用，如容积太大造价又太高，况且水塔高度一经确定，对今后给水管网的发展将产生影响。小城镇和工业企业则可考虑设置水塔，既可缩短水泵工作时间，又可保证恒定的水压。水塔在管网中的位置，可靠近水厂（网前水塔）、位于管网中间（网中水塔）或靠近管网末端（网后水塔）等。

对于网前（前置）水塔，当泵站供水量大于管网中用户用水量时，多余的水量通过输水管送至水塔中储存，而在最高用水时，由泵站和水塔联合向管网中用户供水以满足水量的需求。网前（前置）水塔的水压线见图 5-6，由图中的水压关系，最高用水时的水压平衡关系为

$$Z_t + H_t = Z_c + H_c + h_n \tag{5-8}$$

式中　Z_t——设置水塔处的地形标高（m）；

H_t——水塔高度（m）；

Z_c——控制点处的地形标高（m）；

H_c——控制点要求的自由水压（m）；

h_n——按最高时用水量计算的从水塔至控制点之间管路的水头损失（m）。

故水塔高度计算公式为

$$H_t = H_c + h_n - (Z_t - Z_c) \tag{5-9}$$

从式 5-9 可以看出，建造水塔处的地面标高 Z_t 越高，则水塔高度 H_t 越低，造价越低，当 $H_t = 0$ 时，即变为高地水池，这就是水塔建在高地的原因。

3. 网后（对置）水塔管网

由于城市地形和保证供水区水压的需要，水塔可能布置在管网末端的高地

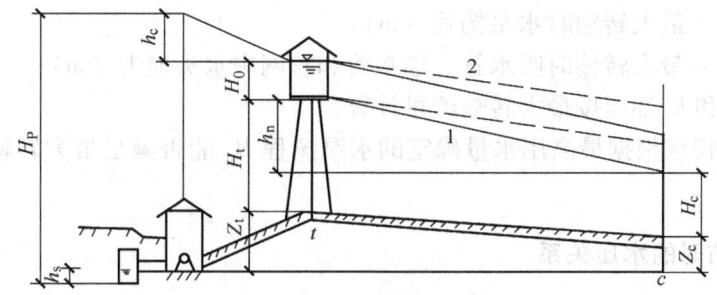

图 5-6 网前水塔管网的水压线
1—最高用水时 2—最小用水时

上,这样就形成对置水塔的给水系统。如图 5-7 所示的对置水塔系统,可能有两种工作情况:

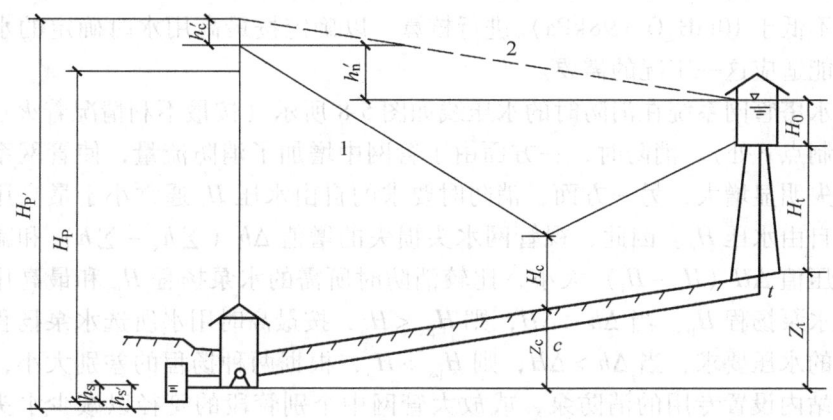

图 5-7 对置水塔管网的水压线
1—最高用水时 2—最大转输时

1)在最高用水量时,管网用水由泵站和水塔同时供给,两者各有自己的给水区,在给水区分界线上,水压最低。水泵扬程可按无水塔管网的计算公式式(5-7)进行计算,水塔高度的计算公式可按网前水塔的计算公式式(5-9)进行计算。求对置水塔管网系统中的水塔高度时,式中的 h_n 是指水塔到分界线处的水头损失,H_c 和 Z_c 分别指水压最低点的服务水头和地形标高。这里,水头损失和水压最低点的确定必须通过管网计算。

2)在一天内有若干小时因二级泵站供水量大于用水量,多余的水通过管网转输入水塔储存,一般取最大一小时的转输流量作为管网设计校核的依据。

最大转输时水泵扬程的计算公式为

$$H'_p = Z_t + H_t + H_0 + h'_s + h'_c + h'_n \tag{5-10}$$

式中 H'_p——最大转输时水泵扬程（m）；
h'_s、h'_c、h'_n——最大转输时吸水管、输水管和管网中水头损失（m）。
h'_s、h'_c和h'_n都应按最大转输流量计算。

这时需校核根据最高用水量确定的水泵扬程H_p能否满足最大转输时水泵扬程H'_p。

5.3.3 消防时的水压关系

二级泵站的扬程除了满足最高用水的水压外，还应满足消防流量时的水压要求。在消防时，管网额外增加了大量的消防流量，管网的水头损失会明显增大，水压也会发生变化。因此，为保证安全供水，必须按消防时的条件进行核算，我国城镇给水系统一般均按低压制消防条件进行核算，即消防时管网通过的总流量按最高时设计用水量加消防流量（$Q_h + Q_x$），管网控制点的自由水压值应保证不低于 $10mH_2O$（98kPa）进行核算，以确定按最高用水时确定的水泵扬程是否能适应这一工况的需要。

无水塔管网系统在消防时的水压线如图 5-8 所示（按最不利情况着火点可考虑在控制点 c 处）。消防时，一方面由于管网中增加了消防流量，使管网系统的水头损失明显增大，另一方面，消防时要求的自由水压 H_f 通常小于最高用水时要求的自由水压 H_c。因此，视管网水头损失的增值 Δh（$\sum h_x - \sum h$）和减少的自由水压值 ΔH（$H_c - H_f$）大小，比较消防时所需的水泵扬程 H_{px} 和最高用水时所需的水泵扬程 H_p。当 $\Delta h < \Delta H$，则 $H_{px} < H_p$，按最高时用水所选水泵扬程满足消防时的水压要求，当 $\Delta h > \Delta H$，则 $H_{px} > H_p$，根据两种扬程的差别大小，有时需在泵站内设置专用的消防泵，或放大管网中个别管段的管径以减少水头损失而不用设专用消防泵。

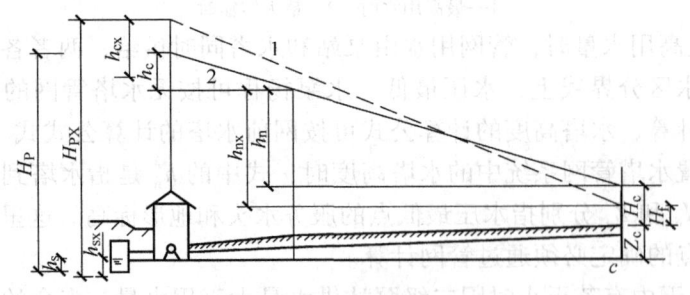

图 5-8　泵站供水时的水压线
1—消防时　2—最高用水时

思 考 题

1. 取用地表水源时，取水构筑物、水处理构筑物、泵站、输水管和管网等按什么流量设计？
2. 已知用水量变化曲线，怎样定出二级泵站工作线？
3. 清水池和水塔各起什么作用？二者容积之间的关系是什么？
4. 有水塔和无水塔的管网，二级泵站的计算流量有何差别？
5. 水塔和清水池的调节容积通常采用哪两种方法？当缺乏资料时，其调节容积如何估算？
6. 什么是控制点？它具有哪些基本特征？
7. 为什么水塔应建造在地形较高的地方？
8. 写出消防时（图5-7）的二级泵站水泵扬程计算式。

第 6 章 给水管网的设计计算

6.1 概述

给水管网设计计算的任务是：在最高时用水情况下，计算各管段的流量；确定各管段的管径和水头损失；确定水泵扬程和水塔高度。并在特殊用水情况下，对管网管径和水泵扬程进行校核。

由于输、配水管网在整个给水工程投资中所占比例很大，一般约占70%～80%。因此，必须进行多种方案的比较与计算，以使管网更加经济合理，降低工程造价。

在管网计算中常会遇到两类课题：

(1) 设计计算 即按最高日最高时流量求出各节点流量后，进行流量分配，确定管网中各管段的管径及水头损失，再推算出给水管网系统的水压关系。

在具体设计时，常有两种情况：①当供水起点水压未知时，应按经济流速选定各管段的管径，再由管段流量、管径和管长计算各管段的水头损失，然后由控制点的地形标高、要求的自由水压推出各节点水压，计算水泵扬程和水塔高度，进而确定水泵型号、台数；②供水起点水压能满足用户要求，从现有管网或泵站接出一个分系统，且不需设置增压设施。此时，应充分利用起点水压条件来选定管径，此时经济流速不起主导作用，计算出各管段的水头损失，由起点现有水压条件推出各节点水压，并复核水压是否大于或等于控制点所需水压，若小于控制点所需水压或大得很多时，均须调整个别管段的管径，重新计算，最后得出管网各管段的管径和各节点水压。

(2) 管网校核计算 即在管网管径已知的前提下，按管网在各种用水情况下的工作流量，分别求出各节点的计算流量，确定各管段的流量和水头损失，分析计算结果，得出管网在各种用水情况下的流量和水压，以此校核按最高时用水确定的水泵扬程。

对于新建管网，首先按最高时用水量确定管径、水头损失、水泵扬程和水塔高度，然后根据管网布置情况，分别按消防时、最大转输时、事故时的校核条件，核算由最高时用水量计算确定的管径和水泵等能否满足上述最不利情况下的要求。对现有管网在各种用水情况下（包括最高时）的运转情况进行水力分析计算，找出管网工作的薄弱环节，为加强管网管理、挖潜、扩建或改建提供技术依据。管网在扩建或改建后在多大程度上改善供应的水量和水压等问题，都需要通过管网的复核计算确定。

6.2 管网图形的性质与简化

6.2.1 管网图形的性质

给水管网是由管段和节点构成的有向图。管网图形中每个节点通过一条或多条管段与其他节点相连接。

如图 6-1 所示的管网，图中标有 1、2、3……8 的点称为节点，包括：①配水源节点，如泵站、水塔或高地水池等；②不同管径或不同材质的交接点；③管网中管段的交汇点或集中向大用户供水的点，因管中流量发生变化，也是节点。图 6-1 中，两个相邻节点之间的管道称为管段，如管段 2~3。管段顺序连接形成管线，如图中的管线 1~2~3~4~7~8，是指从泵站到水塔的一条管线。起点与终点重合的管线构成环，如图中 3~4~7~6~3 构成环Ⅱ。在一个环中不包含其他环时，称为基环，如环Ⅰ、Ⅱ都是基环。几个基环合成的大环，如环Ⅰ、Ⅱ合成的大环 2~3~4~7~6~5~2 就不再是基环。

对于多水源管网，为了计算方便，有时将有两个或两个以上水压一定的水源节点（泵站、水塔等）用虚管线与虚节点 0 连接时，也形成环，如图 6-1 中实管线 1~2~3~4~7~8 和虚管线 8~0~1 所形成的环Ⅲ，因实际上并不存在，故称为虚环。两个配水源时可形成一个虚环，三个配水源时形成两个虚环，由此推知虚环数等于配水源数减一，或等于虚管段数减一。

由多面体的欧拉定理，可导出平面管网图形的节点（包括虚节点 0）数 J、管段（包括虚管段）数 P 和基环（包括虚环）数 L 之间的关系

$$P = J + L - 1 \qquad (6-1)$$

对于枝状管网，因环数 $L=0$，故 $P=J-1$ 即管段数等于节点数减一。由此可知，要将环状管网转化为枝状管网，必须

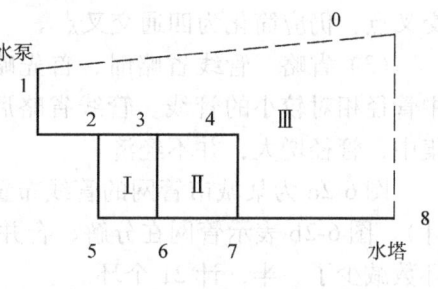

图 6-1 管网的组成

在每一个基环中去掉一条管段,最少去除的管段数等于基环数 L,管段去除后节点数保持不变。因所去除的管段可以不同,所以同一环状管网可以转变成为各种形式的枝状管网。

6.2.2 管网图形的简化

1. 简化目的及原则

在管网计算中,城市管网的现状核算及旧管网的扩建计算最为常见。由于给水管线遍布在街道下,不仅管线很多而且管径差别很大,若计算全部管线,实际上既无必要,也不大可能。因此,除了新设计的管网,因定线和计算仅限于干管网的情况外,对城镇管网的现状核算以及管网的扩建或改建往往需要将实际的管网加以简化,保留主要的干管,略去一些次要的、水力条件影响较小的管线,使简化后的管网基本上能反映实际用水情况,大大减轻计算工作量。通常管网越简化,计算工作量越小。但过分简化的管网,计算结果难免与实际用水情况的差别增大,如大城市可略去不计的管径,在小城镇则不允许略去,以免偏离实际用水情况。所以,管网图形简化是保证计算结果接近于实际情况的前提下,对管线进行的简化。

2. 简化方法

在进行管网简化时,应先对实际管网的管线情况进行充分了解和分析,然后采用分解、合并、省略等方法进行简化。

(1) 分解 只有一条管线连接的两个管网,可以把连接管线断开,分解成为两个独立的管网;有两条管线连接的分支管网,若其位于管网的末端且连接管线的流向和流量可以确定时,也可以进行分解;管网分解后即可分别计算。

(2) 合并 管径较小、相互平行且靠近的管线可考虑合并。如管线交叉点很近时,可以将其合并为同一交叉点。相近交叉点合并后可以减少管线数目,使系统简化。在给水管网中,为了施工方便和减小水流阻力,管线交叉处往往用两个三通代替四通(实际工程中很少使用四通),不必将两个三通认为是两个交叉点,仍应简化为四通交叉点。

(3) 省略 管线省略时,首先略去水力条件影响较小的管线,即省略管网中管径相对较小的管线。管线省略后的计算结果是偏于安全的,但是由于流量集中,管径增大,并不经济。

图 6-2a 为某城市管网的管线布置,共计 42 个环,管段旁注明管径(以 mm 计)。图 6-2b 表示管网在分解、合并、简化时的考虑。图 6-2c 为简化后的管网,环数减少了一半,计 21 个环。

第 6 章 给水管网的设计计算

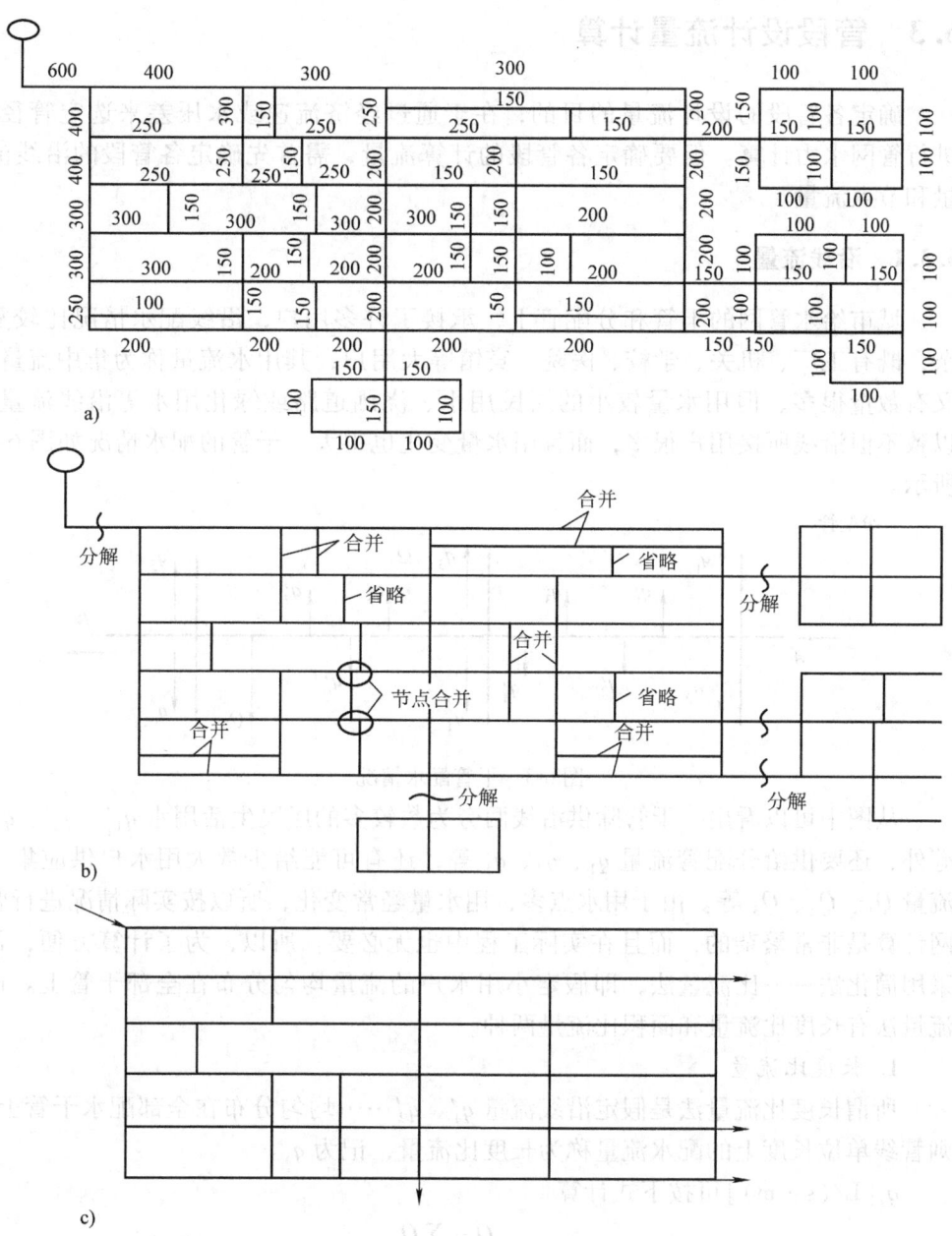

图 6-2 管网简化

6.3 管段设计流量计算

确定各管段的设计流量的目的,在于通过经济流速或水压差来选定管径,进行管网水力计算。但要确定各管段的计算流量,需首先确定各管段的沿线流量和节点流量。

6.3.1 沿线流量

城市给水管网的干管和分配管上,承接了许多用户,沿线配水情况比较复杂,既有工厂、机关、学校、医院、宾馆等大用户,其用水流量称为集中流量,又有数量很多、但用水量较小的居民用水、浇洒道路或绿化用水等沿线流量,以致不但沿线所接用户很多,而且用水量变化也很大。干管的配水情况如图6-3所示。

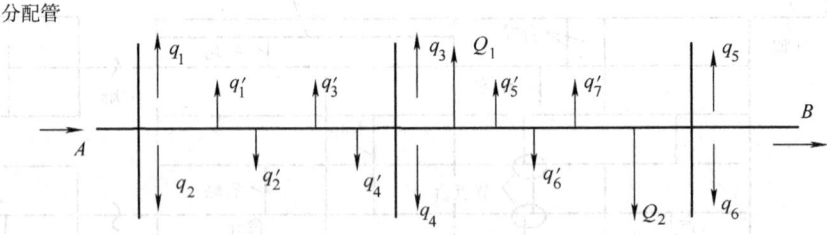

图 6-3 干管配水情况

从图中可以看出,干管除供沿线两旁为数较多的居民生活用水 q_1'、q_2'、q_3' 等外,还要供给分配管流量 q_1、q_2、q_3 等,还有可能给少数大用水户供应集中流量 Q_1、Q_2、Q_3 等。由于用水点多,用水量经常变化,所以按实际情况进行管网计算是非常繁杂的,而且在实际工程中也无必要。所以,为了计算方便,常采用简化法——比流量法,即假定小用水户的流量均匀分布在全部干管上。比流量法有长度比流量和面积比流量两种。

1. 长度比流量

所谓长度比流量法是假定沿线流量 q_1'、q_2'……均匀分布在全部配水干管上,则管线单位长度上的配水流量称为长度比流量,记为 q_s。

q_s [L/(s·m)] 可按下式计算

$$q_s = \frac{Q - \sum Q_i}{\sum L} \tag{6-2}$$

式中 Q——管网总用水量(L/s);

$\sum Q_i$——工业企业及其他大用户的集中流量之和(L/s);注意各集中流量采用最高日最高时流量,总的集中流量是偏大的,因为不同用户的用水高峰小时可能不同,但如果用集中用水户在管网最高时的用水流量作为集中流量,则流量可能偏小,造成后面设计管径偏小。因此,集中流量按最高日最高时计算,但如该项用水最高时与管网最高时不同,则计算值应适当调小。

ΣL——管网配水干管总计算长度(m);单侧配水的管段(如沿河岸等地段敷设的只有一侧配水的管线)按实际长度的一半计入;双侧配水的管段,计算长度等于实际长度;两侧不配水的管线长度不计(即不计穿越广场、公园等无建筑物地区的管线长度)。

比流量的大小随用水量的变化而变化。因此,控制管网水力情况的不同供水条件下的比流量(如在最高用水时、消防时、最大转输时的比流量)是不同的,须分别计算。另外,若城市内各区人口密度相差较大时,也应根据各区的用水量和干管长度,分别计算其比流量。

长度比流量按用水量全部均匀分布在干管上的假定来求比流量,忽视了沿管线供水人数和用水量的差别,存在一定的缺陷。因此计算出来的配水量可能和实际配水量有一定差异。为接近实际配水情况,也可按面积比流量法计算。

2. 面积比流量

假定沿线流量 q'_1、q'_2……均匀分布在整个供水面积上,则单位面积上的配水流量称为面积比流量,记作 q_A [L/(s·m²)],按下式计算

$$q_A = \frac{Q - \sum Q_i}{\sum A} \tag{6-3}$$

式中 ΣA——给水区域内沿线配水的供水面积总和(m²);

其余符号意义同前。

干管每一管段所负担的供水面积可按分角线或对角线的方法进行划分,如图 6-4 所示。在街区长边上的管段,其单侧供水面积为梯形;在街区短边上的管段,其单侧供水面积为三角形。

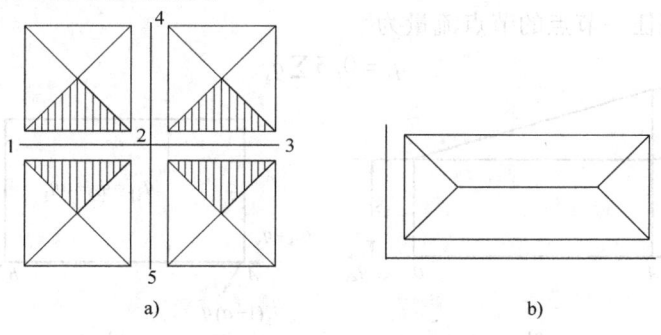

图 6-4 供水面积划分

a) 对角线法 b) 分角线法

用面积比流量法计算虽然比较准确,但计算过程较麻烦。当供水区域的干管分布比较均匀、干管距离大致相同的管网,用长度比流量法计算较为简便。

由比流量 q_s、q_A 可计算出各管段的沿线配水流量即沿线流量,记作 q_y,则任一管段的沿线流量 q_y(L/s)可按下式计算

$$q_y = q_s L_i \tag{6-4}$$

或

$$q_y = q_A A_i \tag{6-5}$$

式中 L_i——该管段的计算长度(m);
  A_i——该管段所负担的供水面积(m^2)。

6.3.2 节点流量

管网中任一管段的流量,包括两部分:一部分是沿本管段均匀泄出供给各用户的沿线流量 q_y,如图 6-5a 所示,流量大小沿程线性减小,到管段末端等于零;另一部分是通过本管段流到下游管段的流量,如图 6-5b 所示,沿程不发生变化,称为转输流量 q_{zs}。从图 6-5a 可以看出,从管段起端 A 到末端 B 管段内流量由 $q_{zs} + q_y$ 变为 q_{zs},流量仍是变化的。对于流量变化的管段,难以确定管径和水头损失。因此,需对其进一步简化。简化的方法是化渐变流为均匀流,是以变化的沿线流量折算为管段两端节点流出的流量,即节点流量。全管段引用一个不变的流量,称为折算流量,记为 q_{if},使它产生的水头损失与实际上沿线变化的流量产生的水头损失完全相同,从而得出管线折算流量的计算公式为

$$q_{if} = q_{zs} + \alpha q_y \tag{6-6}$$

式中 α——折减系数,其值根据简化条件经推算在 0.5~0.58 之间。α 值与管段中 q_{zs}/q_y 有关。一般,在靠近管网起端的管段,因转输流量比沿线流量大得多,α 值接近于 0.5;相反,靠近管网末端的管段,α 值则趋近于 0.58。为便于管网计算,通常统一采用 0.5,即将管段沿线流量平分到管段两端的节点上,在解决工程问题时,已足够精确。

因此管网任一节点的节点流量为

$$q_i = 0.5 \sum q_y \tag{6-7}$$

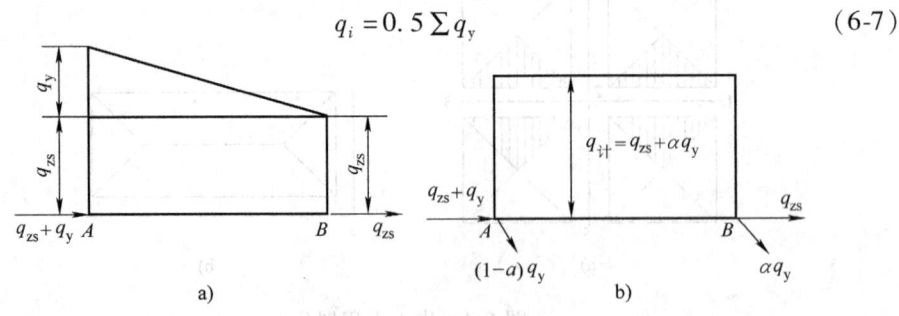

图 6-5 管段输配水情况

即管网中任一节点的节点流量 q_i 等于与该节点相连各管段的沿线流量总和的一半。

当整个给水区域内管网的比流量 q_{cb} 或 q_{mb} 相同时，由式（6-4）和式（6-5）可得节点流量计算式（6-7）的另一种表达形式

$$q_i = 0.5 q_s \sum L_i \qquad (6-8)$$

或

$$q_i = 0.5 q_A \sum A_i \qquad (6-9)$$

式中 $\sum L_i$——与该节点相连各管段的计算长度之和（m）；

$\sum A_i$——与该节点相连各管段所负担的配水面积之和（m²）。

城市管网中，工业企业等大用户所需流量，可直接作为接入大用户节点的节点流量。工业企业内的生产用水管网，水量大的车间用水量也可直接作为节点流量。

这样，管网图上各节点的流量包括由沿线流量折算的节点流量和大用户的集中流量。大用户的集中流量可以在管网图上单独注明，也可与节点流量加在一起，在相应节点上注出总流量。一般在管网计算图的各节点旁引出细实线箭头，并在箭头的前端注明该节点总流量的大小。

在计算完节点设计流量后，应验证流量平衡，即

$$Q = \sum Q_i + \sum q_i \qquad (6-10)$$

式中 Q——管网总用水量（L/s）；

Q_i——各节点的集中流量（L/s）；

q_i——各节点的节点流量（L/s）。

如果有较大误差，则应检查计算过程中的错误，如误差较小，可能是计算精确度误差（小数尾数四舍五入造成），可以直接调整某些项集中流量和节点流量，使流量达到平衡。

【例 6-1】 某城镇最高时总用水量为 284.7L/s，其中集中供应工业用水量为 189.2L/s。干管各管段编号及长度如图 6-6 所示，管段 4~5、1~2 及 2~3 为单侧配水，其余为两侧配水。试求：（1）干管的比流量；（2）各管段的沿线流量；（3）各节点流量。

【解】 从整个城镇管网分布情况来看，干管的分布比较均匀，故按长度比流量法计算。

（1）配水干管计算长度：因二泵站~4 为输水管，不参与配水，其计算长度为零，4~5、1~2、2~3 管段为单侧配水，其计算长度按实际长度的一半计入，其余均为双侧配水管段，均按实际长度计入，则

$$\sum L = (0.5 \times 756 \times 3 + 756 + 820 \times 3) \text{ m} = 4350 \text{m}$$

（2）配水干管比流量：

$$q_s = \frac{284.7 \text{L/s} - 189.2 \text{L/s}}{4350 \text{m}} = 0.0219 \text{L/(s·m)}$$

图 6-6 节点流量计算（单位：m）

（3）沿线流量：

管段 1～2 的沿线流量为

$$q_{1\sim 2} = q_s L_{1\sim 2} = 0.0219 \text{L/(s·m)} \times 0.5 \times 756\text{m} = 8.3\text{L/s}$$

各管段的沿线流量计算见表 6-1。

表 6-1 各管段的沿线流量计算

管段编号	管段长度/m	管段计算长度/m	比流量 /L/(s·m)	沿线流量 /(L/s)
1～2	756	0.5×756=378	0.0219	8.3
2～3	756	05×756=378		8.3
1～4	820	820		18.0
2～5	820	820		18.0
3～6	820	820		18.0
4～5	756	0.5×756=378		8.3
5～6	756	756		16.6
合计	—	4350		95.5

（4）节点流量计算：

如节点 5 的节点流量为

$$q_5 = 0.5 \sum q_l = 0.5 \ (q_{4\sim 5} + q_{5\sim 6} + q_{5\sim 2})$$
$$= 0.5 \ (8.3\text{L/s} + 16.6\text{L/s} + 18.0\text{L/s})$$
$$= 21.6\text{L/s}$$

各节点的节点流量计算见表 6-2。

表 6-2 各管段节点流量计算

节点	连接管段	节点流量 /(L/s)	集中流量 /(L/s)	节点总流量 /(L/s)
1	1～4、1～2	0.5 (18.0+8.3) =13.1	189.2	202.3

(续)

节点	连接管段	节点流量 /（L/s）	集中流量 /（L/s）	节点总流量 /（L/s）
2	1~2、2~5、2~3	0.5（8.3+18.0+8.3）=17.3		17.3
3	2~3、3~6	0.5（8.3+18.0）=13.1		13.1
4	1~4、4~5	0.5（18.0+8.3）=13.1		13.1
5	4~5、2~5、5~6	0.5（8.3+18.0+16.6）=21.6		21.6
6	3~6、5~6	0.5（18.0+16.6）=17.3		17.3
合计		95.5	189.2	284.7

将节点流量和集中流量标注于相应节点上，如图 6-7 所示。

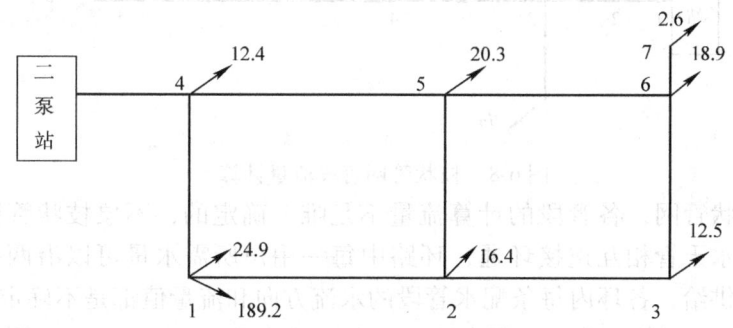

图 6-7 节点流量图（单位：L/s）

6.3.3 管段的计算流量

管网各管段的沿线流量简化成各节点流量后，可求出各节点总流量，即把大用水户的集中流量也加于相应的节点上，则所有节点流量的总和，便是由二级泵站送来的总流量（即总供水量）。按照质量守恒原理，每一节点必须满足节点流量平衡条件：流入任一节点的流量必须等于流出该节点的流量，即流进等于流出。

若规定流入节点的流量为负，流出节点为正，则上述平衡条件可表示为

$$q_i + \sum q_{ij} = 0 \tag{6-11}$$

式中　q_i——节点 i 的节点流量（L/s）；

　　　q_{ij}——连接在节点 i 上的各管段流量（L/s）。

依据式（6-11），用二级泵站送来的总流量沿各节点进行流量分配，所得出的各管段通过的流量，就是各管段的计算流量。

在单水源枝状管网中，各管段的计算流量容易确定。从配水源（泵站或水塔等）供水到各节点只能沿一条管路通道，即管网中每一管段的水流方向和计

算流量都是确定的且是唯一的。每一管段的计算流量等于该管段后面（顺水流方向）所有节点流量和大用户集中用水量之和。因此，对于枝状管网，若任一管段发生事故，该管段以后地区就会断水。

如图 6-8 所示的一枝状管网，部分管段的计算流量为

$$q_{4\sim 5} = q_5 \quad q_{8\sim 10} = q_{10}$$
$$q_{3\sim 4} = q_4 + q_5 + q_8 + q_9 + q_{10}$$

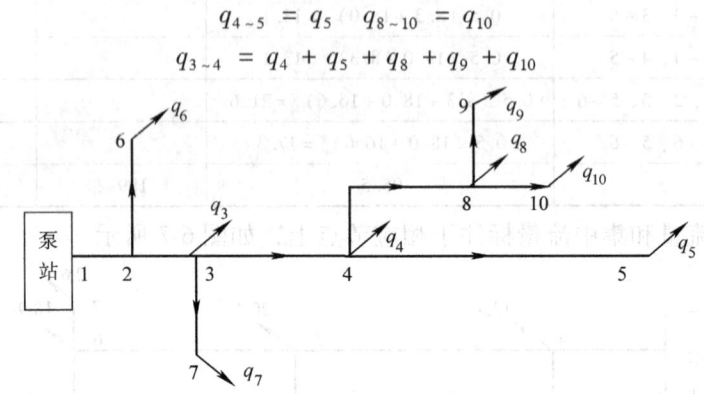

图 6-8 枝状管网管段流量计算

对于环状管网，各管段的计算流量不是唯一确定的，不象枝状管网那样容易确定。配水干管相互连接环通，环路中每一用户所需水量可以沿两条或两条以上的管路供给，各环内每条配水管段的水流方向和流量值都是不确定的。

如图 6-9 所示的 1 节点，图中流入节点 1 的流量只有 $q_{0\sim 1} = Q$（泵站供水流量），流出节点 1 的流量有 q_1、$q_{1\sim 2}$、$q_{1\sim 5}$ 和 $q_{1\sim 7}$，由式（6-11）得

$$-Q + q_1 + q_{1\sim 2} + q_{1\sim 5} + q_{1\sim 7} = 0$$

或

$$Q - q_1 = q_{1\sim 2} + q_{1\sim 5} + q_{1\sim 7}$$

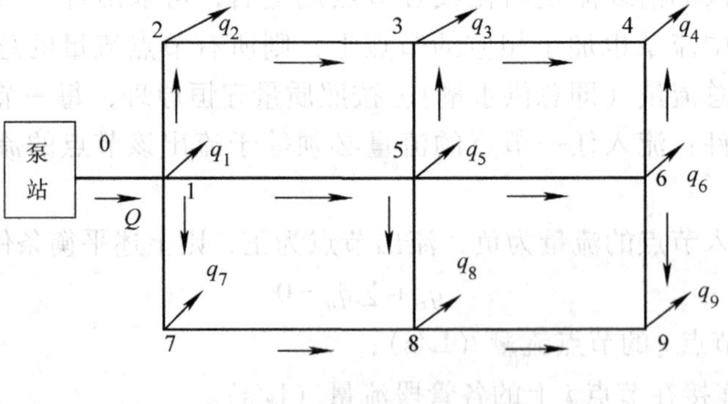

图 6-9 环状管网流量分配

对于节点 1 来说，流入管网的总流量 Q 和节点流量 q_1 是已知的，但各管段的流量 $q_{1\sim 2}$、$q_{1\sim 5}$、$q_{1\sim 7}$ 可以有不同的分配方法，也就是有不同的管段流量。为了确定各管段的计算流量，需人为地假定各管段的流量分配值称为流量预分配，

以此确定经济管径。如果在管段 1~5 中分配很大流量值，管段 1~2、1~7 分配很小的流量值 q_{1-2}、q_{1-7}，使三者之和等于 $Q-q_1$，这样敷设管道虽然造价较低，但当管道 1~5 损坏时，另两条管段将会负荷过重，以致不能满足供水安全可靠性的要求。说明在环状管网流量预分配时，不仅要考虑经济性（即一定年限内管网的工程总造价和管理费用最小），而且还要考虑可靠性问题（指能够不间断地向用户供水，并保证应有的水量、水压和水质），做到经济性和可靠性并重。但经济性和可靠性是一对矛盾，一般只能在满足可靠性的前提下，力争得到最经济的管径。在综合考虑经济性和可靠性后，可按如下步骤进行环状管网流量分配：

1）首先在管网平面布置图上，确定出控制点的位置，并根据配水源、控制点、大用户及调节构筑物的位置确定管网的主要流向。

2）参照管网主要流向拟定各管段的水流方向，使水流沿最近路线输水到大用户和边远地区，以节约输水电耗和管网基建投资。

3）根据管网中各管线的地位和功能来分配流量。尽量使平行的主要干管分配相近的流量，以免个别主要干管损坏时，其余管线负荷过重，使管网流量减少过多；干管与干管之间的连接管，主要是沟通平行干管之间的流量，有时起输水作用，有时只是就近供水到用户，平时流量一般不大，只有在干管损坏时，才转输较大流量。因此，连接管中可分配较少的流量。

4）分配流量时应满足节点流量平衡条件，即在每个节点上满足 $q_i + \sum q_{ij} = 0$。

由于实际管网的管线错综复杂，大用户位置不同，上述原则必须结合具体条件，分析水流情况加以运用。

对于多水源管网，会出现由两个或两个以上水源同时供水的节点，这样的节点叫供水分界点；各供水分界点的连线即为供水分界线；各水源供水流量应等于该水源供水范围内的全部节点流量加上分界线上由该水源供给的那部分节点流量之和。因此，流量分配时，应首先按每一水源的供水量确定大致的供水范围，初步划定供水分界线，然后从各水源开始，向供水分界方向逐节点进行流量分配。

环状管网流量分配后即得出各管段的计算流量，由此流量即可确定管径，计算水头损失，但环状管网各管段计算流量的最后数值必须由平差计算结果定出。

6.4 管径计算

确定管网中每一管段的直径是输水和配水系统设计计算的主要课题之一。

管段的直径应按分配后的流量确定。

在设计中，各管段的管径按下式计算

$$D = \sqrt{\frac{4q}{\pi v}} \tag{6-12}$$

式中　q——管段流量（m^3/s）；

　　　v——管内流速（m/s）。

由上式可知，管径不但和管段流量有关，而且还与流速有关。因此，确定管径时必须先选定流速。

为了防止管网因水锤现象而损坏，在技术上最大设计流速限定在 2.5 ~ 3.0m/s 范围内；在输送浑浊的原水时，为了避免水中悬浮物质在水管内沉积，最低流速通常应大于 0.60m/s，由此可见，在技术上允许的流速范围是较大的。因此，还需在上述流速范围内，根据当地的经济条件，考虑管网的造价和经营管理费用，来选定合适的流速。

从式（6-12）可以看出，流量一定时，管径与流速的平方根成反比。如果流速选用的大一些，管径就会减小，相应的管网造价便可降低，但水头损失明显增加，所需的水泵扬程将增大，从而使经营管理费（主要指电费）增大，同时流速过大，管内压力高，因水锤现象引起的破坏作用也随之增大。相反，若流速选用小一些，因管径增大，管网造价会增加。但因水头损失减小，可节约电费，使经营管理费降低。因此，管网造价和经营管理费（主要指电费）这两项经济因素是决定流速的关键。由前述可知，流速变化对这两项经济因素的影响趋势恰好相反。所以必须兼顾管网造价和经营管理费。求一定年限 t（称为投资偿还期）内，管网造价和经营管理费用之和为最小的流速，称为经济流速，以此来确定的管径，称为经济管径。

若管网造价为 C，每年的经营管理费用为 M，包括电费 M_1 和折旧、大修费 M_2，因 M_2 和管网造价有关，故可按管网造价的百分数计，表示为 $p\%C$，那么在投资偿还期 t 年内，总费用 W_t 为

$$W_t = C + tM = C + \left(M_1 + \frac{P}{100}C\right)t \tag{6-13}$$

式中　P——管网的折旧和大修率，以管网造价的百分比计。

式（6-13）除以投资偿还期 t，则得年折算费用 W

$$W = \frac{C}{t} + M = \left(\frac{1}{t} + \frac{p}{100}\right)C + M_1 \tag{6-14}$$

以费用为纵坐标，以流速为横坐标，分别绘制 v—C、v—tM 和 v—W 曲线，如图 6-10 所示。总费用 W_t 曲线的最低点表示管网造价和经营管理费用之和为最小时的流速称为经济流速 v_e。

各城市的经济流速值应按当地条件，如水管材料和价格、施工条件、电费等来确定，不能直接套用其他城市的数据。另外，管网中各管段的经济流速也不一样，须随管网图形、该管段在管网中的位置、该管段流量和管网总流量的比例等决定。因为计算复杂，有时简便地应用"界限流量表"（表6-3）确定经济管径。

由于实际管网的复杂性，加上情况在不断的变化，例如流量在不断增加，管网逐步扩展，诸多经济指标如水管价格、电费等也随时变化，要从理论上计算管网造价和年管理费用相当复杂且有一定难度。在条件不具备时，设计中也可采用由各地统计资料计算出的平均经济流速来确定管径，得出的是近似经济管径，如表6-4所示。

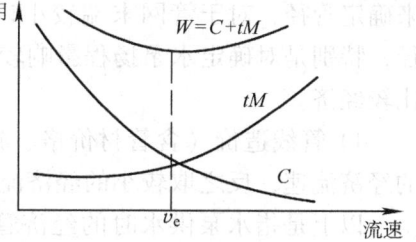

图6-10 流速和费用的关系

表6-3 界限流量表

管径/mm	界限流量/（L/s）	管径/mm	界限流量/（L/s）
100	<9	450	130~168
150	9~15	500	168~237
200	15~28.5	600	237~355
250	28.5~45	700	355~490
300	45~68	800	490~685
350	68~96	900	685~822
400	96~130	1000	822~1120

表6-4 平均经济流速

管径/mm	平均经济流速v_e/（L/s）
$D=100~400$	0.6~0.9
$D\geq 400$	0.9~1.4

在使用各地区提供的经济流速或按平均经济流速确定管网管径时，需考虑以下原则：

1）定出管网所采用的最小管径（由消防流量确定），按v_e确定的管径小于最小管径时，一律采用最小管径。

2）连接管属于管网的构造管，应注重安全可靠性，其管径应由管网构造来确定，即按与它连接的次要干管管径相当或小一号确定。

3）由管径和管道比阻α之间的关系可知，当管径较小时，管径缩小或放大一号，水头损失会大幅度增减，而所需管材变化不多；相反，当管径较大时，管径缩小或放大一号，水头损失增减不很明显，而所需管材变化较大。因此，在确定管网管径时，一般对于管网起端的大口径管道可按略高于平均经济流速来确定管径，对于管网末端较小口径的管道，可按略低于平均经济流速确定管径，特别是对确定水泵扬程影响较大的管段，适当降低流速，使管径放大一号，比较经济。

4）管线造价（含管材价格、施工费用等）较高而电价相对较低时，取较大的经济流速，反之取较小的经济流速。

以上是指水泵供水时的经济管径确定方法，在求经济管径时，考虑了抽水所需的电费。重力供水时，由于水源水位高于给水区所需水压，两者的标高差 H 可使水在管内重力流动。此时，各管段的经济管径应按输水管和管网通过设计流量时，供水起点至控制点的水头损失总和等于或略小于可利用的水头来确定。

在城市规划设计中，为简化计算，也可根据人口数和用水量定额，直接从附录 C 中查出所需的直径。

6.5　枝状管网水力计算

多数小城镇和工业企业在建设初期采用枝状管网，以后随着城市和企业的发展和用水量的提高，根据需要逐步连接形成环状管网。枝状管网中的计算比较简单，因为水从供水起点到任一节点的水流路线只有一个，每一管段也只有唯一确定的计算流量。因此，在枝状管网计算中，应首先计算对供水经济性影响最大的干管，即管网起点到控制点的管线，然后再计算支管。

当管网起点水压未知时，应先计算干管，按经济流速和流量选定管径，并求得水头损失；再计算支管，此时支管起点及终点水压均为已知，支管计算应按充分利用起端的现有水压条件选定管径，经济流速不起主导作用，但需考虑技术上对流速的要求，若支管负担消防任务，其管径还应满足消防要求。

当管网起点水压已知时，仍先计算干管，再计算支管，但注意此时干管和支管的计算方法均与管网起点水压未知时的支管相同。

枝状管网水力计算步骤：

1）按城镇管网布置图，绘制计算草图，对节点和管段顺序编号，并标明管段长度和节点地形标高。

2）按最高日最高时用水量计算节点流量，并在节点旁引出箭头，注明节点流量。大用户的集中流量也标注在相应节点上。

3）在管网计算草图上，从距二级泵站最远的管网末梢的节点开始，按照任一管段中的流量等于其下游所有节点流量之和的关系，逐个向二级泵站推算每个管段的流量。

第 6 章　给水管网的设计计算

4）确定管网的最不利点（控制点），选定泵房到控制点的管线为干线。有时控制点不明显，可初选几个点作为管网的控制点。

5）根据管段流量和经济流速求出干线上各管段的管径和水头损失。

6）按控制点要求的最小服务水头和从水泵到控制点管线的总水头损失，求出水塔高度和水泵扬程（若初选了几个点作为控制点，则使二级泵站所需扬程最大的管路为干线，相应的点为控制点）。

7）支管管径参照支管的水力坡度选定，即按充分利用起点水压的条件来确定。

8）根据管网各节点的压力和地形标高，绘制等水压线和自由水压线图。

【例 6-2】　某城镇有居民 6 万人，用水量定额为 120L/（人·d），用水普及率为 83%，时变化系数为 1.6，要求达到的最小服务水头为 20m。管网布置见图 6-11。用水量较大的一工厂和一公共建筑集中流量分别为 25.0L/s 和 17.4L/s，分别有管段 3~4 和 7~8 供给，其两侧无其他用户。城镇地形平坦，高差极小。节点 4、5、8、9 处的地面标高分别为 56.0m、56.1m、55.7m、56.0m。水塔处地面标高为 57.4m，其他点的地形标高见表 6-5，管材选用给水铸铁管。试完成枝状给水管网的设计计算，并求水塔高度和水泵扬程。

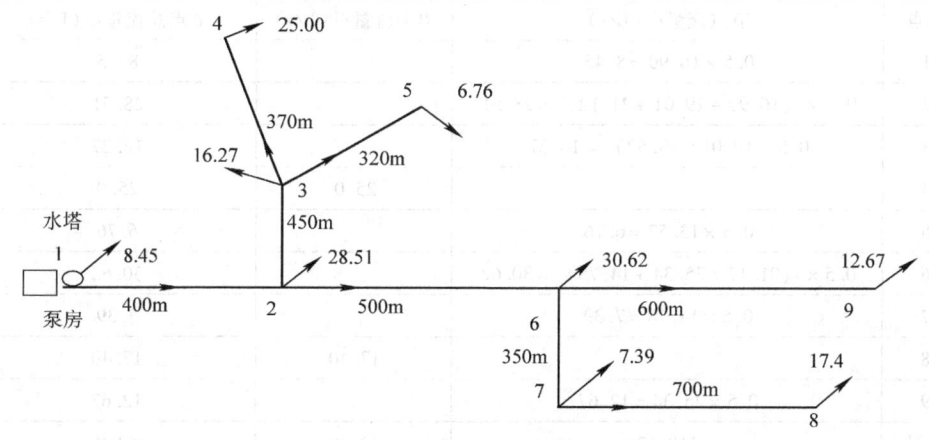

图 6-11　枝状管网计算（流量单位：L/s）

表 6-5　节点地形标高

节点	2	3	6	7
地形标高/m	56.6	56.3	56.3	56.2

【解】

（1）计算节点流量

1）最高日最高时流量

$$Q = \frac{6000人 \times 120L/人 \cdot d \times 83\% \times 1.6}{24 \times 3600} + 25.0L/s + 17.4L/s = 153.07L/s$$

2）比流量

$$q_s = \frac{153.07L/s - 25.0L/s - 17.4L/s}{2620m} = 0.04224L/(s \cdot m)$$

沿线流量见表 6-6。

表 6-6　沿线流量计算表

管段	长度/m	沿线流量/（L/s）
1~2	400	16.90
2~3	450	19.01
2~6	500	21.12
3~5	320	13.52
6~7	350	14.78
6~9	600	25.34
合计	2620	110.67

节点流量见表 6-7。

表 6-7　节点流量计算表

节点	节点流量/（L/s）	集中流量/（L/s）	节点总流量/（L/s）
1	0.5×16.90=8.45		8.45
2	0.5×(16.90+19.01+21.12)=28.51		28.51
3	0.5(19.01+13.52)=16.27		16.27
4		25.0	25.0
5	0.5×13.52=6.76		6.76
6	0.5×(21.12+25.34+14.78)=30.62		30.62
7	0.5×14.78=7.39		7.39
8		17.40	17.40
9	0.5×25.34=12.67		12.67
合计	110.67	42.40	153.07

各节点流量标注在图 6-11 上。

（2）选择控制点，确定干管和支管

由于各节点要求的自由水压相同，根据地形和用水量情况，控制点选为节点 9，干管定为 1~2~6~9，其余为支管。

（3）编制干管和支管水力计算表格，见表 6-8、表 6-9。

（4）将节点编号、地形标高、管段编号和管段长度等已知条件分别填于表 6-8 和表 6-9 中的第（1）、（2）、（3）、（4）项

第6章 给水管网的设计计算

表 6-8 干管水力计算表

节点	地形标高/m	管段编号	管段长度/m	流量/(L/s)	管径/mm	1000i	流速/(m/s)	水头损失/m	水压标高/m	自由水压/m
(1)	(2)	(3)	(4)	(5)	(6)	(7)	(8)	(9)	(10)	(11)
9	56.0								76.00	20.0
		6~9	600	12.67	150	7.20	0.73	4.32		
6	56.3								80.32	24.02
		2~6	500	68.08	300	4.90	0.96	2.45		
2	56.6								82.77	26.17
		1~2	400	144.62	500	1.53	0.73	0.61		
1	57.4								83.38	25.98

(5) 确定各管段的计算流量

按 $q_i + \sum q_{ij} = 0$ 的条件，从管线终点（包括和支管）开始，同时向供水起点方向逐个节点推算，即可得到各管段的计算流量：

由 9 节点得

$$q_{6\sim9} = q_9 = 12.67 \text{L/s}$$

由 6 节点得

$$q_{2\sim6} = q_6 + q_{6\sim9} + q_7 + q_{7\sim8}$$
$$= 30.62 \text{L/s} + 12.67 \text{L/s} + 7.39 \text{L/s} + 17.4 \text{L/s}$$
$$= 68.08 \text{L/s}$$

同理，可得其余各管段计算流量，计算结果分别列于表 6-8 和表 6-9 中第 (5) 项。

(6) 干管水力计算

1) 由各管段的计算流量，查铸铁管水力计算表，参照经济流速，确定各管段的管径和相应的 1000i 及流速。

管段 6~9 的计算流量 12.67L/s，由铸铁管水力计算表查得：当管径为 125mm、150mm、200mm 时，相应的流速分别 1.04m/s、0.72m/s、0.40m/s。前已指出，当管径 $D < 400$mm 时，平均经济流速为 0.6~0.9m/s，所以管段 6~9 的管径应确定为 150mm，相应的 1000$i = 7.20$，$v = 0.73$m/s。同理，可确定其余管段的管径和相应的 1000i 和流速，其结果见表 6-8 中第 (6)、(7)、(8) 项。

2) 根据 $h = iL$ 计算出各管段的水头损失，即表 6-8 中第 (9) 项等于 $\left[\dfrac{(7)}{1000} \times (4)\right]$，则

$$h_{6\sim 9} = \frac{7.20}{1000} \times 600\text{m} = 4.32\text{m}$$

同理，可计算出其余各管段的水头损失，计算结果见表6-8中第（9）项。

3）计算干管各节点的水压标高和自由水压。

因管段起端水压标高 H_i 和终端水压标高 H_j 于该管段的水头损失 h_{ij} 存在下列关系

$$H_i = H_j + h_{ij} \tag{6-15}$$

节点水压标高 H_i、自由水压 H_{0i} 与该处地形标高 Z_i 存在下列关系

$$H_{0i} = H_i - Z_i \tag{6-16}$$

由于控制点9节点要求的水压标高为已知

$$H_9 = Z_9 + H_{09} = 56.0\text{m} + 20\text{m} = 76.0\text{m}$$

因此，在本例中要从节点9开始，按式（6-15）和式（6-16）逐个向供水起点推算：

节点4　　　$H_6 = H_9 + h_{6\sim 9} = 76.0\text{m} + 4.32\text{m} = 80.32\text{m}$

　　　　　　$H_{06} = H_9 - Z_6 = 80.32\text{m} - 56.30\text{m} = 24.02\text{m}$

同理，可得出干管上各节点的水压标高和自由水压。计算结果见表6-8中第（10）、（11）项。

（7）支管水力计算

由于干管上各节点的水压已经确定（表6-8），即支管起点的水压已定，因此支管各管段的经济管径选定必须满足：从干管节点到该支管的控制点（常为支管的终点）的水头损失之和应等于或小于干管上此节点的水压标高与支管控制点所需的水压标高之差。即按平均水力坡度确定管径。但当支管由两个或两个以上管段串联而成时，各管段水头损失之和可有多种组合能满足上述要求。现以支管6～7～8为例说明：首先计算支管6～7～8的平均允许水力坡度，即：

$$\text{允许}1000i = 1000 \times \frac{80.32\text{m} - (55.7\text{m} + 20.0\text{m})}{350\text{m} + 700\text{m}} = 4.4$$

由 $q_{6\sim 7} = 24.79\text{L/s}$，查铸铁管水力计算表，参照允许 $1000i = 4.4$，得 $D_{6\sim 7} = 200\text{m}$，相应的实际 $1000i = 5.88$，则

$$h_{6\sim 7} = \frac{5.88}{1000} \times 350\text{m} = 2.06\text{m}$$

按式（6-15）、式（6-16）计算7点的水压标高和自由水压

$$H_7 = H_6 - h_{6\sim 7} = 80.32\text{m} - 2.06\text{m} = 78.26\text{m}$$

由节点7的水压标高即可计算管段7～8的平均允许 $1000i$ 为：

$$\text{允许}1000i = 1000 \times \frac{78.26\text{m} - (55.7\text{m} + 20.0\text{m})}{700\text{m}} = 3.66$$

由 $q_{7\sim 8} = 17.4\text{L/s}$，查铸铁管水力计算表，参照允许 $1000i = 3.66$，得 $D_{7\sim 8} =$

200mm，相应的实际 $1000i = 2.99$，则

$$h_{7\sim 8} = \frac{2.99}{1000} \times 700\text{m} = 2.09\text{m}$$

同理，可计算出节点 8 的水压标高和自由水压：

$$H_8 = H_7 - h_{7\sim 8} = 78.26\text{m} - 2.09\text{m} = 76.17\text{m}$$

$$H_{08} = H_8 - Z_8 = 76.17\text{m} - 55.7\text{m} = 20.47\text{m}$$

按上述方法可计算出所有支管管段，计算结果见表 6-9 和图 6-12。

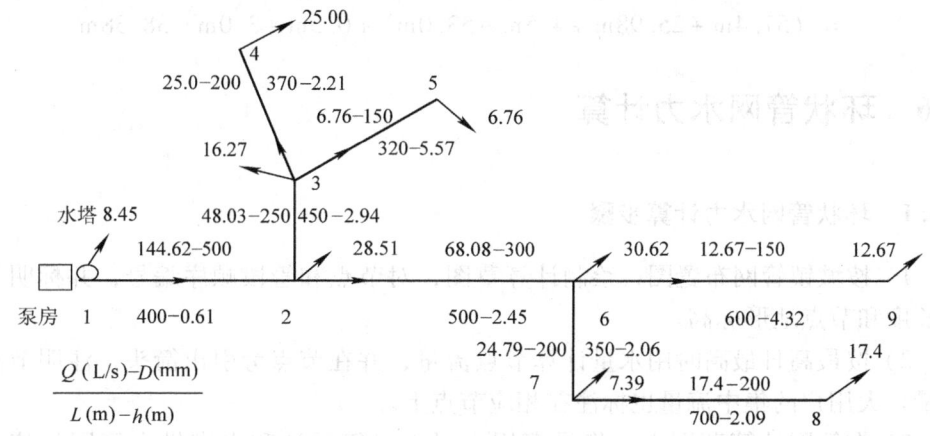

图 6-12 枝状管网计算

表 6-9 支管水力计算表

节点	地形标高/m	管段编号	管段长度/m	管段流量/(L/s)	允许1000i	管段管径/mm	实际1000i	水头损失/m	水压标高/m	自由水压/m
(1)	(2)	(3)	(4)	(5)	(6)	(7)	(8)	(9)	(10)	(11)
6	56.3	6~7	350	24.79	4.4	200	5.88	2.06	80.32	24.02
7	56.2								78.26	22.06
8	55.7	7~8	700	17.4	3.66	200	2.99	2.09	76.17	20.47
2	56.6	2~3	450	48.03	8.7	250	6.53	2.94	82.77	26.17
3	56.3								79.83	23.53
3	56.3	3~5	320	6.76	11.65	150	2.31	0.74	79.83	23.53
5	56.1								79.09	22.99
3	56.3	3~4	370	25.00	10.35	200	5.98	2.21	79.83	23.53
4	56.0								77.62	21.62

注：管段 7~8、3~5 按现有水压条件均可选用 100mm 管径，但考虑到消防流量较大（q_x = 35L/s），管网最小管径定为 150mm。

(8) 确定水塔高度

由表 6-7 可知，水塔高度应为 $H_t = 25.98 \text{m}$。

(9) 确定二级泵站所需的总扬程

设吸水井最低水位标高 $Z_p = 53.00 \text{m}$，泵站内吸、压水管的水头损失取 $\sum h_p = 3.0 \text{m}$，水塔水柜深度为 4.5m，水泵至 1 点间的水头损失为 0.5m，则二级泵站所需总扬程为

$$H_p = H_{ST} + \sum h + \sum h_p$$
$$= (Z_t + H_t + H_0 - Z_p) + h_{泵-1} + \sum h_p$$
$$= (57.4\text{m} + 25.98\text{m} + 4.5\text{m} - 53.0\text{m}) + 0.5\text{m} + 3.0\text{m} = 38.38\text{m}$$

6.6 环状管网水力计算

6.6.1 环状管网水力计算步骤

1）按城镇管网布置图，绘制计算草图，对节点和管段顺序编号，并标明管段长度和节点地形标高。

2）按最高日最高时用水量计算节点流量，并在节点旁引出箭头，注明节点流量。大用户的集中流量也标注在相应节点上。

3）在管网计算草图上，将最高用水时由二级泵站和水塔供入管网的流量（指对置水塔的管网），沿各节点进行流量预分配，定出各管段的计算流量。

4）根据所定出的各管段计算流量和经济流速，选取各管段的管径。

5）计算各管段的水头损失 h 及各个环内的水头损失代数和 $\sum h$。

6）若 $\sum h$ 超过规定值（即出现闭合差 Δh），须进行管网平差，将预分配的流量进行校正，以使各个环的闭合差达到所规定的允许范围之内。

7）按控制点要求的最小服务水头和从水泵到控制点管线的总水头损失，求出水塔高度和水泵扬程。

8）根据管网各节点的压力和地形标高，绘制等水压线和自由水压线图。

6.6.2 环状管网计算的理论

1. 环状管网计算时，必须满足下列基本水力条件

（1）连续性方程（又称节点流量平衡条件） 即对任一节点来说，流入该节点的流量必须等于流出该节点的流量。

若规定流出节点的流量为正，流入节点的流量为负，则任一节点的流量代数和等于零。即

$$q_i + \sum q_{ij} = 0$$

（2）能量方程（又称闭合环路内水头损失平衡条件）　即环状管网任一闭合环路内，水流为顺时针方向的各管段水头损失之和应等于水流为逆时针方向的各管段水头损失之和。若规定顺时针方向的各管段水头损失为正，逆时针方向为负，则在任一闭合环路内各管段水头损失的代数和等于零，即

$$\sum h_{ij} = 0 \qquad (6\text{-}17)$$

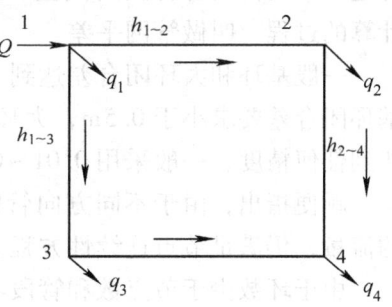

图 6-13　单环管网

如图 6-13 所示，由并联管路的基本公式可知，节点 1 至节点 4 之间均有下列关系成立

$$h_{1\sim 2\sim 4} = h_{1\sim 3\sim 4} = H_1 - H_4$$

式中　$h_{1\sim 2\sim 4}$——管线 1～2～4 的水头损失；

$h_{1\sim 3\sim 4}$——管线 1～3～4 的水头损失；

H_1、H_4——分别为节点 1 和节点 4 的水压标高值或测压管水头值（每一节点只有一个数值）。

另由串联管路的基本公式，得

$$h_{1\sim 2\sim 4} = h_{1\sim 2} + h_{2\sim 4} \qquad h_{1\sim 3\sim 4} = h_{1\sim 3} + h_{3\sim 4}$$

所以有　$h_{1\sim 2} + h_{2\sim 4} = h_{1\sim 3} + h_{3\sim 4}$　或 $h_{1\sim 2} + h_{2\sim 4} - h_{1\sim 3} - h_{3\sim 4} = 0$

2. 环状管网计算的基本方法和原理

环状管网计算时，节点流量、管段长度、管径和阻力系数等均已知，需要求解的是管网各管段的流量和水头损失（或节点水压）。求解时可采用解环方程组、解节点方程组和解管段方程组等 3 种方法。

（1）解环方程组法　该方法是以每环的校正流量为未知变量进行求解的方法。

环状管网在流量预分配时，已经符合每一节点 $q_i + \sum q_{ij} = 0$，但在参照经济流速确定管径并计算水头损失以后，往往不能满足每一闭合环路内的条件。若不能满足 $\sum h_{ij} = 0$ 的条件，则说明此时管网中的流量和水头损失与实际水流情况不符，不能用来推求各节点水压、计算水泵扬程和水塔高度。因此，必须求出各管段的真实流量和水头损失。

若闭合环路内顺、逆时针两个水流方向的管段水头损失不相等，即 $\sum h_{ij} \neq 0$，存在一定差值，这一差值就叫环路闭合差，记作 Δh。

在计算过程中，若闭合差为正，即 $\Delta h > 0$，说明水流为顺时针方向的各管段中所分配的流量大于实际流量值，而水流为逆时针方向各管段中所分配的流量小于实际流量值；若闭合差为负，即 $\Delta h < 0$，则恰好相反。因此，需根据具体情况重新调整各管段的流量，即在每一节点均满足 $q_i + \sum q_{ij} = 0$ 的条件下，在流量偏大的各管段中减去一些流量，加在流量偏小的各管段中去。每次调整的流量

值称为校正流量，记作 Δq。如此反复，直到各闭合环路均满足 $\sum h_{ij} = 0$ 的条件为止，从而得出各管段的流量和水头损失。这种为消除闭合差而进行流量调整计算的过程，叫做管网平差。

一般基环和大环闭合差达到一定精度要求后，管网平差即可结束。手算时，基环闭合差要求小于 0.5m，大环闭合差小于 1.0~1.5m；电算时，闭合差值可达到任何精度，一般采用 0.01~0.05m。

顺便指出，由于不同方向管段中所增减的流量都是校正流量，所以调整后的流量，仍满足节点连续性方程。

由于环数少于节点数和管段数，故环方程数较节点方程和管段方程数目少，因而解环方程法是手工计算的主要方法，而哈代-克罗斯法是其中最常用的一种方法。

(2) 解节点方程组法　该方法是以管网中各节点水压值为未知数进行求解的一种方法。节点水压求出后，就可求出两节点间管段的水头损失，再根据流量和水头损失之间的关系求出各管段流量。

环状管网中的节点数比管段数少，相应的节点方程数比管段方程数少。

流量和水头损失的关系为

$$h_{ij} = H_i - H_j, h_{ij} = s_{ij} q_{ij}^2$$

故

$$q_{ij} = \left(\frac{h_{ij}}{s_{ij}}\right)^{1/2} = \left(\frac{H_i - H_j}{s_{ij}}\right)^{1/2} \tag{6-18}$$

式中　下标 i、j 表示从节点 i 到节点 j 的管段。

列出 $J-1$ 个节点连续性方程，将方程中的管段流量 q_{ij} 用管段两端的节点水压 H_i 和 H_j 表示，这样，在 $J-1$ 个连续性方程中就只含有 $J-1$ 个节点水压未知数（在 J 个节点中，必有一个节点的水压是已知的，如控制点或水源点），解此方程组，即可得出各节点水压值，进而求出各管段水头损失和管段流量。

由于上述 $J-1$ 个节点方程是非线性方程，无法直接求解，在实际求解时常采用逐步逼近法，具体步骤如下：

1) 根据已知点水压标高，假定其他各节点的初始水压，并应满足能量方程。假定的初始水压越接近实际水压，则计算时收敛越快。

2) 根据 $h_{ij} = H_i - H_j$ 和 $h_{ij} = s_{ij} q_{ij}^2$ 的关系，求出管段流量

$$q_{ij} = \left(\frac{h_{ij}}{s_{ij}}\right)^{1/2} = \left(\frac{H_i - H_j}{s_{ij}}\right)^{1/2}$$

3) 假定流向节点的流量为负，离开节点的流量为正，验算每个节点是否满足连续性方程 $q_i + \sum q_{ij} = 0$，如不等于零，则按下式求出节点 i 的水压校正值 ΔH_i

$$\Delta H_i = \frac{-2\Delta q_i}{\sum \frac{1}{\sqrt{s_{ij}h_{ih}}}} = \frac{-2(q_i + \sum q_{ij})}{\sum \frac{1}{\sqrt{s_{ij}h_{ih}}}} \tag{6-19}$$

式中 Δq_i——任一节点 i 的流量闭合差。

4）除水压已知点外，其余各节点均按各自的 ΔH_i 校正水压。根据新的水压，重复上述计算过程，直到所有节点满足连续性方程，即 Δq_i 达到预定精度为止。

应用计算机求解给水管网时常采用节点方程组法。

（3）解管段方程组法　该方法是以管网中各管段流量为未知数进行求解的一种方法。首先列出 $J-1$ 个连续性方程和 L 个能量方程，共计 P 个方程（$P=J+L-1$），含有 P 个未知的管段流量，解方程组即可求出管网中 P 个管段的流量。由各管段流量可求出各管段的水头损失。

由于连续性方程是线性方程，而能量方程是非线性方程，因此，上述联立方程组无法直接求解，须用线性理论法先将 L 个能量方程转化成线性方程，方法是将管段的水头损失 h_{ij} 近似表示为

$$h_{ij} = [s_{ij}q_{ij}^{(0)n-1}]q_{ij} = c_{ij}q_{ij} \tag{6-20}$$

式中 s_{ij}——管段摩阻；
　　$q_{ij}^{(0)}$——管段的初始假设流量（L/s）；
　　c_{ij}——系数；
　　q_{ij}——待求的管段流量（L/s）。

联立求解 $J-1$ 个连续性方程和已线性化的能量方程，可求出各管段的待求流量 $q_{ij}^{(1)}$，重新计算各管段的 c_{ij} 和 h_{ij}，检查是否符合能量方程（即检查各环的 $\sum h_{ij} = \sum s_{ij}q_{ij}^{(1)2}$ 是否等于零或小于允许的误差），若不符合允许误差，则以 $q_{ij}^{(1)}$ 为新的初始流量，求待求流量 $q_{ij}^{(2)}$，如此反复计算，直到各环的闭合差达到允许的精度为止，即得各管段流量。此法可设全部初始流量 $q_{ij}^{(0)}$ 等于 1。另外，经过两次迭代后，初始流量可采用前两次解的平均值作为新的初始流量，如 $[q_{ij}^{(1)} + q_{ij}^{(2)}]/2$ 去求待求流量 $q_{ij}^{(3)}$。

因管段方程数目多，宜用计算机进行计算。

6.6.3 环状管网平差方法

1. 哈代-克罗斯法

最早和应用广泛的管网分析方法有哈代-克罗斯法和洛巴切夫，即每环中各管段的流量用 Δq 修正的方法。现以图 6-14 为例加以说明，各参数的符号仍规定：顺时针方向为正，逆时针方向为负。

环状管网初步分配流量后，管段流量 $q_{ij}^{(0)}$ 为已知，并满足节点流量平衡条

件，由 $q_{ij}^{(0)}$ 选出管径，计算出各管段的水头损失 h_{ij} 和各环的水头损失代数和 $\sum h_{ij}$，一般 $\sum h_{ij} = \Delta h \neq 0$，不满足水头损失平衡条件，须引入校正流量 Δq 以减小闭合差。校正流量可按下式估算确定

$$\Delta q_k = -\frac{\Delta h_k}{2\sum S_{ij} |q_{ij}|} = -\frac{\Delta h_k}{2\sum \frac{S_{ij}|q_{ij}|^2}{|q_{ij}|}} = -\frac{\Delta h_k}{2\sum \left|\frac{h_{ij}}{q_{ij}}\right|} \tag{6-21}$$

式中　Δq_k——环路 k 的校正流量（L/s）；

Δh_k——环路 k 的闭合差，等于该环内各管段水头损失的代数和（m）；

$\sum S_{ij}|q_{ij}|$——环路 k 内各管段的摩阻 $s = \alpha_{ij} l_{ij}$ 与相应管段流量 q_{ij} 的绝对值乘积之总和。

$\sum \left|\frac{h_{ij}}{q_{ij}}\right|$——环路 k 的各管段的水头损失 h_{ij} 与相应管段流量 q_{ij} 之比的绝对值乘积之总和。

应该注意，上式中 Δq_k 和 Δh_k 符号相反，即闭合差 Δh_k 为正，校正流量 Δq_k 就为负，反之则为正；闭合差 Δh_k 的大小及符号，反映了与 $\Delta h = 0$ 时的管段流量和水头损失的偏离程度和偏离方向。显然，闭合差 Δh_k 的绝对值越大，为使闭合差 $\Delta h_k = 0$ 所需的校正流量 Δq_k 的绝对值也越大。各环校正流量 Δq_k 用弧形箭

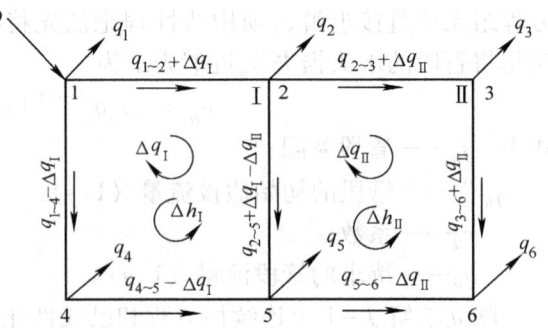

图 6-14　两环管网的流量调整

头标注在相应的环内，如图 6-14 所示，然后在相应环路的各管段中引入校正流量 Δq_k，即可得到各管段第一次修正后的流量 $q_{ij}^{(1)}$，即

$$q_{ij}^{(1)} = q_{ij}^{(0)} + \Delta q_s^{(0)} + \Delta q_n^{(0)} \tag{6-22}$$

式中　$q_{ij}^{(0)}$——本环路内初步分配的各管段流量（L/s）；

$\Delta q_s^{(0)}$——本环路内初次校正的流量（L/s）；

$\Delta q_n^{(0)}$——邻环路初次校正的流量（L/s）。

如图 6-14 所示，环 I 和环 II：

环 I：$q_{1\sim2}^{(1)} = q_{1\sim2}^{(0)} + \Delta q_I^{(0)}$　　$q_{4\sim5}^{(1)} = q_{4\sim5}^{(0)} - \Delta q_I^{(0)}$　　$q_{2\sim5}^{(1)} = q_{2\sim5}^{(0)} + \Delta q_I^{(0)} - \Delta q_{II}^{(0)}$

环 II：$q_{2\sim3}^{(1)} = q_{2\sim3}^{(0)} + \Delta q_{II}^{(0)}$　　$q_{5\sim6}^{(1)} = q_{5\sim6}^{(0)} - \Delta q_{II}^{(0)}$　　$q_{2\sim5}^{(1)} = -q_{2\sim5}^{(0)} - \Delta q_I^{(0)} + \Delta q_{II}^{(0)}$

由于初步分配流量时，已经符合节点流量平衡条件，即满足了连续性方程，所以每次调整流量时能自动满足此条件。

流量调整后，各环闭合差将减小，如仍不符合精度要求，应根据调整后的

第6章 给水管网的设计计算

新流量求出新的校正流量，继续平差。在平差过程中，每环的闭合差可能改变符号，即从顺时针方向改为逆时针方向，或相反，有时闭合差的绝对值反而增大，这是因为推导校正流量公式时，略去了其他项以及各环相互影响的结果。

采用哈代-克罗斯法进行管网平差的步骤：

1）根据城镇的供水情况，拟定环状网各管段的水流方向，按每一节点满足连续性方程的条件，并考虑供水可靠性要求分配流量，得初步分配的管段流量 $q_{ij}^{(1)}$。

2）由 $q_{ij}^{(1)}$ 计算各管段的水头损失 $h_{ij}^{(0)}$。

3）假定各环内水流顺时针方向管段中的水头损失为正，逆时针方向管段中的水头损失为负，计算该环内各管段的水头损失代数和 $\sum h_{ij}^{(0)}$，如 $\sum h_{ij}^{(0)} \neq 0$，其差值即为第一次闭合差 $\Delta h_k^{(0)}$。

如 $\Delta h_k^{(0)} > 0$，说明顺时针方向各管段中初步分配的流量多了些，逆时针方向管段中分配的流量少了些，反之，如 $\Delta h_k^{(0)} < 0$，说明顺时针方向各管段中初步分配的流量少了些，逆时针方向管段中分配的流量多了些。

4）计算每环内各管段的 $\sum \left| \dfrac{h_{ij}}{q_{ij}} \right|$，按式（6-16）求出校正流量。如闭合差为正，校正流量为负；反之，则校正流量为负。

5）设图上的校正流量 Δq_k 符号以顺时针方向为正，逆时针方向为负，凡是流向和校正流量 Δq_k 方向相同的管段，加上校正流量，否则减去校正流量，据此调整各管段的流量，得第一次校正的管段流量。对于两环的公共管段，应按相邻两环的校正流量符号，考虑邻环校正流量的影响。

按此流量再计算，如闭合差尚未达到允许的精度，再从第2步按每次调整后的流量反复计算，直到每环的闭合差达到要求为止。

由此可见，哈代·克罗斯法应用的是近似渐近法，适合列表运算，并可避免计算上的错误，易为初学者掌握，但此法收敛速度较慢。管网平差运算的表格见表6-10。

表6-10 管网平差计算

环号	管段编号	管长 L/m	管径 D/mm	初分配流量			第一次校正				
				$q/(L/s)$	$1000i$	h/m	$\left\|\dfrac{h}{q}\right\|$	$\Delta q /(L/s)$	$q/(L/s)$	$1000i$	h/m
(1)	(2)	(3)	(4)	(5)	(6)	(7)	(8)	(9)	(10)	(11)	(12)

2. 最大闭合差的环校正法

管网计算过程中，在每次迭代时，可对管网中的各环同时进行校正流量，但也可以只对管网中闭合差最大的一部分环进行校正,称为最大闭合差的环校正法。采用此法可以减少平差工作量。

如图 6-15 所示,环 Ⅰ、Ⅱ 和其构成的大环 Ⅲ（1~2~3~6~5~4~1）闭合差之间的关系为

$$\Delta h_Ⅰ = \sum h_Ⅰ = h_{1~2} + h_{2~5} - h_{4~5} - h_{1~4}$$
$$\Delta h_Ⅱ = \sum h_Ⅱ = h_{2~3} + h_{3~6} - h_{5~6} - h_{2~5}$$
$$\Delta h_Ⅰ + \Delta h_Ⅱ = h_{1~2} + h_{2~3} + h_{3~6} - h_{5~6} - h_{4~5} - h_{1~4}$$
$$\Delta h_Ⅲ = \sum h_Ⅲ = h_{1~2} + h_{2~3} + h_{3~6} - h_{5~6} - h_{4~5} - h_{1~4}$$

即　　$\Delta h_Ⅲ = \Delta h_Ⅰ + \Delta h_Ⅱ$

由此可知,大环闭合差就等于构成该大环各基环闭合差 Δh 的代数和,即

$$\Delta h_{大环} = \sum \Delta h_i \tag{6-23}$$

如图 6-16 所示,若环 Ⅰ 和环 Ⅱ 的闭合差方向相同,都是顺时针方向,即 $\Delta h_Ⅰ > 0$,$\Delta h_Ⅱ > 0$,即大环 Ⅲ 的闭合差 $\Delta h_Ⅲ = \Delta h_Ⅰ + \Delta h_Ⅱ > 0$,也为顺时针方向。

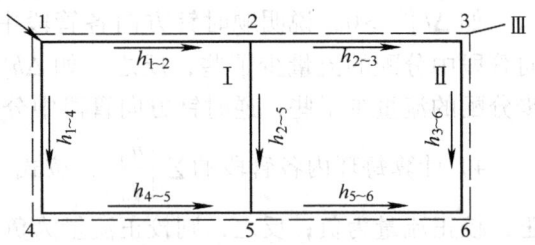

图 6-15　基环与大环

为降低环 Ⅰ 和环 Ⅱ 的闭合差,分别对环 Ⅰ 和环 Ⅱ 引入校正流量 $\Delta q_Ⅰ$ 和 $\Delta q_Ⅱ$,如图 6-16a 所示。引入 $\Delta q_Ⅰ$ 和 $\Delta q_Ⅱ$,使环 Ⅰ 和环 Ⅱ 的闭合差减小,但公共管段 2~5 的校正流量为 $\Delta q_Ⅱ - \Delta q_Ⅰ$,由于相互抵消作用,使环 Ⅰ 和环 Ⅱ 的闭合差降低幅度减小,平差效率较低;若只对环 Ⅰ 引入校正流量 $\Delta q_Ⅰ$,$\Delta h_Ⅰ$ 会降低,但 $\Delta h_Ⅱ$ 反而增大,反之亦然。可见,对这种情况单环平差效果不大好。若考虑对环 Ⅰ 和环 Ⅱ 构成的大环 Ⅲ 引入校正流量 $\Delta q_Ⅲ$,如图 6-16b 所示。大环闭合差降低的同时,基环 Ⅰ、Ⅱ 闭合差的绝对值亦随之减小。因此,构成大环后,对大环校正,多环受益,平差效果好。

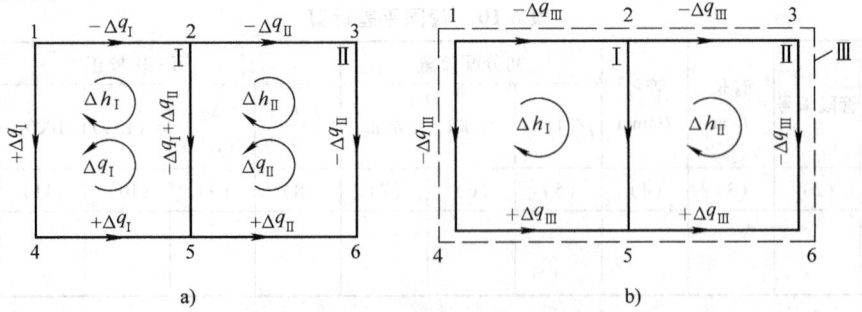

图 6-16　闭合差方向相同的两基环

如图6-17所示，如环Ⅰ和环Ⅱ的闭合差方向相反，即$\Delta h_Ⅰ>0$，$\Delta h_ⅡI<0$且$|\Delta h_Ⅰ|>|\Delta h_Ⅱ|$，$\Delta h_Ⅲ=\Delta h_Ⅱ-\Delta h_Ⅰ$。

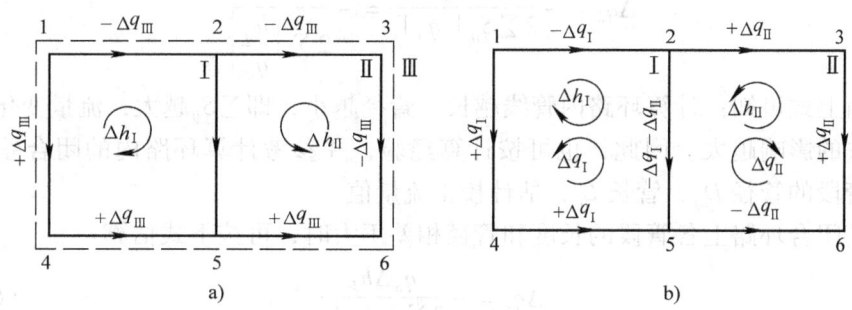

图6-17 闭合差方向相反的两基环

图6-17a中，若对大环Ⅲ引入校正流量$\Delta q_Ⅲ$，大环Ⅲ闭合差降低的同时，与大环闭合差同号的环Ⅰ闭合差亦随之降低，但与大环异号的环Ⅱ闭合差的绝对值反而增大。因此，相邻基环闭合差异号时，不宜做大环平差。但若考虑分别对环Ⅰ和环Ⅱ引入校正流量$\Delta q_Ⅰ$和$\Delta q_Ⅱ$，如图6-17b所示，由于公共管段的校正流量为$\Delta q_Ⅰ+\Delta q_Ⅱ$，从而可加速环Ⅰ和环Ⅱ闭合差的绝对值减小，平差效果较好；若只对环Ⅰ引入$\Delta q_Ⅰ$，则$\Delta h_Ⅰ$会降低。由于$\Delta q_Ⅰ$对公共管段2~5修正后，使邻环Ⅱ闭合差绝对值也减小。因此，相邻各基环闭合差异号时，宜选择其中闭合差较大的环进行平差，不仅该环本身闭合差减小，与其异号且相邻的基环闭合差也随之降低，从而一环平差，多环受益，计算工作量较逐环平差方法为少。如第一次校正并不能使各环的闭合差达到要求，可按第一次计算后的闭合差重新选择闭合差较大的一个环或几个环连成的大环继续计算，直到满足要求为止。

使用平差简化法，首先对各环的闭合差大小进行综合分析，经分析和判断，确定哪些环应进行平差。可将闭合差方向相同、且数值相差不太悬殊的相邻各基环构成大环进行平差。若不宜运用大环平差时，也可运用闭合差较大的重点环进行平差，或二者兼顾进行平差。此法比较灵活，平差运算效率主要取决于校正流量的确定和校正方案的选择。

大型管网如果同时可连成几个大环平差时，应先计算闭合差最大的环，使对其他环产生较大的影响，有时甚至可使其他环的闭合差改变方向。如先对闭合差小的大环进行计算，则计算结果对闭合差较大的环影响较小，为了反复消除闭合差，将会增大计算次数。使用本法计算时，同样需反复计算多次，每次计算需重新选定大环。选择大环应该注意的是，决不能将闭合差方向不同的几个基环连成大环，否则和大环闭合差相反的基环闭合差反而增大，致使计算不会收敛。

初次校正流量值按下式计算确定

$$\Delta q_k = -\frac{\Delta h_k}{2\sum S_{ij}|q_{ij}|} = -\frac{\Delta h_k}{2\sum\left|\dfrac{h_{ij}}{q_{ij}}\right|}$$

由上式可知：计算环路内管线越长，管径越小，即 $\sum S_{ij}$ 越大，流量变化对水头损失的影响越大。因此，也可按计算经验，并参考计算环路内的闭合差大小和各管段的管径 D_{ij}、管长 L_{ij}，估计校正流量值。

若闭合环路上各管段的长度和管径相差不大时，可按下式估算

$$\Delta q_k = -\frac{q_a \Delta h_k}{2\sum|h_{ij}|} \tag{6-24}$$

式中　q_k——闭合环路上各管段流量的平均值（L/s）；

Δh_k——闭合差（m）；

$\sum|h_{ij}|$——闭合环路上所有管段水头损失的绝对值之和（m）。

闭合环路在平差过程中，因为 $\sum S_{ij}|q_{ij}|$ 变化很小，所以在顺次进行的平差中，下式近似关系成立

$$\frac{\Delta q_k}{\Delta h_k} = \frac{\Delta q_k'}{\Delta h_k'} = \frac{\Delta q_k''}{\Delta h_k''} = \cdots \tag{6-25}$$

即以 Δq_k 进行初次校正后，仍不能满足环路闭合差的精度要求，即可按上式的比例关系求得下次的校正流量值。

使用最大闭合差的环校正法需有一定的技巧和经验，手工计算较复杂的管网时，有经验的计算人员可用这种方法缩短计算时间。

6.6.4　管网核算

管网的管径和水泵扬程，按设计年限内，最高日最高时用水量和水压要求决定。但是用水量也是经常变化的，为了核算所定的管径和水泵能否满足不同工作情况（消防时、最大转输、事故时）下的要求，就需进行其他用水量条件下的计算，以确保经济合理地供水。通过核算，有时需将管网中个别管段的直径适当放大，也有可能需要另选合适的水泵。

管网的核算条件：

（1）消防时　消防时用水量的核算，是以最高时用水量确定的管径为基础，然后按最高时用水量另加消防流量进行流量分配，确定管段的计算流量，按最高时用水流量加消防流量及消防压力进行核算。具体核算方法：

1) 首先根据城市规模和现行的《建筑设计防火规范》确定同时发生的火灾次数和消防用水量。然后在管网的控制点增加一个集中的消防流量。如按消防

要求同时有两处或两处以上失火，应从经济和安全等方面考虑，一处可放在控制点，其他可设定在离二级泵站较远或靠近大用户的节点处，其余节点仍按最高用水时的节点流量。

2）以最高日最高时用水量确定的管径为基础，将最高时用水量与消防流量相加后进行流量分配，求出管段计算流量。

3）进行管网平差，求出消防时的管段流量和水头损失。

4）计算消防时所需要的水泵扬程。此时应按消防对水压的要求进行管网的水压分析计算，低压消防制一般要求失火点处的自由水压不低于 $10mH_2O$（98kPa）。虽然消防时比最高时所需的服务水头要小得多，但因消防时通过管网流量增大，各管段的水头损失相应增加，按最高时确定的水泵扬程有可能不满足消防时的需要，这时需放大个别管段的管径，以减小水头损失。若最高时和消防时的水泵扬程相差很大，须专设消防泵供消防时使用。

（2）事故时　管网主要管段发生损坏时，必须及时检修，在检修时间内供水量允许减少，但设计水压一般不应降低。事故时管网供水流量与最高时设计流量之比，称为事故流量降落比，用 R 表示。R 的取值根据供水要求确定，城镇的事故流量降落比 R 一般不低于70%，工业企业的事故流量按有关规定确定。

一般按最不利事故工况进行校核，即考虑靠近供水泵站的主干管在最高时损坏的情况。

核算时，管网各节点的流量应按事故时用户对供水的要求确定，若无特殊要求，也可按事故流量降落比统一折算，即事故时管网的节点流量等于最高时各节点的节点流量乘上事故降落比 R。

经过核算后不符合要求时，可以增加平行主干管或埋设双管，或放大某些连通管的管径，或重新选择水泵。也可以从技术上采取措施，如加强当地给水管理部门的检修力量，缩短损坏管段修复时间；重要的和不允许断水的用户，可以采用储备用水的保障措施。

（3）最大转输时　设对置水塔的管网，在最高用水时由泵站和水塔同时向管网供水，但在一天内抽水量大于用水量的时段内，多余的水经过管网送入水塔储存，因此，这种管网还应按最大转输流量来核算，以确定水泵能否将水送进水塔。核算时，管网各节点的流量需按最大转输时管网各节点的实际用水量求出。因节点流量随用水量的变化成比例地增减，所以最大转输时各节点的流量可按下式计算

$$q_{zi} = k_{zs}q_i \tag{6-26}$$

式中　q_i——最高用水时的节点流量（L/s）；

k_{zs}——最大转输时节点流量折减系数，其值可按下式计算

$$k_{zs} = \frac{Q_{zy}}{Q_h} \tag{6-27}$$

式中 Q_{zy}、Q_h——分别为最大转输时和最高用水时管网总用水量（L/s）。

节点流量确定后，按最大转输时的流量进行分配和管网平差，求出各管段的流量、水头损失和所需要的水泵扬程。核算时，应按最大转输流量输入水塔水柜中最高水位所需水压进行管网的水压计算，并对原来选择的水泵进行校核。校核不满足要求时，应适当加大从泵站到水塔最短供水路线上管段的管径。

6.6.5 管网计算结果的整理

管网平差结束后，将最终平差结果按 $\dfrac{l_{ij}\,(\text{m})\;-\;D_{ij}\,(\text{mm})}{q_{ij}\,(\text{L/s})\;-\;1000i - h_{ij}\,(\text{m})}$ 的形式标注在管网平面图上相应的管段旁，继续进行下列内容的计算。

1. 管网各节点水压标高和自由水压计算

对起点水压未知的管网进行水压计算时，应首先选择管网的控制点，由控制点所要求的水压标高依次推出各节点的水压标高和自由水压，计算方法同枝状管网。由于存在闭合差，即 $\Delta h \neq 0$，利用不同管线水头损失所求得的同一节点的水压值常不同，但差异较小，不影响选泵，可不必调整。

网前水塔管网系统在进行消防和事故工况校核时，由控制点按相应条件推算到水塔处的水压标高可能出现以下三种情况：一是高于水塔最高水位，此时必须关闭水塔，其水压计算与无水塔管网系统相同；二是低于水塔最低水位，此时水塔无需关闭，仍可起调节流量作用。但由于水塔高度一定，不能改变，所以这种情况管网系统的水压应由水塔控制，即由水塔开始，推算到各节点（包括二级泵站）；三是介于水塔最高水位和最低水位之间，此种情况水塔调节容积不能全部利用，应视具体情况按上述两种情况之一进行水压计算。

对于起点水压已定的管网进行水压计算时，无论何种情况，均从起点开始，按该点现有的水压值推算到各节点，并核算各节点的自由水压是否满足要求。

经上述计算得出的各节点水压标高、自由水压及该节点处的地形标高，按一定格式写在相应管网平面图的节点旁。

2. 绘制管网水压线图

管网水压线图分等水压线图和等自由水压线图两种，其绘制方法与绘制地形等高线图相似。两节点间管径无变化时，水压标高将沿管线的水流方向均匀降低，据此从已知水压点开始，按 0.5~1.0m 的等高距（水压标高差）推算出各管段上的标高点。在管网平面图，用插值法按比例用细实线连接相同的水压标高点即可绘出等水压线图，如图 6-18 所示。水压线的疏密可反映出管线的负荷大小，整个管网的水压线最好均匀分布。如某一地区的水压线过密，表示该

第 6 章 给水管网的设计计算

处管网的负荷过大，所选用的管径偏小。水压线的密集程度可作为今后放大管径或增敷管线的依据。

由等水压线图标高减去各点地面标高得自由水压，用细实线连接相同的自由水压即可绘出等自由水压线图。管网等自由水压线图可直观反映整个供水区域内高、低压区的分布情况和服务水压偏低的程度。因此，管网水压线图对供水企业的管理和管网改造有很好的参考价值。

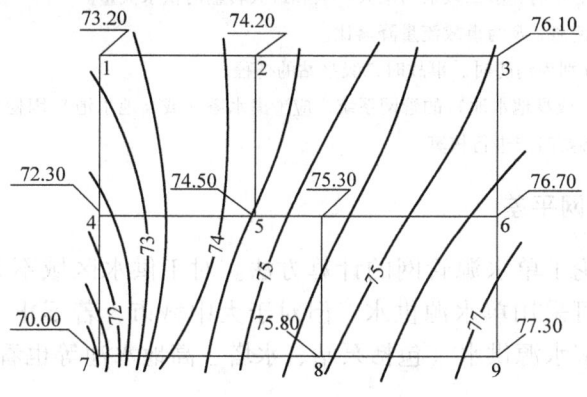

图 6-18　管网等水压线

3. 水塔高度计算

按最高时平差结果和设计水压求出水塔高度。在核算时，水塔高度若不能满足其他最不利工作情况的供水要求，一般不修正水塔高度。网前水塔只需将水塔关闭，而对置水塔只需调整供水流量。

4. 水泵扬程及供水总流量计算

由管网控制点开始，按相应的计算条件（最高时、消防时、事故时、最大转输流量时），经管网和输水管推算到二级泵站，求出水泵扬程和供水总流量，便于选泵。管网有几种计算情况就对应有几组数据。各种管网系统在各种最不利工作情况下，二级泵站的设计参数见表 6-11。

表 6-11　二级泵站的计算参数

工作情况	管网系统种类		无水塔管网系统	网前水塔管网系统		对置水塔管网系统
				不关闭水塔时	关闭水塔时	
最高时		流量	Q_h	$Q_{\mathrm{II max}}$		$Q_{\mathrm{II max}}$
		扬程	H_p	H_p		H_p
消防时		流量	$Q_h + Q_x$	$Q_{\mathrm{II max}} + Q_x$	$Q_h + Q_x$	$Q_h + Q_x$
		扬程	H_{px}	H_{px}	H_{px}	H_{px}
事故时		流量	RQ_h	$RQ_{\mathrm{II max}}$	RQ_h	$RQ_{\mathrm{II max}}$
		扬程	H_{psk}	H_{psk}	H_{px}	H_{psk}

（续）

工作情况	管网系统种类	无水塔管网系统	网前水塔管网系统		对置水塔管网系统
			不关闭水塔时	关闭水塔时	
最大转输时	流量				$Q_{\text{II}zs}$
	扬程				H_{pz}

注：1. $Q_{\text{II}max}$、$Q_{\text{II}zs}$ 分别表示二级泵站最大一级和最大转输时供水流量。
2. Q_x 为消防流量，R 为事故流量降落比。
3. H_{px}、H_{px} 分别为消防时、事故时二级泵站的扬程。
4. 设置水塔（或高地水池）的管网系统，应考虑水塔（或高地水池）因检修等关闭对供水情况的影响，必要时应进行核算。

6.6.6 多水源管网平差

前面主要讨论了单水源管网的计算方法。对于供水区域不大、供水安全性要求不高的地区可采用单水源供水。但对于大中城市，若不止一个可利用水源时，应尽量采用多水源供水（包括泵站、水塔、高地水池等也看作是水源），以提高供水安全性。

1. 多水源供水的特点

多水源管网计算原理与单水源管网相同，即应满足连续性方程和能量方程，但又有其特点：每一水源输入管网的流量不仅取决于管网用水量，并随管网中的水头损失和各水源的水压而变化，从而存在各水源之间的流量分配问题。因此，多水源供水时，可能存在两种工作情况（以管网中设置对置水塔为例，如图 6-19 所示）。

1）最高用水时，由几个水源同时向管网供水，各水源有各自的供水区，形成供水分界线。由于假定沿线流量都在节点出流，所以供水分界线上的节点流量一部分由泵站供给，一部分由水塔供给，在图 6-19a 中，虚线为供水分界线。

2）最大转输时，两水源管网成为单水源管网，不存在供水分界线，如图 6-19b 所示。

无论何种工作情况，都可应用虚环的概念，可将多水源管网转化为只从虚节点 0 供水的单水源管网，虚节点 0 的位置可任意选定。从图 6-18 中可以看出，两水源供水时可形成一个虚环，即虚环数等于水源数减 1。

各配水源供水至分界线上同一地点的水压应相同，即从各配水源到分界线上控制点的沿线水头损失之差应等于各水源的水压差，见式（6-30）。

在多水源环状管网的计算中，由于考虑了多个配水源与管网的联合工作情况，所以，管网平差时，虚环和实环须看成一个管网整体，即虚环和实环同时计算。闭合差和校正流量的计算方法与单水源管网相同。

多水源管网的计算比较复杂、费时，应用计算机运算可缩短计算时间，并提高计算精度。

2. 虚环计算

在虚环计算中应满足下列条件：

（1）连续性方程 在最高用水时，如图 6-19a 所示，管网用水量为 $\sum Q$，从虚节点 0 流向泵站的流量 Q_p 即为泵站的供水量，此时水塔也供水到管网，虚节点 0 到水塔的流量 Q_t 即为水塔供水量，则最高时虚节点 0 的流量平衡条件为

$$Q_p + Q_t - \sum Q = 0$$

或 $\quad Q_p + Q_t = \sum Q \quad (6-28)$

最大转输时，如图 6-19b 所示，管网用水量为 $\sum Q'$，泵站的流量为 Q'_p，经过管网用水后，以转输流量 Q'_t 从水塔经虚管段流向虚节点 0，则最大转输时虚节点 0 的流量平衡条件为

$$Q'_p + Q'_t = \sum Q' \quad (6-29)$$

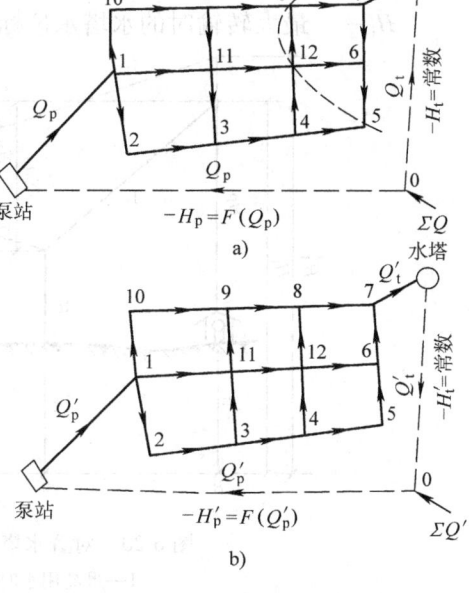

图 6-19 对置水塔的工作情况
a) 最高用水时 b) 最大转输时

（2）能量方程 由于虚管段中无流量，不考虑摩阻，只表示按某一基准面算起的配水源水压（泵站或水塔）。水压 H 的符号规定如下：流向虚节点的虚管段，水压为正，流离虚节点的虚管段，水压为负，在虚环内水头损失和水压均规定为顺时针流向为正，逆时针流向为负，则在任意虚环内虚管段水压和实管段水头损失的代数和为零，则最高时虚环的能量平衡条件参见图 6-19a，可用下式表示

$$-H_p + \sum h_p - \sum h_t - (-H_t) = 0$$

或 $\quad H_p - \sum h_p + \sum h_t - H_t = 0 \quad (6-30)$

式中 H_p——最高用水时泵站的水压相应的压头（m）；

$\sum h_p$——最高用水时从泵站供水到分界线上某一地点的管线总水头损失（m）；

$\sum h_t$——最高用水时从水塔供水到分界线上同一地点的管线总水头损失（m）；

H_t——最高用水时水塔的水位标高（m）。

最大转输时虚环的能量平衡条件见图 6-20，可用下式表示

$$-H'_p + \sum h' + H'_t = 0$$
$$H'_p - \sum h' - H'_t = 0 \tag{6-31}$$

式中 H'_p——最大转输时的泵站水压相应的压头（m）；

$\sum h'$——最大转输时从泵站到水塔的总水头损失（m）；

H'_t——最大转输时的水塔水位标高（m）。

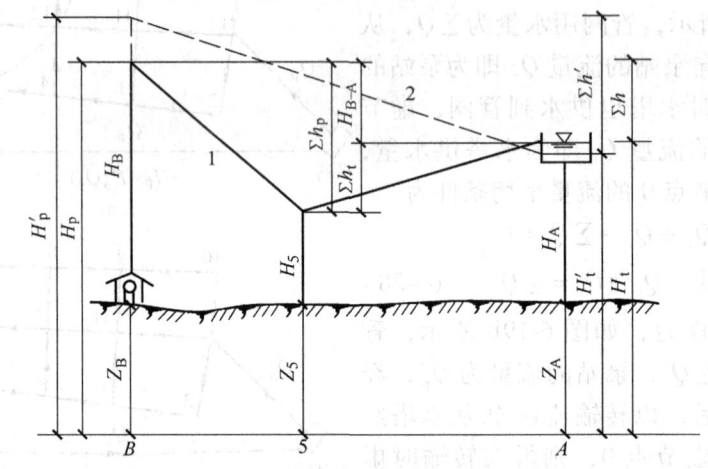

图 6-20 对置水塔管网的能量平衡条件
1—最高用水时 2—最大转输时

【例 6-3】 某城镇规划人口为 4.5 万人，拟采用高地水池调节供水量，管网布置及节点地形标高如图 6-21 所示。各节点的自由水压要求不低于 24 mH₂O。该城镇最高日用水设计用水量为 $Q_d = 12400$ m³/d，其中工业集中流量为 80 L/s，分别在 3、6、7、8 节点集中流出，3、6 节点的工业 24h 均匀用水，7、8 节点为一班制（8~16 时）均匀用水。用水量及供水量曲线见图 6-22。水厂在城北 1000 m 处，二级泵站按两级供水设计，每小时供水量：6~22 时为 4.5% Q_d，22~6 时为 3.5% Q_d。试对该城镇给水管网进行设计计算。

【解】 **1. 确定清水池和高地水池的容积和尺寸**

（1）清水池容积和尺寸 根据图 6-22，清水池所需调节容积为

$$W_1 = k_1 Q_d = \left(4.5 - \frac{100}{24}\right) \times 16 Q_d$$
$$= 5.33\% \times 12400 \text{m}^3/\text{d}$$
$$= 661 \text{m}^3$$

水厂自用水量调节容积按最高日用水设计用水量的 3% 计算，则

$$W_2 = 3\% Q_d = 3\% \times 12400 \text{m}^3/\text{d} = 372 \text{m}^3$$

该城镇规划人口为 4.5 万人，查表 3-5，确定同一时间内的火灾次数为两次，一次灭火用水量为 25 L/s。火灾延续时间按 2.0 h 计，故火灾延续时间内所

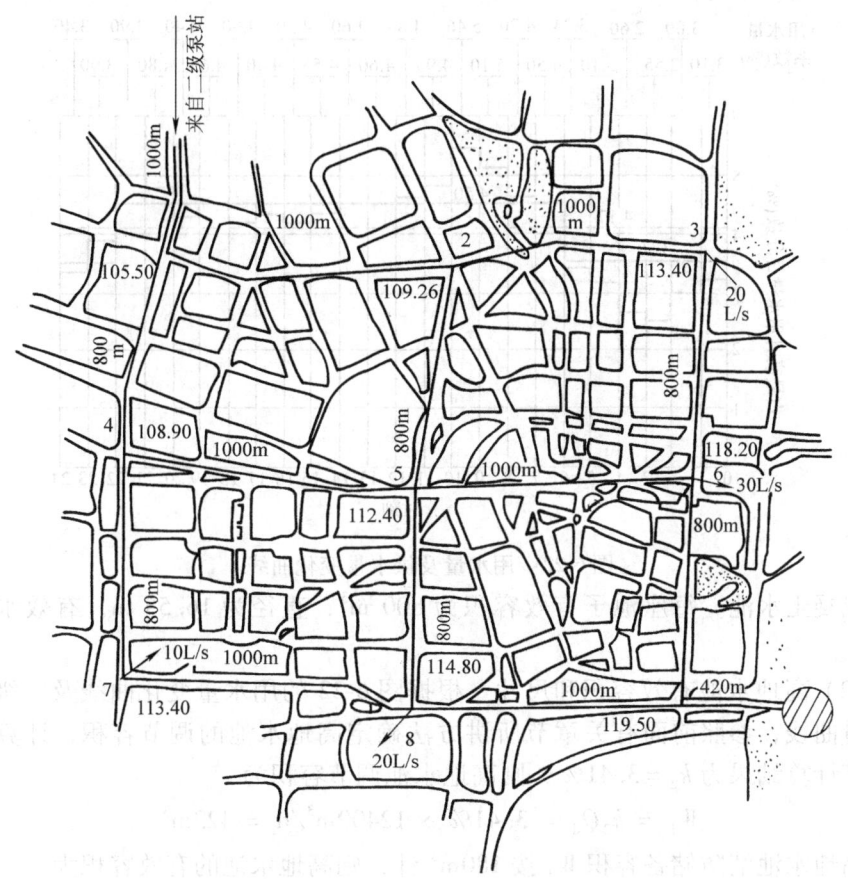

图 6-21 环状网计算例题

需总水量为

$$Q_x = 2 \times 25 \text{L/s} \times 3.6 \times 2.0 \text{h} = 360 \text{m}^3$$

因本题采用对置高地水池,且单位容积造价较为经济,故考虑清水池和高地水池共同分担消防储备水量,以实现安全供水,即清水池消防储备容积 W_3 可按 180 m³ 计算。

清水池的安全储量 W_4 可按以上三部分容积和的 1/6 计算。因此,清水池的有效容积为

$$W_c = \left(1 + \frac{1}{6}\right)(W_1 + W_2 + W_3)$$

$$= \left(1 + \frac{1}{6}\right)(661 \text{m}^3 + 372 \text{m}^3 + 180 \text{m}^3)$$

$$= 1415 \text{m}^3$$

考虑部分安全调节容积,取清水池有效总容积为 1600 m³,采用两座 96S819

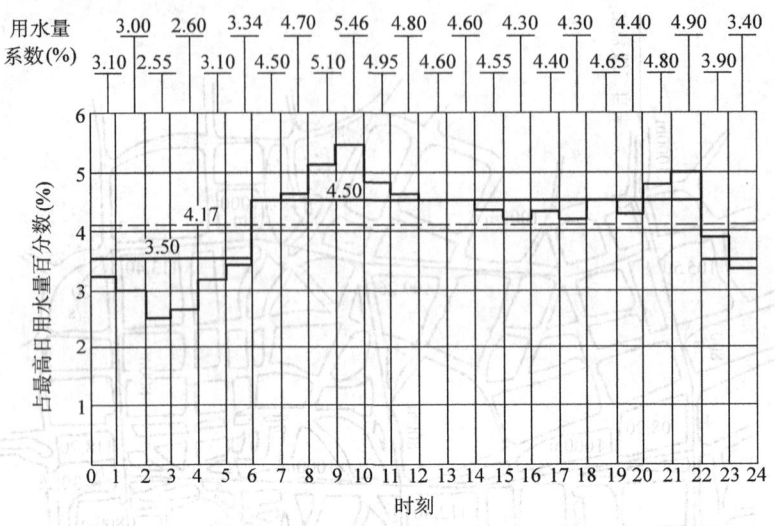

图 6-22 用水量及供水量变化曲线

钢筋混凝土水池。每座池子有效容积为 800 m³，直径为 16.55 m，有效水深为 3.8 m。

（2）高地水池有效容积和尺寸　根据图 6-22 的用水量变化曲线及二级泵站供水量曲线，参照前面有关章节所讲方法确定高地水池的调节容积，计算过程略，其计算结果为 $k_2 = 3.41\%$，则高地水池调节容积为

$$W_1 = k_2 Q_d = 3.41\% \times 12400 \text{m}^3/\text{d} = 423 \text{m}^3$$

高地水池消防储备容积 W_2 按 180m³ 计，则高地水池的有效容积为

$$W_c = W_2 + W_1 = (423 + 180) \text{m}^3 = 603 \text{m}^3 \qquad 取 600 \text{m}^3$$

2. 最高日最高时用水量和供水量设计计算

（1）确定设计用水量及供水量　由用水量及供水量曲线图 6-22 得知：
最高日最高时设计用水量为

$$Q_h = 5.46\% Q_d = 5.46\% \times 12400 \text{m}^3/\text{d} = 677.04 \text{m}^3/\text{h} = 188 \text{L/s}$$

二级泵站最高时供水量为

$$Q_{II\max} = 4.5\% Q_d = 4.5\% \times 12400 \text{m}^3/\text{d} = 558 \text{m}^3/\text{h} = 155 \text{L/s}$$

高地水池最高时的供水量为

$$Q_t = Q_h - Q_{II\max} = (188 - 155) \text{L/s} = 33 \text{L/s}$$

（2）节点流量计算　由于该城镇各区的人口密度、给排水卫生设备完善程度基本相同，干管分布比较均匀，可按长度比流量法计算沿线流量，求得各节点的节点流量。

由图 6-21 求出配水干管计算总长度为

$$\sum L = 6 \times 1000 \text{m} + 6 \times 800 \text{m} = 10800 \text{m}$$

管网的集中流量 $\sum Q_i$ 为 80 L/s，则干管比流量为

$$q_s = \frac{Q_h - \sum Q_i}{\sum L} = \frac{188 \text{L/s} - 80 \text{L/s}}{1080.0 \text{m}} = 0.01 \text{L/(s·m)}$$

按 $q_i = 0.5 q_s \sum L_i$ 计算各节点的流量，过程略，结果见图 6-23。

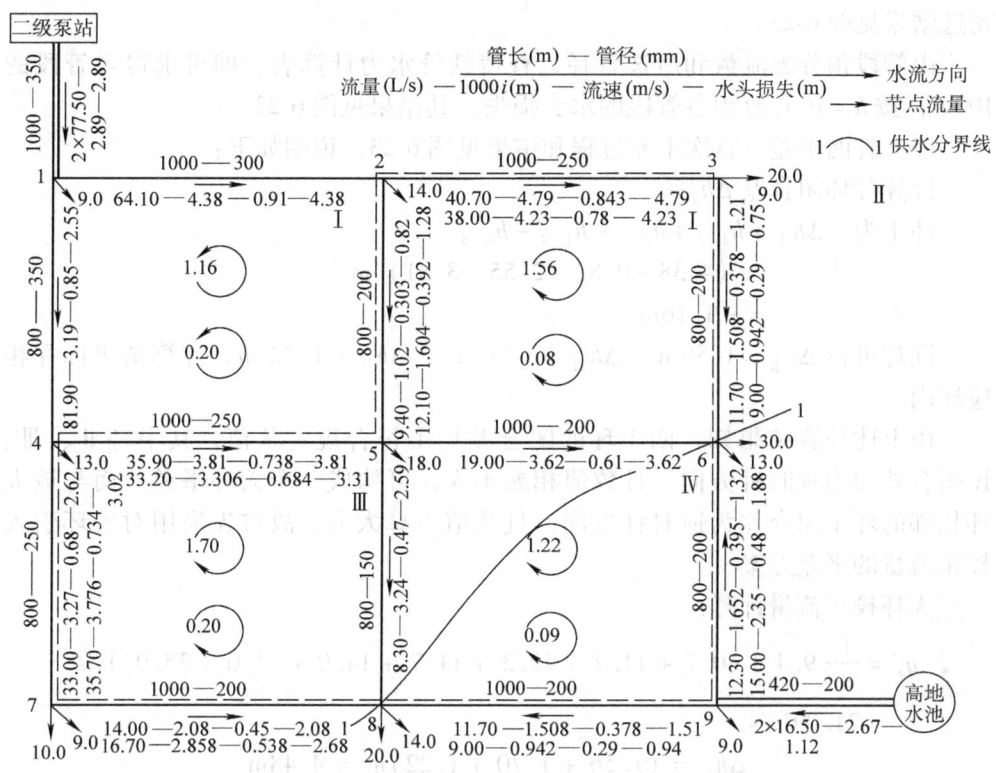

图 6-23 最高用水时管网平差计算

（3）流量分配　为保证安全供水，二级泵站和高地水池至给水区的输水管，均采用两根。

根据管网布置和用水情况，假定各管段的流向（图 6-23），按环状管网流量分配原则和方法进行流量预分配，现对设计要点加以说明。

由于干管 1~4 担负干线 4~5~6 和 4~7~8 的转输任务，故应多分配一些流量，但考虑到供水可靠性，1~4 和 1~2 管段的流量分配值也不宜相差过大。由于 6、7、8 节点附近有大用户，故 4~7 和 4~5 管段、9~6 和 9~8 管段应大致分配接近的流量。2~5 和 5~8 管段在管网中主要起连接管作用，故平时应尽量少转输流量，一般以满足本管段沿线配水量略有多余为宜。各管段流量预分配结果见图 6-23。

（4）确定管径和水头损失　各管段流量预分配后，参照经济流速选定管径。

管段 7~8、3~6、9~8、9~6 虽然平时通过的流量较小,但考虑到其他工作情况(如消防时和转输时)需要输送较大的流量,故管径应适当放大。而 2~5 和 5~8 管段在事故时将转输较大的流量,其管径一般与所连接干管线的次要干管管径相当或小一号,2~5 管段管径确定为 200 mm,5~8 管段为 150 mm。管径初选结果见图 6-23。

由管段预分配流量和所选管径,查铸铁管水力计算表,即可求得各管段的 $1000i$,按 $h = iL$ 计算出各管段的水头损失,其结果见图 6-23。

(5) 管网平差 首次平差过程和结果见图 6-23。说明如下:

计算各环闭合差 Δh_k:

环 I 为:$\Delta h_I = h_{1~2} + h_{2~5} - h_{1~4} - h_{4~5}$
$= (4.38 + 0.82 - 2.55 - 3.81) \text{ m}$
$= -1.16 \text{ m}$

同理可得 $\Delta h_{II} = 1.56 \text{ m}$,$\Delta h_{III} = 1.70 \text{ m}$,$\Delta h_{IV} = 1.22 \text{ m}$。计算结果标在相应环内。

由上述计算结果知,四个环的闭合差均不符合规定数值,其中环 II、III、IV 闭合差均为顺时针方向,且数值相差不大,可构成一个大环平差。而与该大环相邻的环 I 闭合差为逆时针方向,且数值不算太大,故首先采用对大环引入校正流量的平差方案。

大环校正流量计算:

$$q_a = \frac{1}{8}(9.4 + 40.7 + 11.7 + 12.3 + 11.7 + 14.0 + 33.0 + 35.9) \text{L/s}$$
$$= 21.09 \text{L/s}$$

$$\Delta h_k = (1.56 + 1.70 + 1.22) \text{m} = 4.48 \text{m}$$

$$\sum |h_{ij}| = (0.82 + 4.79 + 1.21 + 1.32 + 1.51 + 2.08 + 2.62 + 3.81) \text{ m}$$
$$= 18.16 \text{m}$$

$$\Delta q_k = -\frac{q_a \Delta h_k}{2\sum |h_{ij}|} = -\frac{q_a \Delta h_k}{2\sum |h_{ij}|} = -\frac{21.09 \text{L/s} \times 4.48 \text{m}}{2 \times 18.16 \text{m}} = -2.6 \text{L/s}$$

将 $\Delta q_k = -2.6 \text{L/s}$ 引入由 II、III、IV 构成的大环,进行平差后,各环闭合差减为 $\Delta h_I = -0.2 \text{m}$,$\Delta h_{II} = 0.08 \text{m}$,$\Delta h_{III} = 0.02 \text{m}$,$\Delta h_{IV} = 0.09 \text{m}$。各环闭合差均满足要求。

自管网起点 1 到 7 节点的大环闭合差为

$$\Delta h = (4.83 + 4.23 + 0.75 - 1.88 - 0.94 - 2.68 - 3.02 - 2.55) \text{m}$$
$$= -0.01 \text{m}$$

或 $\Delta h = Z_c + H_c = (118.20 + 24) \text{m} = (142.20 - 0.2 + 0.08 + 0.02 + 0.09) \text{m}$
$= -0.01 \text{m}$

远小于规定数值1.0 m，平差结束。将最终平差结果注写在绘制好的管网平面图的相应管段旁，形式为 $\frac{l_{ij}\,(\mathrm{m})\ -\ D_{ij}\,(\mathrm{mm})}{q_{ij}\,(\mathrm{L/s})\ -\ 1000i\ -\ h_{ij}\,(\mathrm{m})}$（图6-24）。

(6) 水压计算　选择6节点为控制点，由此点开始，按该点要求的水压标高 $Z_c + H_c = (118.20 + 24)\,\mathrm{m} = 142.20\,\mathrm{m}$，分别向泵站及高地水池方向推算，计算各节点的水压标高和自由水压相应的压头，将计算结果及相应节点处的地形标高注写在相应节点上，如图6-24所示。

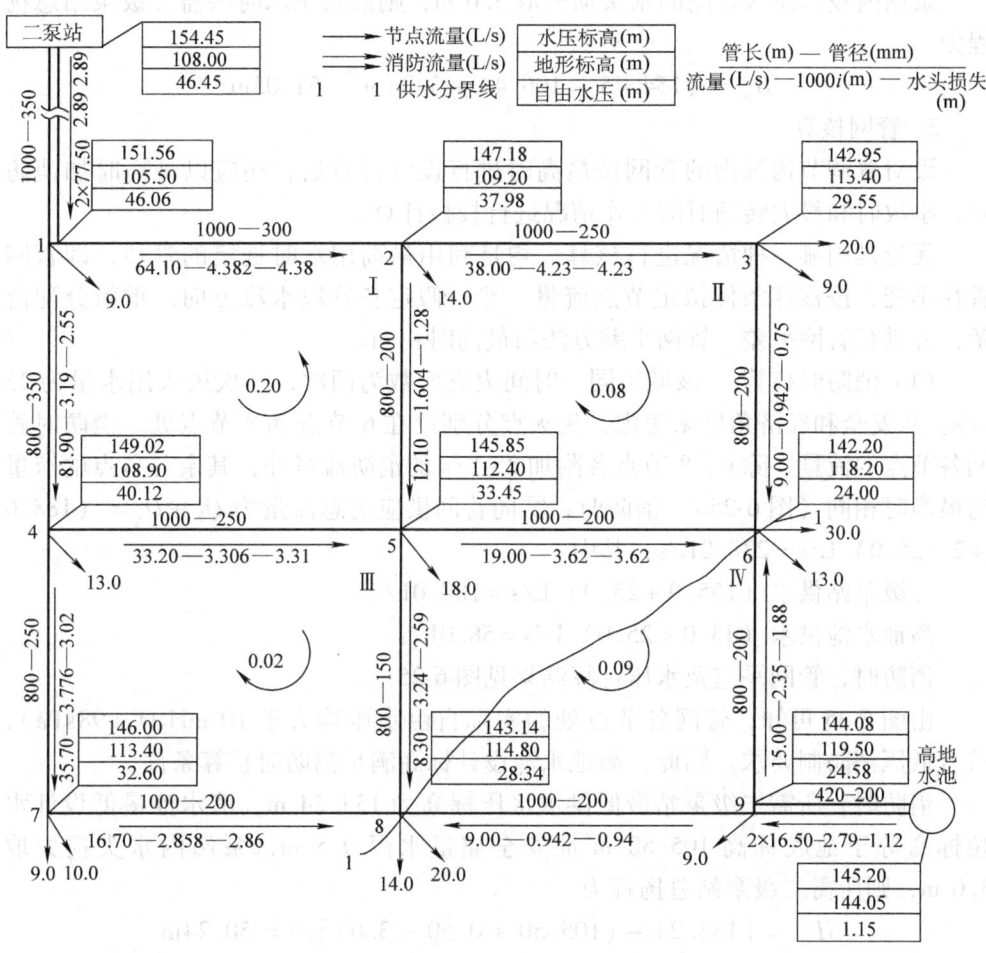

图6-24　最高用水时管网平差及水压计算成果

(7) 高地水池设计标高计算　由上述水压计算结果可知，所需高地水池供水水压标高为145.20 m，即为消防储水量的水位标高（也为平时供水的最低水位标高）。所以，高地水池的设计标高应为

$$145.20\text{m} - \frac{4 \times 180\text{m}^3}{3.14 \times (14.08\text{m})^2} = 144.05\text{m}$$

(8) 二级泵站总扬程计算　由水压计算结果可知，所需二级泵站最低供水水压标高为154.45 m。设清水池底标高（由水厂高程设计确定）为105.50 m，则平时供水时清水池的最低水位标高为

$$105.50\text{m} + 0.5\text{m} + \frac{4 \times 180\text{m}^3}{2 \times 3.14 \times (16.55\text{m})^2} = 106.42\text{m}$$

泵站内吸、压水管路的水头损失取3.0 m，则最高用水时所需二级泵站总扬程为

$$H_\text{p} = (154.45 - 106.42 + 3.0)\text{m} = 51.03\text{m}$$

3. 管网核算

设对置调节构筑物的管网按最高时进行设计计算后，还应以最高时加消防时、事故时和最大转输时的工作情况进行校核计算。

无论是用哪一种情况进行核算，均是利用最高用水时选定的管径，即管网管径不变，按核算条件拟定节点流量，然后假定各管段水流方向，重新分配流量，并进行管网平差。管网平差方法与最高时相同。

(1) 消防时核算　该城镇同一时间火灾次数为两次，一次灭火用水量为25 L/s。从安全和经济角度来考虑，失火点分别设在6节点和8节点处。消防时管网各节点的流量，除6、8节点各附加25 L/s的消防流量外，其余各节点的流量与最高时相同（图6-25）。消防时，需向管网供应的总流量为 $Q_\text{h} + Q_\text{x} = (188.0 + 2 \times 25.0)$ L/s = 238.0L/s，其中

二级泵站供水 (155.0 + 25.0) L/s = 180.0L/s

高地水池供水 (33.0 + 25.0) L/s = 58.0L/s

消防时，管网平差及水压计算结果见图6-25。

由图6-25可知，管网各节点处的实际自由水压均大于10 mH$_2$O (98kPa)，符合低压消防制要求。因此，高地水池设计标高满足消防时核算条件。

消防时，所需二级泵站最低供水水压标高为153.24 m，清水池最低设计水位标高等于池底标高105.50 m加安全储量水深0.5 m，泵站内水头损失取3.0 m，则所需二级泵站总扬程为

$$H_\text{px} = [153.24 - (105.50 + 0.50 + 3.0)]\text{m} = 50.24\text{m}$$

小于 $H_\text{p} = 51.03\text{m}$。

(2) 事故时核算　设1~4管段损坏需关闭检修（图6-26），并按事故时流量降落比 $R = 70\%$ 及设计水压进行核算，此时管网供应的总流量为 $Q_\text{a} = 70\% \times 188.0\text{L/s} = 131.6\text{L/s}$，其中，二级泵站供水流量为

$$70\% Q_\text{II} = 70\% \times 155.0\text{L/s} = 108.5\text{L/s}$$

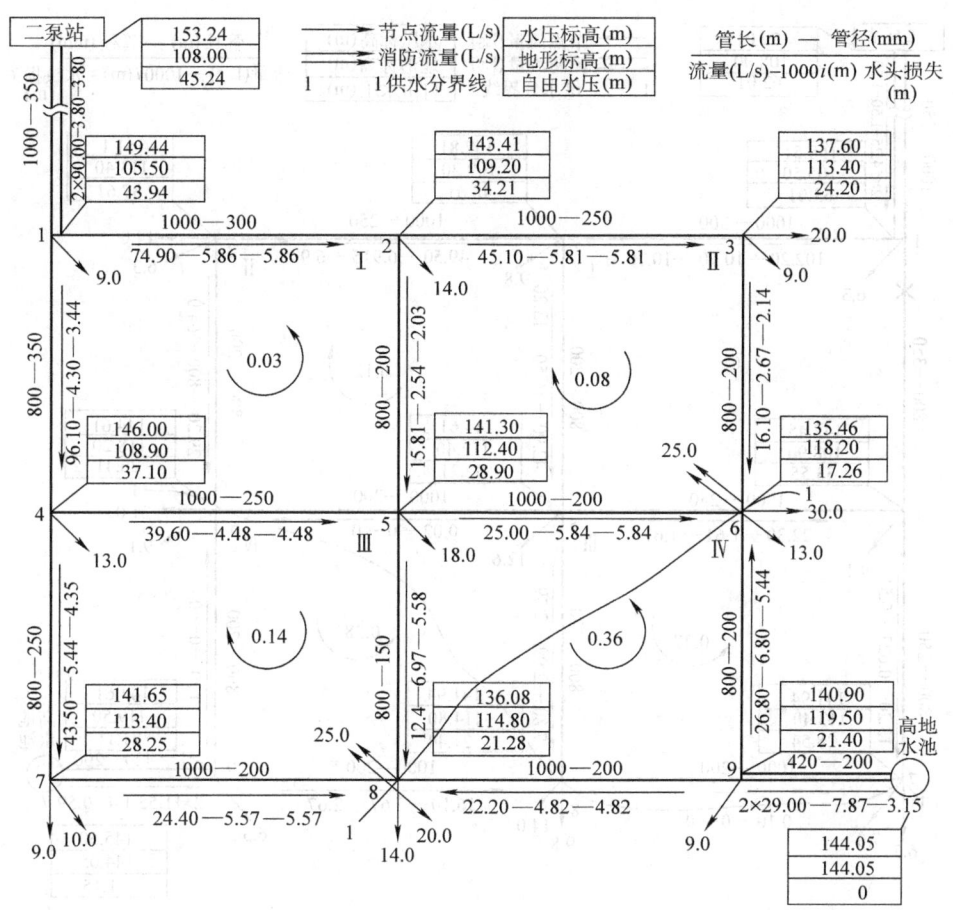

图 6-25 消防时管网平差及水压计算成果

高地水池供水流量为

$$(131.6 - 108.5) \text{L/s} = 23.1 \text{L/s}$$

事故时，管网各节点流量可按最高时各节点流量的 70% 计算。管网平差及水压计算成果如图 6-26 所示。

由图 6-26 可知，管网中各节点处的实际自由水压均大于 24.0 mH₂O（235.2kPa）。因此高地水池设计标高满足事故时核算条件。

事故时，所需二级泵站最低供水水压标高为 170.01 m，清水池最低水位（即消防储水位）标高为 106.42 m，泵站内水头损失取 2.5 m，则所需二级泵站总扬程为

$$H_{psk} = (170.01 - 106.42 + 2.5)\text{m} = 66.09\text{m}$$

大于最高时所需水泵扬程 $H_p = 51.03\text{m}$。

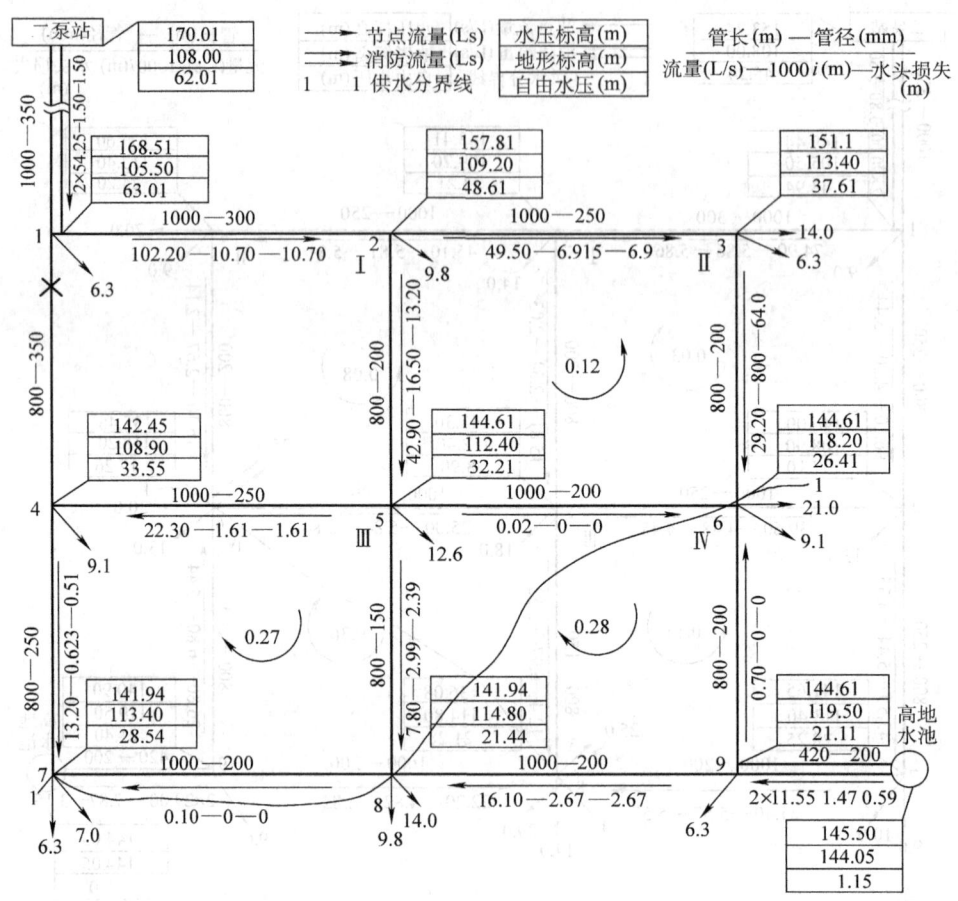

图 6-26　事故时管网平差及水压计算成果

（3）最大转输时核算　最大转输时发生在 2～3 管段时（图 6-22），此时管网用水量为最高日设计用水量的 2.55%，即为 2.55% ×12400m³/d = 316.2m³/h = 87.83L/s，此时二级泵站供水量为

$$3.5\% \times 12400 \text{m}^3/\text{d} = 434.0 \text{m}^3/\text{h} = 120.56 \text{L/s}$$

则最大转输流量为

$$(120.56 - 87.83) \text{L/s} = 32.73 \text{L/s}$$

最大转输时工业集中流量为（20 + 30）L/s = 50L/s，所以最大转输时节点流量折减系数为

$$\frac{87.83 \text{L/s} - 50 \text{L/s}}{188 \text{L/s} - 80.0 \text{L/s}} = \frac{37.83 \text{L/s}}{108 \text{L/s}} = 0.35$$

最高时管网的节点流量（生活用水）乘以折减系数 0.35 得最大转输时管网的节点流量。管网平差及水压计算成果如图 6-27 所示。图中高地水池水压标高

第6章 给水管网的设计计算

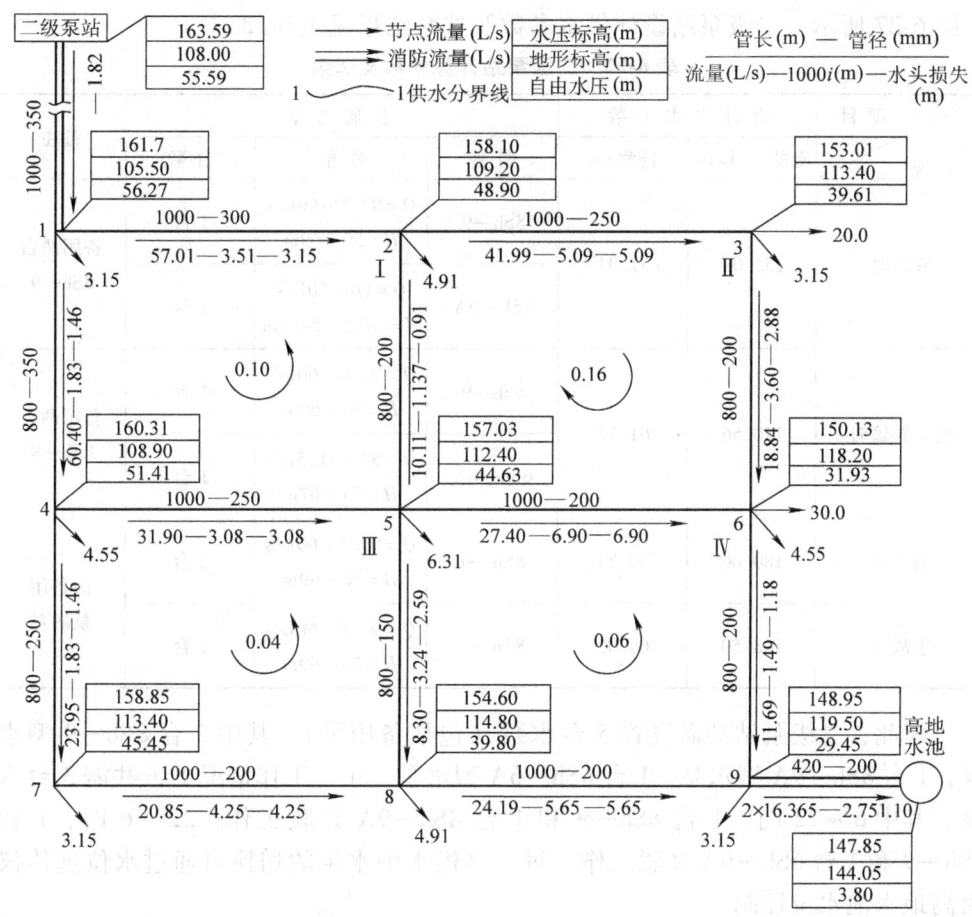

图 6-27 转输时管网平差及水压计算成果

147.85 m 是高地水池最高水位标高。

最大转输时，所需二级泵站供水水压标高为 163.59 m，清水池最低设计水位标高为 106.42 m，泵站内水头损失取 2.5 m，安全出流水头取 1.5 m，则所需二级泵站总扬程为

$$H_{pzs} = (163.59 - 106.42 + 2.5 + 1.5)\text{m} = 61.17\text{m}$$

大于最高时所需水泵扬程 $H_p = 51.03\text{m}$。

4. 计算成果及水泵选择

上述核算结果表明，最高时选定的管网管径、高地水池设计标高均满足核算条件，管网水头损失分布也比较均匀，且各核算工况所需水泵扬程与最高时相比相差不大（事故时 H_{psk} 与 H_p 相差 15.06 m），经水泵初选基本可以兼顾，故计算成果成立，不需调整。

管网设计管径和计算工况的各节点水压及高地水池设计供水参数如图 6-24

~图 6-27 所示。二级泵站设计供水参数及选泵结果见表 6-12。

表 6-12 二级泵站计算参数及选泵

项目 工况	设计供水参数		水泵选择			备注
	流量/（L/s）	扬程/m	型号	性能	台数	
最高时	155.00	51.03	8Sh—9	$Q = 97.5 \sim 60 \text{L/s}$ $H = 50 \sim 69\text{m}$	1 台	备用两台 8Sh—9
			8Sh—9A	$Q = 90 \sim 50 \text{L/s}$ $H = 37.5 \sim 54.5\text{m}$	1 台	
最大转输时	120.56	61.17	8Sh—9	$Q = 97.5 \sim 60 \text{L/s}$ $H = 50 \sim 69\text{m}$	1 台	备用两台 8Sh—9
			6Sh—6A	$Q = 50 \sim 31.5 \text{L/s}$ $H = 55 \sim 67\text{m}$	1 台	
消防时	180.00	50.24	8Sh—9	$Q = 97.5 \sim 60 \text{L/s}$ $H = 50 \sim 69\text{m}$	2 台	由备用 泵满足
事故时	108.50	66.09	8Sh—9	$Q = 97.5 \sim 60 \text{L/s}$ $H = 50 \sim 69\text{m}$	2 台	

因此，二级泵站共需设置 5 台水泵（包括备用泵），其中 3 台 8Sh—9 型水泵，1 台 8Sh—9A 型水泵，1 台 6Sh—6A 型水泵。正常工作情况下，共需 3 台水泵。其中 6～22 时，1 台 8Sh—9 和 1 台 8Sh—9A 并联工作；22～6 时，1 台 8Sh—9 和 1 台 6Sh—6A 并联工作。每一级供水中水泵的切换可通过水位远传仪由高地水池水位控制。

消防时和事故时，由两台 8Sh—9 型水泵并联工作即可得到满足。

给水工程建成通水需若干年后达到最高日设计用水量，达到后每年也有许多天用水量低于最高日用水量。本例题二级泵站还可设置 2 台 8Sh—9 型、1 台 8Sh—9A 型、2 台 6Sh—6A 型水泵以满足最高用水时、最大转输时、消防时和事故时的设计要求。设置 2 台 6Sh—6A 型水泵可互为备用，且可作为 1 台 8Sh—9 型水泵的备用泵。

6.7 输水管水力计算

输水管包括原水输水管（渠）和清水输水管两种。输水管必须保证不间断输水。因此，一般需平行敷设两条，当敷设一条输水管时，常另外设置有一定容量的蓄水池。对于允许间断供水或多水源供水的管网，可以只设一条输水管。输水系统的一般特点是距离长，和河流、高地、交通路线等交叉较多。

原水输水管（渠）设计流量，应按最高日平均时供水量与水厂自用水量之和确定。当远距离输水时，输水管渠的设计流量还应计入管渠漏失水量。

清水输水管的设计流量，当管网内无调节构筑物时，应按最高日最高时用水量确定；当管网内有调节构筑物时，应按最高日最高时用水条件下，由水厂所负担供应的水量确定（输水管道的设计水量应为最高日最高时供水量减去由调节构筑物每小时供应的水量）。

输水管渠有多种形式，常用的有：

(1) 压力输水管渠　此种形式通常用得最多，当输水量大时可采用输水渠。常用于高地水源或水泵供水。

(2) 无压输水管渠（非满流水管或暗渠）　无压输水管渠的单位长度造价较压力管渠低，但在定线时，为利用与水力坡度相接近的地形，不得不延长路线，因此，建造费用相应增加。重力无压输水管渠可节约水泵输水所耗电费。

(3) 加压与重力相结合的输水系统　在地形复杂的地区常用加压与重力结合的输水方式。

(4) 明渠　明渠是人工开挖的河槽，一般用于远距离输送大量水。

以下重点讨论压力输水管。

输水管平行工作的管线数，应从可靠性要求和建造费用两方面来比较。若增加平行管线数，虽然可提高供水的可靠性，但输水系统的建造费用随之增大。实际上，常采用在平行管线之间设置连接管的方法，将输水管线分成多段，分段数越多，供水可靠性越高。合理的分段数应根据用户对事故流量的要求确定。

输水管计算的任务是确定管径和水头损失，以及输水管条数和需设置的连接管条数。确定大型输水管的管径时，应考虑具体的埋管条件、管材和形式、附属构筑物数量和特点、输水管根数等，通过方案比较确定。具体计算时，先确定输水管条数，依据经济供水的原则，即按设计流量和经济流速（或可资用水头）确定管径，进而计算水头损失。本节主要介绍输水管分段数计算方法。

6.7.1　重力供水时的压力输水管

水源在高地时（如取用蓄水库水时），若水源水位和水厂内第一个水处理构筑物之间有足够的水位高差克服两者管道的水头损失时，可利用水源水位向水厂重力输水。

如图 6-28 所示，若水源水位标高为 Z，输水管终端要求的水压为 $Z_0 = Z_m + H_0$，则可资用水头为 $H = Z - Z_0$，用来克服输水管阻力损失。假设输水系统的总流量为 Q，平行管线（管径、管长和管材均相同）数为 n，则每条输水管的流量为 $\dfrac{Q}{n}$，如图 6-29 所示。

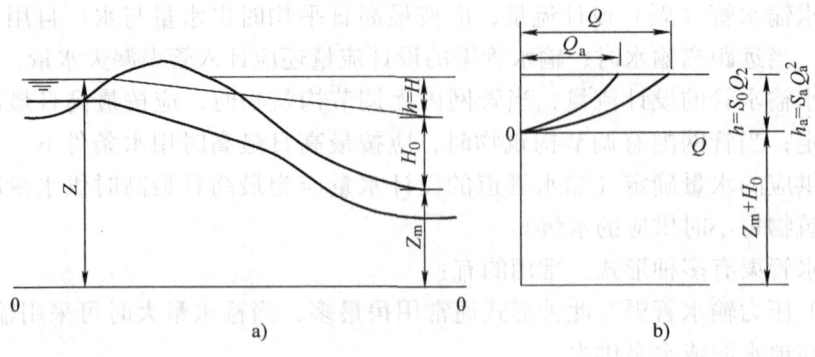

图 6-28 重力流压力输水管

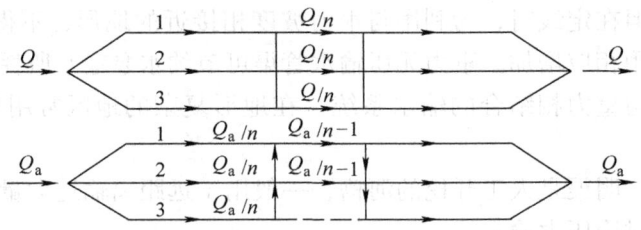

图 6-29 输水管正常时与事故时工作情况

若在输水管上等距离地设置 m 条连接管，输水管被分成 $N = m + 1$ 段，则正常工作情况下的水头损失为

$$h = s(m+1)\left(\frac{Q}{n}\right)^2 = \left[\frac{s(m+1)}{n^2}\right]Q^2 = s_0 Q^2 \quad (6-32)$$

式中　s——每一管段的摩阻；

s_0——输水系统的总摩阻，$s_0 = \dfrac{s(m+1)}{n^2}$。

如图 6-29 所示，任一管段损坏时，流量降低为 Q_a，若忽略连接管的水头损失（因其长度和输水管相比很短），则此时输水管系统的水头损失为

$$h_a = s\left(\frac{Q_a}{n}\right)^2 m + s\left(\frac{Q_a}{n-1}\right)^2 \\ = \left[s\frac{m}{n^2} + \frac{s}{(n-1)^2}\right]Q_a^2 = s_a Q_a^2 \quad (6-33)$$

式中　s_a——n 条管线中任一段损坏时输水系统的总摩阻，$s_a = \left[s\dfrac{m}{n^2}\right] + \dfrac{s}{(n-1)^2}$。

在重力流压力输水系统中，因起、终点的水头差固定，不受管线损坏的影响，因此 $h = h_a$，但 $s_0 \neq s_a$，可得出事故时和正常工作时的流量比例，即事故时允许流量降落比 R 为

$$R = \frac{Q_a}{Q} = \sqrt{\frac{s_0}{s_a}} = \sqrt{\frac{s\frac{(m+1)}{n^2}}{s\frac{m}{n^2} + s\frac{1}{(n-1)^2}}} \tag{6-34}$$

不同 n、m 值时的 R 值见表 6-13。由表可知：输水管线可靠性随着平行管线数和连接管数的增加而增大。由于城镇给水管网的允许流量降落比 R 值为 0.7，因此为保证输水管损坏时的事故流量，当采用重力下的压力供水时，应设置两根平行的输水管时，并设置两条连接管将平行管线按长度分成 3 段。

表 6-13 不同 m、n 值时的 R 值

n	当 m 为下列值时的 R 值				
	0	1	2	3	4
2	0.5	0.63	0.71	0.76	0.79
3	0.67	0.78	0.84	0.87	0.89
4	0.75	0.85	0.89	0.91	0.93

6.7.2 水泵供水的压力输水管

水泵供水时，流量 Q 受到水泵扬程的影响。反之，输水量变化也会影响输水管起点的水压。因此水泵供水时的实际流量，应由水泵特性曲线 $H_p = f(Q)$ 和输水管特性曲线 $H = H_{ST} + \sum h = f(Q)$ 的联合曲线求出。

水泵特性曲线和输水管特性曲线的联合工作情况如图 6-30 所示，Ⅰ、Ⅱ 分别表示输水管正常工作和事故时的 $Q - \sum h$ 特性曲线。当输水管任一管段损坏时，系统的阻力增大，曲线的交点从正常工作时的 b 点移到 a 点，与 a 点相应的横坐标表示事故时流量 Q_a。设置连接管后，由于事故时输水系统的摩阻增加较少，即 s_a 较接近 s_0，因此曲线Ⅱ和曲线Ⅰ也比较接近，事故时流量 Q_a 可大于无连接管时。确定输水管的分段数应保证任一管段损坏检修时，供水流量不低于允许值。水泵供水时输水管的分段数计算方法如下：

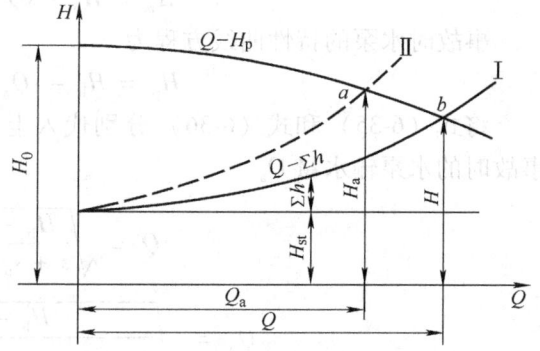

图 6-30 水泵和输水管特性曲线

1. 设有网前水塔时输水管分段数计算

设两条不同直径的输水管用连接管分成 n 段。输水管正常工作时的流量和水压关系用 $Q - \sum h$ 特性方程表示为

$$H = H_0 + (s_p + s_d)Q^2 \tag{6-35}$$

忽略连接管的水头损失，则任一段输水管损坏时的流量和水压关系为

$$H_a = H_0 + \left(s_p + s_d - \frac{s_d}{n} + \frac{s_1}{n}\right)Q_a^2 \tag{6-36}$$

式中 H——输水管正常工作时水泵扬程；

H_a——事故时水泵扬程；

H_0——水泵静扬程，等于水塔水面与泵站吸水井水面的高差；

Q——正常工作时的流量；

Q_a——事故时的流量；

n——输水管的分段数；

s_p——泵站内部管线的摩阻；

s_d——两条输水管的当量摩阻。

当量摩阻按下式计算

$$\frac{1}{\sqrt{s_d}} = \frac{1}{\sqrt{s_1}} + \frac{1}{\sqrt{s_2}}$$

$$s_d = \frac{s_1 s_2}{(\sqrt{s_1} + \sqrt{s_2})^2} \tag{6-37}$$

式中 s_1、s_2——每条输水管的摩阻，其中，s_1 为未损坏输水管的摩阻。

正常情况下水泵的特性曲线方程为

$$H_p = H_b - sQ^2 = H$$

事故时水泵的特性曲线方程为

$$H_p = H_b - sQ_a^2 = H_a$$

将式（6-35）和式（6-36）分别代入上两式，得正常时水泵的输水量 Q 和事故时的水泵输水量 Q_a

$$Q = \sqrt{\frac{H_b - H_0}{s + s_p + s_d}} \tag{6-38}$$

$$Q_a = \sqrt{\frac{H_b - H_0}{s + s_p + s_d + (s_1 - s_d)\frac{1}{n}}} \tag{6-39}$$

由式（6-39）和式（6-38）得事故时和正常时的流量比为

$$\frac{Q_a}{Q} = R = \sqrt{\frac{s + s_p + s_d}{s + s_p + s_d + (s_1 - s_d)\frac{1}{n}}} \tag{6-40}$$

R 一般取 0.7，因此，为保证事故用水量所需的分段数为

$$n = \frac{(s_1 - s_d)R^2}{(s + s_p + s_d)(1 - R^2)} = \frac{0.96(s_1 - s_d)}{s + s_p + s_d} \tag{6-41}$$

式中　s_1——事故输水管的摩阻。

2. 设对置水塔时输水管分段数计算

分段数可按下式近似计算

$$n = \frac{(s_1 - s_d)R^2}{(s + s_p + s_c + s_d)(1 - R^2)} \tag{6-42}$$

式中　s_c——管网起点至控制点间的管路总摩阻。

6.8　给水管网优化设计

本章 6.4 中已讲到可以用平均经济流速确定管径，由此得到的管径是近似的经济管径。下面介绍利用技术经济计算的方法确定经济管径。

给水管网的优化设计不仅要保证供水水量、水压、水质安全性和供水可靠性，还应满足经济性，即使管网建造费用和管理费用之和为最小。

管网技术经济计算是在水源位置、输水管和管网布置、控制点及所需的最小服务水头、节点流量、水泵初步运行方案等确定后，以管网的经济性为目标函数，以管网优化设计中的其他因素为约束条件，建立目标函数和约束条件的数学表达式，从而求出最优解。因为水质安全性不易定量评价，用水量变化和管道损坏会使计算流量与实际流量不符，从而导致供水可靠性评价的难度，再加上二级泵站运行和管网流量分配有多种方案等，所以这些因素很难用数学式表达，因此管网技术经济计算的约束条件主要为水量和水压的保证性。

综上所述，管网技术经济计算的任务就是在满足各种设计目标的水量、水压的前提下，求出在一定设计年限内，使管网建造费用和管理费用之和为最小时的管段直径（称为经济管径）或水头损失（称为经济水头损失）。

城市管网的建造费用包括管线、泵站、管网中的水塔、水池等费用。由于泵站、水塔、水池等费用所占比例较小，可以忽略，故管网的建造费用主要为管线费用。管理费用包括供水所需动力费用、检修及技术管理等费用，后二者的费用可忽略。动力费用由泵站的流量和扬程决定，扬程的大小则取决于管网控制点要求的最小服务水头、输水管和管网的水头损失等。水头损失又与管段长度、管径、流量、管材等有关。因此，当管道长度和管材确定后，管网的建造费用和管理费用仅取决于管径和流量。

给水管网一般按最高日最高时用水量进行技术经济计算，然后根据其他不利的特殊用水情况，适当调整水泵扬程和管径，最终选出可满足各种设计目标

的最优方案。

目前给水管网技术经济计算的一般方法是，首先进行流量分配，然后写出以流量、管径（或水头损失）表达的费用函数式和约束条件表达式，求出最优解。

6.8.1 技术经济计算的目标函数和约束条件

1. 目标函数

按年计的管网建造费用与管理费用之和称为管网年费用折算值，它是管网技术经济计算的目标函数，可用式（6-43）表示

$$W = \frac{C}{t} + M = \left(\frac{1}{t} + \frac{p}{100}\right)C + M_1 \tag{6-43}$$

式中 W——管网年费用折算值（元）；

C——管网建造费用（元）；

t——投资偿还期（年）；

M——每年的管理费用（元）；

p——以管网造价的百分数计的每年的折旧和大修率；

M_1——为每年的动力费用（元）。

C 及 M_1 的计算方法如下

$$C = \sum cl_{ij} = \sum (a + bD_{ij}^\alpha) l_{ij} \tag{6-44}$$

$$M_1 = 0.01 \times 24 \times 365 \beta E \frac{\rho g Q H_p}{1000\eta} = 0.01 \times 8.76 \beta E \frac{\rho g Q (H_0 + \sum h_{ij})}{\eta} \tag{6-45}$$

式中 c——每米长度管线的建造费用（元/m）；

a、b、α——为系数和指数，与管材和当地施工条件有关；

l_{ij}——管段长度（m）；

D_{ij}——管径（m）；

E——电费 [分/（kW·h）]；

Q——输入管网的总流量（L/s）；

H_p——二级泵站扬程（m）；

η——泵站效率，一般为 0.55~0.85，水泵功率小时，η 值较小；

β——供水能量变化系数，中型城市前置水塔的输水管和无水塔的管网取 0.1~0.4，前置水塔的管网取 0.5~0.75；

ρ——水的密度（$\rho = 1$）；

g——重力加速度（$g = 9.8 \text{m/s}^2$）；

H_0——水泵静扬程（m）；

$\sum h_{ij}$——从管网起点到控制点的任一条管线的总水头损失（m）。

若将式（6-44）和式（6-45）代入式（6-43），可得出：管网年费用折算值由两部分组成，一部分为按年计的管网建造费用和折旧大修费，另一部分为年供水动力费用，取决于流量和管网的水头损失。若只取其变量部分，得管网年费用折算值（单位为分）如下

$$W_0 = \left(p + \frac{100}{t}\right)\sum bD_{ij}^{\alpha}l_{ij} + PQ\sum h_{ij} \tag{6-46}$$

$$P = 8.76\beta E\rho g/\eta$$

式中 P 为输送 1L/s 的水达到 1m 的高度每年所需要的电费（分）。

重力供水时，不需要动力费用，因此管网年费用折算值为

$$W_0 = \left(p + \frac{100}{t}\right)\sum bD_{ij}^{\alpha}l_{ij} \tag{6-47}$$

2. 约束条件

目标函数 W_0 的约束条件如下：

1）满足 $J-1$ 个节点的连续性方程。
2）满足 L 个环的能量方程。
3）管段流量 q_{ij} 应大于最小允许流速时的流量 $q_{\min}$，并小于最大允许流速时的流量 $q_{\max}$，即

$$q_{\min} \leqslant q_{ij} \leqslant q_{\max}$$

4）任一节点的自由水压相应的水头 H_c 应大于最小服务水头 H_a，即

$$H_c \geqslant H_a$$

3. 目标函数的极值问题

式（6-46）的目标函数中，包含两个未知数即 D_{ij} 和 h_{ij}，当管段流量 q_{ij} 和管长 l_{ij} 一定时，这两者之间存在如下关系

$$h_{ij} = \frac{kq_{ij}^n l_{ij}}{D_{ij}^m} \tag{6-48}$$

式中 k、m、n 为系数和指数。

因此 W_0 可看作是 D_{ij} 和 q_{ij} 或 D_{ij} 和 h_{ij} 的函数。若式（6-48）中的 n 值取 2，则 W_0 可表示为

$$W_0 = \left(p + \frac{100}{t}\right)\sum bk^{\frac{\alpha}{m}}q_{ij}^{\frac{2\alpha}{m}}h_{ij}^{-\frac{\alpha}{m}}l_{ij}^{\frac{\alpha+m}{m}} + PQ\sum h_{ij} \tag{6-49}$$

目标函数 W_0 是否有极小值，分析如下：

式（6-49）的目标函数中包含两个变量 q_{ij} 和 h_{ij}，若将 h_{ij} 看作是变量，根据一般的 α 和 m 值，如取 $\alpha = 1.6$，$m = 5.33$，得出 $\frac{\partial^2 W_0}{\partial q_{ij}^2} < 0$，说明 W_0 只有极大值，而无极小值。因此，当流量为未知数，即流量未分配时，求不出最小的年费用折算值，得不到经济管径。

若将 q_{ij} 看作是常量,则可得出 $\frac{\partial^2 W_0}{\partial q_{ij}^2} > 0$,说明 W_0 只有极小值。也就是说,当管网的流量已经分配,各管段的流量已知时,可得到最小的年费用折算值,并能求出经济管径或经济水头损失。这就是在管网技术经济计算时首先要进行流量分配的原因。

6.8.2 输水管的技术经济计算

根据供水条件不同,输水管有两种输水情况:压力输水和重力输水。

1. 压力输水管的技术经济计算

图 6-31 为一根从泵站到水塔的压力输水管,由 3 段管段组成。求出每一管段的最小年费用折算值,就可求出整根输水管的最小年费用折算值。将式(6-48)代入年费用折算值公式式(6-46)中,对单根管段求导,并令 $\frac{\partial W}{\partial D_{ij}} = 0$,得

$$\frac{\partial W}{\partial D_{ij}} = \left(p + \frac{100}{t}\right)\alpha b l_{ij} D_{ij}^{\alpha-1} - mPk l_{ij} Q q_{ij}^n D_{ij}^{-(m+1)} = 0 \quad (6\text{-}50)$$

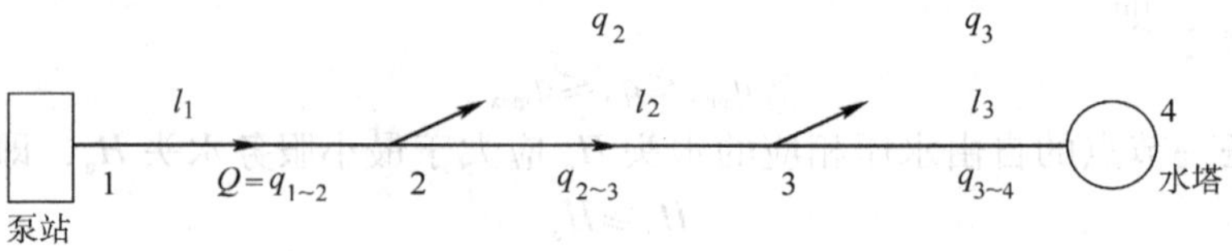

图 6-31 压力输水管

当各管段的流量已知时,W_0 有极小值,故将式(6-50)整理后,就可得出使年费用折算值为最小的压力输水管的经济管径公式

$$D_{ij} = \left[\frac{mPk}{\left(p + \frac{100}{t}\right)\alpha b}\right]^{\frac{1}{\alpha+m}} Q^{\frac{1}{\alpha+m}} q_{ij}^{\frac{n}{\alpha+m}}$$

$$= f^{\frac{1}{\alpha+m}} Q^{\frac{1}{\alpha+m}} q_{ij}^{\frac{n}{\alpha+m}}$$

$$= (fQq_{ij}^n)^{\frac{1}{\alpha+m}} \quad (6\text{-}51)$$

$$f = \frac{mPk}{\left(p + \frac{100}{t}\right)\alpha b} = \frac{8.76\beta E\rho g km}{\left(p + \frac{100}{t}\right)\alpha b \eta} \quad (6\text{-}52)$$

式中 f——经济因素,是一个包含多种经济指标的综合参数。

当输水管全线流量不变时,由式(6-51)得出整条输水管的经济管径公式为

$$D = (fQ^{n+1})^{\frac{1}{\alpha+m}} \quad (6\text{-}53)$$

经济因素 f 值应根据当地各项技术经济指标计算。每米长管线建造费用公式 $c = a + bD^\alpha$ 中的 a、b、α 值的求法如下。

首先得到当地敷设每米长各种管径管道的费用,其中包括管材费用、各种配件费用和挖沟敷管、试验及消毒等施工的费用;然后将管径和费用的对应关系点绘在普通坐标纸上,将各点连成光滑曲线,并延伸到与纵坐标轴相交,交点处的 $D = 0$,则 $c = a$,如图 6-32 所示。图中系数 $a = 12$。

将 $c = a + bD^\alpha$ 两边取对数,得 $\lg(c - a) = \lg b + \alpha \lg D$,此为直线方程。将对应的 D 和 $c - a$ 值绘在双对数坐标纸上,得一直线,如图 6-33 所示。直线斜率为 α,$\alpha = 1.7$,在直线上相应于 $D = 1$ 时的 $c - a$ 值为 b,$b = 372$。由此得出此地区每米长管道的建造费用公式为 $c = 12 + 372D^{1.7}$。

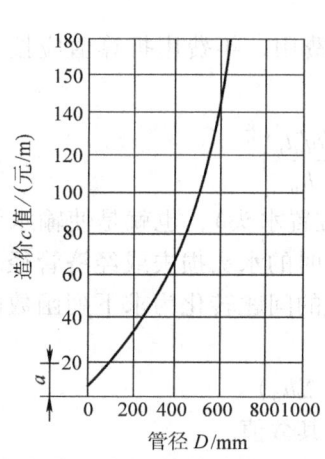 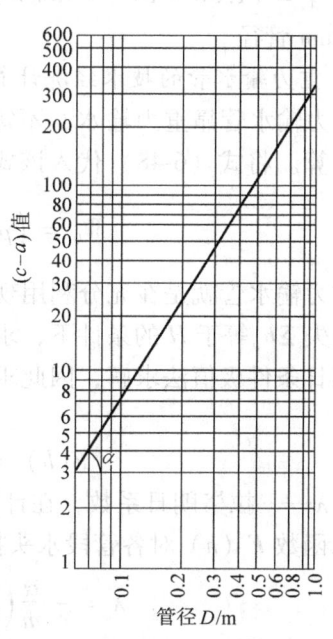

图 6-32 求管线建造费用公式中的 a 值　　图 6-33 求管线建造费用公式中的 b 和 α 值

每米长管道的建造费用公式也可用最小二乘法计算确定。

【例 6-4】 有一压力输水管如图 6-31 所示。$Q = 150\text{L/s}$,$q_2 = 40\text{L/s}$,$q_3 = 50\text{L/s}$。$p = 2.8\%$,$t = 5$ 年,$\beta = 0.4$,$E = 50$ 分/(kW·h),$\eta = 0.7$,$k = 1.743 \times 10^{-9}$,$m = 5.33$,$n = 2$。$c = 12 + 372D^{1.7}$。求压力输水管的经济管径。

【解】 由已知条件得出各管段流量为
$$q_{1 \sim 2} = 150\text{L/s}, \quad q_{2 \sim 3} = 110\text{L/s}, \quad q_{3 \sim 4} = 60\text{L/s}$$

根据已知条件计算 P 值和 f 值
$$P = \frac{8.76\beta E \rho g}{\eta} = \frac{8.76 \times 0.4 \times 50 \text{分}/(\text{kW}\cdot\text{h}) \times 1 \times 9.81}{0.7} = 2455 \text{分}$$

$$f = \frac{mPk}{\left(p + \frac{100}{t}\right)\alpha b} = \frac{5.33 \times 2455 \times 1.743 \times 10^{-9}}{(2.8 + 20) \times 1.7 \times 372} = 1.58 \times 10^{-9}$$

依据式（6-51）计算各管段的经济管径

$$D_{1\sim 2} = (fQq_{ij}^n)^{\frac{1}{\alpha+m}} = (1.58 \times 10^{-9} \times 150 \times (150^2))^{\frac{1}{1.7+5.33}} \text{ m}$$
$$= (5.33 \times 10^{-3})^{0.14} \text{ m} = 0.48 \text{ m}$$

选用500mm管径。

$$D_{2\sim 3} = (1.58 \times 10^{-9} \times 150 \times 110^2)^{0.14} \text{ m} = (2.87 \times 10^{-3})^{0.14} \text{ m} = 0.44 \text{ m}，选用450mm管径。$$

$$D_{3\sim 4} = (1.58 \times 10^{-9} \times 150 \times 60^2)^{0.14} \text{ m} = (0.853 \times 10^{-3})^{0.14} \text{ m} = 0.37 \text{ m}，选用400mm管径。$$

2. 重力输水管的技术经济计算

重力输水管靠重力输水，不需要供水动力费用，年费用折算值应按式（6-47）计算。将式（6-48）代入该式中，得

$$W_0 = \left(p + \frac{100}{t}\right)\Sigma b l_{ij}\left(\frac{kq_{ij}^n l_{ij}}{h_{ij}}\right)^{\frac{\alpha}{m}} \tag{6-54}$$

重力输水管就是在充分利用现有水压 H（位置水头），也就是使输水管的总水头损失 Σh_{ij} 等于 H 的条件下，求出 W_0 为最小时的水头损失或经济管径。可用拉格朗日条件极值法求解，因此求 W_0 为最小值的问题转化为求下列函数的最小值

$$F(h) = W_0 + \lambda(H - \Sigma h_{ij})$$

式中 λ——拉格朗日系数，在计算过程中确定其数值。

求函数 $F(h)$ 对各管段水头损失 h_{ij} 的偏导数，并令其等于零，最终解得

$$\lambda = -\frac{\alpha}{m}\left(p + \frac{100}{t}\right)bk^{\frac{\alpha}{m}}q_{ij}^{\frac{n\alpha}{m}}h_{ij}^{-\frac{\alpha+m}{m}}l_{ij}^{\frac{\alpha+m}{m}} \tag{6-55}$$

一般地，同一输水管各管段的 a、b、k、m、p、t 值相同，故由式（6-55）得出下列关系

$$\left.\begin{array}{r}\dfrac{q_{ij}^{\frac{n\alpha}{\alpha+m}}}{i_{ij}} = 常数 \\ i_{ij} = \dfrac{h_{ij}}{l_{ij}}\end{array}\right\} \tag{6-56}$$

式中 i_{ij}——输水管各段的水力坡度。

为充分利用现有水头 H，应有

$$\Sigma i_{ij} l_{ij} = H \tag{6-57}$$

由式（6-56）和式（6-57）即可选定各管段的管径。

【例 6-5】 某重力输水管由 1~2 和 2~3 两段组成。$l_{1\sim2} = 600\text{m}$,$q_{1\sim2} = 150\text{L/s}$,$l_{2\sim3} = 700\text{m}$;$q_{2\sim3} = 25\text{L/s}$。起点至终点可利用的水头为 5m。求输水管各段的经济管径。

【解】 取 $n = 2$,$m = 5.33$(钢筋混凝土管),$\alpha = 1.8$,则 $\dfrac{n\alpha}{\alpha + m} = 0.5$,代入式(6-56)得

$$\sqrt{\frac{q_{2\sim3}}{q_{1\sim2}}} = \frac{i_{2\sim3}}{i_{1\sim2}}, \quad \text{则} \quad i_{2\sim3} = i_{1\sim2}\sqrt{\frac{q_{2\sim3}}{q_{1\sim2}}}$$

代入式(6-57),得

$$i_{1\sim2} l_{1\sim2} + i_{1\sim2}\sqrt{\frac{q_{2\sim3}}{q_{1\sim2}}} l_{2\sim3} = H$$

将已知数据代入,即

$$i_{1\sim2} \times 600 + i_{1\sim2}\sqrt{\frac{25}{150}} \times 700 = 5, \quad \text{得 } i_{1\sim2} = 0.0056$$

$$i_{2\sim3} = i_{1\sim2}\sqrt{\frac{25}{150}} = 0.0056 \times 0.41 = 0.0023$$

按照各管段的流量、水力坡度,查钢筋混凝土管的水力计算表,选用的管径和实际水力坡度如下:

$$D_{1\sim2} = 400\text{mm}, \quad i_{1\sim2} = 0.005182$$

$$D_{2\sim3} = 250\text{mm}, \quad i_{2\sim3} = 0.001763$$

输水管总水头损失为 $\Sigma h = (0.005182 \times 600 + 0.001763 \times 700)\text{m} = 4.34\text{m}$,小于现有可利用水头 $H = 5\text{m}$,说明选用的管径是合适的。

在选用管径时,应选用相近而较大的管径,以免控制点的水压不足。但是,为了充分利用现有水压,整条输水管中的个别管段可以选用相近而较小的标准管径。从式(6-55)可以看出:流量较大的管段,其水力坡度可较大,因而可选用相近而较小的标准管径;流量较小的管段,可选用相近而较大的标准管径,目的是使整条输水管的总水头损失尽量接近于可用的水头 H。

6.8.3 管网技术经济计算

从经济的角度看,环状网的造价比树状网高,但为了保证供水的可靠性,有时必须采用环状网。对环状网流量分配的研究结果表明,只有将环状网转化为树状网时,才可得到最优的流量分配,也才能得到最小的 W_0 值。这也就是说,环状网只有近似的而没有优化的经济流量分配。因此,目前在环状网计算时,应从实际出发,首先进行初始流量分配,然后采用技术经济计算的方法求经济管径。

1. 起点水压未给的管网

管网技术经济计算的原理，基本上和输水管相同，但还应满足节点流量平衡条件和能量方程，前者已在流量分配时满足，因此，在求 W_0 的极小值时，只需考虑能量方程，即符合 $\Sigma h = 0$ 的水力约束条件。

管网技术经济计算时，既可以求经济管径，也可以求经济水头损失。由于求经济水头损失比较简单，故一般先求之，然后根据两者的关系，求出经济管径。

现以图 6-34 的四环管网为例，进入管网的总流量为 Q，节点 9 为控制点，其水压标高 H_9 已知。图中已标明各节点流量和各管段流向。

该管网的管段数 $P = 12$，节点数 $J = 9$，环数 $L = 4$。未知的管段流量 q_{ij} 和管段水头损失 h_{ij} 各为 12 个未知数，共计 24 个未知数。当管段流量已分配时，只有水头损失 12 个未知数。

管网起点的水压标高 H_1 未知，控制点的水压标高 H_9 已知，两者的关系为

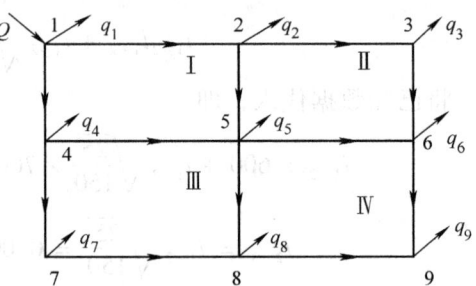

图 6-34 环状管网技术经济计算

$$H_1 - H_9 = \sum h_{1 \sim 9} \tag{6-58}$$

式中，$\sum h_{1 \sim 9}$ 是指从节点 1 到控制点 9 任一管线的水头损失总和。各管段的水头损失应根据水流方向采用正值或负值，如选定的管线为 $1 \sim 2 \sim 3 \sim 6 \sim 9$，则

$$\sum h_{1 \sim 9} = h_{1 \sim 2} + h_{2 \sim 3} + h_{3 \sim 6} + h_{6 \sim 9}$$

式 (6-58) 可以表示为

$$H_1 = h_{1 \sim 2} + h_{2 \sim 3} + h_{3 \sim 6} + h_{6 \sim 9} + H_9$$

应用拉格朗日未定乘数法，写出新的函数式

$$F(h) = W_0 + \lambda_{\mathrm{I}} f_{\mathrm{I}} + \lambda_{\mathrm{II}} f_{\mathrm{II}} + \cdots \tag{6-59}$$

式中 W_0——管网年费用折算值，见式 (6-49)；f_{I}、f_{II} 均为已知的约束条件；

λ_{I}、λ_{II} 均为拉格朗日未定乘数。

将 W_0（式中动力费用中的水头损失恢复用起点水压 H_1 代替）和式 (6-58) 及各环的 $\Sigma h = 0$ 代入式 (6-59)，写出经济水头损失的拉格朗日函数式

$$\begin{aligned}
F(h) = & \left(p + \frac{100}{t}\right) \sum b k^{\frac{\alpha}{m}} q_{ij}^{\frac{2\alpha}{m}} h_{ij}^{-\frac{\alpha}{m}} l_{ij}^{\frac{\alpha+m}{m}} + PQH_1 \\
& + \lambda_{\mathrm{I}} (h_{1 \sim 2} + h_{2 \sim 5} - h_{1 \sim 4} - h_{4 \sim 5}) + \lambda_{\mathrm{II}} (h_{2 \sim 3} + h_{3 \sim 6} - h_{2 \sim 5} - h_{5 \sim 6}) \\
& + \lambda_{\mathrm{III}} (h_{4 \sim 5} + h_{5 \sim 8} - h_{4 \sim 7} - h_{7 \sim 8}) + \lambda_{\mathrm{IV}} (h_{5 \sim 6} + h_{6 \sim 9} - h_{5 \sim 8} - h_{8 \sim 9}) \\
& + \lambda_{\mathrm{H}} (H_1 - h_{1 \sim 2} - h_{2 \sim 3} - h_{3 \sim 6} - h_{6 \sim 9} - H_9)
\end{aligned} \tag{6-60}$$

第6章 给水管网的设计计算

函数 $F(h)$ 对 H_1 和各管段的 h_{ij} 求偏导数，并令其等于零，得

$$\frac{\partial F}{\partial H_1} = PQ + \lambda_H = 0 \tag{6-61}$$

$$\frac{\partial F}{\partial h_{1\sim 2}} = -\left(p + \frac{100}{t}\right)b\frac{\alpha}{m}k^{\frac{\alpha}{m}}q_{1\sim 2}^{\frac{n\alpha}{m}}h_{1\sim 2}^{-\frac{\alpha=m}{m}}l_{1\sim 2}^{\frac{\alpha+m}{m}} + \lambda_{\mathrm{I}} - \lambda_H = 0 \tag{6-62}$$

$$\frac{\partial F}{\partial h_{2\sim 3}} = -\left(p + \frac{100}{t}\right)b\frac{\alpha}{m}k^{\frac{\alpha}{m}}q_{2\sim 3}^{\frac{n\alpha}{m}}h_{2\sim 3}^{-\frac{\alpha=m}{m}}l_{2\sim 3}^{\frac{\alpha+m}{m}} + \lambda_{\mathrm{II}} - \lambda_H = 0 \tag{6-63}$$

$$\frac{\partial F}{\partial h_{1\sim 4}} = -\left(p + \frac{100}{t}\right)b\frac{\alpha}{m}k^{\frac{\alpha}{m}}q_{1\sim 4}^{\frac{n\alpha}{m}}h_{1\sim 4}^{-\frac{\alpha=m}{m}}l_{1\sim 4}^{\frac{\alpha+m}{m}} - \lambda_{\mathrm{I}} = 0 \tag{6-64}$$

……

共计 13 个方程。

由式（6-61）、式（6-62）和式（6-64）消去 λ_{I} 和 λ_H 得

$$\left(p + \frac{100}{t}\right)b\frac{\alpha}{m}k^{\frac{\alpha}{m}}q_{1\sim 2}^{\frac{n\alpha}{m}}h_{1\sim 2}^{-\frac{\alpha=m}{m}}l_{1\sim 2}^{\frac{\alpha+m}{m}} + q_{1\sim 4}^{\frac{n\alpha}{m}}h_{1\sim 4}^{-\frac{\alpha=m}{m}}l_{1\sim 4}^{\frac{\alpha+m}{m}} - PQ = 0 \tag{6-65}$$

式中的管段 1~2 和管段 1~4 是与节点 1 先相连的管段。

用同样方法可以消去 λ_{II}、λ_{III}、λ_{IV} 等，得出类似式（6-65）的有关其他节点的方程：

为了简化，令

$$A = \frac{mP}{\left(p + \frac{100}{t}\right)b\alpha k^{\frac{\alpha}{m}}} \tag{6-66}$$

$$a_{ij} = q_{ij}^{\frac{n\alpha}{m}}l_{ij}^{\frac{\alpha+m}{m}} \tag{6-67}$$

将式（6-66）和式（6-67）代入式（6-65）及其他类似的有关节点方程，得出下列方程组

$$\left.\begin{array}{ll}
\text{节点 1} & a_{1\sim 2}h_{1\sim 2}^{-\frac{\alpha+m}{m}} + a_{1\sim 4}h_{1\sim 4}^{-\frac{\alpha+m}{m}} - AQ = 0 \\
\text{节点 2} & a_{1\sim 2}h_{1\sim 2}^{-\frac{\alpha+m}{m}} - a_{2\sim 3}h_{2\sim 3}^{-\frac{\alpha+m}{m}} - a_{2\sim 5}h_{2\sim 5}^{-\frac{\alpha+m}{m}} = 0 \\
\text{节点 3} & a_{2\sim 3}h_{2\sim 3}^{-\frac{\alpha+m}{m}} + a_{3\sim 6}h_{3\sim 6}^{-\frac{\alpha+m}{m}} = 0 \\
\text{节点 4} & a_{1\sim 4}h_{1\sim 4}^{-\frac{\alpha+m}{m}} - a_{4\sim 5}h_{4\sim 5}^{-\frac{\alpha+m}{m}} - a_{4\sim 7}h_{4\sim 7}^{-\frac{\alpha+m}{m}} = 0 \\
\text{节点 5} & a_{2\sim 5}h_{2\sim 5}^{-\frac{\alpha+m}{m}} + a_{4\sim 5}h_{4\sim 5}^{-\frac{\alpha+m}{m}} - a_{5\sim 6}h_{5\sim 6}^{-\frac{\alpha+m}{m}} - a_{5\sim 8}h_{5\sim 8}^{-\frac{\alpha+m}{m}} = 0 \\
\text{节点 6} & a_{3\sim 6}h_{3\sim 6}^{-\frac{\alpha+m}{m}} + a_{5\sim 6}h_{5\sim 6}^{-\frac{\alpha+m}{m}} - a_{6\sim 9}h_{6\sim 9}^{-\frac{\alpha+m}{m}} = 0 \\
\text{节点 7} & a_{4\sim 7}h_{4\sim 7}^{-\frac{\alpha+m}{m}} - a_{7\sim 8}h_{7\sim 8}^{-\frac{\alpha+m}{m}} = 0 \\
\text{节点 8} & a_{5\sim 8}h_{5\sim 8}^{-\frac{\alpha+m}{m}} + a_{7\sim 8}h_{7\sim 8}^{-\frac{\alpha+m}{m}} - a_{8\sim 9}h_{8\sim 9}^{-\frac{\alpha+m}{m}} = 0
\end{array}\right\} \tag{6-68}$$

式（6-68）中有 $J-1$ 个独立的方程，每一方程表示一个节点所连接的管段

关系。除了管网起端节点 1 以外，其余节点方程包括了该节点所连接的全部管段，并且在流向该节点的管段前标以正号，离开该节点的管段前标以负号。这些方程类似于管网水力计算中的节点平衡方程，因此式（6-68）称为节点方程。

由 $J-1$ 个节点方程和 L 个能量方程，共计 P 个方程，从理论上可以求出 P 个管段的水头损失 h_{ij}。但因为式（6-68）为非线性方程，不容易求解，故实际上常采用下面的方法求解 h_{ij}。

将式（6-68）各项除以 A，得

$$\left.\begin{array}{l} \dfrac{a_{1\sim 2} h_{1\sim 2}^{-\frac{\alpha+m}{m}}}{A} + \dfrac{a_{1\sim 4} h_{1\sim 4}^{-\frac{\alpha+m}{m}}}{A} - Q = 0 \\[2mm] \dfrac{a_{1\sim 2} h_{1\sim 2}^{-\frac{\alpha+m}{m}}}{A} + \dfrac{a_{2\sim 3} h_{2\sim 3}^{-\frac{\alpha+m}{m}}}{A} - \dfrac{a_{2\sim 5} h_{2\sim 5}^{-\frac{\alpha+m}{m}}}{A} = 0 \\[2mm] \cdots \\ \cdots \end{array}\right\} \quad (6\text{-}69)$$

设 $\dfrac{a_{ij} h_{ij}^{-\frac{\alpha+m}{m}}}{A} = x_{ij} Q$，$x_{ij}$ 称为虚流量，用以表示该管段流量占总流量 Q 的比例，当通过管网的总流量 Q 为 1 时，各管段 x_{ij} 在 0～1 之间。式（6-69）可归纳如下：

管网起点，$\sum x_{ij} = 1$，

如节点 1：$x_{1\sim 2} + x_{1\sim 4} = 1$

其余节点，$\sum x_{ij} = 0$

如节点 5：$x_{5\sim 6} + x_{5\sim 8} - x_{2\sim 5} - x_{4\sim 5} = 0$

由于未知的虚流量数 x_{ij} 等于管段数 P，并根据上述 x_{ij} 和 h_{ij} 的关系，可得到各管段的经济水头损失公式

$$h_{ij} = \frac{(q_{ij}^{\frac{n\alpha}{m}} l_{ij}^{\frac{\alpha+m}{m}})^{\frac{m}{\alpha+m}}}{(AQ x_{ij})^{\frac{m}{\alpha+m}}} = \frac{(q_{ij}^{\frac{n\alpha}{m}} l_{ij}) x_{ij}^{-\frac{m}{\alpha+m}}}{(AQ)^{\frac{m}{\alpha+m}}} \quad (6\text{-}70)$$

将式（6-48）中管径 D 与水头损失 h 的关系代入式（6-70），即可得到经济管径公式

$$D_{ij} = k^{\frac{1}{m}} A^{\frac{1}{\alpha+m}} (x_{ij} Q q_{ij}^{n})^{\frac{1}{\alpha+m}} \quad (6\text{-}71)$$

将式（6-66）进行变换

$$A = \frac{mP}{\left(p + \dfrac{100}{t}\right) b\alpha k^{\frac{\alpha}{m}}} = \frac{mPk}{\left(p + \dfrac{100}{t}\right) b\alpha} k^{-\frac{\alpha+m}{m}} = f k^{-\frac{\alpha+m}{m}}$$

得

$$f = A k^{\frac{\alpha+m}{m}} \quad (6\text{-}72)$$

将式（6-72）代入式（6-71），得

$$D_{ij} = (fx_{ij}Qq_{ij}^n)^{\frac{1}{\alpha+m}} \tag{6-73}$$

式中　Q——进入管网的总流量；

q_{ij}——管段流量。

式（6-73）即起点水压未给出或须求出二级泵站扬程时的环状管网经济管径计算公式。当此式应用于压力输水管时，因各管段的 $x_{ij}=1$，且 $q_{ij}\neq Q$，所以可化为式（6-51）；输水管沿线无流量输出时，因 $q_{ij}=Q$，则可化为式（6-53）。

由于按照 $q_i + \sum q_{ij} = 0$ 条件进行流量分配时已得到 q_{ij}，f 和 Q 也是已知值，因此在根据式（6-71）或式（6-73）求各管段的经济水头损失或经济管径时，只须求出 x_{ij} 即可。

由于每环中各管段的水头损失应满足能量方程，且各管段的 $(AQ)^{\frac{m}{\alpha+m}}$ 值相同，因此根据 $\sum h_{ij}=0$ 和式（6-70），则有

$$\sum (q_{ij}^{\frac{n\alpha}{\alpha+m}}l_{ij})x_{ij}^{-\frac{m}{\alpha+m}}=0 \tag{6-74}$$

因各管段的流量 q_{ij} 和长度 l_{ij} 已知，上述方程即转化为求解虚流量 x_{ij} 的方程。

如与管网水力计算时须满足各节点流量平衡（$q_i+\sum q_{ij}=0$）和各环水头损失平衡 $\sum h_{ij}=0$ 的条件相对照，可将管网起始节点 $x_{ij}=1$，其余节点 $\sum x_{ij}=0$ 的关系，看成是各节点虚流量平衡条件，而将式（6-74）看作是各环内虚水头损失平衡的条件：$(q_{ij}^{\frac{n\alpha}{\alpha+m}}l_{ij})x_{ij}^{-\frac{m}{\alpha+m}}$ 为虚水头损失，用 h_Φ 表示，相应地将 $q_{ij}^{\frac{n\alpha}{\alpha+m}}l_{ij}$ 称为虚阻力，用 S_Φ 表示，得

$$h_{\Phi ij} = S_{\Phi ij}x_{ij}^{-\frac{m}{\alpha+m}} = q_{ij}^{\frac{\beta+n}{\alpha+m}}l_{ij}x_{ij}^{-\frac{m}{\alpha+m}} \tag{6-75}$$

求虚流量 x_{ij} 时须先进行虚流量分配。分配时，虚流量的节点编号及虚流量方向与实际流量分配时相同；除起点外，其余节点应符合 $\sum x_{ij}=0$ 的条件。虚流量分配后，应校核各环的虚水头损失是否满足 $\sum h_{\Phi ij}=0$ 的条件，若不满足，则应参照管网平差方法，求出各环的虚流量的校正流量。环 L 的虚流量的校正流量可按下式计算

$$\Delta x_L = \frac{\sum q_{ij}^{\frac{n\alpha}{\alpha+m}}l_{ij}x_{ij}^{-\frac{m}{\alpha+m}}}{\frac{m}{\alpha+m}\sum q_{ij}^{\frac{n\alpha}{\alpha+m}}l_{ij}x_{ij}^{\frac{\alpha+2m}{\alpha+m}}} \tag{6-76}$$

Δx_L 求出后，按照管网平差方法，调整各管段的 x_{ij}，并据此求出各管段的 $h_{\Phi ij}$，再次校核各环的虚水头损失是否满足 $\sum h_{\Phi ij}=0$，若不满足，则求出新的 Δx_L，重复上述步骤，直到满足 $\sum h_{\Phi ij}=0$ 为止。

求得各管段的 x_{ij} 值后，代入式（6-70）或式（6-73），即可得到各管段的经济水头损失或经济管径。若求得的经济管径不等于标准管径，则应选择规格相近的标准管径。

2. 起点水压已给的管网

水源位于高地依靠重力供水的管网,或从现有管网接出的扩建管网,都可看作是起点水压已给的管网。求经济管径时,可略去供水所需动力费用一项,且须满足各环 $\Sigma h_{ij}=0$ 及充分利用现有水头尽量降低管网造价的水力条件。假设图 6-34 为一重力供水管网,起点 1 和控制点 9 的水压标高已知,则管网可利用的水头为 $H=H_1-H_9$,以选定的路线 1~2~3~6~9 为例,应有下列关系

$$H = \Sigma h_{ij} = h_{1\sim2} + h_{2\sim3} + h_{3\sim6} + h_{6\sim9}$$

按照上述条件,根据式(6-60)可写出下列函数式

$$F(h) = \left(p + \frac{100}{t}\right)\Sigma bk^{\frac{\alpha}{m}}q_{ij}^{\frac{2\alpha}{m}}h_{ij}^{-\frac{\alpha}{m}}l_{ij}^{\frac{\alpha+m}{m}} + \sum_L \lambda_l (\Sigma h_{ij})_L \qquad (6\text{-}77)$$
$$+ \lambda_H (H - h_{1\sim2} - h_{2\sim3} - h_{3\sim6} - h_{6\sim9})$$

式中 ij 为管段编号,L 为环的编号。

推求经济管径的数学推导过程和起点水压未给的管网,最后得出与式(6-73)形式相近的经济管径公式,差别在于两者的经济因素 f 值不同。起点水压已给的管网的 f 值的计算方法如下:

根据式(6-70)和式(6-73),可得实际水头损失和虚水头损失之间的关系

$$h_{ij} = \frac{h_{\Phi ij}}{(AQ)^{\frac{m}{\alpha+m}}} \qquad (6\text{-}78)$$

代入可利用水头 $H = \Sigma h_{ij}$ 中,得

$$H = \Sigma h_{ij} = \frac{\Sigma h_{\Phi ij}}{(AQ)^{\frac{m}{\alpha+m}}} \qquad (6\text{-}79)$$

$$A = \frac{\Sigma h_{\Phi ij}^{\frac{\alpha+m}{m}}}{H^{\frac{\alpha+m}{m}}Q} \qquad (6\text{-}80)$$

由此得出起点水压已给时,环状网的经济因素 f 值为

$$f = Ak^{\frac{\alpha+m}{m}} = \frac{(\Sigma h_{\Phi ij})^{\frac{\alpha+m}{m}}}{H^{\frac{m}{\alpha+m}}Q}k^{\frac{\alpha+m}{m}} = \frac{1}{Q}\left(\frac{k\Sigma h_{\Phi ij}}{H}\right)^{\frac{\alpha+m}{m}} \qquad (6\text{-}81)$$

将式(6-81)代入式(6-73),即可得到起点水压已知时的管网经济管径公式

$$D_{ij} = (fx_{ij}Qq_{ij}^n)^{\frac{1}{\alpha+m}} = \left[\frac{k\Sigma h_{\Phi ij}}{H}\right]^{\frac{1}{m}}(x_{ij}q_{ij}^n)^{\frac{1}{\varepsilon+m}}$$
$$= \left[\frac{k\Sigma(q_{ij}^{\frac{n\alpha}{\alpha+m}}l_{ij}x_{ij}^{-\frac{m}{\alpha+m}})}{H}\right]^{\frac{1}{m}}(x_{ij}q_{ij}^n)^{\frac{1}{\varepsilon+m}} \qquad (6\text{-}82)$$

式中 $\Sigma h_{\Phi ij}$——从管网起点到控制点选定的管线上,各管段虚水头损失的总和;

q_{ij}、l_{ij}、x_{ij}——分别为选定管线上各管段的流量、管长和虚流量。

由上可知,无论是起点水压未给的还是起点水压已给的管网,均可用式(6-73)求经济管径,只是两者求经济因素 f 值的公式不同。前者须计入为管网提供水压所消耗的动力费用而用式(6-52);后者不计动力费用,只需充分利用现有水压 H 而用式(6-81)。

起点水压已给的管网,在进行技术经济计算时,也须先进行虚流量分配,然后进行虚流量的管网平差,其平差方法与起点水压未给的管网相同,最终求出各管段的 x_{ij}。之后求出从管网起点到控制点选定的管线上各管段虚水头损失的总和 $\Sigma h_{\Phi ij}$、H 和各管段的 x_{ij}、q_{ij},代入式(6-82),即可得到各管段的经济管径。

6.8.4 近似优化计算

由于设计流量本身的精确度有限,而且计算所得的经济管径一般不是市售标准管径,选择管径时往往要向标准管径上靠一档或下靠一档,因此可用近似技术经济计算的方法选择管径,以减少计算工作量。

近似技术经济计算方法仍以式(6-74)为依据,分配虚流量时须满足 $\Sigma x_{ij} = 0$ 的条件,但不进行虚流量平差。用这种方法计算所得的管径,只是个别管段与精确计算法的结果不同。为进一步简化计算,还可将每一管段看作与管网中其他管段无关的单独工作的管段,即按照每一管段的 $x_{ij} = 1$ 去进行计算,对于距二级泵站较远的管段,由此法得出的管径误差较大。应用界限流量的概念,可求出单独工作管段的经济管径。

由于市售水管的标准管径分档较少,档距较大,如 100~500mm 的给水管,相邻两档管径的档距一般为 50mm,管径在 500mm 以上的水管,相邻两档管径的档距为 100mm,因此每种标准管径不仅有相应的最经济流量,而且有其经济的界限流量范围,在界限流量范围内选用这一管径都是经济的。

确定每种管径界限流量值的条件是相邻两个标准管径的年费用折算值相等。如 D_{n-1}、D_n 及 D_{n+1} 是 3 个相邻的标准管径,若 D_{n-1} 和 D_n 的年费用折算值相等时所对应的流量为 q_1,则 q_1 为 D_{n-1} 的上限流量,又是 D_n 的下限流量;若 D_n 和 D_{n+1} 的年费用折算值相等时所对应的流量为 q_2,则 q_2 为 D_n 的上限流量,又是 D_{n+1} 的下限流量。因此 D_n 的界限流量范围是 $q_1 \sim q_2$,凡是管段流量在 q_1 和 q_2 之间的,应选用 D_n 的管径,否则就不经济。如果管段流量恰好等于 q_1(或 q_2),则因两种管径的年费用折算值相等,两种管径都可以选用。

各种标准管径的界限流量可用下述方法求出。

将相邻两档标准管径 D_{n-1} 和 D_n 分别代入年费用折算值公式,取式(6-48)中的 $n = 2$ 代入式(6-46),又因 $Q = q_1$,则得

$$W_{0,n-1} = \left(p + \frac{100}{t}\right)bD_{n-1}^{\alpha}l_{n-1} + Pkq_1^3 l_{n-1} D_{n-1}^{-m} \tag{6-83}$$

$$W_{0,n} = \left(p + \frac{100}{t}\right)bD_n^\alpha l_n + Pkq_1^3 l_n D_n^{-m} \tag{6-84}$$

按照相邻两档管径的年费用折算值相等，即 $W_{0,n-1} = W_{0,n}$，且管段长度 L 相等的条件，得

$$b\left(p + \frac{100}{t}\right)(D_n^\alpha - D_{n-1}^\alpha) = Pkq_1^3(D_{n-1}^{-m} - D_n^{-m}) \tag{6-85}$$

化简后得 D_{n-1} 和 D_n 两档管径的界限流量 q_1

$$q_1 = \left(\frac{m}{f\alpha}\right)^{\frac{1}{3}}\left(\frac{D_n^\alpha - D_{n-1}^\alpha}{D_{n-1}^{-m} - D_n^{-m}}\right)^{\frac{1}{3}} \tag{6-86}$$

用同样的方法，可以求出 D_n 和 D_{n+1} 两档管径的界限流量 q_2。$q_1 \sim q_2$ 即为 D_n 的界限流量范围。

因各城市的管网造价、电费、用水规律及所用水头损失公式均有差异，所以各城市的界限流量不同。即便是同一个城市，随着时间的推移，管网造价和动力费用等也会变化，因此必须根据当时当地的经济指标和所用水头损失公式，求出 f、k、α、m 等值，然后代入式（6-86）确定各种标准管径的界限流量。

表 6-3 为 $\alpha = 1.88$、$m = 5.33$、$f = 1$ 时求出的界限流量表。

如当地的经济因素 $f \neq 1$，则必须将管段流量化为折算流量 q_0 后再查表 6-3 确定管径。折算方法如下：

单独工作的管段（即 $x_{ij} = 1$），经济因素为 f，通过该管段的流量为 q_{ij} 时，根据式（6-73），取 $n = 2$，得经济管径为

$$D_{ij} = f^{\frac{1}{\alpha+m}} q_{ij}^{\frac{3}{\alpha+m}}$$

当 $f = 1$ 时，通过管段的流量为 q_0 时的经济管径为

$$D_{ij} = q_0^{\frac{3}{\alpha+m}}$$

两种条件下的经济管径应当相等，则可得出单独工作管段的折算流 q_0 为

$$q_0 = \sqrt[3]{f} q_{ij} \tag{6-87}$$

同理，可求出 $f \neq 1$、且 $x_{ij} \neq 1$ 时，管段的折算流量 q_0 为

$$q_0 = (fQx_{ij})^{\frac{1}{3}} q_{ij}^{\frac{2}{3}} \tag{6-88}$$

因此，当 $f \neq 1$，若各管段单独工作，则按式（6-87）计算 q_0；若考虑管网中各管段之间的相互关系，即 $x_{ij} \neq 1$ 时，应按式（6-88）计算 q_0，并根据 q_0 值查表 6-3 确定经济管径。

6.9 给水管道的敷设

城市及工业企业的给水管道一般敷设在地下，只有在基岩露出或覆盖层很

浅的地区，水管才可考虑埋在地面上或浅沟敷设，并应有防冻和安全措施。给水管道埋设于地下时，对管顶覆土、管底基础、管道附件的安装、支墩设置和管道穿越障碍物等，都有一定的技术要求，以保证供水安全可靠。

6.9.1 管道埋设深度

覆土厚度指管道外壁顶部到地面的距离；埋设深度指管道内壁底部到地面的距离。这两个数值都能说明管道的埋设深度。

非冰冻地区管道覆土厚度主要由外部荷载、管道强度、管道交叉情况以及土壤地基等因素决定，金属管道的覆土厚度一般不小于 0.7m，非金属管道的覆土厚度一般不小于 1.0 ~ 1.2 m，以免受到动荷载的作用而影响其强度。冰冻地区管道的埋深除决定于上述因素外，还需考虑土壤的冰冻深度。

一般管底在冰冻线以下的最小距离：

管径 $D < 300$ mm 时，为 $D + 200$ mm；

$D = 300$ mm ~ 600 mm 时，为 $0.75D$ mm；

$D > 600$ mm 时，为 $0.5D$ mm。

6.9.2 管道的基础

管底应有适当的基础，管道基础的作用是防止管底只支在几个点上，甚至整个管段下沉，这些情况都会引起管道破裂。根据原有土壤情况，常用的基础有三种：天然基础、砂基础和混凝土基础，如图 6-35 所示。

当土壤耐压力较高和地下水位较低时，可不作基础处理，管道可直接埋在管沟中未扰动的天然地基上；在岩石或半岩石地基处，需铺垫厚度 100 mm 以上的中砂或粗砂作为基础，再在上面埋管；在土壤松软的地基处，应采用强度不小于 C8 的混凝土基础。若遇土壤特别松软或流砂、通过沼泽地带，承载能力达不到设计要求时，根据一些地区的经验，可采用各种桩基础。

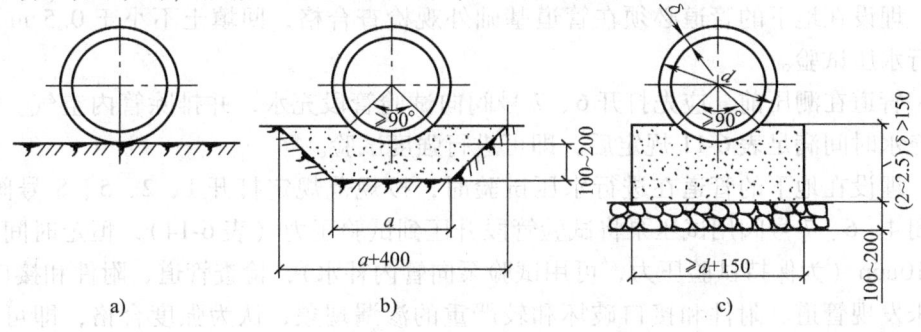

图 6-35 管道基础
a) 天然基础 b) 砂基础 c) 混凝土基础

在粉砂、细砂地层中或天然淤泥层土壤中埋管，同时地下水位又高时，应在埋管时排水，降低地下水位或选择地下水位低的季节施工，以防止流砂，影响施工质量。此时，管道基础土壤应该加固，可采用换土法，即挖掉淤泥层，填入砂砾石、砂或干土夯实；或填块石法，即施工时边挖土边抛入块石到发生流砂的土层中，厚度约为0.3~0.6m，块石间的缝隙较大时，可填入砂砾石；或在流砂层铺草包和竹席，上面放块石加固，再做混凝土基础。

6.9.3 水压试验

水压试验应在给水管道安装后进行，以检验管道安装质量、进行管道验收。水压试验按其目的分为强度试验和严密性试验两种。

管道应分段进行水压试验，每个试验管段的长度不宜大于1 km，非金属管道应短一些。试验管段的两端均应以管堵封住，并加支撑撑牢，以免接头脱开发生意外。水压试验装置如图6-36所示。

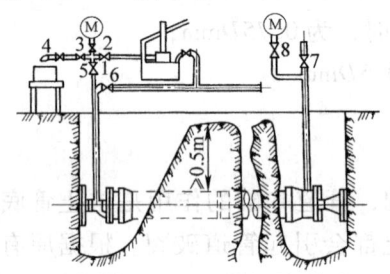

图 6-36　水压试验装置

注：1. 由自来水管向试验管道通水时，打开6、7号阀门，关闭5号阀门；
　　2. 用水泵加压时，打开1、2、5、8号阀门，关闭4、6、7号阀门；
　　3. 不用量水槽测水量时，打开2、5、8号阀门，关闭1、4、6、7号阀门；
　　4. 用量水槽测水量时，打开2、4、5、8号阀门，关闭1、6、7号阀门；
　　5. 用水泵调整3号调节阀时，打开1、2、4号阀门，关闭5号阀门。

埋设在地下的管道必须在管道基础外观检查合格，回填土不小于0.5 m后进行水压试验。

管道在测压前，应先打开6、7号阀向试验管段充水，并排除管内空气。管内充水时间满足表6-11规定后，即可进行强度试验。

埋设在地下的管道在进行水压试验时，按规范规定打开1、2、5、8号阀，关闭4、6、7号阀用试压泵将试验管段升压到试验压力（表6-14），恒定时间至少10min（为保持试验压力，可用试验泵向管内补水），检查管道、附件和接口，若未发现管道、附件和接口破坏和较严重的渗漏现象，认为强度合格，即可进行严密性试验。

管径不大于400mm的埋地压力管道在进行强度试验时，若试验压力在

10min 内的压力降不大于 49Pa，则可不做渗水量测定，视为试验合格。

架空管道、明装管道及安装在地沟内的管道在进行水压试验时，按规范规定，先升压到试验压力，观测 10min，若压力降不大于 49Pa，且管道未发生破坏。然后可将压力降至工作压力，进行外观检查，如无渗漏现象即为试验合格，不需做渗水量测定。

严密性试验的方法为：用试验泵将水压升到试验压力，关闭试压泵的 1 号阀。记录压力下降 98 kPa 所需的时间 T_1（min）；打开 1 号阀再将管道压力提高到试验压力迅速关闭 1 号阀后，立即打开 4 号阀向量水槽放水，记录压力下降 98 kPa 所需的时间 T_2（min）；同时测量在此段时间内放出的水量 V（L），试验管段的渗水量 q 可按下式计算

$$q = \frac{V}{T_1 - T_2} \qquad (6\text{-}89)$$

若在试验时管道未发生破坏，且渗水量不超过规范规定的数值，即认为试验合格。

表 6-14 压力管道水压试验压力

管材	强度试验压力	试压前管内充水时间
钢管	应为工作压力加 490kPa，并不少于 882 kPa	24 h
铸铁管	当工作压力≤490kPa，应为工作压力的 2 倍 当工作压力>490 kPa，应为工作压力加 490kPa	24h
石棉水泥管	应为工作压力≤588kPa，应为工作压力的 1.5 倍 当工作压力>588kPa，应为工作压力加 294kPa	24h
预应力钢筋混凝土	应为工作压力≤588kPa，应为工作压力的 1.5 倍 当工作压力>588 kPa，应为工作压力加 294kPa	D<1000mm 时：48h
（设计无规定时）水下管道	应为工作压力的 2 倍，且不少于 1176 kPa	D>1000mm 时：72h

6.10 给水管道工程图

给水管网设计通常分初步设计和施工图设计两个阶段，但一些简单的工程项目可仅作初步设计，以工程估算代替工程概算，经有关部门同意后可直接进行施工图设计。施工图设计应全面贯彻初步设计意图，在批准的初步设计的基础上，对工程项目的各单项工程进行设计，并绘制图样，做出详细的工料分析、编制施工图预算、进行施工安装等。

管道施工图包括管道带状平面图、纵断面图和大样图等。

6.10.1 带状平面图

管道带状平面图是在管网规划的基础上进行设计的，通常采用 1∶500～

1:1000 的比例，带状图的宽度应根据标明管道相对位置的需要而定，一般在 30~100m 范围内。由于带状平面图是截取地形图的一部分，因此图上的地物、地貌的标注方法应与相同比例的地形图一致，并按管道图的有关要求在图上标明以下内容：

1) 现状道路或规划道路中心线及折点坐标。

2) 管道代号、管道与道路中心线或永久性地物间的相对距离、间距、节点号、管距、管道转弯处坐标及管道中心线的方位角、穿越障碍物的坐标等。

3) 与本管道相交或相近平行的其他管道的状况及相对关系。

4) 主要材料明细表及图样说明。

对于小型或较简单的工程项目主要材料明细表及施工图说明常附在带状平面图上，对于中小型或较复杂的工程，常需单独编制整个工程的综合材料表及总说明，放在施工图图集的前部。

图 6-37a 为一管道带状平面图。

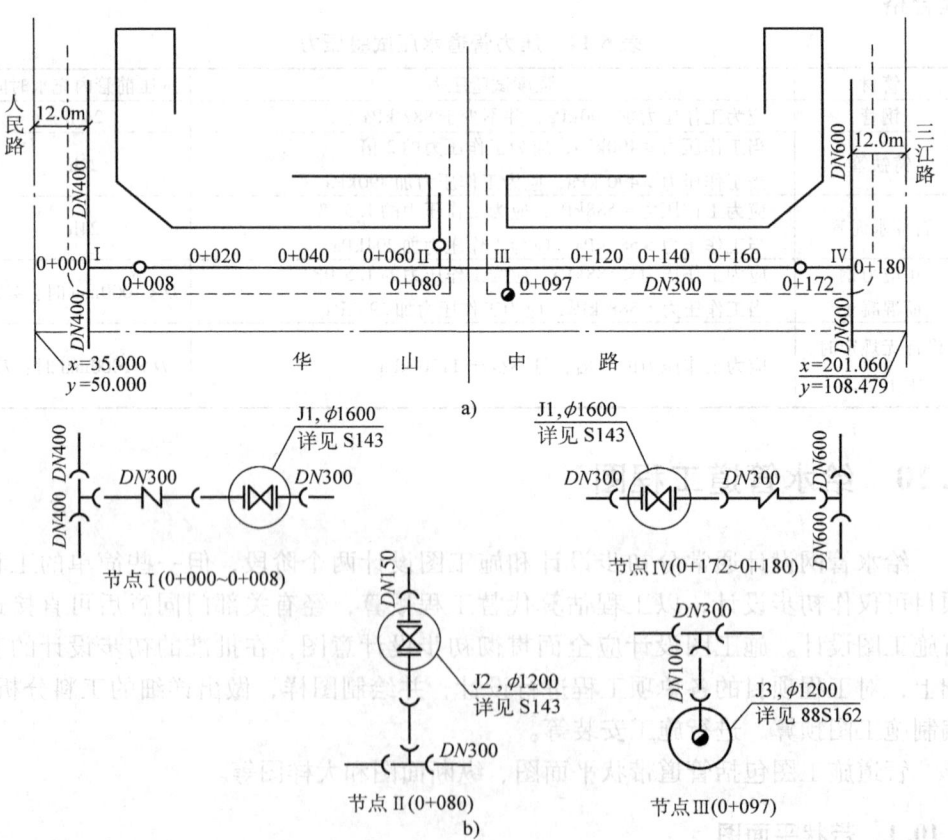

图 6-37 管道带状平面图和节点大样图

6.10.2 纵断面图

管道纵断面图是反映管道埋设情况的主要技术资料之一,如图 6-38 所示。一般给水管道均绘纵断面图,只有在地势平坦、交叉少且管道较短时,才允许不画纵断面图,但需在管线平面图上标注各节点及管线交叉处的管道标高等。

绘管道纵断面图时,常以水平距离为横轴,以高程为纵轴。一般横轴比例

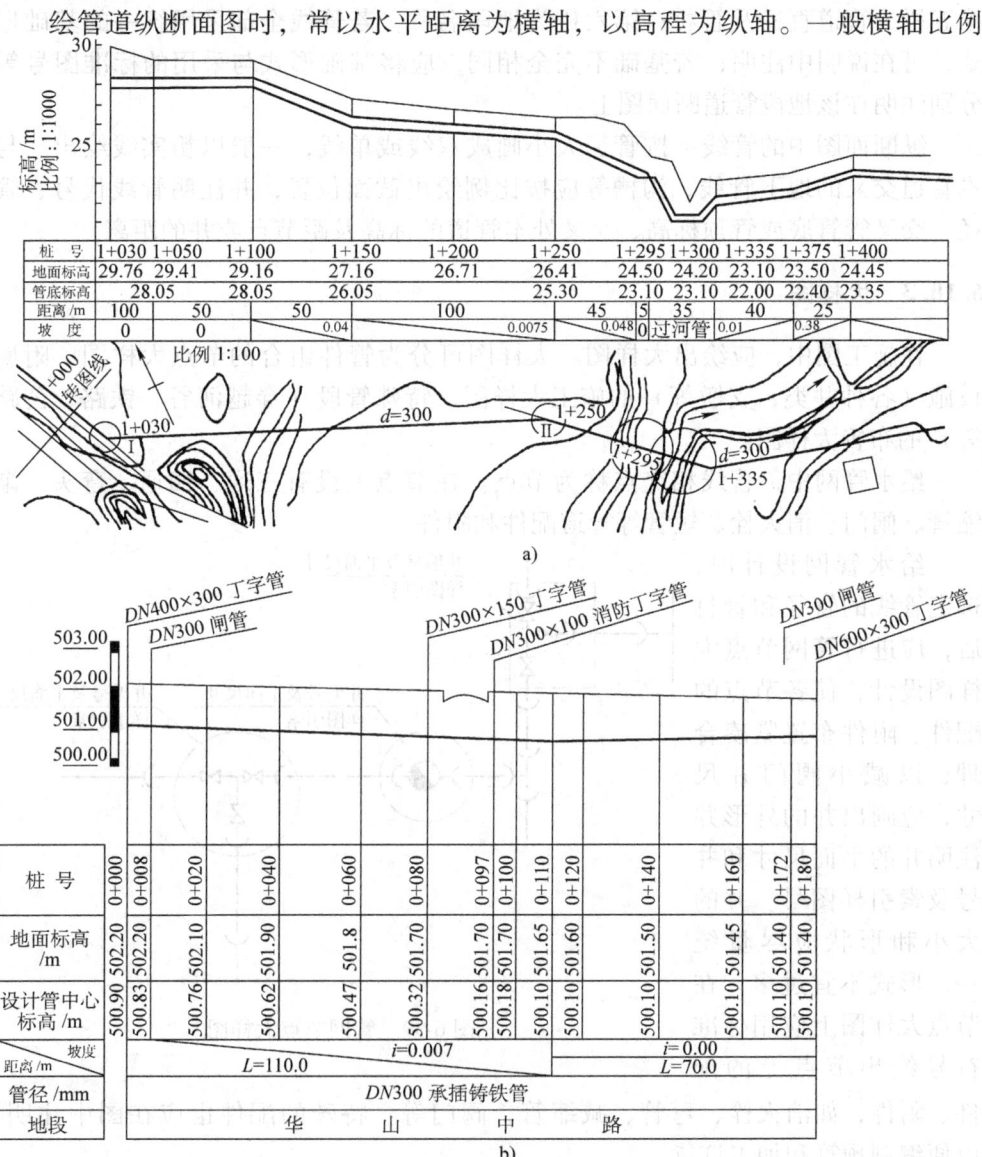

图 6-38 管道纵断面图
a) 输水管平面及纵断面图 b) 配水干管纵断面图

常与带状平面图一致，纵轴比例常为横轴的 5~20 倍，常采用 1∶50~1∶100。图中设计地面标高用细实线，原地面标高用细虚线绘出，并在纵断面图下面的图标栏内，将有关数据逐项填入：第一栏从左向右按比例标注各里程桩（节点）的位置和编号；第二栏为地面标高，若设计地面与原地面不同可将此栏分两行分别填写；第三栏为设计管中心标高；第四栏为管道坡向、坡度和水平距离；第五栏为管道直径及管材；第六栏为地段名称。若管线全部采用统一的基础形式，可在说明中注明；若基础不完全相同，应将基础形式与采用的标准图号等分别注明在该地段管道断面图上。

纵断面图中的管线可按管径大小画成双线或单线，一般以粗实线绘出。与本管道交叉的地下管线、沟槽等应按比例绘出截面位置，并注明管线代号、管径、交叉管管底或管顶标高、交叉处本管道的标高及距节点或井的距离。

6.10.3 大样图

在施工图中，应绘出大样图。大样图可分为管件组合的节点大样图、附属设施（各种井类、支墩等）的施工大样图、特殊管段（穿越河谷、铁路、公路等）的布置大样图。

给水管网中，管线相交点称为节点。在节点上设有三通、四通、弯头、渐缩管、闸门、消火栓、短管等管道配件和附件。

给水管网设计时，选定管线的管径和管材后，应进行管网节点大样图设计，使各节点的配件、附件布置紧凑合理，以减小阀门井尺寸，应画出井的外形并注明井的平面尺寸和井号及索引样图号。井的大小和形状应尽量统一，形式不宜过多。在节点大样图上应用标准符号绘出节点上的配

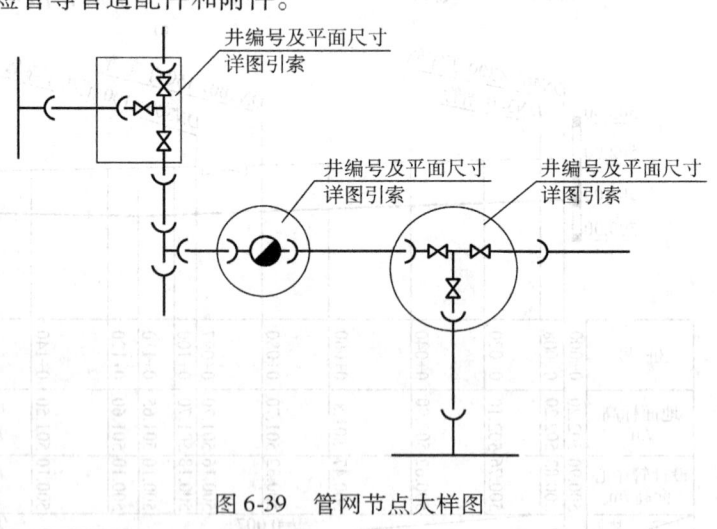

图 6-39　管网节点大样图

件、附件，如消火栓、弯管、减缩管、阀门等。特殊的配件也应在图中注明，以便编制预算和加工订货。

节点大样图不按比例绘制，其大小根据节点上配件和附件的多少和节点构造的复杂程度而定。但管线的方向和相对位置应与管网总平面图一致。节点大

样图一般附注在带状平面图上（图6-38b）或将带状平面图上相应节点放大标注配件和附件的组合情况，不另设节点大样图。图的大小根据节点构造的复杂程度而定。

图6-39为节点大样图示例。

思 考 题

1. 管网图应如何设置节点？什么是基环、大环和虚环？
2. 为什么要进行管网图形的简化？怎样进行管网图形的简化？
3. 什么叫比流量？什么是沿线流量、集中流量？比流量是否随用水量变化而变化？
4. 什么叫长度比流量、面积比流量？怎样计算？各有什么优缺点及适用条件？
5. 什么是节点流量？它是否存在？为何能用来进行管网计算？
6. 推求折算系数 α 的条件是什么？α 值一般在什么范围？实践中常取多少？
7. 为什么管网计算须先求出节点流量？怎样计算节点流量？
8. 为什么要分配流量？流量分配要考虑哪些要求？枝状管网和环状管网流量分配有何异同？
9. 什么是供水分界线？单水源管网与多水源管网的流量分配有什么区别？
10. 什么是经济流速？影响经济流速的主要因素有哪些？设计时能否任意套用？
11. 枝状管网计算时，干管和支管如何划分？两者确定管径的方法有何不同？
12. 平均经济流速值一般是多少？依据经济流速初选管径时，还应注意哪些问题？为什么？
13. 什么是节点流量平衡条件？什么是闭合环路内水头损失平衡条件？为何环状管网计算须同时满足这两个条件？
14. 什么是闭合差 Δh？闭合差大小及正负各说明什么问题？
15. 什么是管网平差？为什么要进行管网平差？
16. 什么是校正流量 Δq？Δh 和 Δq 有什么关系？怎样计算？如何求得修正后的管段流量？
17. 为什么环状管网计算时，任一环路内各管段增减校正流量 Δq 后，并不影响节点流量平衡条件？
18. 大环闭合差与构成大环的各基环闭合差之间有什么关系？
19. 应用最大闭合差法进行管网平差时，怎样选择大环进行平差以加速收敛？
20. 哈代－克罗斯法和最大闭合差法各有什么优缺点？
21. 绘制管网等水压线图有什么意义？应怎样绘制？
22. 多水源管网水力计算和单水源管网计算时各应满足什么要求？
23. 重力供水是否属于起点水压已知的供水系统？其水力计算与水泵加压供水系统有何差异？
24. 在压力输水系统平行管线中间设置的连接管有何作用？连接管数应由什么来决定？
25. 某一泵站加压输水系统，采用两条管径、管材均相同、中间不设连接管的输水管线输水到高地水池，试问当一条输水管损坏检修时，其事故时的输水量是否为正常输水量的50%？为什么？若是重力输水系统呢？

26. 什么是年费用折算值？如何导出重力供水时管网的年费用折算值表达式？
27. 为什么流量分配后才可求出经济管径？
28. 经济因素 f 和哪些技术经济指标有关？各城市的 f 值可否套用？
29. 重力输水管如有不同流量的管段，它们的流量和水力坡度之间有什么关系？
30. 起点水压已知和未知的两种管网，求经济管径的公式有哪些不同？
31. 如何确定给水管道的埋设深度？管道基础有几种？各适用于什么条件？
32. 简述给水管道水压试验的步骤和方法。
33. 给水管道带状平面图、纵断面图及大样图应表述什么内容？绘制时应注意哪些问题？

习 题

1. 某城镇管网规划拟采用枝状给水管网，管网布置如图 6-40 所示。已知该城镇最高时设计用水量为 396 m^3/h，其中大用户集中流量为 30 L/s，分别于 5、7 点各取出一半；各管段长度为：$L_{1\sim2}=L_{1\sim3}=L_{4\sim7}=800m$，$L_{0\sim1}=L_{1\sim4}=1200m$，$L_{4\sim6}=L_{4\sim5}=900m$；其中 0～1 管段为输水管，4～5 管段为单侧配水，其余管线均为双侧配水。试确定管网各管段的设计流量。

2. 某城镇最高时设计用水量为 850 m^3/h，二级泵站供水流量为 600 m^3/h，给水管网布置和其他已知条件见节点流量计算例题和图 6-6。试初选管网管径，并计算在预流量分配下各管段的水头损失，进行最高时管网平差。

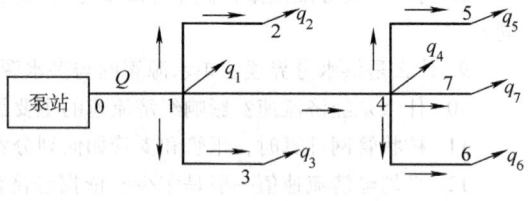

图 6-40 某城镇给水管网布置

3. 如图 6-41 所示的管网，为使闭合差的收敛速度最快，应采用哪一种平差方法，说明理由。

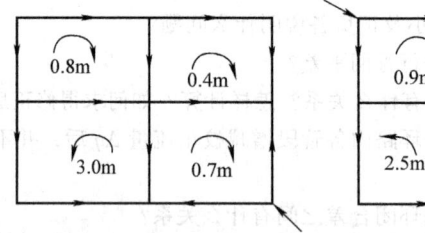
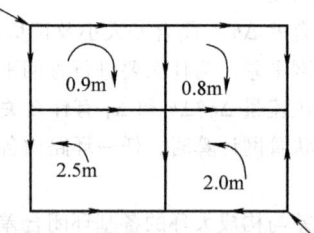

图 6-41 环状管网闭合差计算图

4. 绘出环状管网例题的等水压线。

5. 重力输水管由三管段组成，其长度和管段流量分别为 $l_{1\sim2}=300m$；$q_{1\sim2}=100L/s$，$l_{2\sim3}=250m$，$q_{2\sim3}=80L/s$；$l_{3\sim4}=200m$，$q_{3\sim4}=40L/s$，设起端和终端的水压差为 $H_1-H_4=8m$，$n=2$，$m=5.33$，$\alpha=1.7$，试求各管段经济直径。

6. 如图 6-42 所示的管网，试进行管网节点大样图的设计，并列出主要材料明细表。

7. 设经济管径 $f=0.86$，$\dfrac{\alpha}{m}=\dfrac{1.7}{5.33}$，试求 300mm 和 400mm 两种管径的界限流量。

8. 用下表数据求承插式预应力混凝土管的水管建造费用公式 $c=a+bD^\alpha$ 中的 a、b、α 值。

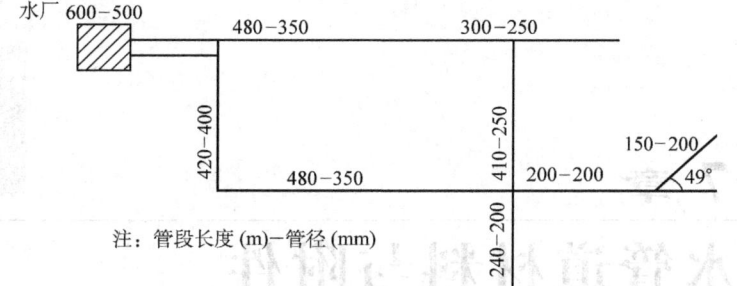

图 6-42　管网节点示意

管径 D/mm	500	600	700	800	900	1000	1200	1400
造价 c/（元/m）	272.03	341.91	421.11	495.90	603.01	715.72	921.20	1258.84

第7章 给水管道材料与附件

7.1 给水管道材料与配件

7.1.1 给水管道材料

给水管道系统能否保持畅通、便捷、可靠，对各项工程项目的使用质量有着直接的影响。因此，对给水管道的要求是：水力条件好、安装简便、快速可靠、维护工作量少，且管道的化学稳定性高、耐腐、质轻、韧性好、寿命长、折旧费用低。但由于多方面的原因，在实际工程中，给水管材一直难以完全达到上述要求。给水管道基本上以选用金属材料的管道为主。因此常有管道腐蚀、结垢、堵塞的现象，管内的水质卫生状况也缺乏有效的监督保障。

给水管材常可以分为金属管材料、非金属管材料和复合材料三大类。

1. 金属管

目前常用的金属管主要有：钢管、镀锌管、铸铁管、铜管。铜管价格较高，主要用于热水管道。钢管分为焊接钢管和无缝钢管两大类，焊接钢管有直缝钢管和螺旋卷焊钢管，钢管的优点是强度高、耐振动、质量轻、长度大、接头少和加工接口方便等。镀锌管道仍作为建筑给水的主要管材，它比钢管价格低，但防腐性差，尤其是随着工业发展，水源污染，一些水厂为保证供水的水质指标，采取了加大投氯量的措施，使水的侵蚀性增加，钢管内壁腐蚀结垢情况加剧，严重影响到镀锌管的使用寿命。铸铁管一般可以分为普通灰口铸铁管和球墨铸铁管两大类。前者为刚性管，后者为柔性管。目前我国城市供水工程中使用该类型管的比重也在上升，由于灰口铸铁管质量不稳定，爆管事故较多，因此对球墨铸铁管的开发，尽管国内起步较晚，但现在已形成规模。该管的特点是强度高、韧性大，此外，它还有较强的抗腐蚀能力，与钢管相比其腐蚀速度只有钢管的 1/3～1/5，且安装施工也较方便。

使用金属作给水管材料会对水质构成二次污染。一般来讲，供水水质在进入管道之前，都能达到国家标准。但因其不是纯净水，水中普遍含有某些金属元素、化合物及微生物。当水在管中流动时，有的化合物会分解，使水和管内壁的材质产生化学作用。同时，水中残留的细菌也可能再度繁殖，使管内水质出现变化。而输水的管道由于腐蚀作用，生成了各类沉积物，形成了结垢层，其厚度和管道使用的年数有关，它随时间的增加不断扩大，结垢层是细菌繁生的场所，形成了"生物膜"又称为"生长环"。有关部门对结垢管道中流出的水质进行化验发现多达28种细菌和16种金属元素，主要有铁、锰、锌、铅、汞等，水质直接影响了人们的身体健康。管材是水质污染的主要原因：①管内腐蚀、结垢对水质的影响。水对金属管道内壁腐蚀形成的结垢，其形成机理主要有三种解释：一种叫做氧化理论，即因水中碳酸作用，铁变成碳酸亚铁，接着再被水中的氧所氧化，成为氢氧化铁；其二称为过氧化理论，即铁先与水化合为氢氧化亚铁，产生的氢和水中的氧化合成双氧水，而后氢氧化亚铁和双氧水化合成氢氧化铁

$$Fe + 2H_2O \rightarrow Fe(OH)_2 + H_2$$

$$H_2 + O_2 \rightarrow H_2O_2$$

$$2Fe(OH)_2 + H_2O_2 \rightarrow 2Fe(OH)_3$$

第三种理论是微腐蚀电池理论，因金属本身含有许多杂质，金属和杂质之间存在着电位差，在水的介质中形成了无数微腐蚀电池，在铁管表面某一部位，因铁被腐蚀成铁离子进入水中而形成阳极，所释放的电子传递到铁管表面的另一部分形成阴极，在pH<7时，在阴极发生反应失去氢离子而增加氢氧离子，当达到足够的数量后和水中的铁离子形成氢氧化亚铁，再被水中溶解氢氧化铁形成铁锈，沉积于管内表面，呈凹凸不平的铁锈，在配水管网末端管道管径小，且流速低时，锈蚀会加剧。②水中碳酸钙（镁）沉淀形成水垢。在所有的天然水源中，几乎都含有钙镁离子，且水中碳酸根离子分解出二氧化碳和碳酸根离子，它和钙镁离子化合便生成碳酸钙（镁），它难溶于水而变成沉渣。③管道内的生物性堵塞。一般供水都经过净化、消毒，在管网中一般是没有产生有机物和繁殖生物的可能，但是嗜铁细菌是一种特殊的化学营养菌类。它依靠铁盐的氧化，能在有机物含量极少的清洁水中，顺利地利用细菌本身生存过程中产生的能量生存。就这样嗜铁细菌附着在管内壁后，在生存过程中吸收亚铁盐，排出氢氧化铁，因而形成凸起物，从而使管径变小。

2. 塑料管材

至今，已开发出可用于给水管道工程的塑料管材有UPVC管、PE管、PB管、PEX管、PP-C管、PP-R管。这些管道材料性质不尽相同，生产工艺各有特点，主要应用范围也各有差异，但应用于给水管道工程其质量轻、便于运输及

安装、管道内壁光滑阻力系数小、防腐性能良好、对水质不构成二次污染的性能却都是共同的。

(1) 硬聚氯乙烯管（UPVC）管　硬聚氯乙烯管是国内目前塑料管材的主导产品。硬聚氯乙烯属热塑性塑料，其制成品 UPVC 管材质较轻，密度为 1350～1460kg/m³（钢材为 7800kg/m³），维卡软化温度 86℃，抗拉、抗弯、抗压缩强度较高，但抗冲击强度相对较低。UPVC 给水管主要适用于室外埋地供水管道，一般选用口径多在 250mm 及其以下。在建筑给水（室内给水）方面 UPVC 管也有应用，但效果并不理想。近年来，随着聚丙烯、聚丁烯、交联聚乙烯、铝塑复合管的兴起，UPVC 管将会迅速淡出建筑给水工程领域。

(2) 聚乙烯管（PE 管）　聚乙烯管在燃气管道工程中使用多年，有成功的理论与实践经验。近几年，在农村给水工程中亦有大量应用，国外大量应用于市政埋地给水管。聚乙烯也是一种热塑性塑料，可多次加工成型。密度是聚乙烯的重要性能指标之一，有高密度聚乙烯（HDPE）、中密度聚乙烯（MDPE）、低密度聚乙烯（LDPE）之分。密度越高，相对硬度、软化温度、抗拉强度越高，但脆性增加、柔韧性下降、抗开裂性能力下降。给水管道一般采用高密度聚乙烯，高密度聚乙烯密度 950kg/m³ 较 UPVC 为轻，软化温度 120℃ 较 UPVC 管为高。其柔韧性、抗冲击能力均高于 UPVC 管，连接方式优于 UPVC 管，基本上可保证连接处不泄漏（属本体连接）。此外，聚乙烯本身是一种无毒塑料。PE 管一般可应用于旧管翻新，国外已广泛应用，国内大连也开始试点应用。

(3) 聚丁烯管（PB 管）　聚丁烯也是一种热塑性塑料，由其生产出的 PB 管道，是目前世界上最先进的冷热水、暖气管材之一。聚丁烯无味、无毒、耐高温性能良好，材质柔韧同时又具有良好的抗拉、抗压强度，软化温度 121℃。PB 管的密度为 930 kg/m³，与 PE 管相近。PB 管适用于建筑室内冷热水供应系统。

(4) 交联聚乙烯（PEX）管　交联聚乙烯是在普通聚乙烯原料中加入有机硅烷接枝材料，由线性分子结构改性成三维交联网状结构，改变了普通聚乙烯的分子结构，从而改变了其性能。PEX 与 PE 管一样，无毒、无味、耐压、稳定性和持久性好，其独特的耐温性能（-70～110℃），使其成为室内冷热水供应的推荐管材。PEX 管的密度 950 kg/m³。PEX 适用于室内冷热水供应管道。系统工作压力小于等于 0.6MPa，长期工作温度小于等于 75℃（建筑给水排水规范要求）。

(5) 聚丙烯共聚物 PP-R、PP-C 管　聚丙烯是无色、无味、无毒带白色蜡状颗粒材料，具有优良的耐热性能及较高的强度，但熔融粘度低，存在低温脆性缺陷，须对其进行改性以适用管道生产的需要。目前普遍采用的改性方法是使 PE 与 PP（聚丙烯）在分子链级进行共聚，其产品称为聚丙烯共聚物，由其生产的管道在原料生产、加工、废弃处理过程中不会对人体及环境造成损害，因而被称为绿色建材。PP-R 管适用于建筑物室内冷热水供应系统，也广泛适用于采暖系统。欧洲在建筑物冷热水供应系统中，使用 PP-R 较为普遍，已上升为主导产品。

（6）金属塑料复合管　金属塑料复合管很多，有钢塑管、铜塑管、铝塑管、钢骨架塑料管等。适用于建筑物冷热水供应系统，如前述，通用型铝塑复合管适用于冷水供应、内外交联聚乙烯铝塑复合管适用于热水供应。

3. 复合管

复合管包括衬铅管、衬胶管、玻璃钢管。复合管大多是由工作层（要求耐水腐蚀）、支承层、保护层（要求耐腐蚀）组成。应该说复合管材是管径≥300mm 以上给水管道最理想的管材。但它又是目前发展较缓慢的一种管材。这是因为：①它要求各种材料之间亲和力较强；②要求各种材料的物理性能接近（越接近越好）；③生产工艺简单；④有良好可靠的接头方法。常见的复合管有：以铸铁作支撑材料，内衬以环氧树脂和水泥为主。它的特点是质量轻、内壁光滑、阻力小、耐腐性能好。以高强软金属作支撑，内衬为聚氯乙烯的钢管，它的特点是管道内壁不会腐蚀结垢，保证水质，施工可采用螺纹连接，使用寿命长。

（1）玻璃钢管（FRP 管）　玻璃钢管属热固性塑料管。玻璃钢管质量轻（约为钢管的 1/2）、承压能力高、内壁光滑、耐腐蚀、施工安装方便，但价格高于钢管（约 1.5 倍）。

（2）耐冲击 UPVC 管（H1-3P）　耐冲击 UPVC 管是将已有的 UPVC 管通过物理和化学处理，形成具有高密度硬质中心层和耐冲击内外硬质层的三层结构，用以改善普通 UPVC 管抗低温冲击强度低的缺陷，实验证实这种三层结构的管道比铸铁给水管有更高的耐冲击强度和拉伸强度。

（3）钢骨架塑管　以钢丝为增强体，塑料（高密度聚乙烯 HDPE）为基体，采用钢丝点焊成网和挤出塑料真空填注同步进行，在生产线上连续拉膜成型。钢骨架塑料复合管克服了钢管耐压不耐腐、塑料管耐腐不耐压、钢塑管易脱层等缺陷。

（4）衬塑铝合金管　衬塑铝合金管由铝合金外层及聚丙烯内层经机械加工复合而成。其性能与铝塑复合管类似。

7.1.2　给水配件

在管线转弯、分支、直径变化以及连接其他附属设备处，须采用各种给水配件。例如承接分支管用丁字管和十字管，管线转弯处采用各种角度的弯管；变换管径处采用渐缩管；改变接口形式处采用短管等；如连接法兰式和承插式铸铁管处用承盘短管；还有修理管线时用的配件，接消火栓用的配件等。见表 7-1。

表 7-1　GB/T 3420—1982 灰铸铁管件

序号	名称	符号	公称直径 DN/mm
1	承盘短管		75～1500
2	插盘短管		75～1500
3	套管		75～1500
4	90°双盘弯管		75～1000
5	45°双承短管		75～1000
6	90°双承弯管		75～1500
7	45°双承弯管		75～1500
8	$22\frac{1}{4}$°双承弯管		75～1500
9	$11\frac{1}{2}$°双承弯管		75～1500
10	90°承插弯管		75～700
11	45°承插弯管		75～700
12	$22\frac{1}{2}$°承插弯管		75～700
13	$11\frac{1}{4}$°承插弯管		75～700
14	乙字管		75～500
15	全承丁字管		75～1500
16	三盘丁字管		75～1000

（续）

序 号	名 称	符 号	公称直径 DN/mm
17	双承丁字管	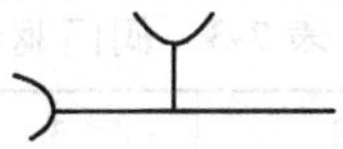	75~1500
18	承插单盘排气丁字管	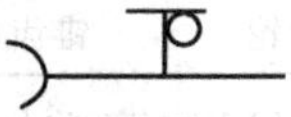	150~1500
19	承插泄水丁字管	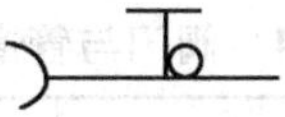	700~1500
20	全承十字管	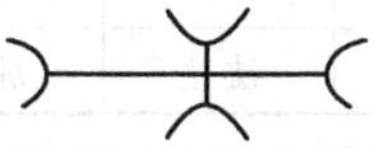	200~1500
21	承插渐缩管	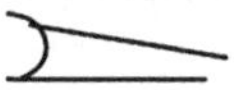	75~1500
22	插承渐缩管		75~1500

钢管安装的管线配件多采用钢板焊接而成，其尺寸可查《给排水设计手册》或标准图集。

非金属管如石棉水泥管和预应力混凝土管采用特制的铸铁配件或钢制配件。塑料管配件则用现有的塑料产品或现场焊制。

7.2 给水管道附件

7.2.1 阀门

阀门是用以连接、关闭和调节液体、气体或蒸汽流量的设备，是给水管道系统的重要组成部分。阀门根据所输送的液体、功能不同而有许多种类，现将给水管道系统中常用的阀门作一介绍。

阀门型号共有 7 个单元，其意义如下：

第 1 单元：用汉语拼音字母代表阀门类型，代号如表 7-2 所示。

表 7-2 阀门类型代号

类别	代号	类别	代号
闸阀	Z	旋塞阀	X
截止阀	J	止回阀	H
节流阀	L	安全阀	A
球阀	Q	减压阀	Y
蝶阀	D	泄水阀	S

第 2 单元：用数字表示阀门的驱动方式。对于手轮、手柄或扳手直接传动的阀门，本单元可省略，数字代号意义见表 7-3 所示。

表 7-3　阀门驱动方式代号

代号	1	2	3	4	5	6
驱动方式	蜗轮	正齿轮	锥齿轮	气动	液动	电动

第 3 单元：用数字表示阀门与管道的连接方式，意义如表 7-4 所示。

表 7-4　阀门与管道的连接方式代号

代号	1	2	4	6	7	8	9
连接方式	内螺纹	外螺纹	法兰	焊接	对夹	卡箍	卡套

第 4 单元：用数字表示阀门结构形式，对于不同种类的阀门，数字代表含义也不同，现分别列出。

（1）闸阀数字意义见表 7-5。

表 7-5　闸阀结构形式代号

代号	闸阀结构形式		
1	杆	明杆	单闸板
2			双闸板
5		暗杆	单闸板
6			双闸板
3	平行式	明杆	单闸板
4			双闸板

（2）止回阀和底阀数字意义见表 7-6。

表 7-6　止回阀和底阀结构形式代号

代号		结构形式
1	升降式	水平瓣
2		垂直瓣
4	旋启式	单瓣
5		多瓣

（3）安全阀数字意义见表 7-7。

表 7-7　安全阀结构形式代号

代号	0	1	2	3	4	5	6	7	8	9
结构	弹簧式									先导式
	封闭式			不封闭	封闭	不封闭式				
	带散热片			带扳手		带控制机构		带扳手		
	全启式	微启式	全启式	双弹簧微启	全启式	微启式	全启式	微启式	全启式	
		单杠杆		双杠杆						

(4) 球阀数字意义见表7-8。

表7-8 球阀结构形式代号

	球阀结构形式	代号		球阀结构形式	代号
浮动球	直通式	1	固定球	直通式	5
	三通式	4		三通式	7

(5) 蝶阀数字意义见表7-9。

表7-9 蝶阀结构形式代号

代号	0	1	2	3
结构	杠杆式	垂直板式	—	斜板式

(6) 减压阀数字意义见表7-10。

表7-10 减压阀结构形式代号

代号	1	2	3	4	5	6	7
结构	薄膜式	弹簧膜式	活塞式	波纹管式	杠杆式	—	组合式

第5单元：用汉语拼音字母表示密封圈和衬里材料，表示方法见表7-11。

表7-11 密封圈和衬里材料代号

材质	代号	材质	代号
合金钢	H	衬橡胶	J
铜合金	T	衬搪瓷	C
巴氏合金	B	衬铅	Q
硬质合金	Y	氟塑料	F
渗氮钢	D	尼龙	N
橡胶	X	无密封圈	W

第6单元：用数字表示公称压力，单位为10^5Pa。

第7单元：用汉语拼音表示阀体材料，见表7-12。

表7-12 阀体材料代号

代号	阀体材料	代号	阀体材料
Z	灰铸铁	C	碳素钢
K	可锻铸铁	I	铬钼合金钢
G	高硅铸铁	P	铬镍钛耐酸钢
Q	球墨铸铁	R	铬镍钼钛耐酸钢
T	铜和铜合金	V	铬钼钒合金钢

举例：如Z15T-10表示内螺纹暗杆楔式闸阀，公称压力为1.0MPa。其中第2单元为手动（省略）。第7单元阀体材料为灰铸铁（省略）。

又如H45J-6表示 H—止回阀；4—法兰连接；5—多瓣旋启式；J—橡胶密封

圈；6—公称压力为 0.6MPa；阀体为灰铸铁（省略）。

7.2.2 止回阀

止回阀又称单向阀，它用来限制水流朝一个方向流动。一般安装在水泵出水管，用户接管和水塔进水管处，以防止水的倒流。该阀靠水流的压力达到自行关闭或开启的目的。当水倒流时，阀瓣自动关闭，截断水的流动，避免事故的发生。

止回阀按结构特点可以分为以下四种：

（1）升降直通式止回阀 主要型号有 H41S 型，结构一般与截止阀相似，其阀瓣沿着通道中心作升降运动，动作可靠，一般只能安装在水平管路上。

（2）升降立式止回阀 阀瓣为球型，共同特点是阀瓣沿阀体通路轴线做升降运动，一般应安装在垂直管路。

（3）旋启式止回阀 阀瓣绕转轴作旋转运动，其流体阻力一般小于升降式止回阀，它适用于较大口径的场合，安装位置不受限制，通常安装于水平管路，见图 7-1。

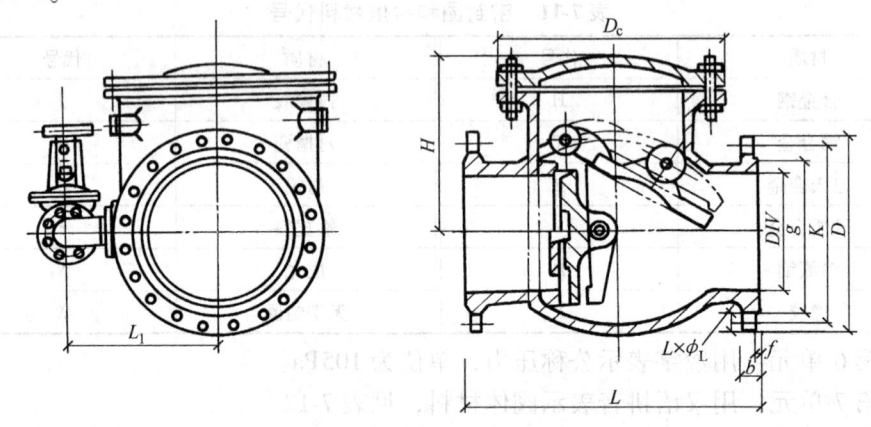

图 7-1 旋启式止回阀

（4）蝶式止回阀 结构为软密封双偏心法兰连接，微阻缓闭蝶形止回阀阀外设计了缓闭装置，有利于减少流阻和振动，减少水锤影响。

止回阀安装和使用时应注意以下几点：

1）升降式止回阀应安装在水平方向的管道上，旋启式止回阀既可安装在水平管道上，又可安装在垂直管道上。

2）安装止回阀要使阀体上标注的箭头与水流方向一致，不可倒装。

3）大口径水管上应采用多瓣止回阀或缓闭止回阀，使各瓣的关闭时间错开或缓慢关闭，以减轻水锤的破坏作用。当水泵正常工作时，水压力使舌板自动开启，当突然停车时，舌板在自重与水倒流的作用下关闭。但由于活塞处于推出位置，顶住舌板，其不能完全关闭，还剩 20% 左右的开启截面让水倒流，从而减小了水锤压力。

7.2.3 水锤消除设备

水锤是供水装置中常见的一种物理现象，它在供水装置管路中的破坏力是惊人的，对管网的安全平稳运行是十分有害的，容易造成爆管事故。水锤消除的措施通常可以采用以下一些设备。

1. 恒压控制设备

可以采用 PLC 自动控制系统，对机泵进行变频调速控制，对整个供水泵房系统操作实行自动控制。供水管网压力随着工况的变化而不断变化，机泵工频运行时经常出现低压或超压现象，容易产生水锤，导致对管道和设备的破坏，采用 PLC 自动控制系统，通过对管网压力的检测，反馈控制水泵的开、停和转速调节，控制流量，进而使压力维持一定水平，可以通过控制微机设定机泵供水压力，保持恒压供水，避免了过大的压力波动，使产生水锤的概率减小。

2. 泄压保护设备

（1）水锤消除器 该设备主要防止停泵水锤，一般安装在水泵出口管道附近，利用管道本身的压力为动力来实现低压自动动作。水锤消除器是一种安全阀，如因水锤作用使管内压力升高，以致水锤消除器的杠杆不能将阀门压住时，水就经阀孔流出，水锤现象随之缓和。在高扬程的供水工程的出水管上，如有发生水锤现象的可能时，须考虑安装水锤消除器，以消除水锤破坏，常用水锤消除器有以下两种。

1）下开式水锤消除器，水泵正常工作时，水锤消除器处于关闭状态。当突然停泵时，管道内压力下降，作用于阀板的下压力大于上托力，重锤下落，从而使管道与排水口相连通。当管道内水倒流时，止回阀关闭，管内压力回升，由排水口泄出一部分水量，从而大大减弱水锤压力，使管道和管件得到保护。这种水锤消除器动作灵敏，结构简单，加工容易，造价低、工作可靠。其缺点是不能自动复位，而且进行复位操作时，容易产生误操

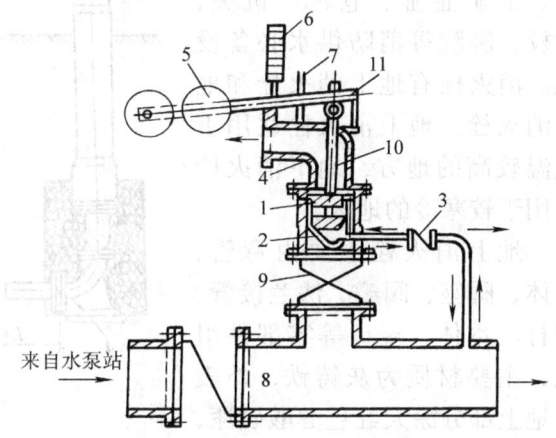

图 7-2 自动复位下开式水锤消除器
1—活塞 2—缸体 3—止回阀 4—排水管
5—重锤 6—缓冲器 7—限位杆 8—压力水管
9—常开阀 10—活塞连杆 11—支点

作。

2)自动复位式下开式水锤消除器,它具有普通下开式水锤消除器的功能和优点,并且能自动复位,如图7-2所示。

(2)泄压保护阀 该设备安装在管道的任何位置,和水锤消除器工作原理一样,只是设定的动作压力是高压,当管路中压力高于设定保护值时,排水口会自动打开泄压。

3. 控制流速设备

1)采用水力控制阀,一种采用液压装置控制开关的阀门,一般安装于水泵出口,该阀利用机泵出口与管网的压力差实现自动启闭,阀门上一般装有活塞缸或膜片室控制阀板启闭速度,通过缓闭来减小停泵水锤冲击,从而有效消除水锤。

2)采用快闭式止回阀,该阀结构是在快闭阀板前采用导流结构,停泵时,阀板同时关闭,依靠快闭阀板支撑住回流水柱,使其没有冲击位移,从而避免产生停泵水锤。

4. 设置排气阀

在管路中各峰点安装可靠的排气阀也是必不可少的措施。

7.2.4 消火栓

消火栓是城市管网向火场供水的主要设备,是城镇、街道、工矿企业、仓库、机关、学校、医院等消防供水必备设施。消火栓有地上消火栓和地下消火栓。地上消火栓适用于气温较高的地方,地下消火栓适用于较寒冷的地区。

地上消火栓主要由弯管、阀体、阀座、阀瓣、法兰接管、阀杆、本体、接口等零部件组成,主要材质为灰铸铁,外表面地上部分涂大红色醇酸磁漆,地下部分涂黑色沥青清漆。图7-3是地上消火栓示意图,图7-4是地上消火栓的实物图。

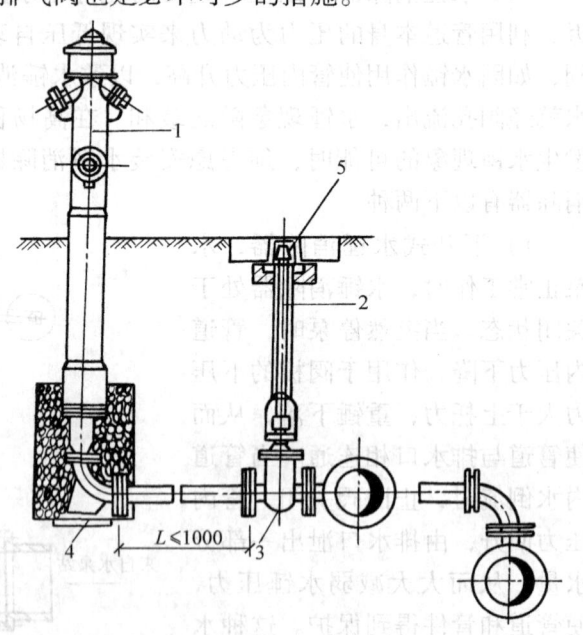

图7-3 地上式消火栓示意图
1—SS100地上式消火栓 2—阀杆 3—阀门
4—弯头支座 5—阀门套筒

地下消火栓主要由弯管、阀体、阀座、阀瓣、连接器座、阀杆、本体、接口等零部件组成。主要制造材质为灰铸铁，如图 7-5 所示。

图 7-4　地上消火栓的实物图

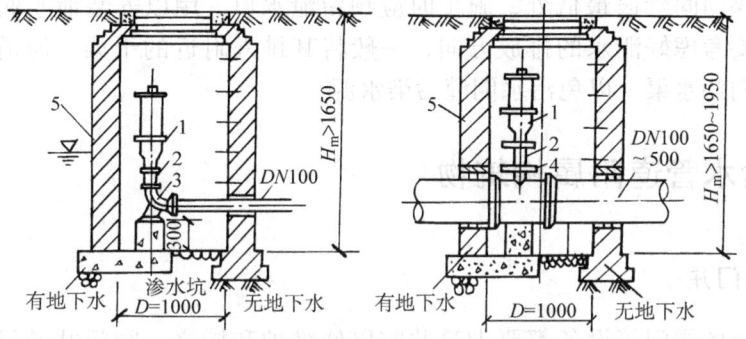

图 7-5　地下式消火栓示意图
1—S×100 消火栓　2—短管　3—弯头支座　4—消火栓三通　5—圆形阀门井

7.2.5　排气阀和泄水阀

由于地形变化、特别是长距离输水管的最高处或管件上，需要装置排气阀，以排除在管中的气体。水中所含气体，常会析出而聚积在水管的最高点，因而减少过水断面，增加阻力，如不排除，将影响水管的正常使用。排气阀内有浮球，当水管内不积气时，浮球上浮封住排气口，随着气量的增加，水位下降，浮球随之落下，气体就经排气口排出。另外欲将管道放空也需要使管道进入空气，否则管中的水流不出来。

排气阀分单口和双口两种。单口排气阀用在直径小于 300mm 的水管上，口径为水管直径的 1/2~1/5。双口排气阀口径可按水管直径的 1/8~1/10 选用，装在直径 400mm 以上的水管上，如图 7-6 所示。

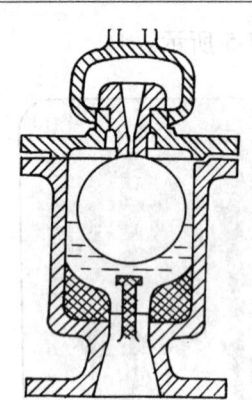
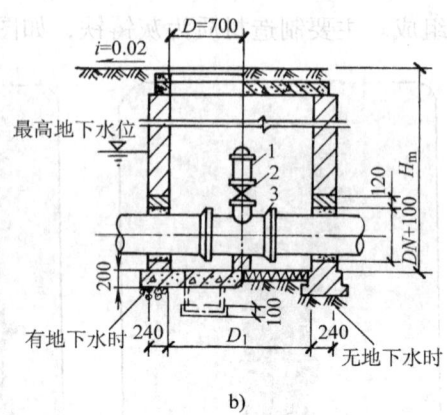

图 7-6 排气阀
a) 阀门构造 b) 安装方式（排气阀井）
1—排气阀 2—阀门 3—排气丁字管

为了排除管道内沉积物或检修放空及满足管道消毒冲洗排水要求，在管道下凹处及阀门间管段最低处，施工时应预留泄水口，用以安装泄水阀。确定泄水点时，要考虑好泄水的排放方向，一般将其排入附近的干渠、河道内，不宜将泄水通向污水渠，以免污水倒灌污染水源。

7.3 给水管道附属构筑物

7.3.1 阀门井

管道上的阀门等设备都要砌筑井室以便维护和检修。阀门井的尺寸，首先应满足操作方便，使工作人员在地面上能进行操作。其内部空间，以能在井内更换设备零件即可，一般不考虑更换整个设备。而且原则上每座井内只装一个设备。参见图 7-7。

井室的几何形状，多数为圆形。砌筑井身的材料大都是砖砌体。通常采用 75 号砖及 50 号水泥砂浆砌筑足以满足要求。在有地下水的地区井外壁可以抹 1:2 水泥砂浆，用混凝土浇筑防水性能更好。一般情况下，井底很少做封底，除非是绝对防水的井室才用混凝土封底。

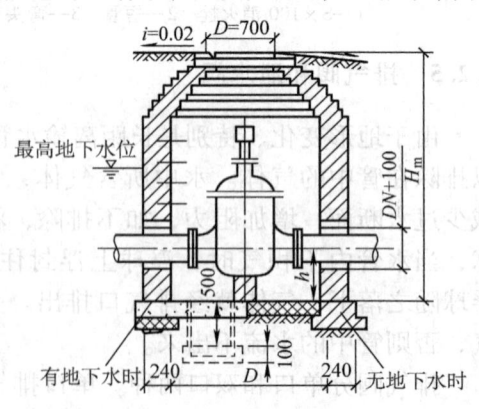

图 7-7 阀门井

井盖大部分都是铁制，现在多用球墨铸铁，郊区地段为了防止丢失，在输水管上也有用混凝土的。

井盖的制作，原则上以牢固为主，同时也兼顾到轻便。用于给水的井盖要有明显的标志，而且型号要求要统一。

在已成形的道路上，井盖与路面高程应尽量一致。在郊外农田内，为便于寻找检查可以比地面高出 10~20cm。

7.3.2 管道支墩

给水管道一般为压力管，管道中水的压力均匀作用于管壁上，当水流方向改变（如通过承插接口的弯头、丁字支管顶端、管堵顶端等处）时，将产生作用于管壁上的外推力。此外推力如大于接口能承受的内水压力，就会使管道在接口处松动脱节，发生跑水、漏水事故。为了抵抗上述外推力，防止管道在接口处松动脱节，应在管线的关键部位设置支墩。参考文献［10］（《给水排水设计手册》）中明确规定了可以不设支墩的条件，该条件为"管径≤350mm 的管道且试验压力不大于 1MPa 时，对于一般土壤地区的弯头、三通处可不设支墩"。同时规定关键部位一般为承插接口的弯头、丁字支管顶端等处。

1. 支墩的类型

根据异形管在管网中布置的方式，支墩有以下几种常用类型：

1）水平支墩又分为：弯头处支墩，堵头处支墩，三通处支墩。参见图7-8。

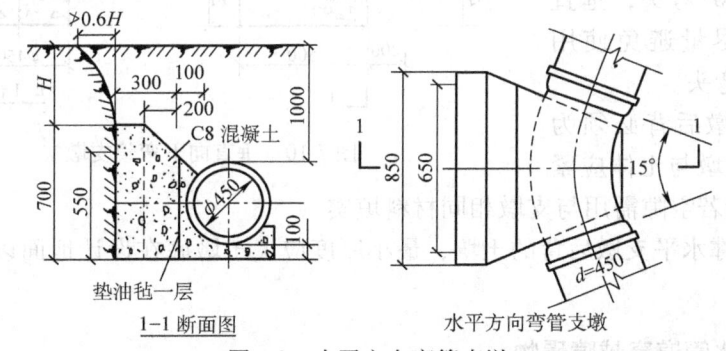

图 7-8　水平方向弯管支墩

2）上弯支墩：管中线由水平方向转入垂直向上方向的弯头支墩。参见图7-9。

3）下支墩：管中线由水平方向转入垂直向下向的弯头支墩。参见图7-10。

4）空间两向扭曲支墩：管中线既有水平转向又会有垂直转向的异形管支墩。

2. 支墩的计算

作用于支墩的推力如果使用石棉灰口，因其粘接力的关系有一部分推力由灰口负担。通过实验石棉灰口的粘接力为 $1.7 \times 10^5 kg/m^2$。在设计支墩时应减去此部分力量，但胶圈柔口则无此作用。

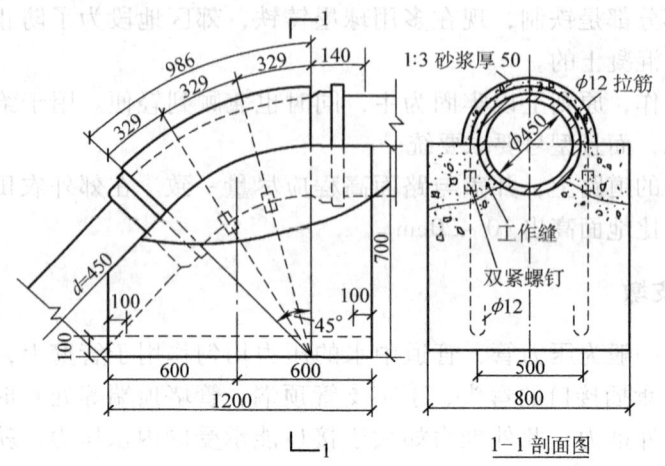

图 7-9 垂直向上弯管支墩

3. 设计原则

1）当管道转弯角度 <10° 时，可以不设置支墩。

2）管径 >600mm 管线上，水平敷设时应尽量避免选用 90°弯头，垂直敷设时应尽量避免使用 45°以上的弯头。

3）支墩后背必须为原形土，支墩与土体应紧密接触，倘若空隙需用与支墩相同材料填实。

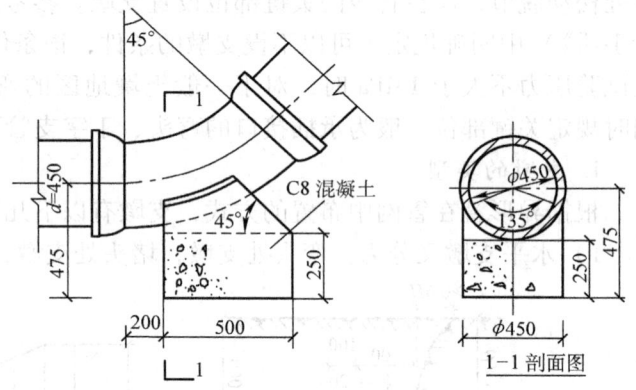

图 7-10 垂直向下弯管支墩

4）支撑水平支墩后背的土壤，最小厚度应大于墩底在设计地面以下深度的 3 倍。

7.3.3 给水管道穿越障碍物

当给水管线通过铁路、公路和河谷时，必须采用一定的措施。

管线穿过铁路时，其穿越地点、方式和施工方法，应严格按照铁路部门穿越铁路的技术规范。根据铁路的重要性，采取以下措施：穿越临时铁路或一般公路，或非主要路线且水管埋设较深时，可以不设套管，但应尽量将铸铁管接口放在两股道之间，并用青铅接头，钢管则应有相应的防腐措施；穿越较重要的铁路或交通频繁的公路时，水管须放在钢筋混凝土套管内，套管直径根据施工方法而定，大开挖施工时应比给水管直径大 300mm，顶管法施工时应较给水管的直径大 600mm。穿越铁路或公路时，水管管顶应在铁路路轨底或公路路面以下 1.2m 左右。管道穿越铁路时，两端应设检查井，井内设阀门或排水管等，参见图 7-11 所示。

管道穿越河谷时，通常采用以下一些方法：

1. 裸露敷设

裸露敷设是我国早期管道穿越江河的一种方法，始于 60 年代初期。它技术简单、施工方便、无需大型施工机具，但缺点是稳管的石笼用量大，浅水区易影响航运和渔业生产。

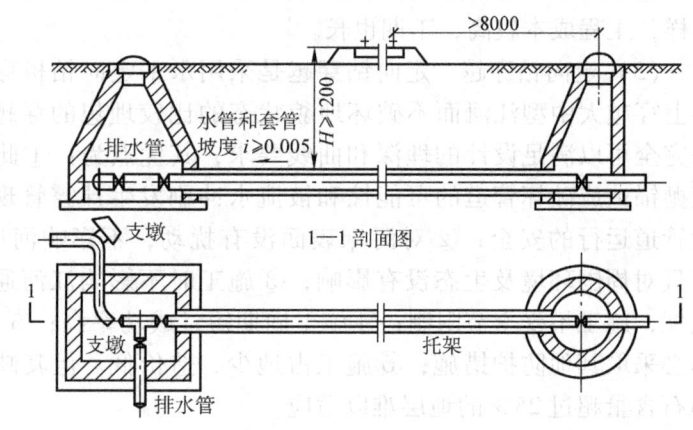

图 7-11 设套管穿越铁路的给水管

2. 沟埋敷设

沟埋敷设是把管道埋置于河床稳定层内。这种方式已成为我国水下敷设管道的主要方式。它主要是以挖泥船为主体的施工方法，此外还有爆破法、气举法、液化法。

（1）以挖泥船为主体的施工方法　此种方法比较成熟，能够保证沟埋深度和穿越工程质量，但这种方法不适用于回淤很快的河流，而且施工时用的船只多，造价较高，挖出的泥砂也需运到远处妥善处理。

（2）爆破法　这种穿越方法多用于石质河床。爆破法的优点是省工省力、省设备省投资，施工进度也快，但最大的缺点是管段埋深达不到要求，由于流水和牵引过程中的扰动，常使管沟的斜坡坍塌回淤，另外爆震效应对堤防和两岸建（构）筑物有不良影响。

（3）气举法和液化法　气举法和液化法基本相似，气举法是先将穿越管段牵引过江河，使用气举船上的排气举泵，分别把管段两侧吸出泥砂排走，使管段逐渐下沉直至达到设计埋深为止。液化法是用射水泵从管段两侧将泥砂冲开，但并不吸出排走，使之成为泥砂浆液化状态，管段随之下沉。因此穿越管段应用足够的配重，使其密度大于液化砂浆的密度。这两种方法的优点是不怕回淤，工期短，省投资；但埋深浅，不宜用于粘土或较硬的河床。

3. 管道从河床下稳定层中穿越的方法

（1）隧道穿越　其优点是便于管理、维修检查，还可同时预留多条穿越管道位置；但施工费用高、施工周期长。

（2）顶管穿越　顶管穿越顶进钢管的管径可以从 1200～3000mm，长度从几十米到数百米。这种穿越方法技术水平高，而且适应硬质河床，但和隧道穿越一样，工程成本较高，工期也长。

（3）定向钻穿越　定向钻穿越是采用水平定向钻机穿越江河，它是目前世界上穿越大中型江河而不破坏地貌状态的比较理想的穿越方法。定向钻穿越方法完全可以满足设计的埋深和曲线要求，其优点为：①此法穿越能够避免因船只抛锚造成破坏管道的可能性和被流水冲刷发生裸露管现象的可能，确保所敷设管道运行的安全；②对河床表面没有扰动，不影响河床底部的状况和结构，并且对周围环境及生态没有影响；③施工时不影响江河通航，不损坏江河两侧堤坝，施工不受季节限制；④施工周期短、成功率高；⑤由于管道埋的深度大，不必采取其他防护措施；⑥施工占地少、造价低。但其缺点是对基岩、流砂及卵石含量超过25%的地层难以适应。

思 考 题

1. 试分析给水管道材料优缺点。
2. 试概述止回阀的作用。
3. 分析水锤的危害和消除设备的使用。
4. 简述排气阀和泄水阀的作用。
5. 试比较管道穿越河谷时所采用的方法。

第 8 章
污水管道系统的设计计算

在规划和设计城市排水系统时，首先要根据当地条件选择排水系统的体制。当排水体制确定为分流制时，就可分别进行污水管道系统和雨水管渠系统的设计计算。

污水管道系统的主要功能是收集和输送城市区域中的生活污水和工业废水，可以统称为城市污水，其中生活污水占有较大部分的比例。它的设计依据是批准的城市规划和排水系统规划。设计的主要内容是：计算污水设计流量；进行污水管道的水力计算，从而确定污水管道的管径、设计坡度和埋设深度；确定污水管道在道路横断面上的具体位置；污水提升泵站的设置与设计；绘制污水管道的平面图和纵剖面图。

8.1 污水设计流量的计算

污水管道系统的设计流量是污水管道及其附属构筑物通过的最大流量。通常以最大日最大时流量作为污水管道系统的设计流量，其单位为 L/s。污水管道系统设计的首要任务，在于正确合理地确定污水管道系统的设计流量。它包括生活污水设计流量和工业废水设计流量两大部分。就生活污水而言又可分为居民生活污水、公共设施排水和工业企业内生活污水和淋浴污水三部分。如果工业废水的水质满足（或经过处理后满足）《污水综合排放标准》和《污水排入城市下水道水质标准》的要求，则可直接就近排入城市污水管道系统，与生活污水一起输送到污水处理厂进行处理后排放或再利用。此时，可按以下方法计算污水管道系统的设计流量。

8.1.1 生活污水设计流量

1. 居民生活污水设计流量

居民生活污水主要来自居住区，它通常按下式计算

$$Q_1 = \frac{nNK_z}{24 \times 3600} \tag{8-1}$$

式中 Q_1——居民生活污水设计流量（L/s）；

n——居民生活污水量定额［L/（人·d）］；

N——设计人口数（人）；

K_z——生活污水量总变化系数。

（1）居民生活污水量定额 居民生活污水量定额，是指在污水管道系统设计时所采用的每人每天所排出的平均污水量。它与居民生活用水定额、居住区给水排水系统的完善程度、气侯、居住条件、生活习惯、生活水平及其他地方条件等许多因素有关。

在城市中，居民用过的水绝大部分都排入污水管道，但这并不等于说污水量就等于给水量。通常生活污水量为同一周期给水量的80%～90%，在热天，干旱地区可能小于80%。这是因为冲洗街道和绿化用水等排入雨水管道而不排入污水管道，加之给水管道的渗漏等，造成污水量小于给水量。在某些情况下，实际排入污水管道的污水量，由于地下水的渗入和雨水经检查井口流入，还可能会大于给水量。所以在确定居民生活污水量定额时，应调查收集当地居住区实际排水量的资料，然后根据该地区给水设计所采用的用水量定额，确定居民生活污水量定额。在没有实测的居住区排水量资料时，可按相似地区的排水量资料确定。若这些资料都不易取得，则根据《室外排水设计规范》（GBJ 14—1987）的规定，按居民生活用水定额确定污水定额。对给水排水系统完善的地区可按用水定额的90%计，一般地区可按用水定额的80%计。

实际设计时，为便于计算，对市区内居住区的污水量，通常按比流量计算。比流量是指从单位面积上排出的平均日污水量，以L/（s·ha）表示，它是根据人口密度和居民生活污水定额等情况定出的一个单位居住面积上排出的污水流量综合性标准。

（2）设计人口数 设计人口数是指污水排水系统设计期限终期的规划人口数，是计算污水设计流量的基本数据。它是根据城市总体规划确定的，在数值上等于人口密度与居住区面积的乘积。即

$$N = \rho F \tag{8-2}$$

式中 N——设计人口数（人）；

ρ——人口密度（人/hm²）；

F——居住区面积（hm²）。

人口密度表示人口的分布情况，是指单位面积上居住的人口数，以人/hm²表示。它有总人口密度和街坊人口密度两种形式。总人口密度所用的面积包括街道、公园、运动场、水体等处的面积，而街坊人口密度所用的面积只是街坊

内的建筑用地面积。在规划或初步设计时,采用总人口密度,而在技术设计或施工图设计时,则采用街坊人口密度。

设计人口数也可根据城市人口增长率按复利法推算,但实际工程中使用不多。

(3) 生活污水量总变化系数　由于居住区生活污水量定额是平均值,因而根据设计人口数和生活污水量定额计算所得到的是污水平均日流量。而实际上流入污水管道的污水量时刻都在变化。夏季与冬季不同,一天中白天和晚上也不相同,白天各小时的污水量也有很大差异。一般说来,居住区的居民生活污水量在凌晨几个小时最小,上午6~8时和下午5~8时最大。就是在一小时内,污水量也是有变化的,但这个变化较小,通常假定一小时内流入污水管道的污水是均匀的。这种假定,一般不会影响污水管道系统设计和运转的合理性。

污水量的变化程度通常用变化系数表示。变化系数分为日变化系数、时变化系数和总变化系数三种。

一年中最大日污水量与平均日污水量的比值称为日变化系数 (K_d);

最大日最大时污水量与最大日平均时污水量的比值称为时变化系数 (K_h);

最大日最大时污水量与平均日平均时污水量的比值称为总变化系数 (K_z)。

显然,按上述定义有

$$K_z = K_d K_h \tag{8-3}$$

通常,污水管道的设计管径要根据最大日最大时污水流量确定,这就需要求出总变化系数。然而,一般城市中都缺乏有关日变化系数和时变化系数的资料,直接采用上式求总变化系数难度较大。实际上,污水流量的变化随着人口数和污水量定额的变化而变化。若污水量定额一定,流量的变化幅度随人口数的增加而减小;若人口数一定,流量的变化幅度随污水量定额的增加而减小。即总变化系数随污水平均流量的大小而不同。平均流量愈大,则总变化系数愈小。表8-1是我国《室外排水设计规范》(GBJ 14—1987)采用的居住区生活污水总变化值。

表8-1　生活污水量总变化系数

污水平均日流量/(L/s)	5	15	40	70	100	200	500	≥1000
总变化系数 K_z	2.3	2.0	1.8	1.7	1.6	1.5	1.4	1.3

注：1. 当污水平均日流量为中间数值时,总变化系数用内插法求得。
　　2. 当居住区有实际生活污水量变化资料时,可按实际数据采用。

我国在多年观测资料的基础上,经过综合分析归纳,总结出了总变化系数与平均流量之间的关系式,即

$$K_z = \frac{2.7}{Q^{0.11}} \tag{8-4}$$

式中 Q——污水平均日流量（L/s）。当 $Q<5$L/s 时，$K_z=2.3$；当 $Q>1000$L/s 时，$K_z=1.3$。

设计时也可采用式（8-4）直接计算总变化系数，但比较麻烦。

2. 公共设施排水量

公共设施排水量 Q_2 应根据公共设施的不同性质，按《建筑给水排水设计规范》（GB 50015—2003）的规定进行计算。

3. 工业企业生活污水和淋浴污水设计流量

工业企业的生活污水和淋浴污水主要来自生产区的食堂、卫生间、浴室等。其设计流量的大小与工业企业的性质、污染程度、卫生要求有关。一般按下式进行计算

$$Q_3 = \frac{A_1 B_1 K_1 + A_2 B_2 K_2}{3600T} + \frac{C_1 D_1 + C_2 D_2}{3600} \tag{8-5}$$

式中 Q_3——工业企业生活污水和淋浴污水设计流量（L/s）；

A_1——一般车间最大班职工人数（人）；

B_1——一般车间职工生活污水定额，以25L/（人·班）计；

K_1——一般车间生活污水量时变化系数，以3.0计；

A_2——热车间和污染严重车间最大班职工人数（人）；

B_2——热车间和污染严重车间职工生活污水量定额，以35L/（人·班）计；

K_2——热车间和污染严重车间生活污水量时变化系数，以2.5计；

C_1——一般车间最大班使用淋浴的职工人数（人）；

D_1——一般车间的淋浴污水量定额，以40L/（人·班）计；

C_2——热车间和污染严重车间最大班使用淋浴的职工人数（人）；

D_2——热车间和污染严重车间的淋浴污水量定额，以60L/（人·班）计；

T——每工作班工作时数（h）。

淋浴时间按60min计。

8.1.2 工业废水设计流量

工业废水设计流量按下式计算

$$Q_4 = \frac{mMK_z}{3600T} \tag{8-6}$$

式中 Q_4——工业废水设计流量（L/s）；

m——生产过程中每单位产品的废水量定额（L/单位产品）；

M——产品的平均日产量（单位产品/d）；

T——每日生产时数（h）；

K_z——总变化系数。

工业废水量定额是指生产单位产品或加工单位数量原料所排出的平均废水量。它是通过实测现有车间的废水量而求得，在设计新建工业企业的排水系统时，可参考与其生产工艺相似的已有工业企业的排水资料来确定。若工业废水量定额不易取得，则可用工业用水量定额（生产单位产品的平均用水量）为依据估计废水量定额。各工业企业的废水量标准差别较大，即使生产同一产品，若生产设备或工艺不同，其废水量定额也可能不同。若生产中采用循环给水系统，其废水量比采用直流给水系统时会明显降低。因此，工业废水量定额取决于产品种类、生产工艺、单位产品用水量以及给水方式等。

在不同的工业企业中，工业废水的排出情况差别较大，有些工业废水是均匀排出的，而有些则不均匀排出，甚至个别车间的工业废水可能在短时间内一次排放。因而工业废水量的变化取决于工业企业的性质、生产工艺和其他具体情况。一般情况下，工业废水量的日变化不大，其日变化系数可取为1。而时变化系数则可通过实测废水量最大一天的各小时流量进行计算确定。

某些工业废水量的时变化系数大致为：冶金工业 1.0~1.1，化工工业 1.3~1.5，纺织工业 1.5~2.0，食品工业 1.5~2.0，皮革工业 1.5~2.0，造纸工业 1.3~1.8。设计时可参考使用。

8.1.3 城市污水管道系统设计总流量

城市污水管道系统的设计总流量一般采用直接求和的方法进行计算，即直接将上述各项污水设计流量计算结果相加，作为污水管道设计的依据，城市污水管道系统的设计总流量 Q（L/s）可用下式计算

$$Q = Q_1 + Q_2 + Q_3 + Q_4 \tag{8-7}$$

设计时也可按综合生活污水量进行计算，综合生活污水设计流量为

$$Q_1' = \frac{n'NK_z}{24 \times 3600} \quad (\text{L/s}) \tag{8-8}$$

式中 Q_1'——综合生活污水设计流量（L/s）；

n'——综合生活污水定额，对给水排水系统完善的地区按综合生活用水定额90%计，一般地区按80%计；

其余符号同前。

此时，城市污水管道系统的设计总流量为

$$Q = Q_1' + Q_3 + Q_4 \tag{8-9}$$

以上两种计算方法，是假定排出的各种污水都在同一时间内出现最大流量，这在污水管道设计中是合理的。但在污水泵站和污水厂设计中，如采用此法计

算污水设计流量将造成巨大浪费。因为各种污水最大时流量同时发生的可能性很小，并且各种污水在汇合时能相互调节，因而可使流量高峰降低。因此，在确定泵站和污水厂的设计流量时，应以各种污水混合后的最大时流量作为设计流量，才是经济合理的。

【例 8-1】 河北某中等城市一屠宰厂每天宰杀活牲畜 260t，废水量定额为 10m³/t，工业废水的总变化系数为 1.8，三班制生产，每班 8h。最大班职工人数 800，其中在污染严重车间工作的职工占总人数的 40%，使用淋浴人数按该车间人数的 85%计；其余 60%的职工在一般车间工作，使用淋浴人数按 30%计。工厂居住区面积为 10ha，人口密度为 600 人/ha。各种污水由管道汇集输送到厂区污水处理站，经处理后排入城市污水管道，试计算该屠宰厂的污水设计总流量。

【解】 该屠宰厂的污水包括居民生活污水、工业企业生活污水和淋浴污水、工业废水三种，因该厂区公共设施情况未给出，故按综合生活污水计算。

1. 综合生活污水设计流量计算

查综合生活用水定额，河北位于第二分区，中等城市的平均日综合用水定额为 110~180L/（人·d），取 165L/（人·d）。假定该厂区给水排水系统比较完善，则综合生活污水定额为 165×90% = 148.5L/（人·d），取为 150L/（人·d）。

居住区人口数为 600 人×10 = 6000 人。

则综合生活污水平均流量为 $\frac{150 \times 6000}{24 \times 3600}$ L/s = 10.4L/s。

用内插法查总变化系数表，得 $K_z = 2.24$。

于是综合生活污水设计流量为 $Q'_1 = 10.4 \times 2.24$ L/s = 23.30L/s。

2. 工业企业生活污水和淋浴污水设计流量计算

由题意知：一般车间最大班职工人数为 800 人×60% = 480 人，使用淋浴的人数为 480 人×30% = 144 人；污染严重车间最大班职工人数为 800 人×40% = 320 人，使用淋浴的人数为 320 人×85% = 272 人。

所以工业企业生活污水和淋浴污水设计流量为

$$Q_3 = \frac{A_1 B_1 K_1 + A_2 B_2 K_2}{3600T} + \frac{C_1 D_1 + C_2 D_2}{3600}$$

$$= \left(\frac{480 \times 25 \times 3 + 320 \times 35 \times 2.5}{3600 \times 8} + \frac{144 \times 40 + 272 \times 60}{3600}\right) \text{L/s} = 8.35 \text{L/s}$$

3. 工业废水设计流量计算

$$Q_4 = \frac{mMK_z}{3600T} = \frac{10 \times 260 \times 1.8}{24 \times 3600} \text{m}^3/\text{s} = 0.0542 \text{m}^3/\text{s} = 54.2 \text{L/s}$$

该厂区污水设计总流量 $Q'_1 + Q_3 + Q_4$ = （23.3 + 8.35 + 54.2）L/s = 85.85L/s

第8章 污水管道系统的设计计算

在计算城市污水管道系统的污水设计总流量时，由于城市排水区界内的汇水面积较大，因此需按各排水流域分别计算，将各排水流域居住区生活污水、工业废水和工厂生活污水设计流量列表进行计算，最后再汇总得出污水管道系统的设计总流量。

某城镇污水管道系统设计总流量的计算见表8-2～表8-5。

表8-2　城镇综合生活污水设计流量计算表

居住区名称	排水流域编号	居住区面积/ha	人口密度/(人/ha)	居民人数/(人)	污水量定额/[L/(人·d)]	平均污水量 m^3/d	平均污水量 m^3/h	平均污水量 L/s	总变化系数 K_z	设计流量 m^3/h	设计流量 L/s
1	2	3	4	5	6	7	8	9	10	11	12
商业区	Ⅰ	60	500	30000	160	4800	200	55.6	1.74	348	96.74
文卫区	Ⅱ	40	400	16000	180	2880	120	33.3	1.81	217.2	60.27
工业区	Ⅲ	50	450	22500	160	3600	150	41.7	1.78	267	74.23
合计	—	150		68500		11280	470	130.6	1.57①	737.9②	205.04②

① 总变化系数是根据合计平均流量查出的。
② 该数字不是直接合计，而是合计平均流量与相对应的总变化系数的乘积。

表8-3　各工业企业生活污水和淋浴污水设计流量计算表

车间名称	车间性质	班数	每班工作时数/h	生活污水 最大班职工人数/人	生活污水 污水量定额/[L/(人·d)]	生活污水 时变化系数	生活污水 设计流量/(L/s)	淋浴污水 最大班使用淋浴的职工人数/人	淋浴污水 污水量定额/[L/(人·d)]	淋浴污水 设计流量/(L/s)	合计设计流量/(L/s)
1	2	3	4	5	6	7	8	9	10	11	12
酿酒厂	污染	3	8	156	35	2.5	0.47	109	60	1.82	2.29
	一般	3	8	108	25	3.0	0.28	38	40	0.42	0.70
肉类加工厂	污染	3	8	168	35	2.5	0.51	116	60	8.8	2.49
	一般	3	8	92	25	3.0	0.24	35	40	2.27	0.63

（续）

车间名称	车间性质	班数	每班工作时数/h	生活污水 最大班职工人数/人	生活污水 污水量定额/[L/(人·d)]	生活污水 时变化系数	生活污水 设计流量/(L/s)	淋浴污水 最大班使用淋浴的职工人数/人	淋浴污水 污水量定额/[L/(人·d)]	淋浴污水 设计流量/(L/s)	合计设计流量/(L/s)
1	2	3	4	5	6	7	8	9	10	11	12
造纸厂	污染	3	8	150	35	2.5	0.46	105	60	1.75	2.21
造纸厂	一般	3	8	145	25	3.0	0.38	50	40	0.56	0.94
皮革厂	污染	3	8	274	35	2.5	0.83	156	60	2.6	3.43
皮革厂	一般	3	8	324	25	3.0	0.84	80	40	0.89	1.64
印染厂	污染	3	8	450	35	2.5	1.37	315	60	5.25	6.62
印染厂	一般	3	8	470	25	3.0	1.22	188	40	2.09	3.31
总计							6.6			17.7	24.3

表8-4 各工业企业工业废水设计流量计算表

工业企业名称	班数	各班时数/h	产品名称	日产量/t	工业废水定额/(m³/t)	平均流量 m³/d	平均流量 m³/h	平均流量 L/s	总变化系数	设计流量 m³/h	设计流量 L/s
1	2	3	4	5	6	7	8	9	10	11	12
酿酒厂	3	8	酒	15	18.6	279	11.63	3.23	3.0	34.89	9.69
肉类加工厂	3	8	牲畜	162	15	2430	101.25	28.13	1.7	172.13	47.82
造纸厂	3	8	白纸	12	150	1800	75	20.83	1.45	108.75	30.20
皮革厂	3	8	皮革	34	75	2550	106.25	29.51	1.4	148.75	41.31
印染厂	3	8	布	36	150	5400	225	62.5	1.42	319.5	88.75
合计						12459	519.13	144.2		784.02	217.77

表8-5 城镇污水设计总流量统计表

排水工程对象	综合生活污水设计流量/(L/s)	工业企业生活污水和淋浴污水设计流量/(L/s)	工业废水设计流量/(L/s)	城镇污水设计总流量/(L/s)
居住区和公共建筑	205.04			447.11
工业企业		24.3		447.11
工业企业			217.77	447.11

8.2 污水管段设计流量的计算

污水管道系统的设计总流量计算完毕后，还不能进行管道系统的水力计算。为此还需在管网平面布置图上划分设计管段，确定设计管段的起止点，进而求出各设计管段的设计流量。只有求出设计管段的设计流量，才能进行设计管段的水力计算。

8.2.1 设计管段的划分

在污水管道系统上，为了便于管道的连接，通常在管径改变、敷设坡度改变、管道转向、支管接入、管道交汇的地方设置检查井。这些检查井在管网定线时就已设定完毕。对于两个检查井之间的连续管段，如果采用的设计流量不变，且采用同样的管径和坡度，则这样的连续管段就称为设计管段。设计管段两端的检查井称为设计管段的起止检查井（简称起迄点）。但在实际划分设计管段时，由于在直线管段上，为了满足清通养护污水管道的需要，还需每隔一定的距离设置一个检查井。这样，实际在管网平面布置图上设置的检查井就很多。为了简化计算，不需要把每个检查井都作为设计管段的起迄点，估计可以采用同样管径和坡度的连续管段，就可以划作一个设计管段。根据管道平面布置图，凡有集中流量流入，有旁侧管接入的检查井均可作为设计管段的起迄点。对设计管段两端的起迄检查井依次编上号码。

8.2.2 设计管段的流量确定

如图 8-1 所示，每一设计管段的污水设计流量可能包括以下三种流量。

（1）本段流量 q_1　　所谓本段流量是指从本管段沿线街坊流来的污水量。对于某一设计管段而言，它沿管线长度是变化的，即从管段起点为零逐渐增加到终点达到最大。为了计算的方便，通常假定本段流量是在起点检查井集中进入设计管段的，它的大小等于本管段服务面积上的全部污水量。一般用下式计算

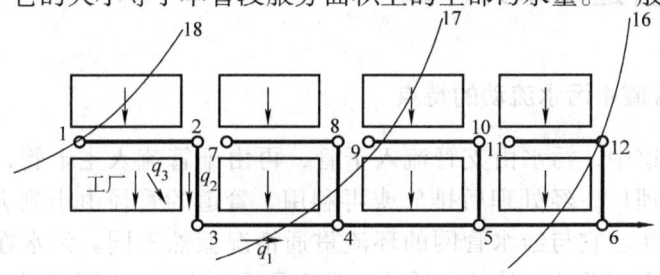

图 8-1　设计管段的设计流量

$$q_1 = Fq_sK_z \tag{8-10}$$

式中　q_1——设计管段的本段流量（L/s）；

　　　F——设计管段服务的街坊面积（hm^2）；

　　　K_z——生活污水量总变化系数；

　　　q_s——生活污水比流量 [L/（s·hm^2）]。

生活污水比流量可采用下式计算

$$q_s = \frac{n\rho}{24 \times 3600} \tag{8-11}$$

式中　n——生活污水定额或综合生活污水定额 [L/（人·d）]；

　　　ρ——人口密度（人/hm^2）。

（2）转输流量 q_2　转输流量是指从上游管段和旁侧管段流来的污水量。它对某一设计管段而言，是不发生变化的，但不同的设计管段，可能有不同的转输流量。

（3）集中流量 q_3　集中流量是指从工业企业或其他大型公共设施流来的污水量。对某一设计管段而言，它也不发生变化。

设计管段的设计流量是上述本段流量、转输流量和集中流量三者之和。实际计算时应根据具体情况而定。在图 8-1 中，设计管段 1~2 只收集本管段两侧的沿线流量，故只有本段流量 q_1。设计管段 2~3 除收集它本管段两侧的沿线流量外，还要接收上游 1~2 管段流来的污水量，所以设计管段 2~3 的设计流量包括它的本段流量 q_1 和上游 1~2 管段的转输流量 q_2 两部分。对于设计管段 3~4 而言，除收集它本管段两侧的沿线流量外，还要接收上游 2~3 管段转输流来的污水量以及由工厂流来的集中流量，所以设计管段 3~4 的设计流量包括它的本段流量 q_1 和上游 2~3 管段的转输流量 q_2 以及工厂集中流量 q_3 三部分。由此可见，设计管段的流量确定是一个非常繁杂的工作，而它又是污水管道水力计算的基础，因此要认真仔细地进行此项工作。

8.3　污水管道的水力计算

8.3.1　污水管道中污水流动的特点

在污水管道中，污水由支管流入干管，再由干管流入主干管，最后由主干管流入污水处理厂，经处理后排放或再利用。管道的管径由小到大，分布类似河流，呈树枝状。它与给水管网的环流贯通情况截然不同。污水在管道内依靠管道两端的水面高差从高处流向低处，是不承受压力的，即为重力流。

污水中含有一定数量的悬浮物，它们有的漂浮于水面，有的悬浮于水中，有的则沉积在管底内壁上。这与清水的流动有所差别。但污水中的水分一般在99%以上，所含悬浮物很少，因此，可认为污水的流动遵循一般流体流动的规律，工程设计时仍按水力学公式计算。

污水在管道中的流速随时都在变化，但在直线管段上，当流量没有很大变化又无沉淀物时，可认为污水的流动接近均匀流。设计时对每一设计管段都按均匀流公式进行计算。

8.3.2 污水管道水力计算的设计参数

由水力计算公式可知，设计流量与设计流速和过水断面积有关，而流速则与管壁粗糙系数、水力半径和水力坡度有关。为保证污水管道的正常运行，《室外排水设计规范》中对这些因素综合考虑，提出了如下的计算控制参数，在污水管道设计计算时，一般应予以遵守。

（1）设计充满度 在设计流量下，污水在管道中的水深 h 与管道直径 D 的比值（h/D）称为设计充满度，它表示污水在管道中的充满程度，如图 8-2 所示。

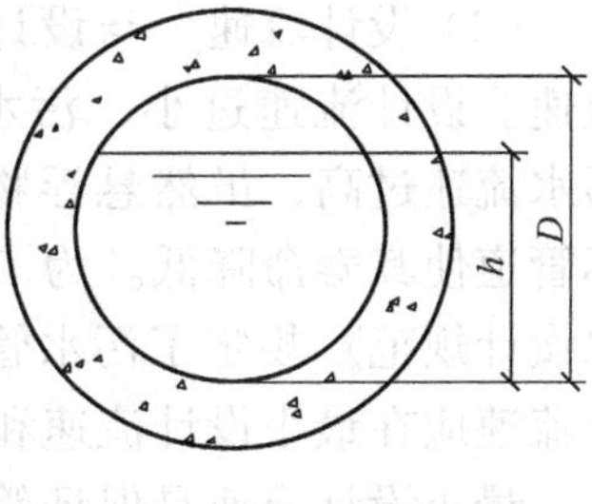

当 $h/D=1$ 时称为满流；$h/D<1$ 时称为不满流。

图 8-2 充满度示意图

《室外排水设计规范》规定，污水管道按不满流进行设计，其最大设计充满度的规定如表 8-6 所示。

表 8-6 最大设计充满度

管径（D）或暗渠高（H）/mm	最大设计充满度（h/D）或（h/H）
200~300	0.60
350~450	0.70
500~900	0.75
≥1000	0.80

注：在计算污水管道充满度时，不包括淋浴或短时间内突然增加的污水量，但当管径小于或等于300mm 时，应按满流复核。

这样规定的原因是：

1) 污水流量时刻在变化，很难精确计算，而且雨水可能通过检查井盖上的孔口流入，地下水也可能通过管道接口渗入污水管道。因此，有必要预留一部分管道断面，为未预见水量的介入留出空间，避免污水溢出妨碍环境卫生，同时使渗入的地下水能够顺利流泄。

2) 污水管道内沉积的污泥可能分解析出一些有害气体（如 CH_4、H_2S 等）。此外，污水中如含有汽油、苯、石油等易燃液体时，可能产生爆炸性气体。故需留出适当的空间，以利管道的通风，及时排除有害气体及易爆气体。

3）便于管道的清通和养护管理。

表 8-6 所列的最大设计充满度是设计污水管道时所采用的充满度的最大限值，在进行污水管道的水力计算时，所选用的充满度不应大于表 8-6 中规定的数值。但为了节约投资，合理地利用管道断面，选用的设计充满度也不应过小。为此，在设计过程中还应考虑最小设计充满度作为设计充满度的下限值。根据经验各种管径的最小设计充满度不宜小于 0.25。一般情况下设计充满度最好不小于 0.5，对于管径较大的管道设计充满度以接近最大限值为好。

对于明渠，设计规范规定设计超高（即渠中水面到渠顶的高度）不小于 0.2m。

（2）设计流速　与设计流量、设计充满度相对应的水流平均速度称为设计流速。设计流速过小，污水流动缓慢，其中的悬浮物则易于沉淀淤积；反之，污水流速过高，虽然悬浮物不易沉淀淤积，但可能会对管壁产生冲刷，甚至损坏管道使其寿命降低。为了防止管道内产生沉淀淤积或管壁遭受冲刷，《室外排水设计规范》规定了污水管道的最小设计流速和最大设计流速。污水管道的设计流速应在最小设计流速和最大设计流速范围内。

最小设计流速是保证管道内不致发生沉淀淤积的流速。污水管道在设计充满度下的最小设计流速为 0.6m/s。含有金属、矿物固体或重油杂质的生产污水管道，其最小设计流速宜适当加大，明渠的最小设计流速为 0.4m/s。

由于防止淤积的管段最小设计流速与废水中夹带的悬浮物颗粒的大小和密度有关，所以，对各种工业废水采用的最小设计流速应根据试验或经过调查研究综合考虑确定。在地形平坦地区，如果最小设计流速取值过大，就会增加管道的坡度，从而增加管道的埋深和管道造价，甚至需要增设中途泵站。因此，对平坦地区，要结合当地具体情况，可以对规范规定的最小流速进行合理的调整，并制定科学的运行规程，保证管道系统的正常运行。

最大设计流速是保证管道不被冲刷损坏的流速。该值与管道材料有关，通常金属管道的最大设计流速为 10m/s，非金属管道的最大设计流速为 5m/s。

在污水管道系统的上游管段，特别是起点检查井附近的污水管道，有时其流速在采用最小管径的情况下都不能满足最小流速的要求。此时应对其增设冲洗井定期冲洗污水管道，以免堵塞；或加强养护管理，尽量减少其沉淀淤积的可能性。

（3）最小设计坡度　在污水管道系统设计时，通常使管道敷设坡度与地面坡度一致，这对降低管道系统的造价非常有利。但相应于管道敷设坡度的污水流速应等于或大于最小设计流速，这在地势平坦地区或管道逆坡敷设时尤为重要。为此，应规定污水管道的最小设计坡度，只要其敷设坡度不小于最小设计坡度，则管道内就不会产生沉淀淤积。

从水力计算公式可知，设计坡度与设计流速的平方成正比，与水力半径的 4/3 次方成反比。由于水力半径是过水断面与湿周的比值，因此不同管径的污水管道应有不同的最小坡度。管径相同的管道，因充满度不同，其最小坡度也不同。在给定设计充满度条件下，管径越大，相应的最小设计坡度则越小。所以只需规定最小管径的最小设计坡度即可。我国《室外排水设计规范》规定：管径为 200mm 时，最小设计坡度为 0.004；管径为 300mm 时，最小设计坡度为 0.003。

实际工程中，充满度随时在变化，这样同一直径的管道因充满度不同，则应有不同的最小设计坡度。上述规定的最小设计坡度数值是设计充满度 h/D = 0.5（即半满流）时的最小坡度。

（4）最小管径 一般在污水管道系统的上游部分，污水设计流量很小，若根据设计流量计算，则管径会很小。根据养护经验证明，管径过小极易堵塞，从而增加管道清通次数，并给用户带来不便。此外，采用较大的管径则可选用较小的设计坡度，从而使管道埋深减小，降低工程造价。因此，为了养护工作的方便，常规定一个允许的最小管径。我国《室外排水设计规范》规定：污水管道在街坊和厂区内的最小管径为 200mm，在街道下的最小管径为 300mm。

在污水管道的设计过程中，若某设计管段的设计流量小于其在最小管径、最小设计流速和最大设计充满度条件下管道通过的流量，则这样的管段称为不计算管段。设计时不再进行水力计算，直接采用最小管径即可。此时管道的设计坡度取与最小设计管径相应的最小设计坡度，管道的设计流速取最小设计流速、管道的设计充满度取半满流，即 $h/D = 0.5$。在这些管段中，当有适当的水源时，可考虑设置冲洗井。

8.3.3 污水管道的埋设深度

管道埋深是影响管道造价的重要因素，是污水管道设计的重要参数。在实际工程中，污水管道的造价由选用的管道材料、管道直径、施工现场地质条件和管道埋设深度等四个主要因素决定，合理地确定管道埋深可以有效地降低建设投资。

管道埋设深度有两个意义：

1）覆土厚度：是指管道外壁顶部到地面的距离（图 8-3）；

2）埋设深度：是指管道内壁底部到地面的距离。

这两个数值都能说明管道的埋设深度。为了降低造价，缩短工期，管道的埋设深度要求越小越好。但管道的埋设深度不能过小，其覆土厚度应有一个最小的限值，该最小限值称为最小覆土厚度。它是为满足如下技术要求而提出的：

（1）防止冰冻膨胀而损坏管道　生活污水温度较高，即使在冬天水温也不会低于4℃。很多工业废水的温度也比较高。此外，污水管道按一定的坡度敷设，管内污水经常保持一定的流量，以一定的流速不断流动。因此，污水在管道内是不会冰冻的，管道周围的土壤也不会冰冻。所以，不必把整个污水管道都埋设在土壤冰冻线以下。但如果将管道全部埋设在冰冻线以上，则因土壤冰冻膨胀可能损坏管道基础，从而损坏管道。

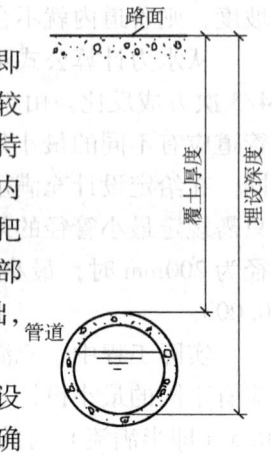

图8-3　管道埋深示意图

《室外排水设计规范》规定，冰冻层内污水管道的埋设深度，应根据流量、水温、水流情况和敷设位置等因素确定，一般应符合下列规定：

1）无保温措施的生活污水管道或水温与生活污水接近的工业废水管道，管底可埋设在冰冻线以上0.15m。

2）有保温措施或水温较高的管道，管底在冰冻线以上的距离可以加大，其数值应根据该地区或条件相似地区的经验确定。

（2）防止管壁因地面荷载而破坏　埋设在地面下的污水管道承受着覆盖其上的土壤静荷载和地面上车辆运行造成的动荷载。为防止管壁在这些动、静荷载作用下破坏，除提高管材强度外，重要的措施就是保证管道有一定的覆土厚度。这一覆土厚度取决于管材强度、地面荷载大小以及荷载的传递方式等因素。《室外排水设计规范》规定，在车行道下，污水管道最小覆土厚度不宜小于0.7m。非车行道下的污水管道若能满足衔接的要求又无动荷载的影响，其最小覆土厚度值可适当减少。

（3）满足街坊污水连接管衔接的要求　城市住宅和公共建筑内产生的污水要顺畅地排入街道污水管道，就必须保证街道污水管道起点的埋深大于或等于街坊（或小区）污水干管终点的埋深，而街坊（或小区）污水支管起点的埋深又必须大于或等于建筑物污水出户管的埋深。从建筑安装技术角度考虑，要使建筑物首层卫生器具内的污水能够顺利排出，其出户管的最小埋深一般采用0.5~0.6m，所以街坊污水支管起点最小埋深至少应为0.6~0.7m。根据街坊（或小区）污水支管起点的最小埋深数值，即可求出街道污水支管起点的最小埋深，如图8-4所示。

街道污水支管起端的最小埋深可由下式计算

$$H = h + IL + Z_1 - Z_2 + \Delta h \tag{8-12}$$

式中　H——街道污水支管起点的最小埋深（m）；

　　　h——小区污水支管起点的最小埋深（m）；

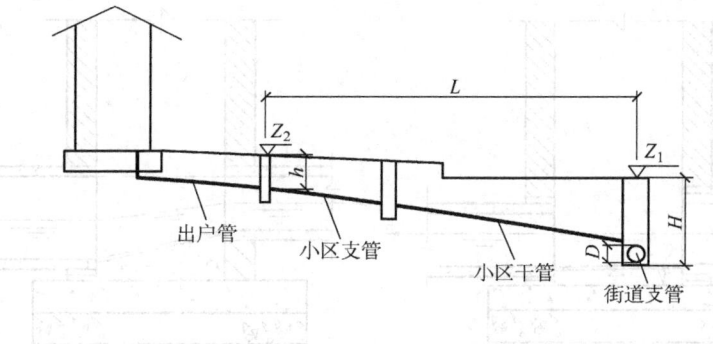

图 8-4　街道污水支管最小埋深示意图

I——小区污水干管和支管的坡度；
L——小区污水干管和支管的总长度（m）；
Z_1——街道污水支管起点检查井处地面标高（m）；
Z_2——小区污水支管起点检查井处地面标高（m）；
Δh——街坊干管与街道污水支管的管内底标高差（m）。

对每一个具体管道而言，考虑上述三个不同的技术要求，可以得到三个不同的最小埋设深度或最小覆土厚度值。其中的最大值即为该管道的允许最小埋设深度或最小覆土厚度。

除考虑管道起端的最小埋设深度外，还应考虑最大埋设深度问题。由于污水管道是重力流，当管道敷设坡度大于地面坡度时，管道的埋设深度就会越来越大，尤其是在地形平坦地区管道埋设深度增大更为突出。管道埋设深度愈大，则其工程造价就愈高。管道埋设深度允许的最大限值称为最大允许埋深。其值应根据技术经济指标、施工地带的地形地质条件和施工方法等因素确定。一般情况下，在干燥土壤中不超过 7～8m；在多水、流砂、石灰岩地层中不超过 5m。当管道的埋设深度超过最大埋深时，应考虑在适当的地点设置中途提升泵站，以提高下游管道的管位，减少下游管道的埋设深度。

8.3.4　污水管道的衔接

在污水管道系统中，为了满足管道衔接和养护管理的要求，通常在管径、坡度、高程、方向发生变化及支管接入的地方设置检查井。在检查井中必须考虑上下游管道衔接时的高程关系。管道衔接时应遵循以下两个原则：

1）尽可能提高下游管道的高程，以减小管道的埋深，降低造价。
2）避免在上游管段中形成回水而造成淤积。

污水管道衔接的方法，通常有水面平接和管顶平接两种，如图 8-5 所示。

水面平接是指在水力计算中，使污水管道上游管段终端和下游管段起端在

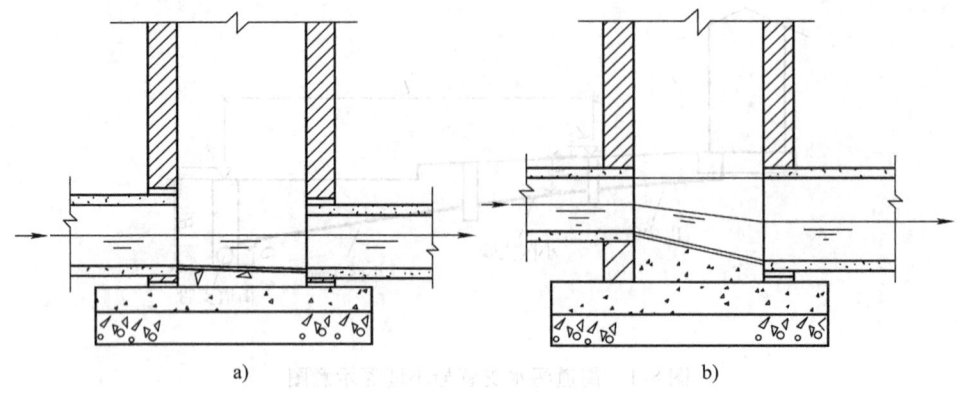

图 8-5 污水管道的衔接
a) 水面平接 b) 管顶平接

设计充满度条件下的水面相平,即上游管段终端与下游管段起端的水面标高相同。一般用于上下游管径相同的污水管道的衔接。由于上游管段中的水面变化较大,水面平接时在上游管段内的实际水面标高可能低于下游管段的实际水面标高,因此,在上游管段中容易形成回水而造成沉淀淤积。

管顶平接是指在水力计算中,使上游管段终端和下游管段起端的管内顶标高相同。一般用于上下游管径不同的污水管道的衔接。采用管顶平接,可以避免在上游管段中产生回水,但下游管段的埋设深度将会增加。这对于城市地形比较平坦的地区或埋设深度较大的管道,有时可能是不适宜的。

无论采用哪种衔接方法,下游管段起端的水面和管内底标高都不得高于上游管段终端的水面和管内底标高。

设计管段的设计流量确定后,即可从上游管段开始,在水力计算参数的控制下,进行各设计管段的水力计算。在污水管道的水力计算中,污水流量通常是已知数值,而需要确定管道的直径和坡度。所确定的管道断面尺寸,必须在规定的设计充满度和设计流速条件下,能够排泄设计流量。管道敷设坡度的确定,应充分考虑地形条件,参照地面坡度和最小设计坡度确定。一方面要使管道坡度尽可能与地面坡度平行敷设,以减小管道埋设深度;另一方面也必须满足设计流速的要求,使污水在管道内不发生沉淀淤积和对管壁不造成冲刷。在具体水力计算中,对每一管道而言,有管径 D、粗糙系数 n、充满度 h/D、水力坡度 I、流量 Q、流速 v 6 个水力参数,而只有流量 Q 为已知数,直接采用水力计算的基本公式计算极为复杂。为了简化计算,通常把上述各水力参数之间的水力关系绘制成水力计算图(附录 D)。对每一张图而言,D 和 n 为已知数。它有 4 组线,其中横线代表管道敷设坡度 I,竖线代表管段设计流量 Q,从左下方向右上方倾斜的斜线代表设计充满度 h/D,从左上方向右下方倾斜的斜线代表设

计流速 v。通过该图，在 Q、I、h/D、v 这 4 个水力参数中，只要知道 2 个，就可以查出另外 2 个。现举例说明该水力计算图的用法。

【例 8-2】 已知 $n = 0.014$、$D = 300\text{mm}$、$I = 0.004$、$Q = 30\text{L/s}$，求 v 和 h/D。

【解】 采用 $D = 300\text{mm}$ 的水力计算图（附录 D 中图 D-3）。先在纵轴上找到代表 $I = 0.004$ 的横线，再从横轴上找到代表 $Q = 30\text{L/s}$ 的竖线；两条线相交得一点。这一点落在代表设计流速 v 为 0.8m/s 与 0.85m/s 的两斜线之间，按内插法计算 $v = 0.82\text{m/s}$；同时该点还落在设计充满度 $h/D = 0.5$ 与 $h/D = 0.55$ 的两斜线之间，按内插法计算 $h/D = 0.52$。

【例 8-3】 已知 $n = 0.014$、$D = 400\text{mm}$、$Q = 41\text{L/s}$、$v = 0.90\text{m/s}$，求 I 和 h/D。

【解】 采用 $D = 400\text{mm}$ 的计算图（见附录 D 中的图 D-5）。在图上找到代表 $Q = 41\text{L/s}$ 的竖线和代表 $v = 0.90\text{m/s}$ 的斜线，这两线的交点落在代表 $I = 0.0043$ 的横线上，即 $I = 0.0043$；同时还落在代表 $h/D = 0.35$ 与 $h/D = 0.40$ 的两条斜线之间，按内插法计算 $h/D = 0.39$。

【例 8-4】 已知 $n = 0.014$、$Q = 32\text{L/s}$、$D = 300\text{mm}$、$h/D = 0.60$，求 v 和 I。

【解】 采用 $D = 300\text{mm}$ 的计算图（附录 D 中的图 D-3）。在图上找到代表 $Q = 32\text{L/s}$ 的竖线和代表 $h/D = 0.60$ 的斜线，两线的交点落在代表 $I = 0.0028$ 的横线上，即 $I = 0.0028$；同时还落在代表 $v = 0.70\text{m/s}$ 与 0.75m/s 的两条斜线之间，按内插法计算 $v = 0.73\text{m/s}$。

实际工程设计时，通常只知道设计管段的设计流量，此时可参考设计管段经过地段的地面坡度进行确定，以地面坡度作为管道的敷设坡度；如果地面坡度不能利用，则可自己假定管道的敷设坡度进行确定。

8.3.5 污水管道的水力计算步骤

污水管道的设计方法与水力计算步骤，通过下面的例题予以介绍。

【例 8-5】 图 8-6 为河南省某中小城市一个建筑小区的平面图。小区街坊人口密度为 350 人/ha。工厂的工业废水（包括从各车间排出的生活污水和淋浴污水）设计流量为 29L/s。工业废水经过局部处理后与生活污水一起由污水管道全部送至污水厂经处理后再排放。工厂工业废水排出口的埋深为 2m，试进行该小区污水管道系统的设计。

设计方法和步骤如下：

1. **在街坊平面图上布置污水管道**

由街坊平面图可知该建筑小区的边界为排水区界。在该排水区界内地势北高南低，坡度较小，无明显分水线，故可划分为一个排水流域。在该排水流域内小区支管布置在街坊地势较低的一侧；干管基本上与等高线垂直；主干管布置在小区南面靠近河岸的地势较低处，基本上与等高线平行。整个建筑小区管道系统呈截流式布置，如图8-7所示。

2. 街坊编号并计算其面积

将建筑小区内各街坊编上号码，并将各街坊的平面范围按比例计算出面积，将其面积值列入表8-7中，并用箭头标出各街坊污水排出的方向。

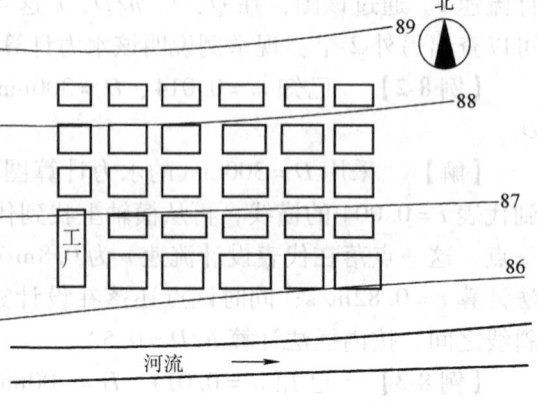

图8-6 某建筑小区平面图

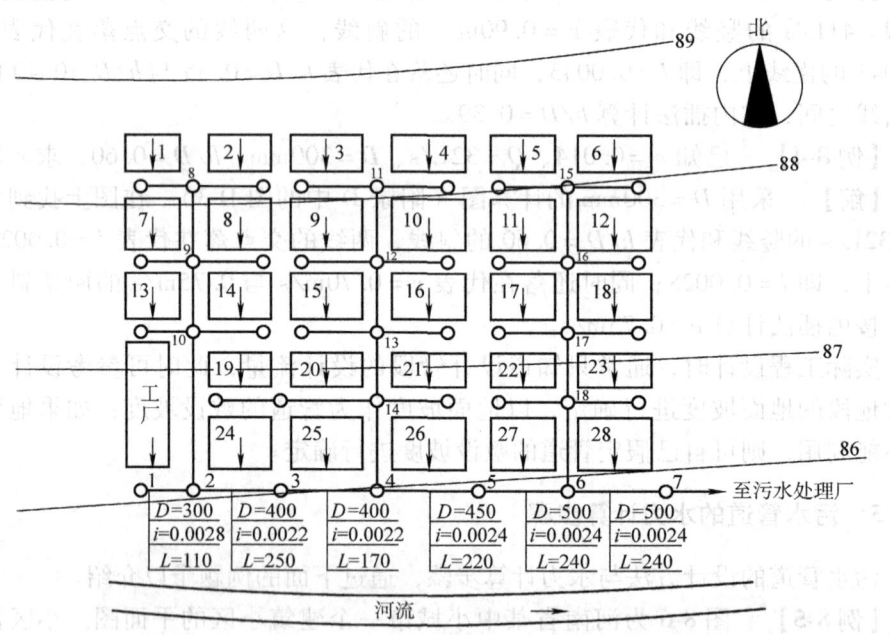

图8-7 某建筑小区污水管道平面布置图（初步设计）

表8-7 各街坊面积汇总表

街坊编号	1	2	3	4	5	6	7	8	9	10
街坊面积/ha	1.21	1.70	2.08	1.98	2.20	2.20	1.43	2.21	1.96	2.04
街坊编号	11	12	13	14	15	16	17	18	19	20
街坊面积/ha	2.40	2.40	1.21	2.28	1.45	1.70	2.00	1.80	1.66	1.23
街坊编号	21	22	23	24	25	26	27	28		
街坊面积/ha	1.53	1.71	1.80	2.20	1.38	2.04	2.04	2.40		

第8章 污水管道系统的设计计算

3. 划分设计管段，计算设计流量

根据设计管段的定义和划分方法，将各干管和主干管中有本段流量进入的点（一般定为街坊两端）、有集中流量进入及有旁侧支管接入的点，作为设计管段的起止点并将该点的检查井编上号码，如图8-7所示。

各设计管段的设计流量应列表进行计算。在初步设计中，只计算干管和主干管的设计流量；在技术设计和施工图设计中，要计算所有管段的设计流量。本设计为初步设计，故只计算干管和主干管的设计流量，如表8-8所示。

表8-8 污水干管和主干管设计流量计算表

管段编号	居住区生活污水量（或综合生活污水量）								集中流量 q_3		设计流量 /(L/s)
	本段流量 q_1				转输流量 q_2 /(L/s)	合计平均流量 /(L/s)	总变化系数 K_z	生活污水设计流量 /(L/s)	本段 /(L/s)	转输 /(L/s)	
	街坊编号	街坊面积 /ha	比流量 q_s/L/ (s·ha)	流量 q_1 /(L/s)							
1	2	3	4	5	6	7	8	9	10	11	12
1~2	—	—	—	—	—	—	—	—	29.00	—	29.00
8~9	—	—	—	—	1.18	1.18	2.3	2.71	—	—	2.71
9~10	—	—	—	—	2.65	2.65	2.3	6.10	—	—	6.10
10~2	—	—	—	—	4.07	4.07	2.3	9.36	—	—	9.36
2~3	24	2.20	0.405	0.89	4.07	4.96	2.3	11.41	—	29.00	40.41
3~4	25	1.38	0.405	0.56	4.96	5.52	2.28	12.59	—	29.00	41.59
11~12	—	—	—	—	1.64	1.64	2.3	3.77	—	—	3.77
12~13	—	—	—	—	3.26	3.26	2.3	7.51	—	—	7.51
13~14	—	—	—	—	4.54	4.54	2.3	10.44	—	—	10.44
14~4	—	—	—	—	6.33	6.33	2.26	14.31	—	—	14.31
4~5	26	2.04	0.405	0.83	11.29	12.12	2.09	25.33	—	29.00	54.33
5~6	27	2.04	0.405	0.83	12.12	12.95	2.06	26.68	—	29.00	55.68
15~16	—	—	—	—	1.78	1.78	2.3	4.09	—	—	4.09
16~17	—	—	—	—	3.73	3.73	2.3	8.58	—	—	8.58
17~18	—	—	—	—	5.27	5.27	2.29	12.07	—	—	12.07
18~6	—	—	—	—	6.69	6.69	2.25	15.05	—	—	15.05
6~7	28	2.40	0.405	0.97	19.64	20.61	1.96	40.40	—	29.00	69.40

本例为河南省某中小城市的建筑小区，居住区人口密度为350人/ha，查综合生活用水量定额可知，其平均综合生活用水量定额为110~180L/（人·d），取平均综合生活用水量定额为125L/（人·d）。假定该建筑小区的给水排水系统的完善程度为一般地区，则综合生活污水量定额取综合生活用水量定额的

80%。于是综合生活污水量定额为 $125 \times 80\% = 100$L/（人·d），则生活污水比流量为

$$q_s = \frac{100 \times 350}{86400} \text{L/(s·ha)} = 0.405 \text{L/(s·ha)}$$

工厂排出的工业废水作为集中流量，在检查井 1 处进入污水管道，相应的设计流量分别为 29L/s。

如图 8-7 和表 8-8 所示，设计管段 1~2 为主干管的起始管段，只有集中流量（工厂经局部处理后排出的工业废水）29L/s 流入，故其设计流量为 29L/s。设计管段 2~3 除转输管段 1~2 的集中流量 29L/s 外，还有本段流量 q_1 和转输流量 q_2 流入。该管段接纳街坊 24 的污水，其街坊面积为 2.20ha（见表 8-7），故本段平均流量为 $q_1 = q_s F = 0.405 \times 2.20$L/s $= 0.89$L/s；该管段的转输流量是从旁侧管段 8~9~10~2 流来的生活污水平均流量，其值为

$$q_2 = q_s F = 0.405 \times (1.21 + 1.70 + 1.43 + 2.21 + 1.21 + 2.28) \text{L/s} = 4.07 \text{L/s}$$

设计管段 2~3 的合计平均流量为 $q_1 + q_2 = 0.89 + 4.07$L/s $= 4.96$L/s，查表 8-1，得 $K_z = 2.3$，故该管段的综合生活污水设计流量为 $Q_1 = 4.96 \times 2.3$L/s $= 11.41$L/s，总设计流量为综合生活污水设计流量与集中流量之和，即：$Q = (11.41 + 29)$L/s $= 40.41$L/s。

其余各管道设计流量的计算方法与上述方法相同。

4. 水力计算

各设计管段的设计流量确定后，即可从上游管段开始依次进行各设计管段的水力计算。本例为初步设计，只进行污水干管和主干管的水力计算（在技术设计和施工图设计中所有管段都要进行水力计算），其计算结果见表 8-9 和表 8-10。

表 8-9　污水干管水力计算表

管段编号	管段长度 L/m	设计流量 Q/(L/s)	管道直径 D/mm	设计坡度 I/‰	设计流速 v/(m/s)	设计充满度 h/D	设计充满度 h/m	降落量 IL/m
1	2	3	4	5	6	7	8	9
8~9	170	2.71	300	3.0	0.60	0.50	0.150	0.51
9~10	160	6.10	300	3.0	0.60	0.50	0.150	0.48
10~2	320	9.36	300	3.0	0.60	0.50	0.150	0.96
11~12	170	3.77	300	3.0	0.60	0.50	0.150	0.51
12~13	160	7.51	300	3.0	0.60	0.50	0.150	0.48
13~14	160	10.44	300	3.0	0.60	0.50	0.150	0.48
14~4	160	14.31	300	3.0	0.60	0.50	0.150	0.48
15~16	170	4.09	300	3.0	0.60	0.50	0.150	0.51
16~17	160	8.58	300	3.0	0.60	0.50	0.150	0.48
17~18	160	12.07	300	3.0	0.60	0.50	0.150	0.48
18~6	160	15.05	300	3.0	0.60	0.50	0.150	0.48

(续)

管段编号	标高 /m						埋设深度 /m	
	地面		水面		管内底			
	上端	下端	上端	下端	上端	下端	上端	下端
	10	11	12	13	14	15	16	17
8~9	88.10	87.60	86.750	86.240	86.600	86.090	1.500	1.510
9~10	87.60	87.15	86.240	85.760	86.090	85.610	1.510	1.540
10~2	87.15	86.10	85.760	84.800	85.610	84.650	1.540	1.450
11~12	88.10	87.55	86.750	86.240	86.600	86.090	1.500	1.460
12~13	87.55	87.10	86.240	85.760	86.090	85.610	1.460	1.490
13~14	87.10	86.60	85.760	85.280	85.610	85.130	1.490	1.470
14~4	86.60	86.00	85.280	84.800	85.130	84.650	1.470	1.350
15~16	88.00	87.50	86.650	86.140	86.500	85.99	1.500	1.510
16~17	87.50	87.05	86.140	85.660	85.990	85.510	1.510	1.540
17~18	87.05	86.65	85.660	85.180	85.510	85.030	1.540	1.620
18~6	86.65	85.80	85.180	84.700	85.030	84.550	1.620	1.250

表 8-10 污水主干管水力计算表

管段编号	管段长度 L/m	设计流量 Q/(L/s)	管道直径 D/mm	设计坡度 I/(‰)	设计流速 v/(m/s)	设计充满度		降落量 IL/m
						h/D	h/m	
1	2	3	4	5	6	7	8	9
1~2	110	29.00	300	2.8	0.71	0.51	0.153	0.308
2~3	250	40.41	400	2.2	0.71	0.48	0.192	0.55
3~4	170	41.59	400	2.2	0.71	0.49	0.196	0.374
4~5	220	54.33	450	2.4	0.77	0.45	0.203	0.528
5~6	240	55.68	500	2.4	0.78	0.40	0.200	0.576
6~7	240	69.40	500	2.4	0.83	0.45	0.225	0.576

管段编号	标高 /m						埋设深度 /m	
	地面		水面		管内底			
	上端	下端	上端	下端	上端	下端	上端	下端
	10	11	12	13	14	15	16	17
1~2	86.20	86.10	84.353	84.045	84.200	83.892	2.000	2.208
2~3	86.10	86.05	83.984	83.434	83.792	83.242	2.308	2.808
3~4	86.05	86.00	83.434	83.060	83.238	82.864	2.812	3.136
4~5	86.00	85.90	83.017	82.489	82.814	82.286	3.186	3.614
5~6	85.90	85.80	82.436	81.860	82.236	81.660	3.664	4.140
6~7	85.80	85.70	81.860	81.284	81.635	81.059	4.165	4.641

水力计算步骤如下：

先进行污水干管的水力计算，在污水干管水力计算的基础上再进行污水主干管的水力计算。

（1）污水干管的水力计算

1）将设计管段编号填入表8-9中第1项，从污水管道平面布置图上按比例量出污水干管每一设计管段的长度，填入表8-9中第2项。

2）将污水干管各设计管段的设计流量填入表8-9中第3项。设计管段起止点检查井处的地面标高填入表8-9中第10、11项。各检查井处的地面标高根据地形图上的等高线标高值，按内插法计算求得。

3）计算每一设计管段的地面坡度，作为确定管道坡度时的参考值。例如，设计管段8~9的地面坡度为$\frac{88.1-87.6}{170}=0.0029$。

4）根据设计管段8~9的设计流量，参照地面坡度估算管径，根据估算的管径查水力计算图得出设计流速、设计充满度和管道的设计坡度。

本例设计管段8~9的设计流量为2.71L/s，而《室外排水设计规范》规定城市街道下污水管道的最小管径为300mm，它在最小设计流速和最大设计充满度条件下的设计流量为26L/s。所以本管段为不计算管段，不再进行水力计算，直接采用最小管径300mm、与最小管径相应的最小设计坡度0.003、最小设计流速0.6m/s、设计充满度$\frac{h}{D}=0.5$。

其他各设计管段的计算方法与此相同。

5）根据设计管段的管径和设计充满度计算设计管段的水深。如设计管段8~9的水深为$\frac{h}{D}D=0.5\times 300\text{mm}=150\text{mm}=0.15\text{m}$，将其填入表8-9中第8项。

6）根据设计管段的长度和管道设计坡度计算管段标高降落量。如设计管段8~9的标高降落量为$IL=0.003\times 170\text{m}=0.51\text{m}$，将其填入表8-9中第9项。

7）求设计管段上、下端的管内底标高和埋设深度。首先要确定管道系统的控制点。本例中各条干管的起点都是该条管道的控制点，假定各条干管起点的埋设深度均为1.5m。

于是8~9管段8点的埋设深度为1.5m，将其填入表8-9中第16项。

8点的管内底标高等于8点的地面标高减8点的埋设深度，即：（88.10-1.5）m=86.60m，将其填入表8-9中第14项。

9点的管内底标高等于8点的管内底标高减8~9管段的标高降落量，即：（86.60-0.51）m=86.09m，将其填入表8-9中第15项。

9点的埋设深度等于9点的地面标高减9点的管内底标高，即：（87.60-86.09）m=1.51m，将其填入表8-9中第17项。

第8章 污水管道系统的设计计算

8）求设计管段上、下端的水面标高。管段上、下端的水面标高等于相应点的管内底标高加水深。如管段8～9中8点的水面标高为（86.60+0.15）m=86.75m，将其填入表8-9中第12项。

9点的水面标高为（86.09+0.15）m=86.24m，将其填入表8-9中第13项。

9点的水面标高也可用8点的水面标高减8～9管段的标高降落量，即：(86.75-0.51) m=86.24m。

其余各管段的计算方法与此相同。

在进行设计管段上下端管内底标高、水面标高的计算时，要注意管道在检查井处的衔接方法，管道衔接方法的不同则其计算方法也不同。

本例中各干管的管径均相同，上下游管道在检查井处均采用水面平接的方法衔接。如设计管段8～9与9～10的管径相同，在9号检查井处采用水面平接的方法衔接，即8～9管段终点（9点）的水面标高与9～10管段起点（9点）的水面标高相同。计算时先计算上游管段终点的水面标高，然后将此水面标高作为下游管段起点的水面标高。8～9管段9点的水面标高为86.24，则9～10管段9点的水面标高为86.24。根据9点的水面标高再计算9点的管内底标高。其余以此类推。

（2）进行主干管的水力计算

1）从污水管道平面布置图上按比例量出污水主干管每一设计管段的长度，填入表8-10中第2项，将设计管段编号填入表8-10中第1项。

2）将污水主干管各设计管段的设计流量填入表8-10中第3项。设计管段起止点检查井处的地面标高填入表8-10中第10、11项。各检查井处的地面标高根据地形图上的等高线标高值，按内插法计算求得。

3）计算每一设计管段的地面坡度，作为确定管道坡度时的参考值。例如，管段1～2的地面坡度为$\frac{86.2-86.1}{110}=0.0009$。

4）根据设计管段1～2的设计流量，参照地面坡度估算管径，根据估算的管径查水力计算图得出设计流速、设计充满度和管道的设计坡度。

本例中设计管段1～2的设计流量为29.00L/s，而《室外排水设计规范》规定城市街道下污水管道的最小管径为300mm，它在最小设计流速和最大设计充满度条件下的设计流量为26L/s。所以本管段应进行水力计算，通过水力计算确定管径、设计坡度、设计流速和设计充满度。

设计流量Q为29.00L/s，若采用最小管径$D=200$mm，当设计坡度达到0.020时，其设计充满度$h/D=0.62$，超过了最大设计充满度的要求，故不采用。放大管径，采用$D=250$mm的管径，在最大充满度为$h/D=0.60$时，坡度为 0.0067，比本管段的地面坡度大得太多。为了使管道的埋设深度不致增加过多，宜采用较小坡度，故需继续放大管径。采用 $D=300\text{mm}$ 的管道，查水力计算图，当 $Q=29.00\text{L/s}$ 时，$v=0.71\text{m/s}$，$h/D=0.51$，$I=0.0028$，均符合控制参数的规定，故采用此管道。将确定的管径、坡度、流速和充满度 4 个数据分别填入表 8-10 中第 4、5、6、7 项。

其余各设计管段的管径、坡度、流速和充满度的计算方法同上。

5）根据管径和充满度求设计管段内的水深。如管段 1~2 的水深为 $h=\frac{h}{D}\times D=0.51\times300\text{mm}=153\text{mm}=0.153\text{m}$，填入表 8-10 中第 8 项。

6）根据设计管段长度和管道的设计坡度求设计管段的标高降落量。如管段 1~2 的标高降落量为 $IL=0.0028\times110\text{m}=0.308\text{m}$，填入表 8-10 中第 9 项。

7）求设计管段上、下端的管内底标高和埋设深度。首先要确定管网系统的控制点。本例中离污水厂最远点的有干管起点 8、11、15 三点及工厂工业废水排出口 1 点，这些点都可能成为管道系统的控制点。8、11、15 三点的埋设深度假定为 1.50m，由此计算出干管与主干管交汇点处的的最大埋设深度为 1.45m。而工厂工业废水排出口的埋设深度为 2.0m，整个管网上又无个别低洼点，故 8、11、15 三点的埋设深度不能控制整个主干管的埋设深度。对主干管埋设深度起决定作用的是 1 点，它是整个管网系统的控制点。控制点确定后，还需确定控制点的埋设深度，然后才能进行管道系统埋设深度的计算。

1 点是主干管的起始点，它的埋设深度受工厂排出口埋深的控制，应大于或等于工厂工业废水排出口埋设深度，由此可以确定控制点（1 点）的埋设深度，假定 1 点的埋设深度为 2.00m，将该值填入表 8-10 中第 16 项。

1 点的管内底标高等于 1 点的地面标高减 1 点的埋深，为（86.20 - 2.00）m = 84.20m，填入表 8-10 中第 14 项。

2 点的管内底标高等于 1 点的管内底标高减管段 1~2 的标高降落量，为（84.20 - 0.308）m = 83.892m，填入表 8-10 中第 15 项。

2 点的埋设深度等于 2 点的地面标高减 2 点的管内底标高为（86.10 - 83.892）m = 2.208m，填入表 8-10 中第 17 项。

8）求设计管段上、下端的水面标高。管段上下端的水面标高等于相应点的管内底标高加水深。

如管段 1~2 中 1 点的水面标高为（84.20 + 0.153）m = 84.353m，填入表 8-10 中第 12 项。

2 点的水面标高为（83.892 + 0.153）m = 84.045m，填入表 8-10 中第 13 项。

根据管段在检查井处采用的衔接方法，可确定下游管段的管内底标高。

例如，管段 1~2 与 2~3 的管径不同，采用管顶平接。即管段 1~2 与 2~3 在 2 点处的管顶标高应相同。在管段 1~2 中，2 点的管顶标高为 (83.892 + 0.3) m = 84.192m，于是管段 2~3 中 2 点的管顶标高也为 84.192m，2 点的管内底标高为 (84.192 - 0.4) m = 83.792m。其中 0.3、0.4 分别为管段 1~2、2~3 的设计管径。

求出 2 点的管内底标高后，按照前面讲的方法即可求出 3 点的管内底标高和 2、3 两点的水面标高及埋设深度。

又如管段 2~3 与 3~4 管径相同，采用水面平接。即管段 2~3 与 3~4 在 3 点处的水面标高应相同。先计算管段 2~3 中 3 点的水面标高，于是便得到了管段 3~4 中 3 点的水面标高，然后用管段 3~4 中 3 点的水面标高减去管段 3~4 的降落量，便可求得 4 点的水面标高。用 3、4 两点的水面标高减去管段 3~4 中的水深便得出相应点的管内底标高，进一步可求出 3、4 点的埋设深度。

其他各管段的计算方法与此相同。

在进行管道水力计算时，应注意下列问题：

1）必须进行深入细致地研究，慎重地确定管道系统的控制点。这些控制点经常位于设计区域的最远或最低处，它们的埋设深度控制该设计区域内污水管道的最小埋深。各条管道的起点、低洼地区的个别街坊和污水出口较深的工业企业或公共建筑都是控制点的研究对象。

2）必须细致研究管道敷设坡度与管线经过地段的地面坡度之间的关系，使确定的管道敷设坡度，在满足最小设计流速要求的前提下，既不使管道的埋深过大，又便于旁侧支管顺畅接入。

3）在水力计算自上游管段依次向下游管段进行时，随着设计流量的逐段增加，设计流速也应相应增加。如流量保持不变，流速也不应减小。只有当坡度大的管道接到坡度小的管道时，如下游管段的流速已大于 1m/s（陶土管）或 1.2m/s（混凝土、钢筋混凝土管），设计流速才允许减小。设计流量逐段增加，设计管径也应逐段增大；如设计流量变化不大，设计管径也不能减小；但当坡度小的管道接到坡度大的管道时，管径可以减小，但缩小的范围不得超过 50~100mm，同时不得小于最小管径的要求。

4）在地面坡度太大的地区，为了减小管内水流速度，防止管壁遭受冲刷，管道坡度往往需要小于地面坡度。这就有可能使下游管段的覆土厚度无法满足最小限值的要求，甚至超出地面，因此应在适当的位置处设置跌水井，管段之间采用跌水井衔接。在旁侧支管与干管的交汇处，若旁侧支管的管内底标高比干管的管内底标高大得太多，此时为保证干管有良好的水力条件，应在旁侧支管上先设跌水井，然后再与干管相接。反之，则需在干管上先设跌水井，使干管的埋深增大后，旁侧支管再接入。跌水井的构造详见第 9 章。

5) 水流通过检查井时，常引起局部水头损失。为了尽量降低这项损失，检查井底部在直线管段上要严格采用直线，在管道转弯处要采用匀称的曲线。通常直线检查井可不考虑局部水头损失。

6) 在旁侧支管与干管的连接点上，要保证干管的已定埋深允许旁侧支管接入。同时，为避免旁侧支管和干管产生逆水和回水，旁侧支管中的设计流速不应大于干管中的设计流速。

7) 为保证水力计算结果的正确可靠，同时便于参照地面坡度确定管道坡度和检查管道间衔接的标高是否合适等，在水力计算的同时应尽量绘制管道的纵剖面草图。在草图上标出所需要的各个标高，以使管道水力计算正确、衔接合理。

8) 初步设计时，只进行主要干管和主干管的水力计算。技术设计和施工图设计时，要进行所有管段的水力计算。

5. 绘制管道的平面图和纵剖面图

水力计算完成后，将求得的管径、坡度和管段长度标注在图 8-7 上，该图即是本例题的管道平面图。

将水力计算的全部数据标注在管道的纵剖面图上。本例题主干管的纵剖面图如图 8-8 所示。

污水管道平面图和纵剖面图的绘制方法，详见 8.4。

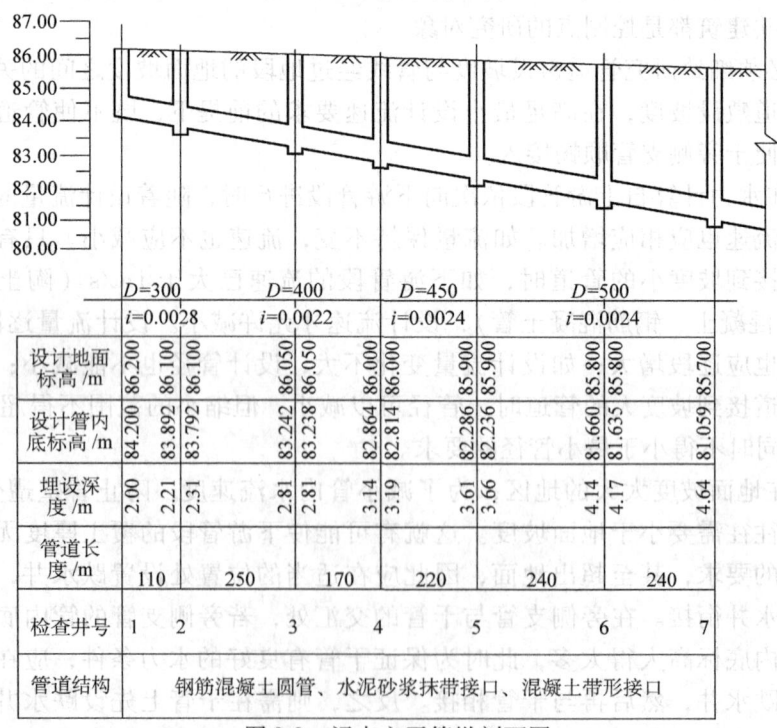

图 8-8 污水主干管纵剖面图

8.4 排水管道工程图

污水管道的平面图和纵剖面图，是污水管道设计的主要图样。根据设计阶段的不同，图样上的内容和表现的深度也不相同。

8.4.1 管道平面图的绘制

初步设计阶段的管道平面图就是管道的总体布置图。在平面图上应有地形、地物、风玫瑰或指北针等，并标出干管和主干管的位置。已有和设计的污水管道用粗（0.9mm）单实线表示，其他均用细（0.3mm）单实线表示。在管线上画出设计管段起止点的检查井并编上号码，标出各设计管段的服务面积和可能设置的泵站或其他附属构筑物的位置，以及污水厂和出水口的位置。每一设计管段都应注明管段长度、设计管径和设计坡度。图样的比例尺通常采用 1:5000~1:10000。此外，图上应有管道的主要工程项目表、图例和必要的工程说明。

技术设计或施工图设计阶段的管道平面图，要包括详细的资料。除反映初步设计的要求外，还要标明检查井的准确位置及与其他地下管线或构筑物交叉点的具体位置、高程；建筑小区污水干管或工厂废水排出管接入城市污水支管、干管或主干管的位置和标高；图例、工程项目表和施工说明。比例尺通常采用 1:1000~1:5000。

8.4.2 管道纵剖面图的绘制

管道纵剖面图反映管道沿线高程位置，它是和平面图相对应的。

初步设计阶段一般不绘制管道的纵剖面图，有特殊要求时可绘制。

技术设计或施工图设计阶段要绘制管道的纵剖面图。图上用细（0.3mm）单实线表示原地面高程线和设计地面高程线，用粗（0.9mm）双实线表示管道高程线，用细（0.3mm）双竖线表示检查井。图中应标出沿线旁侧支管接入处的位置、管径、标高；与其他地下管线、构筑物或障碍物交叉点的位置和高程；沿线地质钻孔位置和地质情况等。在剖面图下方用细（0.3mm）实线画一个表格，表中注明检查井编号、管段长度、设计管径、设计坡度、地面标高、管内底标高、埋设深度、管道材料、接口形式、基础类型等。有时也将设计流量、设计流速和设计充满度等数据注明。采用的比例尺，一般横向比例与平面图一致；纵向比例为 1:50~1:200，并与平面图的比例相适应，确保纵剖面图纵、横两个方向的比例相协调。

施工图设计阶段，除绘制管道的平、纵剖面图外，还应绘制管道附属构筑物 的详图和管道交叉点特殊处理的详图。附属构筑物的详图可参照《给水排水

204 给水排水管道系统

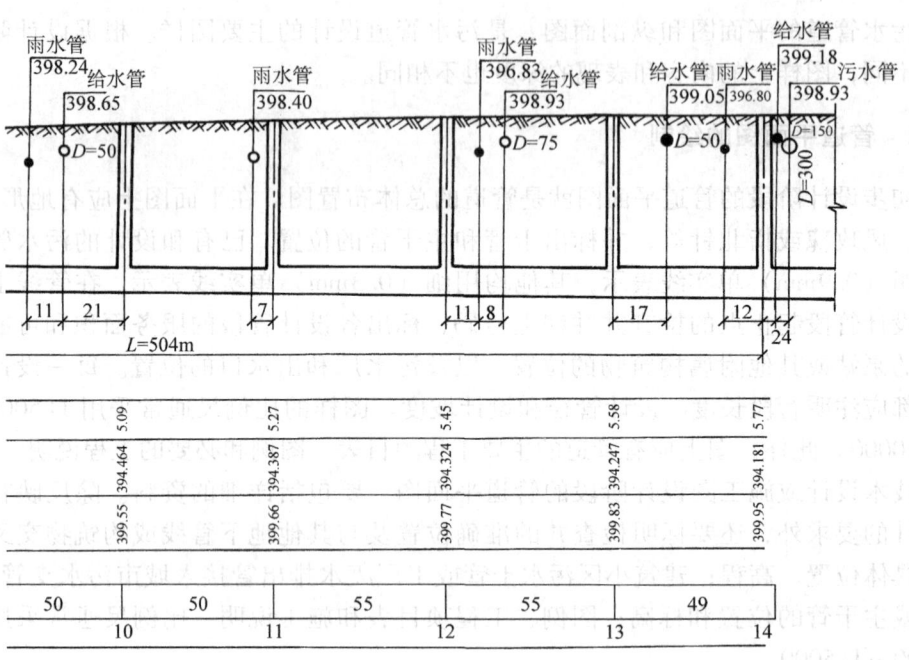

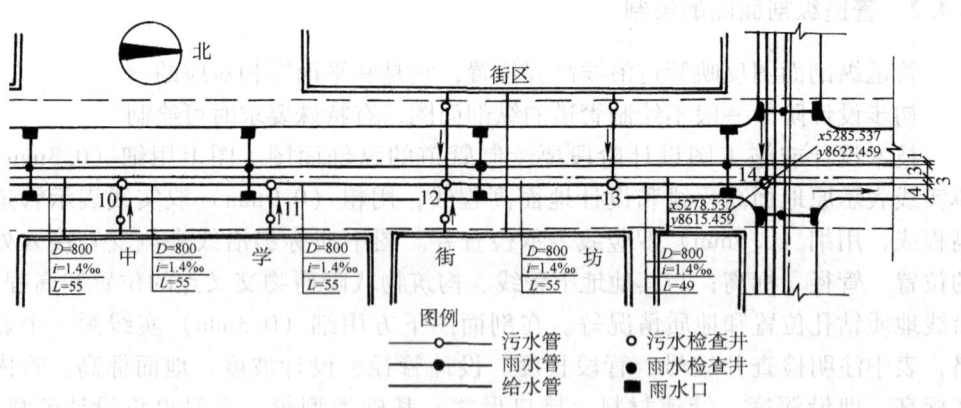

图 8-9 某污水管道扩大初步设计阶段的

第8章 污水管道系统的设计计算

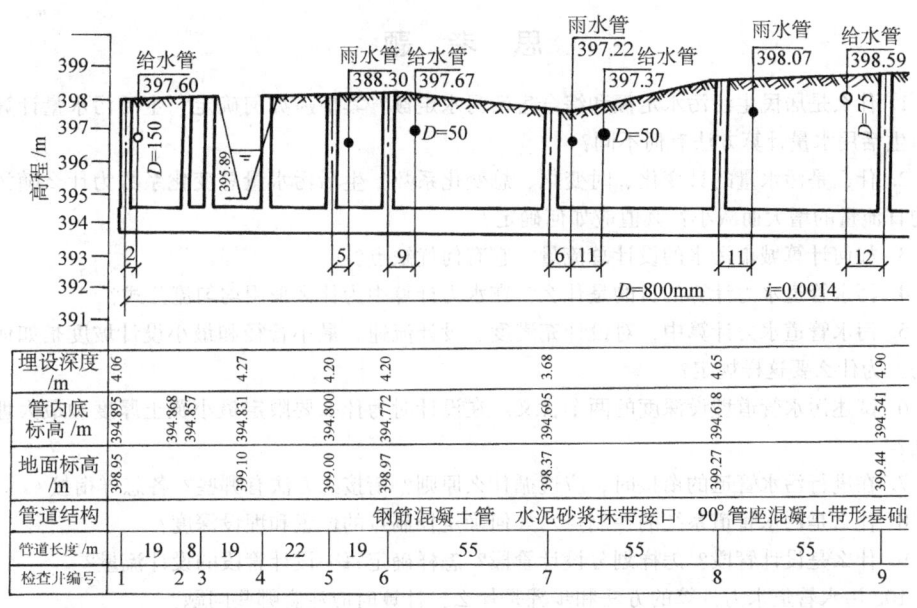

(2)

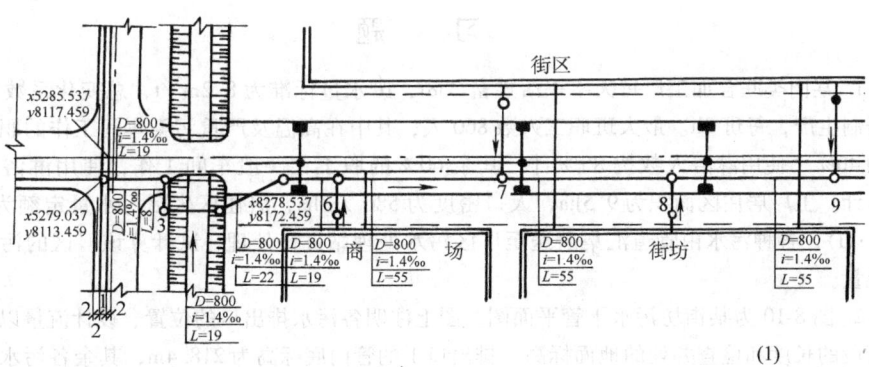

(1)

部分管道平面图和纵剖面图

标准图集》中的标准图结合本工程的实际情况绘制。

为便于平面图与纵剖面图对照查阅，通常将平面图和纵剖面图绘制在同一张图样上（图8-9为某污水管道扩大初步设计阶段的一部分管道平面图和纵剖面图）。

思 考 题

1. 什么是居民生活污水定额和综合生活污水定额？其值应如何确定？生活污水量计算方法与生活用水量计算方法有何不同？
2. 什么是污水量的日变化、时变化、总变化系数？生活污水量总变化系数为什么随污水平均日流量的增大而减小？其值应如何确定？
3. 如何计算城市污水的设计总流量？它有何优缺点？
4. 污水管道水力计算的目的是什么？在水力计算中为什么采用均匀流公式？
5. 污水管道水力计算中，对设计充满度、设计流速、最小管径和最小设计坡度是如何规定的？为什么要这样规定？
6. 试述污水管道埋设深度的两个含义。在设计时为什么要限定最小覆土厚度和最大埋设深度？
7. 在进行污水管道的衔接时，应遵循什么原则？衔接的方法有哪些？各怎样衔接？
8. 什么是污水管道系统的控制点？如何确定控制点的位置和埋设深度？
9. 什么是设计管段？怎样划分设计管段？怎样确定每一设计管段的设计流量？
10. 污水管道水力计算的方法和步骤是什么？计算时应注意哪些问题？
11. 怎样绘制污水管道的平、纵剖面图？

习 题

1. 某肉类联合加工厂每天宰杀活牲畜258t，废水量标准为8.2m³/t，总变化系数为1.8，三班制生产，每班8h。最大班职工人数860人，其中在高温及严重污染车间工作的职工占总数的40%，使用淋浴人数按85%计；其余60%的职工在一般车间工作，使用淋浴人数按30%计。工厂居住区面积为9.5ha，人口密度为580人/ha，居住区生活污水量定额为160L/（人·d），各种污水由管道汇集后送至厂区污水处理站进行处理，试计算该厂区的污水设计总流量。

2. 图8-10为某街坊污水干管平面图。图上注明各污水排出口的位置、设计流量以及各设计管段的长度和检查井处的地面标高。排出口1的管内底标高为218.4m，其余各污水排出口的埋深均小于1.6m。该地区土壤无冰冻。要求列表进行干管的水力计算，并将计算结果标注在平面图上。

3. 某市一个建筑小区的平面布置如图8-11所示。该建筑小区的人口密度为400人/ha，居住区污水量定额为140L/（人·d），工厂的生活污水设计流量为8.24L/s，淋浴污水设计流量为6.84L/s，生产污水设计流量为2.64L/s。工厂排出口接管点处的地面标高为34.0m，管内底标高为32.0m。该城市夏季主导风向为西南风，土壤最大冰冻深度为0.75m，河流的最高水位标高为28.0m。试根据上述条件确定如下内容：

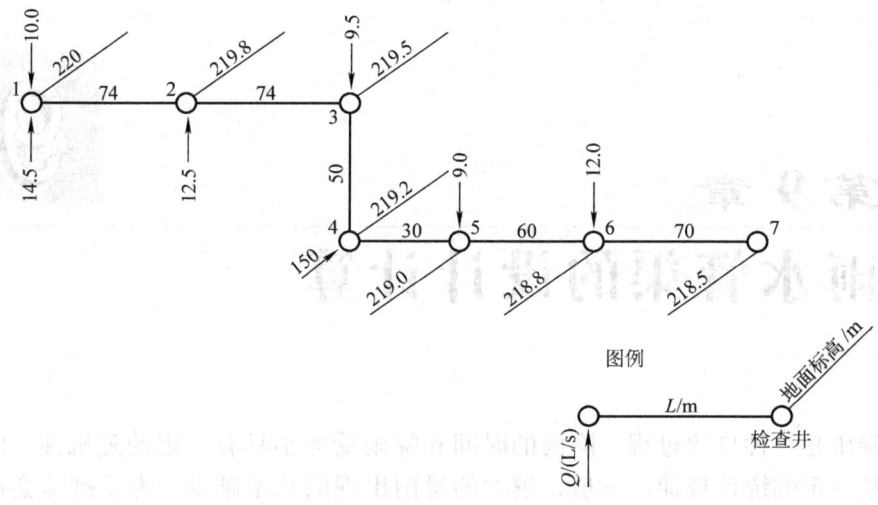

图 8-10　某街坊污水干管平面图

(1) 进行该小区污水管道系统的定线，并确定污水厂的位置。
(2) 进行从工厂接管点至污水厂各管段的水力计算。
(3) 按适当比例在 2 号图纸上绘制管道的平面图和主干管的纵剖面图。

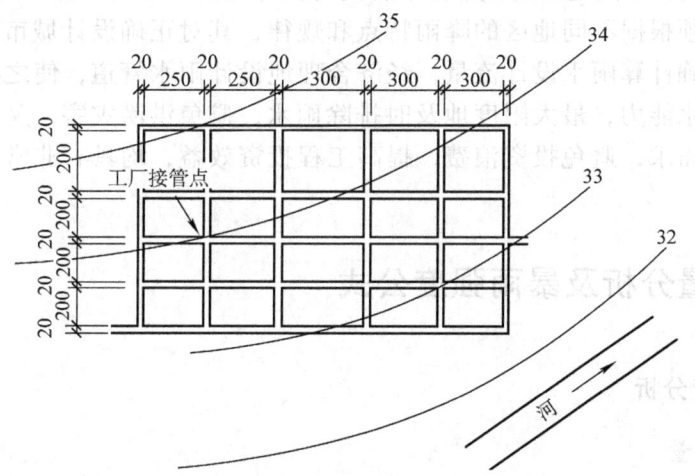

图 8-11　某街坊平面图

第 9 章
雨水管渠的设计计算

　　降雨是一种自然过程，降雨的时间和降雨量大小具有一定的随机性，同时又服从一定的统计规律。一般，越大的暴雨出现的几率越少。为了排除会产生严重危害的某一场大暴雨的雨水，必须耗用巨资建设具有相应排水能力的雨水排除系统——雨水管网，而该系统投入使用的机会也许很长时间才会有一次。特别值得注意的是，我国地域宽广，气候差异很大，南方多雨，年平均降雨量可高达 1600mm，而北方干旱少雨，西北内陆个别地区年平均降雨量不足 200mm。因此，不同地区的城市排水管网的设计规模和投资具有很大差别。降雨量的计算必须根据不同地区的降雨特点和规律，其对正确设计城市雨水管渠特别重要。正确计算雨水设计流量，经济合理地设计雨水管道，使之具有合理的和最佳的排水能力，最大限度地及时排除雨水，避免洪涝灾害，又不使建设规模超过实际需求，避免投资浪费，提高工程投资效益，均具有非常重要的意义和价值。

9.1 雨量分析及暴雨强度公式

9.1.1 雨量分析

1. 降雨量

　　降雨量指单位地面面积上在一定时间内降雨的雨水体积，其计量单位为（体积/时间）/面积。由于体积除以面积等于长度，所以降雨量的单位又可以采用长度/时间。这时降雨量又称为单位时间内的降雨深度。常用的降雨量统计数据计量单位有：

　　年平均降雨量：指多年观测的各年降雨量的平均值，计量单位用 mm/a；

　　月平均降雨量：指多年观测的各月降雨量的平均值，计量单位用 mm/月；

　　最大日降雨量：指多年观测的各年中降雨量最大的一日的降雨量，计量单位用 mm/d。

降雨量可用雨量计测得,图 9-1 所示为虹吸式自记雨量计。

2. 雨量的数据整理

自记雨量计所记录的数据一般是每场雨的累积降雨量（mm）和降雨时间（h）之间的对应关系,如图 9-2 所示。以降雨时间为横坐标和以累计降雨量为纵坐标绘制的曲线称为降雨量累积曲线。降雨量累积曲线上某一点的斜率即为该时间的降雨瞬时强度。将降雨量在该时间段内的增量除以该时间段长度,可以得到描述单位时间内的累积降雨量,即该段降雨历时的平均降雨强度。

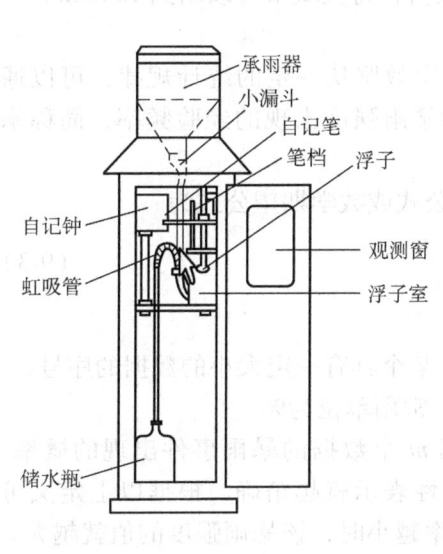

图 9-1 虹吸式自记雨量计

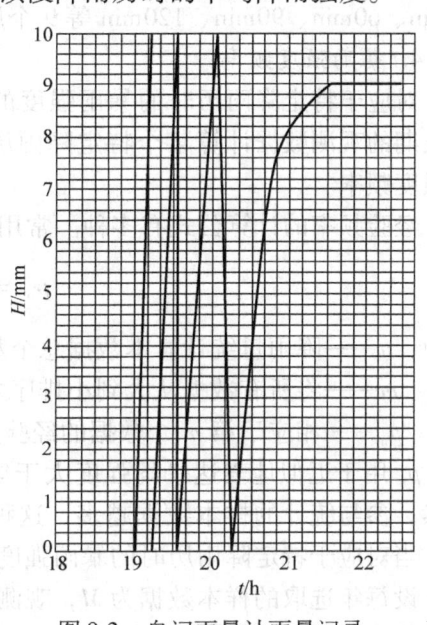

图 9-2 自记雨量计雨量记录

3. 降雨历时和暴雨强度

在降雨量累积曲线上取某一时间段 t,称为降雨历时。如果该降雨历时覆盖了降雨的雨峰时间,则上面计算的数值即为对应于该降雨历时的暴雨强度,降雨历时区间取得越宽,计算得出的暴雨强度就越小。

暴雨强度用符号 i 表示,常用单位为 mm/min,也可为 mm/h。设单位时间 t 内的平均降雨深度为 H,则其关系为

$$i = \frac{H}{t} \tag{9-1}$$

在工程上,暴雨强度亦常用单位时间内单位面积上的降雨量 q 表示,单位用（L/s）/hm²。

采用以上计量单位时,由于 1mm/min = 1 (L/m²)/min = 10000 (L/min)/hm²,

可得 i 和 q 之间的换算关系为

$$q = \frac{10000}{60}i = 167i \quad (9\text{-}2)$$

式中　q——降雨强度 [（L/s）/hm^2]；

　　　i——降雨强度（mm/min）。

就雨水管渠设计而言，有意义的是找出降雨量最大的那个时段内的降雨量。因此，暴雨强度的数值与所取的连续时间段 t 的跨度和位置有关。在城市暴雨强度公式推求中，经常采用的降雨历时为 5min、10min、15min、20min、30min、45min、60min、90min、120min 等 9 个历时数值，特大城市可以用到 180min。

4. 暴雨强度频率

对应于特定降雨历时的暴雨强度的出现次数服从一定的统计规律，可以通过长期的观测数据计算某个特定降雨历时的暴雨强度出现的经验频率，简称暴雨强度频率。

经验频率的计算公式有多种。常用均值公式或数学期望公式为

$$p_n = \frac{m}{n+1} \quad (9\text{-}3)$$

式中　n——降雨量统计样本数据总个数；

　　　m——将所有数据从大到小排序之后，某个具有一定大小的数据的序号；

　　　p_n——相应于第 m 个数据的经验频率，常用单位为 %。

p_n 用于近似地表达暴雨强度大于等于第 m 个数据的暴雨事件出现的概率。显然，参与统计的样本数据越多，这种近似性表示就越精确。根据以上定义可知，当对应于特定降雨历时的暴雨强度的频率越小时，该暴雨强度的值就越大。

设每年选取的样本数据为 M，观测资料的年限为 N，当每年只取一个代表性样本数据组成统计序列时，降雨量统计样本数据总个数 n 为资料年数（即 $n = N$），求出的频率值 p_n 称为"年频率"（年最大值法）；而当每年取多个样本数据 M 组成统计序列时，降雨量统计样本数据总个数 $n = NM$，求出的频率值称为"次频率"（一年多次法）。"年频率"和"次频率"统称为经验频率，并统一以 p_n 表示，其公式为

年频率

$$p_n = \frac{m}{N+1} \times 100\% \quad (9\text{-}4)$$

次频率

$$p_n = \frac{m}{NM+1} \times 100\% \quad (9\text{-}5)$$

式中　M——每年选取的雨样数；

　　　N——观测资料的年限。

在坐标纸上以经验频率为横坐标,暴雨强度为纵坐标,按数据点的分布绘制的曲线称为经验频率曲线,如图9-3所示。

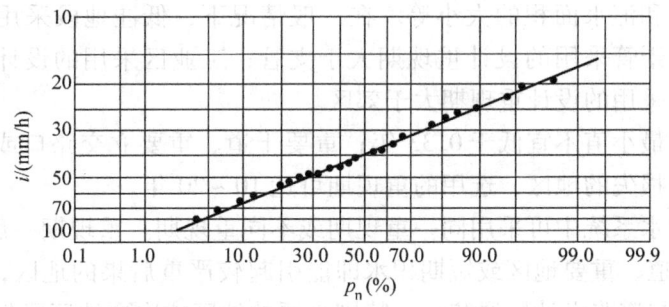

图9-3 经验频率曲线

5. 暴雨强度重现期

工程上常用比较容易理解的"重现期"来等效地替代较为抽象的频率概念。重现期的定义是指在多次的观测中,事件数据值大于等于某个设定值重复出现的平均间隔年数,单位为年(a)。

重现期与经验频率之间的关系可直接按定义由下式表示

$$p = \frac{1}{p_n} \tag{9-6}$$

需要指出,重现期是从统计平均的概念引出的。某一暴雨强度的重现期等于p,并不是说大于等于暴雨强度的降雨每隔p年就会发生一次。p年重现期是指在相当长的一个时间序列(远远大于p年)中,大于等于该指标的数据平均出现的可能性为$1/p$,而且这种可能性对于这个时间序列中的每一年都是一样的,发生大于等于该暴雨强度的事件在时间序列中的分布也并不是均匀的。对于某一个具体的p年时间段而

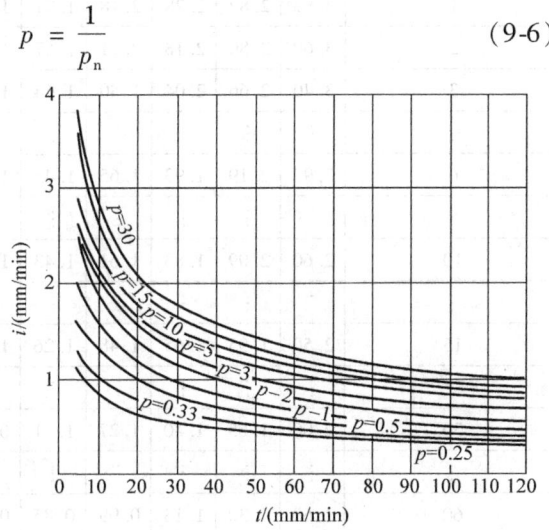

图9-4 i-t-p关系曲线

言,大于等于该强度的暴雨可能出现一次,也可能出现数次或根本不出现。重现期越大,降雨强度越大,如图9-4所示。

如果在雨水排水管网的设计中使用较高的设计重现期,则计算的设计排水量就较大,排水管网系统设计规模相应增大,排水顺畅,但该排水系统的建设

投资就比较高;反之,则投资较小,但安全性差。确定设计重现期的因素主要有排水区域的重要性、功能(如广场、干道、工厂或居住区)、淹没后果严重性、地形特点和汇水面积的大小等。在一般情况下,低洼地段采用的设计重现期大于高地;干管采用的设计重现期大于支管;工业区采用的设计重现期大于居住区;市区采用的设计重现期大于郊区。

重现期的最小值不宜低于 0.33 年;重要干道、重要立交路口或短期积水即能引起较严重损失的地区,选用的重现期可达 10~20 年。

在同一排水系统中可采用同一重现期或不同重现期。重现期一般选用 0.5~3 年,重要干道、重要地区或短期积水即能引起较严重后果的地区,一般选用 2~5 年,并应与道路设计协调统一。特别重要的地区或次要地区可根据实际情况对重现期值予以调整。

表 9-1 为某城市在不同历时的暴雨强度统计数据,表达了该市的降雨规律。

表 9-1　某城市不同历时暴雨强度统计数据

序号 i/(mm/min)	t/min								经验频率 p_n(%)	重现期 p/a
	5	10	15	20	30	45	60	90	120		
1	3.82	2.82	2.28	2.18	1.71	1.48	1.38	1.08	0.97	0.83	30
2	3.60	2.80	2.18	2.11	1.67	1.38	1.37	1.08	0.97	1.65	15
3	3.40	2.66	2.04	1.80	1.64	1.36	1.30	1.07	0.91	2.48	10
⋮	⋮	⋮	⋮	⋮	⋮	⋮	⋮	⋮	⋮	⋮	⋮
6	2.92	2.19	1.93	1.65	1.45	1.25	1.18	0.92	0.78	4.96	5
⋮	⋮	⋮	⋮	⋮	⋮	⋮	⋮	⋮	⋮	⋮	⋮
10	2.60	2.09	1.83	1.61	1.43	1.11	0.99	0.76	0.72	8.26	3
⋮	⋮	⋮	⋮	⋮	⋮	⋮	⋮	⋮	⋮	⋮	⋮
15	2.50	1.95	1.65	1.48	1.26	1.02	0.96	0.70	0.58	12.40	2
⋮	⋮	⋮	⋮	⋮	⋮	⋮	⋮	⋮	⋮	⋮	⋮
30	2.00	1.65	1.40	1.27	1.11	0.90	0.78	0.59	0.50	24.79	1
⋮	⋮	⋮	⋮	⋮	⋮	⋮	⋮	⋮	⋮	⋮	⋮
60	1.60	1.30	1.13	0.99	0.85	0.68	0.60	0.47	0.40	49.59	0.5
⋮	⋮	⋮	⋮	⋮	⋮	⋮	⋮	⋮	⋮	⋮	⋮
90	1.24	1.06	0.92	0.84	0.70	0.58	0.51	0.40	0.34	74.38	0.33
⋮	⋮	⋮	⋮	⋮	⋮	⋮	⋮	⋮	⋮	⋮	⋮
120	1.08	0.94	0.76	0.70	0.60	0.50	0.44	0.33	0.27	99.17	0.25

值得注意的是:当采用"年频率"法统计的资料计算重现期 p 时,可直接应用式(9-4)和式(9-6)进行计算,而采用"次频率"法统计的资料计算重

现期 p 时,则不能直接应用式(9-5)和式(9-6)计算,因为"次频率"法是在一年当中选取多个(一般 6~8 个)样本,然后再从中选取资料年数的 3~4 倍的最大值,作为统计的基础资料。表 9-1 中,降雨量统计样本数据的总个数是按 30 年的 4 倍选取的,即:$n = NM = 30 \times 4 = 120$。如用式(9-5)和式(9-6)直接计算表 9-1 中序号 $m = 1$ 时的重现期 p,则

$$p = \frac{1}{p_n} = \frac{NM + 1}{m} = \frac{30 \times 4 + 1}{1} = 121$$

计算结果表示,该强度的暴雨在大于等于 121 次可能发生(重现)一次的可能性,并无时间间隔的概念。显然不符合重现期 p 为"在多次观测中,事件数据值大于等于某个设定值重复出现的平均间隔年数(a)"的定义。因此,在采用"次频率"法统计数据计算重现期 p 时,应在式(9-5)的分子上引入观测资料的年限 N,即

$$p_n = \frac{mN}{NM + 1} \tag{9-7}$$

把式(9-7)代入式(9-6),得重现期为

$$p = \frac{1}{p_n} = \frac{NM + 1}{mN} \tag{9-8}$$

以式(9-8)可求得表 9-1 中序号 1、2、3、6、10、15、30、60、90、120 相对应的重现期 p 分别为 30、15、10、5、3、2、1、0.5、0.33、0.25(a)。

9.1.2 暴雨强度曲线与暴雨强度公式

1. 暴雨强度曲线

根据气象方面有关规定,一日(24h)内,降雨量超过 50mm 或 1h 内降雨量超过 16mm,都称为暴雨。雨水管渠系统所要排除的雨水,绝大部分是在较短促的时间内降落的,属暴雨性质。在自记录雨量计记录纸上选出每场暴雨进行分析,绘出其强度 i、历时 t 和重现期 p 的关系曲线,绘制方法如下。

在普通坐标纸上,以降雨历时 t 为横坐标,暴雨强度 i(或 q)为纵坐标,将所求重现期相同的各历时的暴雨强度 i_5、i_{10}、i_{15}、i_{20}、i_{30}、i_{45}、i_{60}、i_{90}、i_{120} 点绘在坐标纸上,然后将各点连成光滑曲线,这些曲线表示,在某重现期 p、暴雨强度 i 与降雨历时 t 三者之间的关系,称暴雨强度曲线,如图 9-4 所示。

2. 暴雨强度公式

根据数理统计理论,暴雨强度 i(或 q)与降雨历时 t 和重现期 p 之间的关系,可用一个经验函数表示,称为暴雨强度公式。其函数形式可以有多种。根据不同地区的适用情况,可以采用不同的公式。《室外排水设计规范》中规定,我国采用的暴雨强度公式的形式为

$$q = \frac{167A_1(1 + c\lg p)}{(t + b)^n} \tag{9-9}$$

式中　　q——设计暴雨强度 [（L/s）/hm²]；

　　　　p——设计重现期（a）；

　　　　t——降雨历时（min）；

A_1、c、b、n——地方参数（待定参数），根据统计方法进行计算确定。

当 $b = 0$ 时

$$q = \frac{167A_1(1 + c\lg p)}{t^n} \tag{9-10}$$

当 $n = 1$ 时

$$q = \frac{167A_1(1 + c\lg p)}{t + b} \tag{9-11}$$

在具有 10 年以上自动雨量记录的地区，暴雨强度公式中的待定参数可按以下步骤，用统计方法进行计算确定。而在自动雨量记录不足 10 年的地区，可参照附近气象条件相似地区的资料。

1）计算降雨历时分别采用 5min、10min、15min、20min、30min、45min、60min、90min、120min 共 9 个历时。计算降雨重现期一般按 0.25 年、0.33 年、0.5 年、1 年、2 年、3 年、5 年、10 年统计。当有需要或资料条件较好（资料年数≥20 年、子样点的排列比较规律）时，也可统计高于 10 年的重现期。如表 9-1 中所统计的重现期为 $p = 30a$。

2）取样方法宜采用每年多个样法。即在每年的每个历时选择 6~8 个最大值，然后不论年次，将每个历时的子样数据按大小次序排列，再从中选择资料年数的 3~4 倍的数目的最大值，作为统计的基础资料。

3）所选取的各降雨历时的数据一般应采用频率曲线加以调整。根据确定的频率曲线，得出重现期、降雨强度和降雨历时三者之间的关系，即 p、i、t 关系值，如图 9-4 所示。

4）根据 p、i、t 关系值求解 A_1、c、b 和 n 各个参数。可用解析法或图解法等方法进行。

5）计算抽样误差和暴雨强度公式均方差。一般按绝对均方差计算，也可辅以相对均方差计算。当计算重现期在 0.25~10 年范围内时，平均绝对均方差不宜大于 0.05mm/min。在较大降雨强度的地方，平均相对均方差不宜大于 5%。

我国部分大城市的暴雨强度公式的参数如表 9-2 所示。其他主要城市的降雨量公式可参见《给水排水设计手册》第 5 册，可直接选用。对于目前尚无暴雨强度公式的城镇，可借用临近气象条件相似城市的暴雨强度公式。附录 E 摘录了我国部分城市的暴雨强度公式，可供设计时使用。

表 9-2　我国部分大城市暴雨强度公式参数表

城市名称	资料年数	暴雨强度公式参数			
		A_1	c	b	n
北京	40	10.662	8.842	7.857	0.679
上海	41	17.812	14.668	10.472	0.766
天津	15	49.586	39.846	25.334	1.012
南京	40	16.962	11.914	13.228	0.775
杭州	15	10.600	7.736	6.403	0.686
广州	10	11.163	6.646	5.033	0.625
成都	17	20.154	13.371	18.768	0.784
昆明	16	8.918	6.133	10.247	0.649
西安	19	37.603	50.124	30.177	1.077
哈尔滨	34	17.932	17.036	11.770	0.880

9.1.3　降雨面积和汇水面积

降雨面积是指每一场降雨所笼罩的地面面积。汇水面积是指雨水管渠所汇集和排除雨水的地面面积，用 F 表示，常以公顷 hm^2 或平方公里 km^2 为单位。

一般的大暴雨能覆盖 $1\sim 5km^2$ 的地区，有时可高达数千 km^2。一场暴雨在其整个降雨的面积上雨量分布并不均匀。但是，对于城市排水系统，汇水面积一般较小，一般小于 $100km^2$，其最远点的集水时间往往不超过 $3\sim 5h$，大多数情况下，集水时间不超过 $60\sim 120min$。在这种小汇水面积上降雨分布不均匀对其影响较小。因此，可以假定降雨量在城市排水小区面积上是均匀分布的，采用自记录雨量计所测得的局部地点的降雨量数据可以近似代表整个汇水面积上的降雨量。

9.2　雨水管渠设计流量的确定

雨水管渠系统的作用，是最大可能地排除汇水面积上产生的最大径流量，而最大径流量的确定是设计雨水管渠断面尺寸的重要依据。对于城市雨水管渠汇集雨水径流的面积较小，因此，可采用小汇水面积暴雨径流推理公式计算雨水管渠的设计流量。

9.2.1　雨水设计流量计算公式

雨水管渠的设计流量按下式计算

$$Q = \psi q F \tag{9-12}$$

式中 Q——雨水设计流量（L/s）；

ψ——径流系数，径流量和降雨量的比值，其值小于1；

F——汇水面积（hm^2）；

q——设计暴雨强度[L/（s·hm^2）]。

式（9-12）是根据一定的假设条件，由雨水径流成因推导而得出的，和实际有一定差异，是半经验半理论的公式，也称为推理公式。假定：①暴雨强度在汇水面积上的分布是均匀的；②单位时间径流面积的增长为常数；③汇水面积内地面坡度均匀；④地面不透水，$\psi=1$。下面通过降雨径流过程的分析，对式（9-12）的应用进行说明。

图 9-5 所示是一块扇形的汇水面积，其边界线是 ab、ac 直线和 bc 弧组成。雨水从汇水面积上任意一点流到集水点 a 所需的时间，称为该点的集流时间。a 点为集流点（如雨水口，管道某一断面等）。因为假定汇水面积内地面坡度均匀，则以 a 为圆心所划的圆弧线 de、fg、hi 和 bc 为等流时线，每条等流时线上各点的雨水流到 a 点的时间是相等的。分别为 τ_1、τ_2、τ_3 和 τ_0，汇水面积上最远点的雨水流到集水点的时间称为该汇水面积的集流时间，可见该点的集流时间最长。

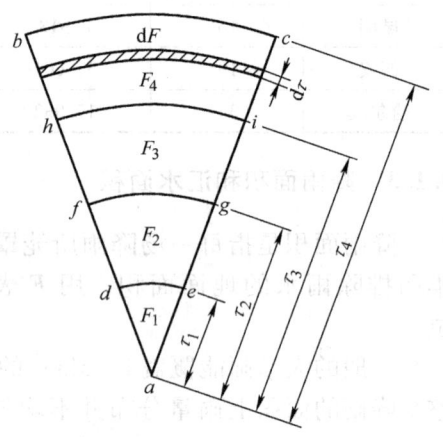

图 9-5 流域汇流过程示意

在地面上降雨产生径流开始后不久（$t<\tau_0$），在 a 点所汇集的流量仅来自靠近 a 点的小块面积上的雨水，这时离 a 点较远的面积上的雨水仅流至途中。随着降雨时间增长，汇水面积不断增长，就有愈来愈大面积上的雨水汇流到 a 点，当 $t=\tau_0$ 时，汇水面积上最远点的雨水流到 a 点，此时，全部汇水面积参与径流，集水点 a 处产生的径流量达到最大。

当降雨继续进行（即 $t>\tau_0$），这时由于汇水面积不再增加，而暴雨强度随着降雨历时的增加而减小，所以集水点 a 处的径流量比 $t=\tau_0$ 时小，当 $t<\tau_0$ 时，虽然暴雨强度比 $t=\tau_0$ 时大，但此时的暴雨强度对径流量的影响远不如汇水面积产生的影响大。因此集水点 a 处的径流量也比 $t=\tau_0$ 时要小。

通过分析可知，只有当 $t=\tau_0$ 时，汇水面积全部参与径流，集水点 a 处将产生最大径流量。这一概念称为极限强度法。其基本要点是：以汇水面积上最远点的径流时间作为集水时间计算暴雨强度，用全部汇水面积作为服务面积，所得雨水流量最大，可作为雨水管道的设计流量。

9.2.2 雨水管段设计流量的计算

在图 9-6 中，Ⅰ、Ⅱ、Ⅲ、Ⅳ为相毗邻的四个街区。设汇水面积 $F_Ⅰ = F_Ⅱ = F_Ⅲ = F_Ⅳ$，雨水从各块面积上最远点分别流入雨水口所需的集水时间均为 τ（min）。1~2、2~3、3~4、4~5 分别为设计管段，试确定各设计管段的雨水流量。

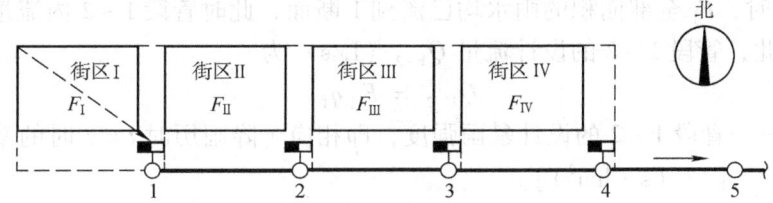

图 9-6　雨水管道设计管段流量计算示意图

从图 9-6 可知，四个街区的地形均为北高南低，道路是西高东低，雨水管道沿道路中心线敷设，道路断面呈拱形，为中间高、两侧低。降雨时，降落在地面上的雨水顺着地形坡度流到道路两侧的边沟中，道路边沟的坡度和地形坡度一致。雨水沿着道路的边沟流到雨水口经检查井流入雨水管道。Ⅰ街区的雨水（包括路面上雨水），在 1 号检查井集中，流入管段 1~2。Ⅱ街区的雨水在 2 号检查井集中，并同Ⅰ街区经管段 1~2 流来的雨水汇合后流入管段 2~3。Ⅲ街区的雨水在 3 号检查井集中，同Ⅰ街区和Ⅱ街区流来的雨水汇合后流入管段 3~4。其他依次类推。

已知管段 1~2 的汇水面积为 $F_Ⅰ$，检查井 1 为管段 1~2 的集水点。由于汇水面积上各点离集水点 1 的距离不同，所以在同一时间内降落到 $F_Ⅰ$ 面积上各点的雨水，就不可能同时到达集水点 1，同时到达集水点 1 的雨水则是不同时间降落到地面上的雨水。

集水点同时能汇集多大面积上的雨水量，和降雨历时的长短有关。如雨水从降雨面积最远点流到集水点 1 所需的集水时间为 20min，而这场降雨只下 10min 就停了，待汇水面积上的雨水流到集水点时，降落在离集水点 1 附近面积上的雨水早已流过去了。也就是说，同时到达集水点 1 的雨水只能来自 $F_Ⅰ$ 中的一部分面积，随着降雨历时的延长，就有愈来愈大面积上的雨水到达集水点 1，当恰好降雨历时 $t = 20$min 时，则第 1min 降落在最远点的雨水与第 20min 降落在集水点 1 附近的雨水同时到达，这时，集水点 1 处的径流量达到最大。

通过上述分析可知，汇水面积是随着降雨历时 t 的增长而增加，当降雨历时等于集水时间时，汇水面积上的雨水全部流到集水点，则集水点产生最大雨水量。

为便于求得各设计管段相应雨水设计流量,作几点假设:①汇水面积随降雨历时的增加而均匀增加;②降雨历时大于或等于汇水面积最远点的雨水流到设计断面的集水时间 ($t \geq \tau_0$);③地面坡度的变化是均匀的,径流系数 ψ 为定值,且 $\psi = 1.0$。

(1) 管段 1~2 的雨水设计流量的计算 管段 1~2 是收集汇水面积 F_I (hm²) 上的雨水,设最远点的雨水流到 1 断面的时间为 τ (min),只有当降雨历时 $t = \tau$ 时,F_I 全部面积的雨水均已流到 1 断面,此时管段 1~2 内流量达到最大值。因此,管段 1~2 的设计流量 Q_{1-2} (L/s) 为

$$Q_{1-2} = F_I q_1$$

式中 q_1——管段 1~2 的设计暴雨强度,即相应于降雨历时 $t = \tau$ 时的暴雨强度 [L/(s·hm²)]。

(2) 管段 2~3 的雨水设计流量计算 当 $t = \tau$ 时,全部 F_{II} 和部分 F_I 面积上的雨水流到 2 断面,此时管段 2~3 的雨水流量不是最大。只有当 $t = \tau + t_{1-2}$ 时,F_I 和 F_{II} 全部面积上的雨水均流到 2 断面,此时管段 2~3 雨水流量达到最大值。设计管段 2~3 的雨水设计流量 Q_{2-3} (L/s) 为

$$Q_{2-3} = (F_I + F_{II}) q_2$$

式中 q_2——管段 2~3 的设计暴雨强度,是用 ($F_I + F_{II}$) 面积上最远点雨水流行时间求得的降雨强度。即相应于 $t = \tau + t_{1-2}$ 的暴雨强度 [L/(s·hm²)];

t_{1-2}——管段 1~2 的管内雨水流行时间 (min)。

同理可求得管段 3~4 及 4~5 的雨水设计流量分别为

$$Q_{3-4} = (F_I + F_{II} + F_{III}) q_3$$
$$Q_{4-5} = (F_I + F_{II} + F_{III} + F_{IV}) q_4$$

式中 q_3、q_4——分别为管段 3~4、4~5 的设计暴雨强度,即相应于是用 $t = \tau + t_{1-2} + t_{2-3}$ 和 $t = \tau + t_{1-2} + t_{2-3} + t_{3-4}$ 的暴雨强度,[L/(s·hm²)];

t_{2-3}、t_{3-4}——分别为管道 2~3、3~4 的管内雨水流行时间 (min)。

由上可知,各设计管段的雨水设计流量等于该管段所承担的全部汇水面积和设计暴雨强度的乘积。各设计管段的设计暴雨强度是相应于该管段设计断面的集水时间的暴雨强度,因为各设计管段的集水时间不同,所以各管段的设计暴雨强度亦不同。在使用计算公式 $Q = \psi q F$ 时,应注意到随着排水管道计算断面位置不同,管道的计算汇水面积也不同,从汇水面积最远点到不同计算断面处的集水时间 (其中也包括管道内雨水流行时间) 也是不同的。因此,在计算平均暴雨强度时,应采用不同的降雨历时 t_i。

根据上述分析,雨水管道的管段设计流量,是该管道上游节点断面的最大

流量。在雨水管道设计中，应根据各集水断面节点上的集水时间 t_i 正确计算各管段的设计流量。

9.3 雨水管道设计数据的确定

降落在地面上的雨水，并不是全部都流入雨水管道系统的，雨水管道系统的设计流量，只是相应汇水面积上全部降雨量的一部分。

9.3.1 径流系数的确定

降落到地面上的雨水，在沿地面流行的过程中，形成地面径流，地面径流的流量称为雨水地面径流量。由于渗透、蒸发、植物吸收、洼地截流等原因，最后流入雨水管道系统的只是其中的一部分。因此将雨水管道系统汇水面积上地面雨水径流量与总降雨量的比值称为径流系数，用符号 ψ 表示，即

$$\psi = \frac{径流量}{降雨量} \tag{9-13}$$

根据定义，其值小于 1。

影响径流系数 ψ 的因素很多，如汇水面积上地面覆盖情况、建筑物的密度与分布地形、地貌、地面坡度、降雨强度、降雨历时等。其中影响径流系数 ψ 的主要因素是汇水面积上的地面覆盖情况和降雨强度的大小。例如，地面覆盖为屋面、沥青或水泥路面，均为不透水性，其值就大；而绿地、草坪、非铺砌路面则可截留、渗透部分雨水，其值就小。如地面坡度较大，雨水流动快，降雨强度大，降雨历时较短，就会使得雨水径流的损失较小，径流量增大，ψ 值增大。相反，会使雨水径流损失增大，ψ 值减小。由于影响 ψ 值的因素很多，故难以精确地确定其值。目前，在设计计算中通常根据地面覆盖情况按经验来定。《室外排水设计规范》（GB 50101—2005）中有关径流系数 ψ 的取值见表 9-3。

表 9-3 径流系数 ψ 值

地面种类	径流系数 ψ
各种屋面、混凝土和沥青路面	0.85 ~ 0.95
大块铺砌路面和沥青表面处理的碎石路面	0.55 ~ 0.65
级配碎石路面	0.40 ~ 0.50
干砌砖石和碎石路面	0.35 ~ 0.45
非铺砌土路面	0.25 ~ 0.35
公园和绿地	0.10 ~ 0.20

实际设计计算中，在同一块汇水面积上，兼有多种地面覆盖的情况，需要计算整个汇水面积上的平均径流系数 ψ_{av} 值。平均径流系数 ψ_{av} 值是按各类地面面积用加权平均法计算而得到，即

$$\psi_{av} = \frac{\Sigma(F_i \psi_i)}{F} \tag{9-14}$$

式中　ψ_{av}——汇水面积上的平均径流系数；

　　　F_i——汇水面积上各类地面的面积（hm^2）；

　　　ψ_i——相应于各类地面的径流系数；

　　　F——全部汇水面积（hm^2）。

【例9-1】　某小区各类地面 F_i 及 ψ_i 值见表9-4，试求该小区平均径流系数 ψ_{av} 值。

【解】　由表9-4求得 $F = \Sigma F_i = 5.0 hm^2$，则

$$\psi_{av} = \frac{\Sigma(F_i \psi_i)}{F}$$

$$= \frac{1.6 \times 0.9 + 0.8 \times 0.9 + 0.8 \times 0.4 + 0.9 \times 0.3 + 0.9 \times 0.15}{5.0}$$

$$= 0.577$$

表9-4　某小区平均径流系数计算表

地面种类	面积 F_i / hm^2	采用 ψ_i
屋面	1.6	0.90
沥青道路及人行道	0.8	0.90
圆石路面	0.8	0.40
非铺砌土路面	0.9	0.30
绿地	0.9	0.15
合　　计	5.0	0.577

在实践中，计算平均径流系数时要分别确定总汇水面积上的地面种类及相应的地面面积，计算工作量很大，甚至有时得不到准确数据。因此，在设计中可采用区域综合径流系数。国内部分城市采用的综合径流系数 ψ 值见表9-5。

一般城市市区的综合径流系数采用 $\psi = 0.5 \sim 0.8$，城市郊区的径流系数采用 $\psi = 0.4 \sim 0.6$。随着各城市规模的不断扩大，不透水的面积亦迅速增加，在设计时，应从实际情况考虑，综合径流系数可取较大值。《室外排水设计规范》（GB 50101—2005）推荐的城市综合径流系数取值见表9-6。

表 9-5　国内部分城市采用的综合径流系数

城市	综合径流系数 ψ	城市	综合径流系数 ψ
上海	一般 0.50~0.60，最大 0.80，新建小区 0.40~0.44，某工业区 0.40~0.50	北京	建筑极稠密的中心区 0.70 建筑密集的商业、居住区 0.60 城郊一般规划区 0.55
无锡	一般 0.50，中心区 0.70~0.75	西安	城区 0.54，郊区 0.43~0.47
常州	0.55~0.60	齐齐哈尔	0.30~0.50
南京	0.50~0.70	佳木斯	0.30~0.45
杭州	小区 0.60	哈尔滨	0.35~0.45
宁波	0.50	吉林	0.45
长沙	0.60~0.90	营口	郊区 0.38，市区 0.45
重庆	一般 0.70，最大 0.85	白城	郊区 0.35，市区 0.38
沙市	0.60	四平	0.39
成都	0.60	通辽	0.38
广州	0.50~0.90	浑江	0.40
济南	0.60	唐山	0.50
天津	0.30~0.90	保定	0.50~0.70
兰州	0.60	昆明	0.60
贵阳	0.75	西宁	半建成区 0.30，基本建成区 0.50

表 9-6　城市综合径流系数

区域情况	ψ 值
城市建筑密集区	0.60~0.85
城市建筑较密集区	0.45~0.60
城市建筑稀疏区	0.20~0.45

9.3.2　设计暴雨强度的确定

由于各地区的气候条件不同，降雨的规律也不同，因此各地的降雨强度公式也不同（附录 E）。虽然，不同地区暴雨强度公式各异，但都反映出降雨强度与重现期 p 和降雨历时 t 之间的函数关系，即 $q=f(p,t)$，可见，在公式中只要确定重现期 p 和降雨历时 t，就可由公式求得暴雨强度 q 值。

1. 设计重现期 p 的确定

由暴雨强度公式可知，暴雨强度随着重现期 p 不同而不同。对应于同一降雨历时，若 p 大，暴雨强度 q 则大；反之，重现期小，暴雨强度则小。由雨水管道设计流量公式 $Q=\psi qF$ 可知，在径流系数 ψ 不变和汇水面积 F 一定的条件下，暴雨强度 q 越大，则雨水设计流量 Q 也越大。

可见，在设计计算中若采用较高的设计重现期，则计算的雨水设计流量就越大，雨水管道的设计断面则相应增大，排水通畅，管道相应的汇水面积上积水的可能性将会减少，安全性高，但会增加工程的造价；反之，可降低工程造价，地面积水可能性大，可能发生排水不畅，甚至不能及时排除雨水，将会给生活、生产造成经济损失。

确定设计重现期要考虑设计地区建设的性质、功能（广场、干道、工业区、商业区、居住区）、淹没后果的严重性、地形特点、汇水面积的大小和气象特点等。

一般情况下，低洼地段采用的设计重现期应大于高地；干管采用的设计重现期应大于支管；工业区采用的设计重现期应大于居住区。市区采用的设计重现期应大于郊区。

设计重现期 p 的最小值不宜低于 0.33a，一般地区选用 0.5~3a，对于重要干道或短期积水可能造成严重损失的地区，一般选用 3~5a，并应与道路设计相协调。特别重要的地区，可根据实际情况采用较高的设计重现期。例如，北京天安门广场的雨水管道，其设计重现期是按 $p = 10a$ 考虑的。此外，在同一设计地区，可采用同一重现期或不同重现期。

我国地域辽阔，各地气候、地形条件及排水设施差异较大，因此，在选用设计重现期时，必须根据设计地区的具体条件，从技术和经济方面统一考虑。表 9-7 为国内部分城市采用的雨水管渠的设计重现期，可供参考。

表 9-7 国内部分城市采用的重现期 p 值

序号	城市	采用的重现期 p/a
1	北京	一般地形的居住区或市区间道路 0.33~0.50 不利地形的居住区或一般城市道路 0.50~1.00 城市干道、中心区 1.00~2.00 特殊重要地区或盆地 3.00~10.00 立交路口 1.00~3.00
2	上海	市区 0.50~1.00 某工业区的生活区 1.00，厂区一般车间 2.00，大型、重要车间 5.00
3	天津	1.00
4	南京	0.50~1.00
5	杭州	0.33~1.00
6	广州	一般地区 1.00~2.00，重要地区 2.00~20.00
7	西安	1.00~3.00
8	昆明	0.50
9	成都	1.00
10	哈尔滨	0.50~1.00

2. 设计降雨历时的确定

根据极限强度法原理，当 $t = \tau$ 时，相应的设计断面上产生最大雨水流量。因此，在设计中采用汇水面积上最远点雨水流到设计断面的集流时间 τ 作为设计降雨历时 t。对于雨水管道某一设计断面来说，集水时间 t 是由地面雨水集水时间 t_1 和管内雨水流行时间 t_2 两部分组成（图 9-7）。所以，设计降雨历时可用下式表达

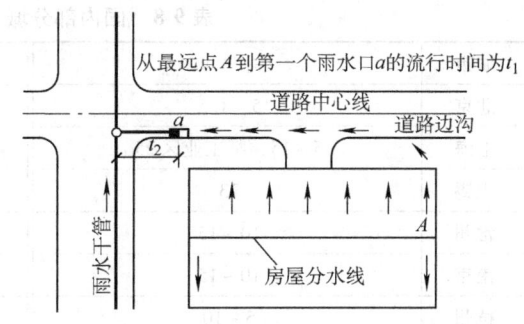

图 9-7　设计断面集水时间示意图

$$t = t_1 + mt_2 \tag{9-15}$$

式中　t——设计降雨历时（min）；

t_1——地面雨水集水时间（min）；

t_2——设计管段管内雨水流行时间（min）；

m——折减系数，暗管 $m = 2$，明渠 $m = 1.2$，陡坡地区暗管采用 $1.2 \sim 2$。

（1）地面雨水集水时间 t_1 的确定　地面雨水集水时间 t_1 是指雨水从汇水面积上最远点 A 到第 1 个雨水口 a 的地面雨水流行时间。

地面雨水集水时间 t_1 的大小，主要受地形坡度、地面铺砌及地面植被情况、水流路程的长短、道路的纵坡和宽度等因素的影响，这些因素直接影响水流沿地面或边沟的流行速度。其中，雨水流程的长短和地面坡度的大小，是影响集水时间最主要的因素。

在实际应用中，要准确地确定 t_1 值较为困难，故通常不予计算而采用经验数值。根据《室外排水设计规范》中规定：一般采用 $5 \sim 15 \text{min}$。按经验，一般在汇水面积较小，地形较陡，建筑密度较大，雨水口分布较密的地区，宜采用较小的 t_1 值，可取 $t_1 = 5 \sim 8 \text{min}$ 左右，而在汇水面积较大，地形较平坦，建筑密度较小，雨水口分布较疏的地区，t_1 宜采用较大值，可取 $t_1 = 10 \sim 15 \text{min}$。起点检查井上游地面雨水流行距离以不超过 $120 \sim 150 \text{m}$ 为宜。

在设计计算中，应根据设计地区的具体情况，合理选择，若 t_1 选择过大，将会造成排水不畅，以致使管道上游地面经常积水；若 t_1 选择过小，又将因加大管道的断面尺寸而增加工程造价。国内部分城市采用的 t_1 值见表 9-8。

（2）管内雨水流行时间 t_2 的确定　管内雨水流行时间 t_2 是指雨水在管内从第一个雨水口流到设计断面的时间。它与雨水在管内流经的距离及管内雨水的流行速度有关，可用下式计算

表 9-8　国内部分城市采用的 t_1 值

城市	t_1/min	城市	t_1/min
北京	5～1.5	重庆	5
上海	5～15，某工业区 25	哈尔滨	10
无锡	23	吉林	10
常州	10～15	营口	10～30
南京	10～15	白城	20～40
杭州	5～10	兰州	10
宁波	5～15	西宁	15
广州	15～20	西安	<100m，5；100～200m，8
天津	10～15	西安	<300m，10；300～400m，13
武汉	10	太原	10
长沙	10	唐山	15
成都	10	保定	10
贵阳	12	昆明	12

$$t_2 = \Sigma \frac{L}{60v} \qquad (9\text{-}16)$$

式中　t_2——管内雨水流行时间（min）；

　　　L——各设计管段的长度（m）；

　　　v——各设计管段满流时的流速（m/s）；

　　　60——单位换算系数。

（3）折减系数 m 值的确定　由极限强度法的原理可知，只有当 $t = \tau_0$ 时，设计断面的雨水流量才能达到最大值。当 $t < \tau_0$ 和 $t > \tau_0$ 时，设计断面的流量和流速并非达到设计状况，实际上，雨水管道内的设计流量是由零逐渐增加到设计流量的。因此，管道内的水流速度也是由零逐渐增加到设计流速的。雨水在管内的实际流行时间大于设计水流时间。考虑其他原因，前苏联苏林教授经大量观测，发现大多数雨水管道中的雨水流行时间比按最大流量计算的流行时间大 20%，建议用 1.2 系数乘以用满流时的流速计算出的管内雨水流行时间 t_2，即 1.2t_2，这一系数称为苏林系数。

此外，雨水管道各管段的设计流量是按照相应于该管段的集水时间的设计暴雨强度来设计计算的。因此在一般情况下，各管段的最大流量不大可能在同一时间内发生，如图 9-8 所示。

管段 1～2 的最大流量发生在 $t = t_1$ 时，其管径按满流设计为 $D_{1\text{-}2}$，而管段 2～3 的最大流量则发生在 $t = t_1 + t_{1\text{-}2}$ 时，其管径按满流设计为 $D_{2\text{-}3}$。当 $D_{1\text{-}2}$ 出现

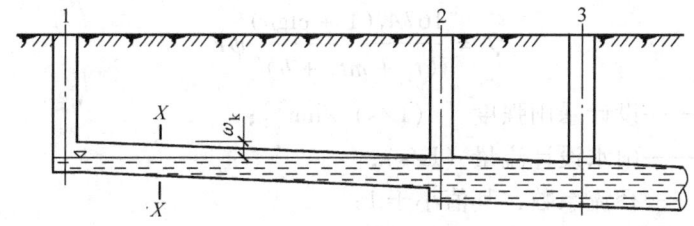

图 9-8 雨水管道的空隙容积

最大流量时,此时 D_{2-3} 只是部分充满;当管段 2~3 内达到最大流量时,其上游管段 1~2 的最大流量已过。由于暴雨强度 q 一般随降雨历时的增长而减小,此时 ($t = t_1 + t_{1-2}$) 管段 1~2 的流量虽然降低,但 D_{1-2} 是不变的,所以在沿 1~2 的长度内的管段断面就出现了没有充满水的空隙面积 ω_k,在 D_{1-2} 内形成一定空间,即为管道的空隙容量。

上述表明,当下游管段达到设计流量时,上游管段的设计流量已经过去,在上游管段内,将出现空隙容量,管道中的空隙容量对水流可起缓冲和调蓄作用,从而削减其高峰流量,达到减小管道断面尺寸,降低工程造价的目的。

然而,这种调蓄作用,只有当该管段内水流处于压力流条件下,才可能实现。因为只有处于压力流的管段的水位高于其上游管段非满流时的水位时,才能在水位差作用下形成回水,迫使水流逐渐向上游管段空隙处流动,而充满其空隙。由于这种回水造成的滞流状态,使管道内实际流速低于设计流速,所以应使管内实际雨水流行时间 t_2 增大。经研究分析,为利用管道的调蓄能力,建议将管内雨水流行时间增加 1.67 倍,即 $1.67t_2$。

根据以上研究,按极限强度法计算的重力流雨水管道存在空隙容量,为利用空隙容量起调节作用,以达到减小管道的设计断面,减少投资的目的,提出折减系数 m 的概念。m 值的含义是:由于缩小管道排水的断面尺寸而使上游管道蓄水,必然会增长排水时间。因此,采用了延长管道中雨水流行时间的办法,达到适当折减设计流量,减小管道断面尺寸的要求。所以,折减系数实际是苏林系数和管道调蓄利用系数两者的乘积,所以折减系数 $m = 2.0$。

为使计算简便,《室外排水设计规范》中规定:暗管采用 $m = 2.0$。对于明渠,为防止雨水外溢的可能,应采用 $m = 1.2$。在陡坡地区,不能利用空隙容量,暗管采用 $m = 1.2 \sim 2.0$。

综上所述,当设计重现期、设计降雨历时、折减系数确定后,计算雨水管渠的设计流量所用的设计暴雨强度公式及流量公式可写成

$$q = \frac{167A_1(1 + c \lg p)}{(t_1 + mt_2 + b)^n} \tag{9-17}$$

$$Q = \frac{167A_1(1+c\lg p)}{(t_1+mt_2+b)^n}\psi F \tag{9-18}$$

式中　　q——设计暴雨强度[(L/s)/hm²];

Q——雨水设计流量(L/s);

ψ——径流系数,其值小于1;

F——汇水面积(hm²);

p——设计重现期(a);

t_1——地面集水时间(min);

t_2——管渠内雨水流行时间(min);

m——折减系数;

A_1、c、b、n——地方参数。

对于雨水设计管段 i 的流量计算公式可写为

$$Q_i = \frac{167A_1(1+c\lg p)}{(t_1+mt_2+b)^n}\Sigma\psi_i F_i \quad (i=1,2,3,\cdots,n) \tag{9-19}$$

式中　Q_i——第 i 管段雨水设计流量(L/s);

F_i——第 i 管段所承担的汇水面积(hm²);

ψ_i——第 i 管段所承担的汇水面积上的径流系数。

其他符号意义同上。

例如,某小区如图9-9所示,共划分为 n 个排水区域,a 点为雨水汇水面积上的最远点,设从 a 点到第一个雨水口地面集水时间为 t_1,则各管段设计流量为

$$Q_1 = \frac{167A_1(1+c\lg p)}{(t_1+mt_2+b)^n}\psi_1 F_1$$

$$Q_2 = \frac{167A_1(1+c\lg p)}{\left(t_1+m\dfrac{L_1}{60v_1}+b\right)^n}(\psi_1 F_1 + \psi_2 F_2)$$

$$Q_3 = \frac{167A_1(1+c\lg p)}{\left[t_1+m\left(\dfrac{L_1}{60v_1}+\dfrac{L_2}{60v_2}\right)+b\right]^n}(\psi_1 F_1 + \psi_2 F_2 + \psi_3 F_3)$$

$$Q_n = \frac{167A_1(1+c\lg p)}{\left[t_1+m\left(\dfrac{L_1}{60v_1}+\dfrac{L_2}{60v_2}+\dfrac{L_3}{60v_3}+\cdots+\dfrac{L_n}{60v_n}\right)+b\right]^n}$$
$$\times(\psi_1 F_1 + \psi_2 F_2 + \psi_3 F_3 + \cdots + \psi_n F_n)$$

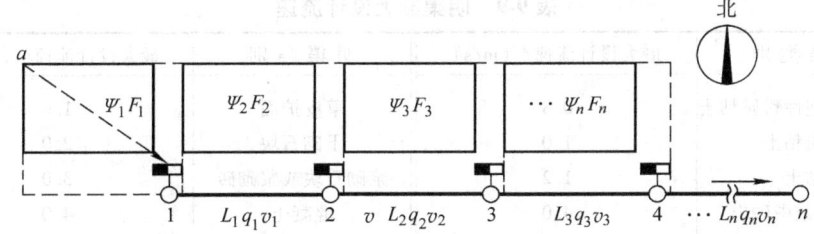

图 9-9 雨水管段设计流量示意图

9.3.3 单位面积径流量的确定

单位面积径流量 q_0 [L/(s·hm^2)] 是暴雨强度 q 与径流系数 ψ 的乘积，即

$$q_0 = q\psi = \frac{167A_1(1 + c\lg p)}{(t_1 + mt_2 + b)^n}\psi \tag{9-20}$$

对于某一具体工程来说，式中 p、t_1、ψ、A_1、b、c、n 均为已知数。因此，只要求得符合各计算管段内的雨水流行时间 t_2，即可求出相应设计管段的 q_0 值。则相应设计雨水流量为

$$Q = q_0 F$$

式中　F——汇水面积（hm^2）。

9.3.4 雨水管渠水力计算设计参数

为避免发生淤积和冲刷，保证雨水管渠的正常工作，《室外排水设计规范》对雨水管渠水力计算的基本参数作了如下规定。

（1）设计充满度　由于雨水较污水清洁，对水体及环境污染较小。因暴雨时径流量大，相应较高设计重现期的降雨历时一般不会很长。允许雨水管渠溢流，以减少工程投资。因此，雨水管渠按满流来设计，即充满度 $h/D = 1$。对于明渠，超高不得小于 0.2m。街道边沟，超高应大于等于 0.3m。

（2）设计流速　因为雨水管渠内的沉淀物一般是泥砂、煤屑等，为防止雨水中所夹带的泥砂等无机物在管渠内淤积而堵塞管道，《室外排水设计规范》中规定，雨水管渠（满流时）的最小设计流速为 0.75m/s。由于明渠内发生淤积后易于清除、疏通，所以可采用较低的设计流速，一般明渠内最小设计流速为 0.4m/s。

为防止管壁及渠壁因冲刷而损坏，雨水管道最大设计流速为：金属管道为 10m/s，非金属管道为 4m/s，明渠最大设计流速则根据其内壁材料的抗冲刷性质，按设计规范选用（表9-9）。

表9-9　明渠最大设计流速

明渠类别	最大设计流速/（m/s）	明渠类别	最大设计流速/（m/s）
粗砂或低塑性粉质粘土	0.8	草皮护面	1.6
粉质粘土	1.0	干砌石块	2.0
粘土	1.2	浆砌石块或浆砌砖	3.0
石灰岩或中砂岩	4.0	混凝土	4.0

注：1. 表中数据适用于明渠水深为 $h=0.4\sim1.0\mathrm{m}$ 范围内。
　　2. 如 h 在 $0.4\sim1.0\mathrm{m}$ 范围以外时，表中所列的流速应乘以下系数：
　　　　$h<0.4\mathrm{m}$，系数 0.85；
　　　　$1.0\mathrm{m}<h<2.0\mathrm{m}$，系数 1.25；
　　　　$h\geqslant2.0\mathrm{m}$，系数 1.40。

为了不被淤积和冲刷，雨水管渠的设计流速应在最小流速与最大流速范围内选取。

（3）最小管径　《室外排水设计规范》中规定，在街道下的雨水管道，最小管径为300mm，雨水口连接管最小管径为200mm。

（4）最小坡度　雨水管道的设计坡度，直接影响管道的埋深和工程造价。设计时应慎重考虑，在保证管道不淤积的前提下，尽可能采用小坡度。

此外，在设计中，要力求使管道的设计坡度和地面坡度平行或一致，以尽量减少土方量，降低工程造价。在地势平坦，土质又较差的地区，尤为重要。关于雨水管道最小设计管径和最小坡度的规定，见表9-10。

表9-10　雨水管道最小管径和最小坡度

管道类别	最小管径/mm	最小设计坡度
雨水管道和合流管道	300	0.003
雨水口连接管	200	0.01

（5）最小埋深与最大埋深　具体规定与污水管道相同。

（6）管渠的断面形式　雨水管渠一般采用圆形断面，当直径超过2000mm时也可采用矩形、半椭圆形或马蹄形断面，明渠一般采用梯形断面。

9.3.5　雨水管道水力计算方法

雨水管道水力计算仍按均匀流考虑，其水力计算公式与污水管道相同。但按满流计算，即：$h/D=1$。

在设计计算中，常采用根据式（3-19）、式（3-20）绘制成的水力计算图（附录F）或水力计算表（表9-11）。在工程设计中，通常是在选定管材后，n 值即为已知数，雨水管道通常选用的是混凝土或钢筋混凝土管，其管壁粗糙系数 n 一般采用0.013。设计流量 Q 是经过计算后求得的已知数。因此只剩下3个

未知数 D、v 及 I。在实际应用中，可参考地面坡度假定管底坡度，并根据设计流量值，从水力计算图或水力计算表中求得 D 及 v 值，并使所求得的 D、v、I 值符合水力计算基本参数的规定。

表 9-11　钢筋混凝土圆管水力计算表（满流）（$D=300$mm $n=0.013$）

I (‰)	v/ (m/s)	Q/ (L/s)	I (‰)	v/ (m/s)	Q/ (L/s)	I (‰)	v/ (m/s)	Q/ (L/s)
0.6	0.335	23.68	3.4	0.798	56.41	6.2	1.077	76.13
0.7	0.362	25.59	3.5	0.809	57.19	6.3	1.086	76.77
0.8	0.387	27.36	3.6	0.821	58.04	6.4	1.094	77.33
0.9	0.410	28.98	3.7	0.832	58.81	6.5	1.103	77.97
1.0	0.433	30.61	3.8	0.843	59.59	6.6	1.111	78.54
1.1	0.454	32.09	3.9	0.854	60.37	6.7	1.120	79.17
1.2	0.474	33.51	4.0	0.865	61.15	6.8	1.128	79.74
1.3	0.493	34.85	4.1	0.876	61.92	6.9	1.136	80.30
1.4	0.512	36.19	4.2	0.887	62.70	7.0	1.145	80.94
1.5	0.530	37.47	4.3	0.897	63.41	7.1	1.153	81.51
1.6	0.547	38.67	4.4	0.907	64.12	7.2	1.161	82.07
1.7	0.564	39.87	4.5	0.918	64.89	7.3	1.169	82.64
1.8	0.580	41.00	4.6	0.928	66.31	7.4	1.177	83.20
1.9	0.596	42.13	4.7	0.938	66.60	7.5	1.185	88.77
2.0	0.612	43.26	4.8	0.948	67.01	7.6	1.193	84.33
2.1	0.627	44.32	4.9	0.958	67.72	7.7	1.200	84.88
2.2	0.642	45.38	5.0	0.967	68.36	7.8	1.208	85.39
2.3	0.656	46.37	5.1	0.977	69.06	7.9	1.216	85.96
2.4	0.670	47.36	5.2	0.987	69.77	8.0	1.224	86.52
2.5	0.684	48.35	5.3	0.996	70.41	8.1	1.231	87.02
2.6	0.698	49.34	5.4	1.005	71.04	8.2	1.239	87.58
2.7	0.711	50.26	5.5	1.015	71.75	8.3	1.246	88.08
2.8	0.724	51.18	5.6	1.024	72.39	8.4	1.254	88.65
2.9	0.737	52.10	5.7	1.033	73.02	8.5	1.261	89.14
3.0	0.749	52.95	5.8	1.042	73.66	8.6	1.269	89.71
3.1	0.762	53.87	5.9	1.051	74.30	8.7	1.276	90.20
3.2	0.774	54.71	6.0	1.060	74.93	8.8	1.283	90.70
3.3	0.786	55.56	6.1	1.068	75.50	8.9	1.291	91.26

(续)

I(‰)	v/(m/s)	Q/(L/s)	I(‰)	v/(m/s)	Q/(L/s)	I(‰)	v/(m/s)	Q/(L/s)
9.0	1.298	91.76	15	1.675	118.41	30	2.370	167.54
9.1	1.305	92.25	16	1.730	122.29	35	2.559	180.90
9.2	1.312	92.75	17	1.784	126.11	40	2.736	193.41
9.3	1.319	93.24	18	1.835	129.72	45	2.902	205.14
9.4	1.326	93.73	19	1.886	133.32	50	3.059	216.24
9.5	1.333	94.23	20	1.935	136.79	55	3.208	226.77
9.6	1.340	94.72	21	1.982	140.11	60	3.351	236.88
9.7	1.347	95.22	22	2.029	143.43	65	3.488	246.57
9.8	1.354	95.71	23	2.075	146.68	70	3.619	255.83
9.9	1.361	96.21	24	2.119	149.79	75	3.747	264.88
10	1.368	96.70	25	2.163	152.90	80	3.869	273.50
11	1.435	101.44	26	2.206	155.94	85	3.988	281.91
12	1.499	105.96	27	2.248	158.01	90	4.104	290.11
13	1.560	110.28	28	2.289	161.81	95	4.217	298.10
14	1.619	114.45	29	2.330	164.71	100	4.326	305.80

下面,举例说明水力计算方法。

【例9-2】 已知:钢筋混凝土圆管,充满度$h/D=1$,粗糙系数$n=0.013$,设计流量$Q=200L/s$,设计地面坡度$I=0.004$,试确定该管段的管径D、流速v和管底坡度i。

【解】 (1) 采用圆管满流,$n=0.013$钢筋混凝土管水力计算图,见图9-10。

(2) 在横坐标上找出$Q=200L/s$点,向上作垂线,与坡度$I=0.004$相交于点A,在A点可得到$v=1.17m/s$,其值符合规定。而D值介于$400\sim500mm$之间,不符合管材规格的要求。需要调整管径D。

(3) 当采用$D=400mm$时,则$Q=200L/s$的垂线于$D=400mm$斜线相交于点B,从图中得到$v=1.60m/s$,符合规定,而$I=0.0092$

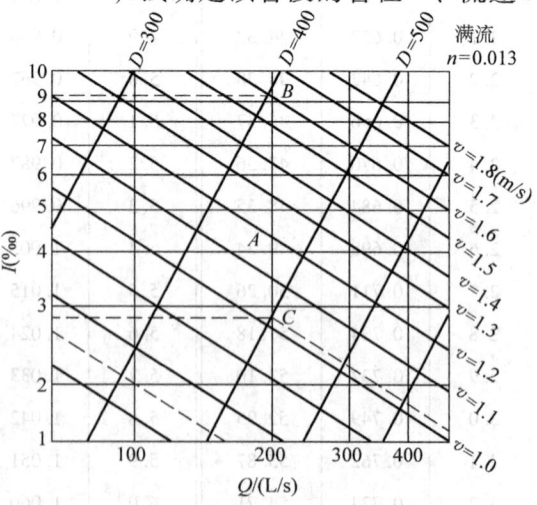

图9-10 钢筋混凝土园管水力计算图

与地面坡度 $I=0.004$ 相差很大，势必增大管道埋深，不宜采用。

（4）如果采用 $D=500mm$ 时，则 $Q=200L/s$ 的垂线于 $D=400mm$ 斜线相交于点 C，从图中得出 $v=1.02m/s$，$I=0.0028$。此结果既符合水力计算要求，又不会增大管道埋深。

9.3.6 雨水管渠断面设计

采用暗管或是明渠排除雨水，直接涉及到工程投资、环境卫生及管渠养护管理等方面的问题，在设计时，应因地制宜，结合具体条件确定。

在市区和厂区内，由于建筑的密度较高，交通量大，雨水管渠宜采用暗管，而不宜采用明渠，因明渠与道路交叉点多，使之增建许多桥涵，提高了道路和明渠的工程造价，若管理不善容易产生淤积，滋生蚊蝇，影响环境卫生。在地形平坦，管道埋设深度或出水口设置深度受到限制的地区，可采用加盖板渠道排除雨水。此种方法较经济有效，且维护管理方便。郊区建筑密度较小，交通量较小，可考虑采用明渠，以节约工程投资，降低工程造价。为降低整个管渠系统的工程造价，路面上的雨水尽可能采用道路边沟排除。在每条雨水干管的起端，利用道路的边沟排除，可以减少管道约 100~150m 的长度。当排水区域到出水口的距离较长时，也宜采用明渠。在设计中，应结合实际情况充分考虑各方面的因素，经济、合理地实现工程系统的最优化。

当管道与明渠连接时，在管道接口处应设置挡土的端墙，连接处的土明渠应加铺砌，铺砌高度不低于设计超高，在铺砌长度自管道末端算起 3~10m 处，最好设置适当跌水。当跌水高差为 0.3~2m 时需作 45°斜坡，斜坡应加铺砌。当跌差大于 2m 时，应按水工构筑物设计。

9.3.7 雨水管渠的设计方法和步骤

雨水管渠的设计通常按以下步骤进行：

1）收集并整理设计地区各种原始资料（如地形图、排水工程规划图、水文、地质、暴雨等）作为基本的设计数据。

2）划分排水流域，进行雨水管道定线。根据地形分水线划分排水流域，当地形平坦无明显分水线的地区，可按对雨水管渠的布置有影响的地方，如铁路、公路、河道或城市主要街道的汇水面积划分，结合城市的总体规划图或工业企业的总平面布置划分排水流域，在每一个排水流域内，应根据雨水管渠系统的布置特点及原则，确定其布置形式（雨水支、干管的具体位置及雨水的出路），并确定排水流向。

如图 9-11 所示为某城市雨水管。该市被河流分为南、北两区。南区有一明显分水线，其余地方起伏不大，因此，排水流域的划分按干管服务面积的大小确定。因该地暴雨量较大，所以每条雨水干管承担汇水面积不是太大，故划分为 12 个排水流域。

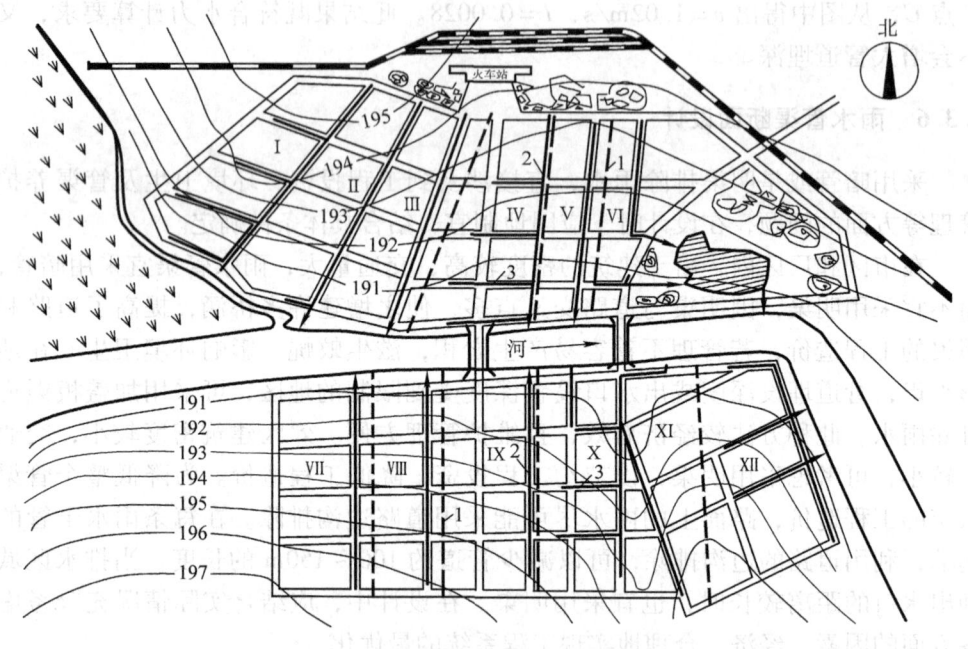

图 9-11 某城市雨水管道平面布置图
1—流域分界线 2—雨水干管 3—雨水支管

根据该市地形条件确定雨水走向，拟采用分散出水口的雨水管道布置形式，雨水干管垂直于等高线布置在排水流域地势较低一侧，便于雨水能以最短的距离靠重力流分散就近排入水体。雨水支管一般设在街坊较近较低侧的道路下，为利用边沟排除雨水，节省管渠减小工程造价，考虑在每条雨水干管起端 100~150m 处，可根据具体情况不设雨水管道。

合理布置雨水口，以保证路面雨水排除排除畅通。雨水口布置根据地形及汇水面积确定，一般在道路交叉口的汇水点，低洼地段均应设置雨水口。以便及时收集地面径流，避免因排水不畅形成积水和雨水漫过路口而影响交通安全。雨水口的构造以及在道路直线段上设置雨水口的距离详见 10.2。

3) 划分设计管段。根据雨水管道的具体位置，在管道的转弯处、管径或坡度改变处、有支管接入处或两条以上管道交汇处以及超过一定距离的直线管段上，都应设置检查井。将两个检查井之间流量没有变化，而且管径、流速和坡度都不变的管段称为设计管段。雨水管渠设计管段的划分应使设计管段范围内地形变化不大，且管段上下游流量变化不大，无大流量交汇。

从经济方面考虑，设计管段划分不宜太长；从养护方面考虑，设计管段划分不宜过短，一般设计管段取 100～200m 左右为宜。将设计管段上下游端点的检查井设为节点，并自管段上游向下游依次进行设计管段编号。

4）划分并计算各设计管段的汇水面积。汇水面积的划分，应结合实际地形条件、汇水面积的大小以及雨水管道布置等情况确定。当地形坡度较大时，应接地面雨水径流的水流方向划分汇水面积；当地形平坦时，可按就近排入附近雨水管道的原则，将汇水面积按周围管渠的布置用等角线划分。将划分好的汇水面积编上号码，并计算其面积，将数值标注在该块面积图中，如图 9-12 所示。

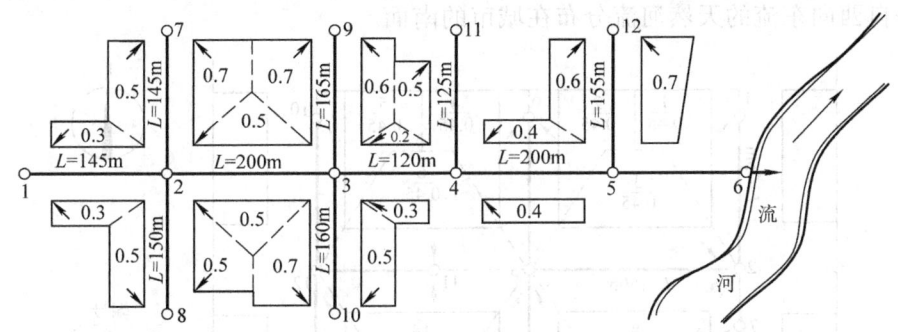

图 9-12 雨水管道布置和沿线汇水面积划分示意图

5）根据排水流域内各类地面的面积数或所占比例，计算出该排水流域的平均径流系数。另外，也可根据规划的地区类别，采用区域综合径流系数。

6）确定设计重现期 p 及地面集水时间 t_1。设计时，应结合该地区的地形特点、工程建设性质和气象条件选择设计重现期 p，各排水流域雨水管道的设计重现期可选用同一值，也可选用不同值。

根据设计地区建筑密度情况、地形坡度和地面覆盖种类、街坊内是否设置雨水管渠，确定雨水管道的地面集水时间 t_1。

7）确定管道的埋深与衔接。根据管道埋设深度的要求，必须保证管顶的最小覆土厚度，在车行道下时一般不低于 0.7m，此外，应结合当地埋管经验确定。当在冰冻层内埋设雨水管道，如有防止冰冻膨胀破坏管道的措施时，可埋设在冰冻线以上，管道的基础应设在冰冻线以下。雨水管道的衔接，宜采用管顶平接。

8）确定单位面积径流量 q_0。根据式（9-20）可求出相应于该管段的 q_0 值，然后根据暴雨强度公式，可绘制出单位面积径流量与设计降雨历时关系曲线。

9）管渠材料的选择。雨水管道管径小于或等于 400mm，采用混凝土管，管径大于 400mm，采用钢筋混凝土管。

10）设计流量的计算。根据流域具体情况，选定设计流量的计算方法，计算从上游向下游依次进行，并列表计算各设计管段的设计流量。

11)进行雨水管渠水力计算,确定雨水管道的坡度、管径和埋深。计算并确定出各设计管段的管径、坡度、流速、管底标高和管道埋深。

12)绘制雨水管道平面图及纵剖面图。绘制方法及具体要求与污水管道基本相同。

9.3.8 雨水水管渠设计计算实例

【例9-3】 某市居住区部分雨水管道布置如图9-13所示。地形西高东低,一条自西向东流的天然河流分布在城市的南面。

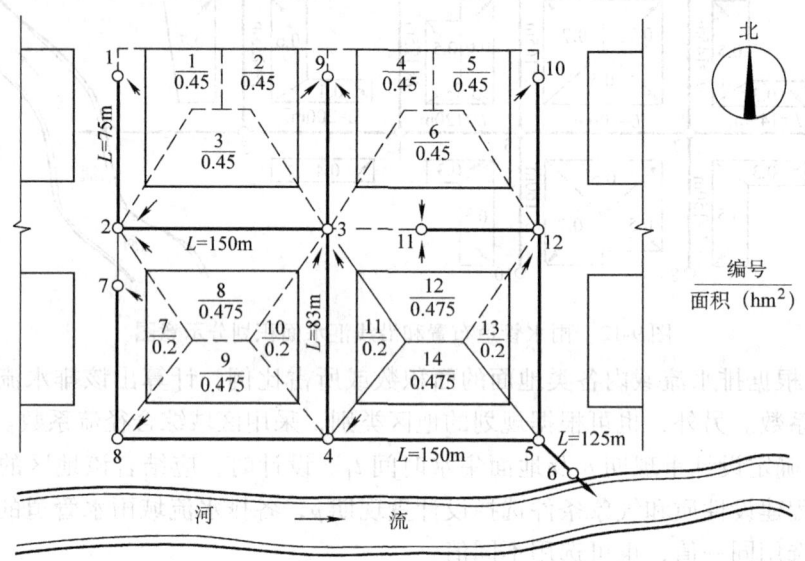

图9-13 某市居住区部分雨水管道布置

该城市的暴雨强度公式为

$$q = \frac{500(1 + 1.47\lg p)}{t^{0.65}}$$

该街区采用暗管排除雨水,管材采用圆形钢筋混凝土管。管道起点埋深1.40m。各类地面面积见表9-12,试进行雨水管道的设计与计算。

表9-12 街坊及街道各类面积

地面种类	面积 F_i	采用径流系数 ψ_i	$F_i\psi_i$
屋面	1.2	0.9	1.08
沥青路面及人行道	0.7	0.9	0.63
圆石路面	0.5	0.4	0.20
土路面	0.8	0.3	0.24
草地	0.8	0.15	0.12
合 计	4.0		2.27

第9章 雨水管渠的设计计算

【解】（1）从居住区地形图中得知，该地区地形较平坦，无明显分水线，因此可按就近排入附近雨水管道的原则划分汇水面积，雨水出水口设在河岸边，故雨水干管走向从西向东南，为保证在暴雨期间排水的可能性，故在雨水干管的终端设置雨水泵站。

（2）根据地形及管道布置情况，划分设计管段，将设计管段的检查井依次编号，并量出每一设计管段的长度，汇总到表9-13。确定出各检查井的地面标高填入表9-14。

表 9-13　设计管道长度汇总表

管段编号	管段长度/m	管段编号	管段长度/m
1～2	75	4～5	150
2～3	150	5～6	125
3～4	83		

表 9-14　地面标高汇总表

检查井编号	地面标高	检查井编号	地面标高
1	86.700	4	86.550
2	86.630	5	86.530
3	86.560	6	86.500

（3）每一设计管段所承担的汇水面积可按就近排入附近雨水管道的原则划分，然后将每块汇水面积编号，计算数值。雨水流向标注在图中，如图9-13所示。

表9-15 为各设计管段的汇水面积计算数值。

表 9-15　汇水面积计算数值

管段编号	本段汇水面积编号	本段汇水面积/hm²	转输汇水面积/hm²	汇水总面积/ha
1～2	1	0.450	0	0.450
2～3	3、8	0.925	0.450	1.375
9～3	2、4	0.900	1.375	2.275
3～4	10、11	0.400	2.275	2.675
7～8	7	0.200	2.675	2.875
8～4	9	0.475	2.875	3.350
4～5	14	0.475	3.350	3.825
10～12	6	0.450	3.825	4.275
11～12	5、12	0.925	4.275	5.200
12～5	13	0.200	5.200	5.400
5～6	0	0	5.400	5.400

(4) 水力计算：采用列表方法进行雨水管道设计流量及水力计算，见表9-17。先从管段起端开始，然后依次向下游进行。其方法如下：

1) 表9-17中第1项为需要计算的设计管段，应从上游向下游依次写出管段编号。第2、3、13、14项，可分别从表9-13、表9-15、表9-14中取得。

2) 在计算中，假定管段中雨水流量均从管段的起点进入，将各管段的起点作为设计断面。因此，各设计管段的设计流量按该管段的起点，即上游管段终点的设计降雨历时进行计算的，也就是说，在计算各设计管段的暴雨强度时，所采用的 t_2 值是上游各管段的管内雨水流行时间之和 Σt_2。例如，设计管段1~2是起始管段，故 $t_2=0$，将此值列入表中第4项。

3) 求该居住区的平均径流系数 ψ_{av}，根据表9-12中数值，按公式计算得

$$\psi_{av} = \frac{\Sigma F_i \psi_i}{F} = \frac{1.2 \times 0.9 + 0.7 \times 0.9 + 0.5 \times 0.4 + 0.8 \times 0.3 + 0.8 \times 0.15}{4.0}$$

$$= 0.56 (取 0.6)$$

4) 求单位面积的径流量 q_0 [（L/s）/hm²]

$$q_0 = \psi_{av} q$$

因为该设计区域街区面积较小，采用地面集水时间 $t_1 = 5$min，汇水面积设计重现期 $p = 1$a，采用暗管排除雨水，故 $m = 2.0$。将确定设计参数代入公式中，则

$$q_0 = \psi_{av} q = 0.6 \times \frac{500 \times (1 + 1.47 \lg 1)}{(5 + 2\Sigma t_2)^{0.65}} = \frac{300}{(5 + 2\Sigma t_2)^{0.65}}$$

因为 q_0 为某设计管段的上游管段雨水流行时间之和的函数，只要知道各设计管段内雨水流行时间 t_2，即可求出该设计管段的单位面积径流量 q_0。例如，管段1~2的 $\Sigma t_2 = 0$，代入上式

$$q_0 = \frac{300}{5^{0.65}} = 105$$

将上式计算结果列入表9-16中，根据表中不同的 t_2、q_0 值，绘制单位面积径流量曲线，如图9-14所示，以供水力计算时使用。

表9-16 单位面积径流量计算表

t_2/min	0	5	10	15	20	25	30	35	40	45	50	55	60
$(5 + t_2)$	5	15	25	35	45	55	65	75	85	95	105	115	125
$(5 + t_2)^{0.65}$	2.85	5.8	8.1	10	11.9	13.6	15.08	16.55	18	19.3	20.6	21.8	23.06
$q_0 = \psi q$	105	51.6	37	30	25.2	22.1	19.9	18.1	16.7	15.5	14.6	13.8	13.00

5) 用各设计管段的单位面积径流量乘以该管段的总汇水面积得该管段的设计流量。例如，管段1~2的设计流量为 $Q = q_0 F_{1-2} = 105 \times 0.45$L/s $= 47.25$L/s，依次将计算值列入表9-17中第7项。

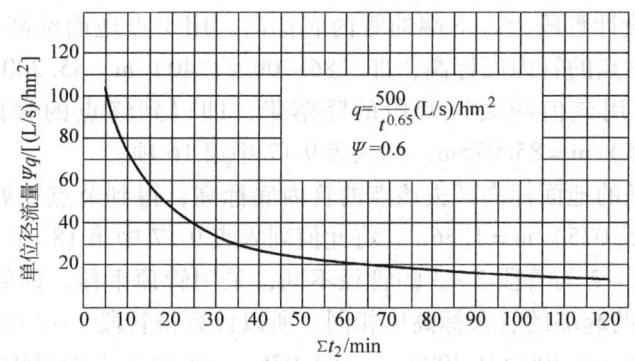

图 9-14 单位面积径流量曲线

6) 根据求得各设计管段的设计流量,参考地面坡度,查满流水力计算图 (附录 F),确定出管段的设计管径、坡度和流速。在查水力计算表或水力计算图时,Q、V、I 和 D 这四个水力因素可以相互适当调整,使计算结果既符合设计数据的规定,又经济合理。

由于该街区地面坡度较小,为不使管道埋深过大,管道坡度宜取小值,但所取的最小坡度应能使管内水流速度不小于设计流速。例如,管段 1~2 处的地面坡度为 $I_{1\sim2} = \dfrac{G_1 - G_2}{L_{1\sim2}} = \dfrac{86.700 - 86.683}{75} = 0.0009$。该管段的设计流量 $Q = 47.25\text{L/s}$,当管道坡度采用地面坡度($I_{1\sim2} = 0.0009$)时,查满流水力计算图 D 介于 300~400mm 之间,$v = 0.48\text{m/s}$,不符合设计技术规定。因此需要进行调整,当 $D = 300\text{mm}$、$v = 0.75\text{m/s}$、$I = 0.003$ 时符合设计规定。将其列入表 9-17 中第 8、9、10 项中。表 9-17 中第 11 项是管道的输水能力 Q',它是指经过调整后的流量值,也就是指在给定的 D、I 和 v 的条件下,雨水管道的实际输水能力,要求 $Q' > Q$,管段 1~2 的输水能力为 54L/s。

7) 根据设计管段的设计流速求该管段的管内雨水流行时间 t_2。例如管段 1~2 的管内雨水流行时间 $t_2 = \dfrac{L_{1\sim2}}{60 v_{1\sim2}} = \dfrac{75}{60 \times 0.75}\text{min} = 1.67\text{min}$,将其计算值列入表 9-17 中第 5 项。

8) 求降落量。由设计管段的长度及坡度,求出设计管段上下端的设计高差(降落量)。例如管段 1~2 的降落量 $IL = 0.003 \times 75\text{m} = 0.225\text{m}$,将此值列入表 9-17 中第 12 项。

9) 确定管道埋深及衔接。在满足最小覆土厚度的条件下,考虑冰冻情况,承受荷载及管道衔接,并考虑到与其他地下管线交叉的可能,确定管道起点的埋深或标高。本例起点埋深为 1.40m。将此值列入表 9-17 中第 17 项。各设计管段的衔接采用管顶平接。

10）求各设计管段上、下端的管内底标高。用1点地面标高减去该点管道的埋深，得到该点的管内底标高，即（86.700 - 1.40）m = 85.300m 列入表9-17中第15项，再用该值减去该管段的降落量，即得到终点的管内底标高，即（85.300 - 0.225）m = 85.075m，列入表9-17中第16项。

用节点2处的地面标高减去该点的管内底标高，得到节点2处的管道埋深，即（86.630 - 85.075）m = 1.56m，将此值列入表9-17中第18项。

由于管段1~2与管段2~3的管径不同，采用管顶平接。即管段1~2的末端与管段2~3的起端的管顶标高应相同。所以计算得管段2~3的起端管内底标高应为（85.075 + 0.300 + 0.400）m = 84.975m。求出2点的管内底标高后，按前面的方法求得3点的管内底标高。其余各管段的计算方法与此相同，直到完成表9-17中所有项目，则水力计算结束。

11）水力计算后，要进行校核，使设计管段的流速、标高及埋深符合设计规定。雨水管道在设计计算时，应注意以下几方面的问题：① 在划分汇水面积时，应尽可能使各设计管段的汇水面积均匀增加，否则会出现下游管段的设计流量小于上游管段的设计流量，这是因为下游管段的集水时间大于上游管段的集水时间，故下游管段的设计暴雨强度小于上游管段的设计暴雨强度，而总汇

表9-17 雨水干管水力计算表

设计管段编号	管段长度 L/m	汇水面积 F/hm^2	管内雨水流行时间/min		单位面积径流量 q_0 /[L/(s·hm²)]	设计流量 $Q/(L/s)$	管径 D/mm	水力坡度 $I(‰)$
			$\Sigma t_2 = \Sigma \frac{L}{v}$	$t_2 = \frac{L}{v}$				
1	2	3	4	5	6	7	8	9
1~2	75	0.450	0	1.67	105	47.25	300	3
2~3	150	1.375	1.67	3.13	75.57	103.90	400	2.3
3~4	83	2.675	4.80	1.73	52.52	140.49	500	1.75
4~5	150	3.825	6.53	2.50	45.74	174.95	500	2.85
5~6	125	5.400	9.03	2.08	39.02	210.71	600	2.1

流速 $v/(m/s)$	管道输水能力 $Q'/(L/s)$	坡降 IL/m	设计地面标高/m		设计管内底标高/m		埋深/m	
			起点	终点	起点	终点	起点	终点
10	11	12	13	14	15	16	17	18
0.75	54	0.225	86.700	86.630	85.300	85.075	1.40	1.56
0.80	110	0.345	86.630	86.560	84.975	84.630	1.66	1.93
0.80	150	0.145	86.560	86.550	84.530	84.385	2.03	2.17
1.00	190	0.428	86.550	86.530	84.385	83.857	2.17	2.57
1.00	290	0.263	86.530	86.500	83.857	83.594	2.67	2.91

水面积只有很少增加的缘故。若出现了这种情况，应取上游管段的设计流量作为下游管段的设计流量。② 水力计算自上游管段依次向下游进行，一般情况下，随着流量的增加，设计流速也相应增加，如果流量不变，流速不应减小。③ 雨水管道各设计管段的衔接方式一般采用管顶平接。④本例只进行了雨水干管水力计算，但在实际工程设计中，干管与支管是同时进行计算的。在支管和干管相接的检查井处，会出现该断面处有两个不同的集水时间 Σt_2 和管内底标高值，在继续计算相交后的下一个管段时，应采用其中较大的集水时间值和较小的管内底标高。

12）绘制雨水管道的平面图和纵断面图。绘制的方法、要求及内容参见污水管道平面图和纵剖面图。如图 9-15 所示为某市雨水管道纵剖面示意图。

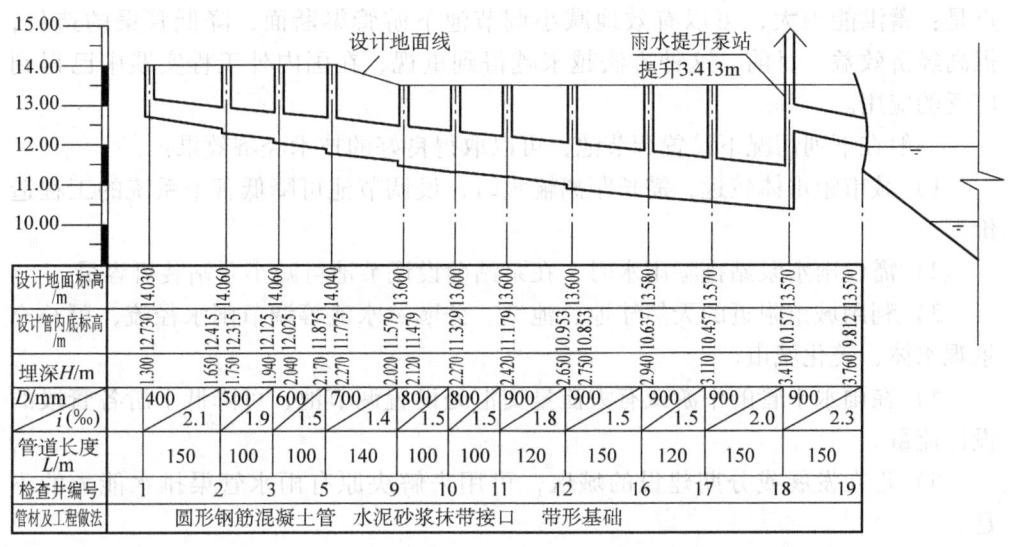

图 9-15　雨水干纵剖面图

9.4　雨水径流调节

9.4.1　雨水径流调节的意义

因雨水管渠系统设计流量中包含了高峰时段的降水径流量，故设计流量很大。随着城市化的进程，不透水地面面积的增加，雨水的径流量相应增大，从而增加了雨水管渠的断面尺寸，提高了雨水管渠系统的工程造价。

因此，在条件允许时可利用池塘、河流、洼地、湖泊或修建调节池，将洪峰流量暂时蓄存，待洪峰流量过后，再从这些调节池设施中排除所蓄水量，其目的是，可削减洪峰流量，减小下游管渠系统高峰雨水流量，减小下游管渠断面尺寸，降低工程造价。此外，雨水调蓄还是解决原有管渠流量不足的最好措施，同时也可利用蓄存雨水量作为缺水地区供水水源。

9.4.2 雨水径流调节方法

（1）管渠容积调洪法　此法是利用管渠本身的调节能力蓄洪。此法调洪的特点是：调洪能力有限，一般适用于地形坡度较小的地区，可节约管渠造价10%左右。

（2）建造人工调节池或利用天然洼地、池塘、河流等蓄洪　此种方法的特点是：蓄洪能力大，可以有效地减小调节池下游管渠断面，降低管渠的造价，提高经济效益。目前，这种方法越来越得到重视，在国内外工程实践中已得到广泛的应用。

一般在下列情况下设置调节池，可以取得良好的技术经济效果：

1）城市距水体较远，需长距离输水时，设调节池可降低管渠系统的工程造价。

2）需设雨水泵站排除雨水时，在泵站前设调节池可减小泵站装机容量。

3）利用城市附近的天然洼地、池塘、公园、水池等调节雨水径流，可补充景观水体，美化城市。

4）在雨水干管的中游或有大流量交汇处设置调节池，可降低下游各管段的设计流量。

5）正在发展或分期建设的城区，可用来解决原有雨水管渠排水能力的不足。

6）在干旱地区，设置调节池可用于蓄洪养殖和灌溉。

调节池设置位置，对于雨水管渠造价的高低及使用效果有重要的影响，同样容积的调节池，其设置位置不同，经济效益和使用效果有着明显的差别。

9.4.3 调节池形式

1. 溢流堰式调节池

其构造如图 9-16 所示。这种调节池是在雨水管道上设置溢流堰，当雨水在管道中的流量增大到设定流量时，因溢流堰下游管道变小，管道中水位升高产生溢流而进入雨水调节池。随着降雨量增大，进入调节池的水量也逐渐增多，其水位也在逐渐增高，然后随着雨水径流量的减小，调节池中的蓄存水经下游管道开始排出，直到池内水放空为止，这时调节池停止工作。

在出水管上需设止回阀，是考虑雨水在小流量时倒流入调节池，同时出水管应有足够的坡度。此种调节池适用于地形坡度较大的地段。

2. 流槽式调节池

流槽式调节池构造如图 9-17 所示。流槽式调节池是雨水管道流经调节池中央，雨水管道在调节池中变成池底的一道流槽。当 $Q_1 \leqslant Q_3$ 时，雨水经设在池底部的渐变断面流槽全部流入下游雨水干管排走，池内流槽深度等于下游干管的直径。当 $Q_1 > Q_3$ 时，由于调节池下游管道变小，使雨水不能及时全

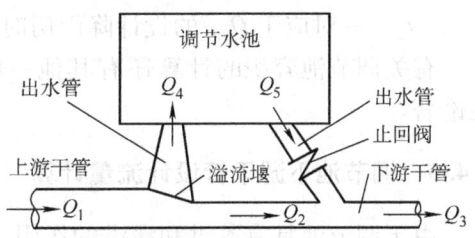

图 9-16　溢流堰式调节池示意图

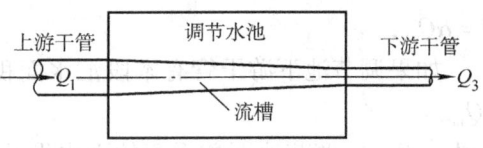

图 9-17　流槽式调节池

部排出，在调节池内淹没流槽，调节池开始蓄水存水，当 Q_1 达到 Q_{max} 时，池内水位和流量也达到最大。当雨水量减小到小于下游管渠排水能力时，调节池内蓄水开始经下游干管排出。直到 Q_1 不断减小到小于下游干管的通过能力 Q_3 时，池内水位才逐渐下降，直到排空为止。这种调节池适用于地形坡度较小，而管道埋深较大的地区。

3. 中部侧堰式调节池

如图 9-18 所示，此种形式适用于地形平坦而管道埋深不大的情况，其调节水量需用泵抽升排出。

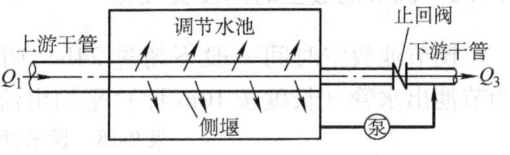

图 9-18　中部侧堰式调节池

9.4.4　调节池容积 V 的计算

调节池内最高水位与最低水位之间的容积称为有效调节容积。

重力流排水管渠系统中调节池容积的计算原理，是由径流成因所推理的流量过程线求得的，根据前苏联学者研究，建议采用下式计算调节池容积

$$V = (1 - \alpha)^{1.5} Q_{max} t_a \tag{9-21}$$

式中　V——调节池容积（m³）；

α——下游雨水干管设计流量的降低系数，$\alpha = \dfrac{Q_3}{Q_{max}}$；

Q_3——调节池下游出水干管的设计流量，（对于溢流堰式调节池 $Q_3 = Q_2 + Q_5$）；

Q_{max}——调节池上游干管设计流量（m³/s）；

t_a——对应于 Q_{max} 的设计降雨历时（s）。

有关调节池容积的计算还有其他一些方法，可参考给水排水设计手册及有关论著。

9.4.5 调节池下游干管设计流量计算

由于调节池具有蓄洪和滞洪的作用，因此调节池下游雨水干管的设计流量，是以调节池下游的汇水面积为起点计算，与调节池上游汇水面积的大小无关。

如果调节池下游干管无本段汇水面积的雨水进入时，其设计流量为 $Q = \alpha Q_{max}$。

如果调节池下游干管有本段汇水面积的雨水进入时，其设计流量为 $Q = Q' + \alpha Q_{max}$。

式中　Q——调节池下游干管的雨水设计流量（L/s）；

　　　Q'——调节池下游干管本段汇水面积上的雨水设计流量（和调节池上游无关）（L/s）；

其他符号意义同前。

9.4.6 调节池放空时间及其校核

调节池放空时间一般不超过24h。调节池出水管管径可参照表9-18选用。调节池出水管（长度按10m计）平均出流流量可参照表9-19。

表9-18　调节池出水管管径

调节池容积/m³	管径/mm
500~1000	200
1000~2000	200~300
2000~4000	300~400

表9-19　调节池出水管平均出流流量

出水管直径/mm	池内最大水深 H/m		
	1.0	1.5	2.0
	平均出流流量/（L/s）		
200	38	46	54
250	65	79	92
300	99	121	140
400	190	233	269

【例9-4】　如图9-19所示。已知 $Q_{max} = 2.4\text{m}^3/\text{s}$，设计降雨历时 $t_a = 20\text{min}$，调节池下游干管设计流量 $Q_3 = 0.36\text{m}^3/\text{s}$，调节池出水管长度 $L = 10\text{m}$，

出水管管径 $D=200\mathrm{mm}$，池内最大水深 $H=2.0\mathrm{m}$，调节池下游干管（5～6 管段）无雨水流入。

试计算调节池容积 V 并校核放空时间 T。

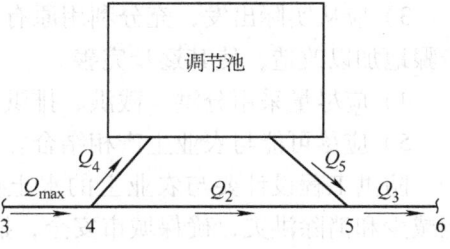

图 9-19　调节池容积计算示意图

【解】　（1）计算调节池容积

根据 $\alpha = \dfrac{Q_3}{Q_{\max}} = \dfrac{0.36}{2.4} = 0.15$，代入式 (9-21)，则

$$V = (1-\alpha)^{1.5} Q_{\max} t_a = (1-0.15)^{1.5} \times 2.4 \times 20 \times 60 \mathrm{m}^3 = 2257 \mathrm{m}^3$$

（2）校核放空时间 T

已知 $D=200\mathrm{mm}$，$H=2.0\mathrm{m}$，查表 9-19 得 $Q_5 = 54 \mathrm{L/s}$，则

$$T = \dfrac{V}{Q_5} = \dfrac{2257 \times 1000}{54 \times 3600} \mathrm{h} = 11.6\mathrm{h} \approx 12\mathrm{h}$$

所以，$D=200\mathrm{mm}$ 出水管可以满足调节池放空时间的要求。

9.5　城市防洪设计

城市多临近自然水体（江河、山溪、湖泊或海洋等）修建，它们为城市的发展提供了必要的水源，但有时也给城市带来洪水灾害。而我国有许多重要的工业建设于山区，这些工业的生产厂房和生活区建筑物一般修建于山坡或山脚下，建筑区域往往低于周围的山地，在暴雨时将受到山洪的威胁。因此，为尽量减少洪水造成的危害，保障城市人民生命和财产安全，必须根据城市或工厂的总体规划对流域防洪设施进行规划，合理选用防洪工程的设计标准，整修已有的防洪工程设施，兴建新的防洪工程，提高城市工业企业的抗洪能力。防洪设计的主要任务是防止暴雨形成巨大的地面径流而产生严重危害。

9.5.1　防洪设计原则

1）应符合城市和工业企业的总体规划。防洪设计的规模、范围和布局都必须根据城市和工业企业各项工程规划制订。同时城市和工业企业各项工程规则对防洪工程都有一定的影响。因此，对于靠近江河和山区的城市及工业企业应特别注意。

2）应合理安排，使近远期有机结合　因防洪工程的建设费用较大，建设期较长，因此，要作出分期建设的安排，既能节省初期投资，又能及早发挥工程设施的效益。

3）应从实际出发，充分利用原有防洪、泄洪、蓄洪设施，做到有计划、有步骤地加以改造，使其逐步完善。

4）应尽量采用分洪、截洪、排洪相结合的措施。

5）应尽可能与农业生产相结合。

防洪工程设计要与农业上的水土保持、植树、农田灌溉等紧密结合，尽可能减少和消除洪灾，确保城市安全，搞好农田水利建设。

9.5.2 防洪标准

在进行防洪工程设计时，首先要确定洪峰设计流量，然后根据该设计洪峰流量拟定工程规模。为准确、合理地拟定某项工程规模，需要根据该工程的性质、范围以及重要性等因素，选定某一降雨频率作为计算洪峰流量的依据，称为防洪设计标准。

防洪设计标准，关系到城市安危，也关系到工程造价和建设期限等，它是防洪设计中体现国家经济政策和技术政策的一个重要环节。

在实际设计中，常用暴雨重现期来衡量设计标准的高低，即重现期越小，则设计标准越低，工程规模亦就越小。反之，设计标准越高，工程规模越大。根据我国城市防洪工程的特点和防洪工程实践，城市防洪标准见表9-20。

表9-20 城市防洪标准

工程等级	防护对象			防洪标准	
	城市等级	人口/万人	重要性	频率	重现期
I	特别重要的城市	>150	重要政治、经济、国防中心及交通枢纽，特别重要的工业企业	1~0.3	≥100
II	重要城市	50~150	比较重要的政治、经济中心，大型工业企业	2~1	50~100
III	中等城市	20~50	一般重要的政治、经济中心，重要中型工业去一企业	5~2	20~50
IV	一般城市	≤20	一般性小城市、小型工业企业	10~5	10~20

对于城镇河流流域面积较小（<30km²）的地区，如按城市雨水管道流量计算公式计算洪峰流量，可参照表9-21选用。

表9-21 城市小流域河湖防洪标准

序号	区域性质	设计重现期/a
1	城市重要地区	20~50
2	一般区域	5~20
3	局部一般区域	1~5

山洪防治标准参见表 9-22。

表 9-22　山洪防治标准

工程等级	防护对象	防洪标准	
		频率（%）	重现期/a
Ⅱ	大型工业企业、重要中型工业	2～1	50～100
Ⅲ	中小型工业企业	5～2	20～50
Ⅳ	工业企业生活区	10～5	10～20

在设计中选用防洪标准时，应根据设计地区的地理位置、地形条件、历次洪水灾害情况、工程的重要性以及当地经济技术条件等因素综合考虑后确定。

9.5.3　设计洪峰流量计算

设计洪峰流量，是指相应于防洪设计标准的洪水流量。

计算设计洪峰流量的方法较多，目前，我国常用的暴雨洪峰流量的计算有以下三种方法：

1. 地区性经验公式

在缺乏水文资料的地区，洪峰小流域面积径流量的计算，可采用我国应用比较普遍的、以流域面积 F 为参数的一般地区性经验公式。

（1）公路科学研究所的经验公式　当没有暴雨资料，汇水面积小于 $10km^2$ 时，可按下式计算

$$Q_p = K_p F^m \tag{9-22}$$

式中　Q_p——设计洪峰流量（m^3/s）；

F——流域面积（km^2）；

K_p——随地区及洪水频率而变化的流量模数，可按表 9-23 查取；

m——随地区及洪水频率而定的面积指数，当 $F=1km^2$ 时，$m=1$；当 $1<F<10$ 时，可由表 9-24 查取。

表 9-23　径流流量模数 K_p 值

频率（%）	华北	东北	东南沿海	西南	华中	黄土高原
			K_p			
50	8.1	8.0	11.0	9.0	10.0	5.5
20	13.0	11.5	15.0	12.0	14.0	6.0
10	16.5	13.5	18.0	14.0	17.0	7.5
6.7	18.0	14.6	19.5	14.5	18.0	7.7
4	19.5	15.8	22.0	16.0	19.6	8.5
2	23.4	19.0	26.4	19.2	23.5	10.2

表 9-24 面积指数 m 值

地区	华北	东北	东南沿海	西南	华中	黄土高原
m	0.75	0.85	0.75	0.85	0.75	0.80

(2) 水利科学院水文研究所经验公式 对汇水面积小于 100km^2 的经验公式如下

$$Q_p = K_p F^{\frac{2}{3}} \qquad (9\text{-}23)$$

式中，Q_p、F、K_p 符号意义同前，其中 K_p 值除按实测、调查得到该值外，还可根据地形条件，选用下列数值：

对于山区　　$K_p = 0.72 S_p$；

对于平原　　$K_p = 0.55 S_p$；

当汇水面积 $F < 3 \text{km}^2$ 时，经验公式为

$$Q_p = 0.6 S_p F \qquad (9\text{-}24)$$

式中　S_p——设计雨力（mm/h）。

经验公式使用方便，计算简单，但地域性很强。当相临地区采用时，需注意各地的具体条件，不宜套用。其他的经验公式，可参阅当地的水文手册。

2. 推理公式法

我国水利科学院水文研究所所提出的推理公式已得到广泛的应用，其公式如下

$$Q = 0.278 F \frac{\psi S}{\tau^n} \qquad (9\text{-}25)$$

式中　Q——设计洪峰流量（m^3/s）；

　　　S——暴雨雨力，即与设计重现期相应的最大 1h 降雨量（mm/h）；

　　　τ——流域的集流时间（h）；

　　　n——暴雨强度衰减指数；

　　　F——流域面积（km^2）；

　　　ψ——径流系数。

用该公式求设计洪峰流量时，需要较多的基础资料，计算过程也较烦琐。此公式适用范围为汇水面积 $F \leqslant 500 \text{km}^2$，但汇水面积 F 为 $40 \sim 50 \text{km}^2$ 时适用效果最好。公式中各参数的确定方法，可参考《给水排水设计手册》第五册有关章节。

3. 洪水调查法

洪水调查法主要是指河流、山溪历史曾出现的特大洪水流量的调查和推算。调查的主要内容是历史上洪水的概况及洪水痕迹标高。调查的方法主要是通过深入现场，堪察洪水位的痕迹，并通过查阅当地可考的文字记录（如地方志、

宫廷档案、县志、碑志、某些建筑物上的记载及水利专著等），这些记载是调查历史洪水的主要依据。此外还应调查访问在河道附近世代久居的群众，因为这些老年人的回忆及祖辈流传的有关洪水传说都是历史洪水的宝贵资料。在查阅洪水的文献和查访群众的基础上，还应沿河道两岸进行实地勘探，寻找和判断洪水痕迹，推导出洪水位发生的频率，选择和测量河道的过水断面及其他特征值，按公式 $v=\dfrac{1}{n}R^{\frac{2}{3}}I^{\frac{1}{2}}$ 计算流速，然后按公式 $Q=Av$ 计算洪峰流量。式中 n 为河槽的粗糙系数；R 为河槽的过水断面与湿周之比，即水力半径；I 为水面比降，可用河底平均比降代替。

上述三种方法中，应特别重视洪水调查法，在此法的基础上，再结合其他方法进行洪峰流量计算。

9.5.4 排洪沟设计计算

排洪沟是应用较为广泛的一种防洪、排洪工程设施，特别是山区城市和工业区应用更多。由于山区的地势陡峻，地形坡度较大，水流湍急，洪水集水时间短，洪峰流量大，而且来势凶猛，水流中常夹带着大量的砂石，冲刷力很强，这种由暴雨形成的山洪，若不能及时有效排除，就会使山坡下的城镇和工业区受到破坏，造成严重的损失。因此，应在受山洪威胁的城镇工厂的周围设置防洪设施，以有效拦截山洪，并及时将洪峰引入排洪沟道，将其引出保护区排入附近的水体。

排洪沟设计的主要任务在于开沟引洪、整治河道、修建排洪构筑物等，以便有组织拦截并排除山洪径流，保护山区城镇和工业区的安全。图 9-20 为某居住区雨水管道系统及排洪沟布置图。图 9-21 为某厂区排洪沟布置图。

1. 排洪沟设计要点

在排洪沟设计时，要对设计地区周围的地形、地貌、暴雨、洪水及径流等影响因素进行充分、细致的调查研究，为排洪沟的设计及计算提供必要可靠的依据。排洪沟包括明渠、暗渠及截洪沟等。

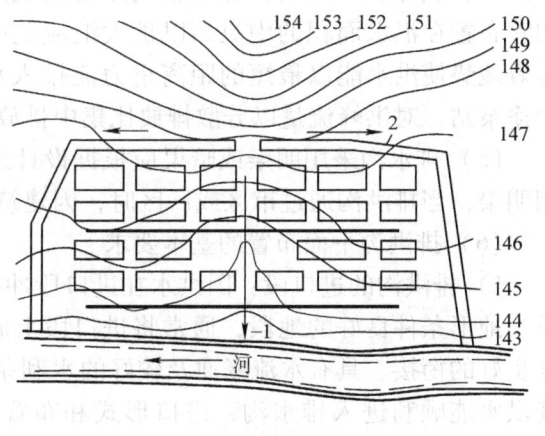

图 9-20 排洪沟布置图
1—雨水管道 2—排洪沟

（1）排洪沟布置应与城镇和工业企业总体规划相结合　在城镇工业企业建

设规划设计中，必须重视防洪和排洪问题。在选择厂区或居住区用地时，应力求安全、经济合理，应建在不受洪水威胁的较安全的地带，尽量避免设在山洪口上，避开洪水顶冲的威胁。

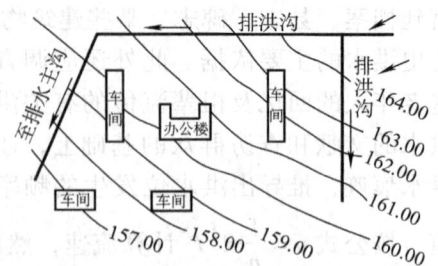

图9-21　为某厂区排洪沟布置图

排洪沟的布置要与铁路、公路、排水等工程以及厂房建筑、居住及公共建筑相协调，避免穿越铁路、公路以减少交叉构筑物。排洪沟应设置在厂区、居住区外围靠山坡一侧，避免穿越建筑群，以免因排洪沟过于曲折造成出流不畅，或增加桥涵，造成投资浪费，引起交通不便。为防止洪水冲刷房屋基础及滑坡，排洪沟与建筑物之间应有不少于3m的防护距离。

(2) 排洪沟应尽可能利用设计地区原有天然山洪沟道。原有的山洪沟道是山洪多年冲刷形成的自然冲沟，其形状、底床都比较稳定，设计时应尽可能利用，发挥其排泄能力，可节约工程造价。当原有沟道不能满足设计要求时，可进行必要的整修，但不宜大改大动，尽可能不改变原有沟道的水利条件，要因势利导，使洪水排泄畅通，既达到防洪、排洪的目的，又节省工程上的投资。

(3) 排洪沟位置宜选在地形平稳、地质较稳定的地带，防止坍塌，并可减少工程量。并注意保护农田水利工程，不占或少占农田。

(4) 排水沟布置时，应尽量利用自然地形坡度，当地形坡度较大时，排洪沟宜布置在汇水面积的中央，以扩大汇流范围。充分利用自然地形坡度，利用有效地势使洪水能以最短的距离重力流排入水体。一般情况下，排水沟上不设中途泵站，对洪峰流量以分散排放比集中排放更为有利。

(5) 排水沟采用明渠或暗渠应根据设计地区具体条件确定　排水沟一般采用明渠，当排洪沟通过市区或厂区时，因建筑密度高，交通量大应采用暗渠。

(6) 排洪沟平面布置的基本要求

1) 排洪沟的进口段：因洪水在进口段冲刷力很强，所以应将进口段设在地质、地形条件良好的地段，通常将进口段上游一定范围内进行必要的整治，保证良好的衔接、具有水流畅通及较好的水利条件。进口长度一般不小于3m。为使洪水能顺利进入排水沟，进口形式和布置是很重要的。常用的进口形式有：①排洪沟的进口直接插入山洪沟，衔接点的高程为原山洪沟的高程。这种形式适用于排洪沟与山洪沟夹角较小的情况，也适用于高速排洪沟；②以侧流堰形式作为进口，将截流坝的顶面作成侧流堰渠与排洪沟直接相接。这种形式适用于排洪沟与山洪沟夹角较大，并且进口高程高于原山洪沟底高程的情况。进口段的形式应根据地形、地质及水力条件进行合理的方案比较和选择。

2）排洪沟连接段：当排洪沟受到地形限制而不能布置成直段时，应保证在转弯处有良好的水流条件，不应使弯道处受到冲刷。平面上的转弯，沟道弯曲半径一般不小于 5~10 倍的设计水面宽度。

由于弯道处水流因离心力作用，使排洪沟外侧水面高于内侧，因此在设计时还应考虑到外侧沟高应大于内侧，内外侧水位高程的差值可由式（9-26）求得

$$H = \frac{v^2 B}{Rg} \quad (9\text{-}26)$$

式中　H——排洪沟水位高度差（m）；
　　　v——排洪沟水流平均流速（m/s）；
　　　B——弯道处水面宽度（m）；
　　　R——弯道半径（m）；
　　　g——重力加速度（m/s^2）。

排水沟的设计安全超高，一般可采用 0.3~0.5m，同时对排洪沟弯道处应加护砌。

3）排洪沟出口段：应设置在不受冲刷的排放地点，如河流、山谷等的地质良好地段，并采取护砌措施。另外，在出口段，应设置渐变段，逐渐增大宽度，以减少单宽流量，减低流速，或采用消能、加固等措施，以减缓洪水对出口段的冲刷。出口标高应在相应的排水设计重现期的河流洪水位以上，但一般应在河流常水位以上。

（7）排洪沟穿越道路应设桥涵，涵洞的断面尺寸应保证设计洪水量通过，并应考虑养护。

（8）排水沟纵坡的确定　排洪沟的纵向坡度应根据地形、地质、护砌材料、原有天然排洪沟的纵坡以及冲淤情况而确定，一般情况下，坡度宜大于 1%，但地形坡度较陡时，应考虑设置跌水，但不能设在转弯处，一次跌水的高度为 0.2~1.5m。当采用条石砌筑的梯级渠道时，每级梯形高为 0.3~0.6m，有的多达 20~30 级，其消能效果很好。

（9）排洪沟设计流速的规定　为不使排洪沟沟底产生淤积，最小允许流速一般不小于 0.4m/s，为了防止山洪对排洪沟的冲刷，排洪沟的最大允许流速，宜根据不同铺砌的加固形式来选择确定。表 9-25 为排洪沟最大流速供设计计算中选用。

表 9-25　排洪沟最大设计流速

沟渠护砌条件	最大设计流速/（m/s）	沟渠护砌条件	最大设计流速/（m/s）
浆砌砖石	2.0~4.5	混凝土护面	5.0~10
坚硬石块浆砌	6.5~1.2	草皮护面	0.9~2.2

(10) 排洪沟设计计算径流系数的确定　排洪沟设计计算径流系数，可根据设计地区的地面情况确定。山区可采用 0.7 ~ 0.8；丘陵地区可采用 0.55 ~ 0.70。若设计地区的山坡被全部垦植为梯田，径流系数还要小些，一般可采用 0.3 左右。表 9-26 中列出了各种地面不同的径流系数值，可供设计计算时参考。

表 9-26　各种地面的径流系数

类别	地面种类	径流系数
1	无裂缝岩石、沥青屋面、混凝土面层、冻土、重粘土、冰沼土、沼泽土	1.0
2	粘土、盐土、碱土、龟裂土、水稻地	0.85
3	黄壤、红壤、壤土、灰化土、灰钙土、漠钙土	0.80
4	褐土、生草砂壤土、黑钙土、黄土、栗钙土、灰色森林土、棕色森林土	0.70
5	砂壤土、生草的砂	0.50
6	砂	0.35

(11) 排洪沟断面形式、材料及其选择　排洪沟的断面形式常采用梯形和矩形明渠。最小断面 $B \times H = 0.4\text{m} \times 0.4\text{m}$，明渠排洪沟的底宽，考虑施工与维修要求，一般不小于 0.4 ~ 0.5m。沟渠材料及加固形式应根据沟内最大流速、地形及地质条件、当地材料供应情况确定。一般常用片、块石铺砌。

排洪沟不宜采用土明渠。由于土明渠的边坡不稳定，在山洪冲刷下，很容易被冲毁，故不宜采用。

图 9-22 为排洪沟的断面及加固形式示意图；图 9-23 为修建在坡度较大的山坡上的截洪沟断面及使用铺砌材料示意图。

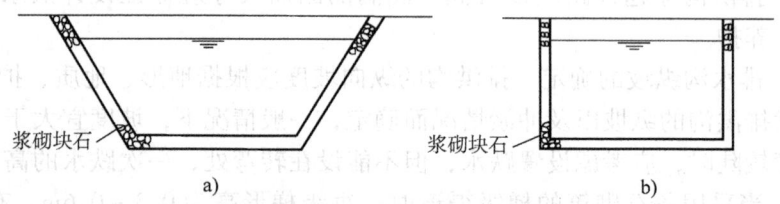

图 9-22　排洪沟断面及加固形式示意图
a) 梯形断面　b) 矩形断面

2. 排洪沟水力计算

在进行排洪沟水力计算时，常遇到如下情况：

1) 已知设计流量，渠底坡度，确定渠道断面。
2) 已知设计流量或流速，渠道断面及粗糙系数，求渠道底坡。
3) 已知渠道断面，渠壁粗糙系数及渠道底坡，求渠道的输水能力。

水力计算见式 (3-19) 和式 (3-20)。

公式中的过水断面 A 和湿周 χ 的求解如下：

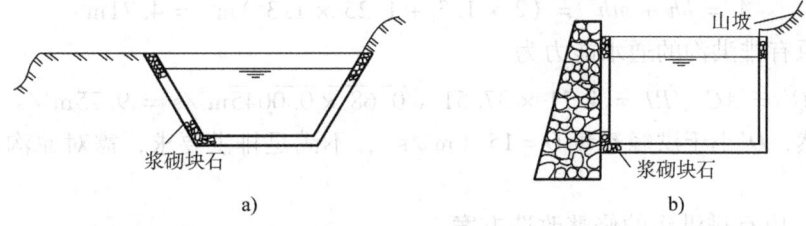

图9-23 截洪沟断面及加固形式示意图
a) 梯形断面 b) 矩形断面

梯形断面

$$A = bh + mh^2 \quad (9\text{-}27)$$

$$\chi = b + 2h\sqrt{1+m^2} \quad (9\text{-}28)$$

式中 h——水深（m）；

b——底宽（m）；

m——沟侧边坡水平宽度与深度之比；

n——沟壁粗糙系数。

矩形断面

$$A = bh \quad (9\text{-}29)$$

$$\chi = 2h + b \quad (9\text{-}30)$$

3. 排洪沟水力计算示例

已知某工厂已有天然梯形断面浆砌块石河槽的排洪沟，其总长为980m。沟纵向坡度为4.5‰，沟粗糙系数为0.025，沟边坡1:1.25，沟底宽为2m，沟顶宽为5.75m，沟深为1.5m。当采用设计重现期为50a时，洪峰流量为15m³/s。试复核已有排洪沟的通过能力Q'及沟内水流速度v。

计算如下：

（1）复核原有排洪沟断面能否满足排除洪峰流量的要求

按公式 $Q = Av = AC\sqrt{RI}$，$C = \dfrac{1}{n} R^{\frac{1}{6}}$。对于梯形断面 $A = bh + mh^2$。

其水力半径 $R = \dfrac{A}{\chi} = \dfrac{bh + mh^2}{b + 2h\sqrt{1+m^2}}$

设原有排洪沟的有效水深为 $h = 1.3$m，安全超高为0.2m，则

$$R = \dfrac{bh + mh^2}{b + 2h\sqrt{1+m^2}} = \dfrac{2 \times 1.3 + 1.25 \times 1.3^2}{2 + 2 \times 1.3\sqrt{1+1.25^2}}\text{m} = 0.68\text{m}$$

$$C = \dfrac{1}{n} R^{\frac{1}{6}} = \dfrac{1}{0.025} \times 0.68^{\frac{1}{6}} = 37.51$$

$$A = bh + mh^2 = (2 \times 1.3 + 1.25 \times 1.3^2)\mathrm{m}^2 = 4.71\mathrm{m}^2$$

则原有排洪沟的通水能力为

$$Q' = AC\sqrt{RI} = 4.71 \times 37.51 \sqrt{0.68 \times 0.0045}\mathrm{m}^3/\mathrm{s} = 9.75\mathrm{m}^3/\mathrm{s}$$

显然，Q' 小于洪峰流量 $Q = 15$（m^3/s），不满足排洪要求，需对原沟加以修整改造。

（2）原有排洪沟的修整改造方案

1）方案一

在原沟断面充分利用的基础上，深度增加至 $H = 2\mathrm{m}$，其有效水深 $h = 1.7\mathrm{m}$，如图 9-24 所示中方案一，则有效断面积

$$A = bh + mh^2 = (0.75 \times 1.7 + 1.25 \times 1.7^2)\mathrm{m}^2 = 4.89\mathrm{m}^2$$

$$R = \frac{4.89}{0.75 + 2 \times 1.7 \sqrt{1 + 1.25^2}}\mathrm{m} = 0.79\mathrm{m}$$

$$C = \frac{1}{0.025} \times 0.79^{\frac{1}{6}} = 38.46$$

$$Q' = AC\sqrt{RI} = 4.89 \times 38.46 \sqrt{0.79 \times 0.0045}\mathrm{m}^3/\mathrm{s} = 11.21\mathrm{m}^3/\mathrm{s}$$

计算结果表明，加深后仍然不能满足洪峰流量的要求。若再增加深度，底宽过小，不便维护，且增加的断面积甚微，故不予采用。

2）方案二

为满足洪峰流量的要求，在原有沟道断面的基础上增加排洪沟的深度及扩大过水断面，并采用浆砌石片铺砌，加固沟壁沟底，以保证沟壁稳定。如图 9-24 所示中方案二。按最佳水力断面进行设计其梯形断面的宽深比为

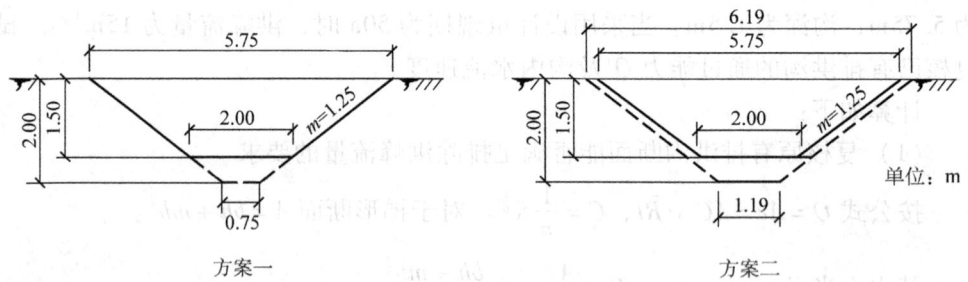

图 9-24 排洪沟改造示意图

$$\beta = \frac{b}{h} = 2(\sqrt{1 + m^2} - m) = 2(\sqrt{1 + 1.25^2} - 1.25) = 0.7$$

$$b = 0.7 \times 1.7\mathrm{m} = 1.19\mathrm{m}$$

$$A = bh + mh^2 = (1.19 \times 1.7 + 1.25 \times 1.7^2)\mathrm{m}^2 = 5.64\mathrm{m}^2$$

$$R = \frac{A}{b+2h\sqrt{1+m^2}} = \frac{5.64}{1.19+2\times1.7\sqrt{1+1.25^2}} \text{m} = 0.85\text{m}$$

当采用浆砌石片铺砌时,由表9-27查得人工渠道粗糙系数$n=0.02$,则

$$C = \frac{1}{n}R^{\frac{1}{6}} = \frac{1}{0.02}\times 0.85^{\frac{1}{6}} = 48.66$$

$$Q' = AC\sqrt{RI} = 5.64\times 48.66\sqrt{0.85\times 0.0045}\text{m}^3/\text{s} = 16.97\text{m}^3/\text{s}$$

此结果可满足排除洪峰流量$Q=15\text{m}^3/\text{s}$的要求。

(3) 复合排洪沟水流速度v

根据公式$v = C\sqrt{RI}$,得:$v = 48.66\sqrt{0.85\times 0.0045}\text{m/s} = 3.01\text{m/s}$

查表9-25,用浆砌石片铺砌沟壁时,允许最大设计流速为4.5m/s,因此排洪沟不会受到冲刷。

表 9-27 人工渠道的粗糙系数 n 值

序号	渠道表面的性质	粗糙系数 n	序号	渠道表面的性质	粗糙系数 n
1	细砾石 $d=10\sim30$mm 渠道	0.022	9	粗糙的浆砌碎石渠	0.02
2	中砾石 $d=20\sim60$mm 渠道	0.025	10	表面较光滑的夯打混凝土	$0.0155\sim0.0165$
3	粗砾石 $d=50\sim150$mm 渠道	0.03	11	表面干净的旧混凝土	0.0165
4	中等粗糙的凿岩渠	$0.03\sim0.04$	12	粗糙的混凝土衬砌	0.018
5	细致爆开的凿岩渠	$0.04\sim0.05$	13	表面不整齐的混凝土	0.02
6	粗糙的极不规则的凿岩渠	$0.05\sim0.065$	14	坚实光滑的土渠	0.017
7	细致浆砌碎石渠	0.013	15	掺有少量粘土或石砾的砂土渠	0.02
8	一般的浆砌碎石渠	0.017	16	砂砾低砌石坡的渠道	$0.02\sim0.022$

9.6 合流制排水管渠的设计计算

合流制管渠系统是利用同一管渠排除生活污水、工业废水及雨水的排水方式。由于历史的原因,在国内外许多城市的旧排水管道系统中仍然采用这种排水体制。根据混合污水的处理和排放的方式,分为直排式合流制和截流式合流制两种。由于直排式合流制管渠系统所排除的混合污水不经任何处理直接排入水体,造成水体严重污染,因此对于新建排水系统不宜采用。本节只介绍截流式合流制排水系统。

9.6.1 截流式合流制排水系统的工作情况与特点

截流式合流制排水系统是沿水体平行设置截流管道,以汇集各支管、干管输送来的混合污水。在截流干管的适当位置上设置溢流井。晴天时,截流干管以非满流方式将生活污水和工业废水送往污水处理厂。雨天时,随着雨水量的

增加,截流干管是以满流方式将混合污水(雨水、生活污水、工业废水)送往污水处理厂。

假设城市混合污水量的总和为 Q,截流干管的最大设计输水能力为 Q_1。当 $Q \leqslant Q_1$ 时,混合污水全部被输送到污水处理厂进行处理。当 $Q > Q_1$ 时,有流量为 Q_1 的混合污水送往污水处理厂,而剩余的部分 $(Q - Q_1)$ 混合污水则通过溢流井排入水体。随着降雨历时继续延长,暴雨强度逐渐减弱,溢流井处的溢流流量也逐渐减小。最后混合污水量又重新等于或小于截流干管的设计输水能力,溢流停止,混合污水又全部输送到污水处理厂。

从上述管渠系统的工作情况可知,截流式合流制排水系统,是在同一管渠内输送多种混合污水,集中到污水处理厂处理,从而消除了晴天时城市污水及初期雨水对水体的污染,在一定程度上满足环境保护方面的要求。另外还具有管线单一、管渠的总长度小等优点。因此在节省投资、管道施工等方面较为有利。

截流式合流制排水系统的缺点是:在暴雨期间,会有部分混合污水通过溢流井排入水体,将造成水体周期性污染,另外,由于截流式合流制排水管渠的过水断面很大,而在晴天时流量小,流速低,往往在管底形成淤积,降雨时,雨水将沉积在管底的大量污物冲刷起来带入水体形成严重的污染。

另外,截流管、提升泵站以及污水处理厂的设计规模都比分流制排水系统大,截流管的埋深也比单设雨水管渠的埋深大。

因此,在选择排水体制时,首先满足环境保护的要求,即保证水体所受的污染程度在允许的范围内,另外还要根据水体综合利用情况、地形条件以及城市发展远景,通过技术、经济比较后综合考虑确定。图 9-25 为截流式合流制组成示意图。

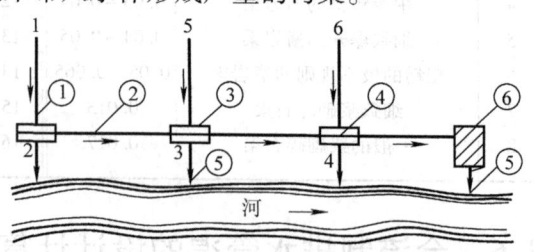

图 9-25 截流式合流制组成示意图
①—合流管道 ②—截流管道 ③—溢流井 ④—溢流堰 ⑤—出水口 ⑥—污水处理厂

9.6.2 截流式合流制排水系统的使用条件

在下列情形下可考虑采用截流式合流制排水系统:

1) 排水区域内有充沛的水体,并且具有较大的流量和流速,一定量的混合污水溢入水体后,对水体造成的污染危害程度在允许范围内。

2) 街区、街道的建设比较完善,必须采用暗管排除雨水时,而街道的横断面又较窄,管渠的设置位置受到限制时。

3）地面有一定的坡度倾向水体，当水体高水位时，岸边不被淹没。

4）排水管渠能以自流方式排入水体，在中途不需要泵站提升。

5）降雨量小的地区。

6）雨水、污水均需要处理的地区。

显然，对于某个地区或城市来说，上述条件不一定能够同时满足，但可根据具体情况，酌情选用合流制排水系统。若水体距离排水区域较远，水体流量、流速都较小，城市污水中的有害物质经溢流井排入水体的浓度超过水体允许卫生标准等情况下，则不宜采用。

9.6.3 截流式合流制排水系统布置

采用截流式合流制排水管渠系统时，其布置特点及要求是：

1）排水管渠的布置应使排水面积上生活污水、工业废水和雨水都能合理地排入管渠，管渠尽可能以最短的距离坡向水体。

2）在排水区域内，如果雨水可以沿道路的边沟排泄，这时可只设污水管道，只有当雨水不宜沿地面径流时，才布置合流管渠，截流干管尽可能沿河岸敷设，以便于截流和溢流。

3）沿水体岸边布置与水体平行的截流干管，在截流干管的适当位置上设置溢流井，以保证超过截流干管的设计输水能力的那部分混合污水，能顺利地通过溢流井就近排入水体。

4）在截流干管上，必须合理地确定溢流井的位置及数目，以便尽可能减少对水体的污染，减小截流干管的断面尺寸和缩短排放渠道的长度。

虽然截流式合流制管渠系统可截流初期雨水并进行处理，但溢流的混合污水仍会使水体受到污染。为改善水体环境卫生，需要将由于排入混合污水对水体造成的污染程度降至最低，则溢流井设置数目少一些好，其位置应尽可能设置在水体的下游。从经济方面考虑，溢流井的数目多一些好，这样可使混合污水及早溢入水体，减少截流干管的尺寸，降低截流干管下游的设计流量。但是，溢流井过多，会增加溢流井和排放渠道的造价，特别在溢流井离水体较远，施工条件困难时更是如此。当溢流井的溢流堰口标高低于水体最高水位时，需要在排水渠道上设置防潮门、闸门或排涝泵站。为降低泵站造价和便于管理，溢流井应适当集中，不宜设置过多。通常溢流井设置在合流干管与截流干管的交汇处。但为降低工程造价以及减少对水体的污染，并不是在每个交汇点上都要设置。

溢流井的数目及具体位置，要根据设计地区的实际情况，结合管渠系统的布置，考虑上述因素，通过经济技术比较确定。

5）在汛期，因自然水体的水位增高，造成截流干管上的溢流井，不能按重力流方式通过溢流管渠向水体排放时，应考虑在溢流管渠上设置闸门，防止洪水倒灌，还要考虑设置排水泵站提升排放，这时宜将溢流井适当集中，利于排水泵站集中抽升。

6）为了彻底解决溢流混合污水对水体的污染问题，又能充分利用截流干管的输水能力及污水处理厂的处理能力，可考虑在溢流出水口附近设置混合污水贮水池，在降雨时，可利用贮水池积蓄溢流的混合污水，待雨后将贮存的混合污水再送往污水处理厂处理。此外，贮水池还可以起到沉淀池作用，可改善溢流污水的水质。但一般所需储水池容积较大，另外，蓄积的混合污水需设泵站提升至截流管。

在我国城市的旧城区多采用截流式合流制，而在新建城区及工矿区则多采用分流制，特别是当生产污水中含有毒物质，其浓度又超过允许的卫生标准时，必须先进行单独处理达到排放的水质标准后，才能排入合流制管渠系统。

9.6.4 合流制排水管渠的水力计算

1. 完全合流制排水管渠设计流量的确定

完全合流制排水管渠的设计流量按下式计算

$$Q_w = Q_s + Q_g + Q_y = Q_h + Q_y \tag{9-31}$$

式中 Q_w——完全合流制管渠的设计流量（L/s）；

Q_s——生活污水设计流量（L/s）；

Q_g——工业废水设计流量（L/s）；

Q_h——旱流流量（指晴天时的城市污水量，即 $Q_h = Q_s + Q_g$）（L/s）；

Q_y——雨水设计流量（L/s）。

截流式合流制排水管渠系统中溢流井上游部分实际上相当于完全合流制排水管渠系统。

2. 截流式合流制排水管渠设计流量的确定

在截流式合流制排水管渠系统中，由于在截流干管上设置了溢流井，当溢流井上游合流污水流量超过截流干管的输水能力时，就会有部分合流污水经溢流井直接排入水体。当溢流井内的水量刚好达到溢流状态时，雨水流量和旱流流量的比值称为截流倍数，用 n_0 表示。n_0 值的大小，应根据旱流污水的性质和水量及其总变化系数、水体环境要求以及水文、气象条件等因素计算确定。显然，n_0 的取值也决定了下游管渠的断面尺寸和污水处理厂的规模。

溢流井下游截流干管的设计雨水流量可按下式计算

$$Q_y' = n_0(Q_s + Q_g) + Q_y' \tag{9-32}$$

溢流井下游截流干管的设计总流量，是上述雨水设计流量与生活污水平均流量及工业废水最大班平均流量之和，可按下式计算

$$Q_z = n_0(Q_s + Q_g) + Q'_y + Q'_s + Q'_g + Q'_h$$
$$= (1 + n_0)(Q_s + Q_g) + Q'_y + Q'_h \quad (9\text{-}33)$$
$$= (1 + n_0)Q_h + Q'_y + Q'_h$$

式中 Q_s——溢流井下游截流干管的总设计流量（L/s）；

n_0——设计截流倍数；

Q'_h——溢流井下游纳入的旱流流量（L/s）；

Q'_y——溢流井下游纳入的雨水设计流量（L/s）。

3. 从溢流井溢出的混合污水设计流量的确定

当溢流井上游合流污水的流量超过溢流井下游管段的截流能力时，将有一部分混合污水经溢流井处溢流，并通过排放渠道排入水体。其溢流的混合污水设计流量按下式计算

$$Q_x = (Q_s + Q_g + Q_y) - (1 + n_0)Q_h \quad (9\text{-}34)$$

式中 Q_x——经溢流井处溢流的混合污水设计流量（L/s）。

其余同式（9-33）。

9.6.5 截流式合流制管渠的水力计算要点

截流式合流制排水管渠一般按满流设计。水力计算方法，水力计算数据，包括设计流速、最小坡度、最小管径、覆土厚度以及雨水口布置要求与分流制中雨水管道的设计基本相同。但合流制管渠雨水口设计时应考虑防臭、防蚊蝇孳生等措施。

合流制排水管渠水力计算内容包括：

1. 溢流井上游合流管渠计算

溢流井上游合流管渠的计算与雨水管渠计算基本相同，只是它的设计流量包括设计污水量、工业废水量和设计雨水量。

2. 截流式合流制管渠的雨水设计重现期

截流式合流制管渠的雨水设计重现期，可适当高于同一情况下的雨水管道的设计重现期的10%～25%。因为合流管渠一旦溢出，溢出混合污水比雨水管道溢出的雨水所造成的危害更为严重，所以为防止出现这种情况，应从严掌握合流管渠的设计重现期和允许的积水程度。

3. 截流干管和溢流井的计算

合理地确定所采用的截流倍数 n_0 值。根据所采用的 n_0 值可按式（9-33）确定截流干管的设计流量，然后即可进行截流干管和溢流井的水力计算。从保护环境、减少对水体的污染方面考虑，应采用较大的截流倍数，但从经济方面考虑，若截流倍数过大，会大大增加截流干管、提升泵站以及污水厂的设计规模和造价。同时，会造成进入污水厂的水质、水量在晴天和雨天差别很大，这给

污水厂的运行管理带来极大不便。所以，为使整个合流排水管渠系统造价合理，又便于运行管理，不宜采用过大的截流倍数。

截流倍数 n_0 应根据旱流污水的水质、水量、总变化系数、水体的卫生要求及水文气象等因素经计算确定。工程实践证明，截流倍数 n_0 值采用 2.6~4.5 时比较经济合理。

《室外排水设计规范》规定，截流倍数一般采用 1~5。在同一排水系统中可采用同一截流倍数或不同截流倍数。合流制排水系统宜采取削减雨天排放污染负荷的措施，包括：

1）合流管渠的雨水设计重现期可适当高于同一情况下的雨水管道设计重现期。

2）提高截流倍数，增加截流初期雨水量。

3）有条件地区可增设雨水调蓄池或初期雨水处理措施。

经多年工程实践，我国多数城市一般采用截流倍数 $n_0 = 3$。而美国、日本及西欧等国家多采用 $n_0 = 3~5$。

随着人们环保意识的提高，采用的截流倍数值有逐渐增大的趋势。如美国供游泳和游览的河段，所采用截流倍数 n_0 值竟高达 30 以上。

溢流井是在井中设置截流槽，槽顶与截流干管的管顶相平，其构造见图 9-26。

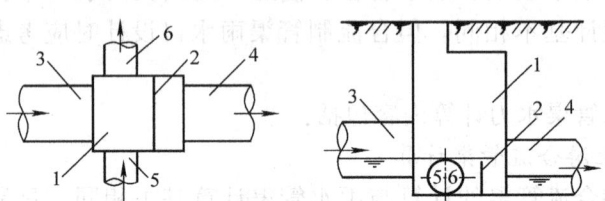

图 9-26　溢流井示意图

1—溢流井　2—堰　3—上游合流管道　4—溢流管　5—上游截流管道　6—下游截流管道

截流槽式溢流井的溢流槽是设在溢流井的底部，而溢流槽槽顶低于合流干管与排放管道的管底，略高于截流干管的上顶。当合流干管混合污水量小于截流干管的设计流量时，混合污水由合流干管跌入溢流井流槽内，并由溢流井流向截流干管的下游。当合流干管的流量大于截流干管的设计流量时，就会有多余的混合污水，由截流槽的上顶溢出，经溢流井下游的排放管渠排入自然水体。此外，也可采用溢流堰式和跳跃堰式。其构造分别如图 9-27 和图 9-28 所示。

在溢流堰式溢流井中，溢流堰的一侧是合流干管与截流干管衔接的流槽，另一侧是溢流井的排放管渠，当合流干管的流量小于截流干管的设计流量时，混合污水直接进入截流干管，当混合污水由合流干管直接排入的流量超过截流干管的设计流量时，混合污水便越过溢流堰，经下游的排放管渠排入水体。

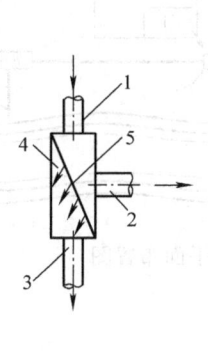

图 9-27　溢流堰式溢流井
1—合流干管　2—截流干管　3—溢流管　4—溢流井　5—溢流堰

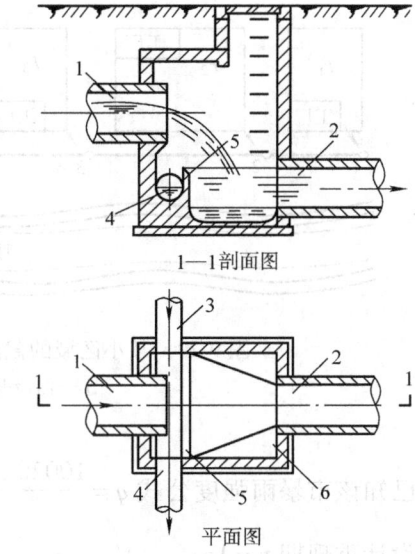

图 9-28　跳跃堰式溢流井
1—雨水入流干管　2—雨水出流干管　3—截流干管　4—初期雨水截流干管　5—隔墙

当溢流堰的堰顶线与截流干管中心线平行时，可采用下式计算

$$Q = M^3 \sqrt{l^{2.5} h^{5.0}} \tag{9-35}$$

式中　Q——溢流堰出水量（m^3/s）；

l——堰长（m）；

h——溢流堰堰顶以上水深（m）；

M——溢流堰流量系数，对于薄壁堰 $M = 2.2$。

关于其他形式的溢流井计算参见参考文献 [10]。

4. 晴天旱流流量的校核

晴天旱流流量应能满足污水管渠最小流速的要求，一般不宜小于 0.35 ~ 0.5m/s，当不能满足时，可修改设计管渠断面尺寸和坡度。值得注意的是，由于合流管渠中旱流流量相对较小，特别是上游管段，旱流校核时往往满足不了最小流速的要求，这时可在管渠底部设置缩小断面的流槽，以保证旱流时的流速，或者加强养护管理，利用雨天流量冲洗管渠，以防淤塞。

9.6.6 截流式合流制管渠水力计算实例

【例 9-5】 某市一小区域的截流式合流干管的平面布置如图 9-29 所示。

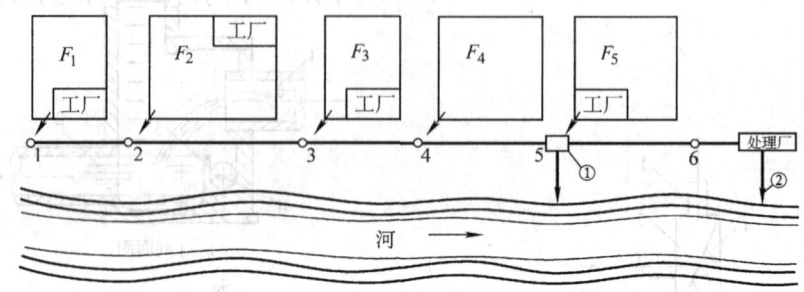

图 9-29 某小区域的截流式合流干管的平面布置图
①—溢流井 ②—出水口

已知该市暴雨强度公式 $q = \dfrac{10020(1+0.56\lg p)}{t+36}$；

设计重现期 $p = 1\mathrm{a}$；

地面集水时间 $t_1 = 10\mathrm{min}$；

平均径流系数 $\psi = 0.45$；

设计地区人口密度 $\rho = 280 \text{人}/\mathrm{hm}^2$；

生活污水量定额 $n = 100\mathrm{L}/(\text{人}\cdot\mathrm{d})$；

总变化系数 $K_z = 1.0$；

截流倍数 $n_0 = 3$；

管道起点埋深为 1.75m；

出口处河流的平均水面标高为 17.500m；

该区域内有五个工业企业，其工业废水量见表 9-28。

试进行管渠的水力计算，并校核河水是否会倒灌。

表 9-28 工业废水量统计

街区面积编号	工业废水量/(L/s)	街区面积编号	工业废水量/(L/s)
F_1	20	F_4	90
F_2	30	F_5	35
F_3	90		

【解】 计算方法及步骤如下：

第9章 雨水管渠的设计计算

1. 划分并计算各设计管段及汇水面积，见表9-29

表9-29 设计管段长度、汇水面积计算表

管段编号	管长/m	汇水面积/hm²			
		面积编号	本段面积	转输面积	总汇水面积
1~2	87	F_1	1.24	0	1.24
2~3	128	F_2	1.80	1.24	3.04
3~4	59	F_3	0.85	3.04	3.89
4~5	138	F_4	2.10	3.89	5.99
5~6	165.5	F_5	2.12	0	2.12

2. 根据地形图读出各检查井处的设计地面标高见表9-30

表9-30 检查井处的设计地面标高

检查井编号	地面标高/m	检查井编号	地面标高/m
1	20.200	4	19.550
2	20.000	5	19.500
3	19.700	6	19.450

3. 计算生活污水比流量 q_s

$$q_s = \frac{n\rho}{86400} = \frac{100 \times 280}{86400}[(L/s)hm^2] = 0.324(L/s)hm^2$$

则生活污水设计流量为

$$Q_s = q_s F K_z = 0.324 F K_z (L/s)$$

4. 确定单位面积径流量 q_0 并计算雨水设计流量

单位面积流量为

$$q_0 = \psi q = 0.45 \times \frac{10020 \times (1 + 0.56\lg P)}{t + 36}$$

$$= 0.45 \times \frac{10020 \times (1 + 0.56\lg 1.0)}{10 + 2t_2 + 36}[(L/s)/hm^2]$$

$$= \frac{4509}{46 + 2t_2}(L/s)hm^2$$

则雨水设计流量为

$$Q_y = q_0 F = \frac{4509\psi}{46 + 2t_2} F(L/s)$$

5. 根据上述结果，列表计算各设计管段的设计流量

如设计管段1~2的设计流量为

$$Q_{1\sim 2} = Q_s + Q_g + Q_y = \left(0.324 \times 1.24 \times 1.0 + 20 + \frac{4509}{46 + 2t_2} \times 1.24\right)L/s$$

因为1~2管段为起始管段，所以$t_2=0$，则

$$Q_{1\sim2}=\left(0.40+20+\frac{4509}{46+0}\times1.24\right)\text{L/s}=142\text{L/s}$$

将此结果列入表9-31中第12项。

6. 根据设计管段设计流量，当粗糙系数$n=0.013$时，查满流水力计算表，确定出设计管段的管径、坡度、流速及管内底标高和埋设深度。其计算结果分别列入表9-31中第13、14、15、16、20、21和23项。

7. 进行旱流流量校核

计算结果见表9-31中第24~26项。

下面将其部分计算说明如下：

（1）表9-31中第17项设计管道输水能力是指设计管径在设计坡度条件下的最大输水能力，此值应接近或略大于第12项的设计总流量。

（2）1~2管段因旱流流量太小，未进行旱流校核，应加强养护管理或采取适当措施防止淤塞。

（3）由于在5节点处设置了溢流井，因此5~6管段可看作截流干管，它的截流能力为

表9-31 截流式合流干管计算表

管段编号	管长/m	汇水面积/hm²			管内流行时间/min		设计流量/（L/s）					设计管径/mm	设计坡度‰	管道坡降$I\times L$/m
		本段	转输	总计	累计Σt_2	本段t_2	雨水	生活污水	工业废水	溢流井转输水量	总计			
1	2	3	4	5	6	7	8	9	10	11	12	13	14	15
1~2	87	1.24	0	1.24	0	1.93	122	0.40	20	—	142	500	1.5	0.131
2~3	130	1.80	1.24	3.04	1.93	2.71	274.92	1.04	30	—	305.96	700	1.1	0.143
3~4	59	0.85	3.04	3.89	4.64	0.89	315.47	1.26	90	—	406.73	700	2.1	0.124
4~5	138	2.10	3.89	5.99	5.52	2.09	473.51	1.94	90	—	565.45	800	1.7	0.234
5~6	165.8	2.12	0	2.12	0	2.27	207.80	0.69	35	367.76	611.25	800	2.3	0.381

管段编号	设计流速/（m/s）	设计管道输水能力Q/（L/s）	地面标高/m		管内底标高/m		埋深/m		旱流校核			备注
			起点	终点	起点	终点	起点	终点	旱流流量	充满度	流速/（m/s）	
1	16	17	18	19	20	21	22	23	24	25	26	27
1~2	0.75	150	20.200	20.000	18.450	18.320	1.750	1.680	20.40			5号节点设溢流井
2~3	0.80	310	20.000	19.700	18.120	17.977	1.880	1.723	31.04			
3~4	1.10	410	19.700	19.550	17.977	17.853	1.723	1.697	91.26	0.335	0.83	
4~5	1.10	570	19.550	19.500	17.753	17.520	1.797	1.980	91.94	0.290	0.82	
5~6	1.22	630	19.500	19.450	17.520	17.139	1.980	2.310	127.63	0.320	1.00	

$$(n_0 + 1)Q_h = (3 + 1) \times 91.94 \text{L/s} = 367.76 \text{L/s}$$

将此值列入表中第 11 项。

(4) 5~6 管段的旱流流量为 4~5 管段的旱流流量和 5~6 管段本段的旱流之和。即：

$$(91.94 + 35 + 0.69)\text{L/s} = 127.63 \text{L/s}$$

(5) 5~6 管段的本段旱流流量和雨水设计流量均按起始管段进行计算。

8. 溢流井的计算

经溢流井溢流的混合污水量为

$$(565.45 - 367.76)\text{L/s} = 197.69 \text{L/s} \approx 0.20 \text{m}^3/\text{s}$$

选用溢流堰式溢流井，溢流堰顶线与截流干管的中心线平行，则

$$Q = M^3 \sqrt{l^{2.5} h^{5.0}}$$

因薄壁堰 $M = 2.2$，设堰长 $l = 1.5 \text{m}$，则

$$Q = 2.2^3 \sqrt{1.5^{2.5} h^{5.0}}$$

解得 $h = 0.167 \text{m}$，即溢流堰末端堰顶以上水层高度为 0.167 m。该水面高度为溢流井下游管段（截流干管）起点的管顶标高。该管顶标高为 (17.520 + 0.8) m = 18.320 m。

溢流堰末端堰顶标高为 (18.320 - 0.167) m = 18.153 m。此值高于河流平均水面标高 17.500m，故河水不会倒灌。

9.6.7 城市旧合流制排水管渠系统的改造

城市排水管渠系统随着城市的发展而发展，在城市建设的初期，城市往往采用合流制明渠排除雨水和少量污水，并将它们直接排入附近水体。随着城市工业的发展和人口增加与集中，城市的污水和工业废水量也相应增加，其污水的成分也更加复杂。

为改善城市的卫生条件，保证市区的环境卫生，虽然将明渠改为暗流，但污水仍是直接排入附近的水体，并没有改变城市污水对自然水体的污染。

根据有关资料介绍日本有 70% 左右、英国有 67% 左右的城市采用完全合流制排水系统。我国绝大多数城市也采用这种排水系统，随着城市和工业的进一步发展，污水水量将迅速增加，势必造成水体的严重污染。为此，为保护自然环境，保护水体，就必须对城市已建的旧合流制排水管渠系统进行改造。

对城市旧合流制排水系统的改造，通常有以下几种途径：

1. 改原有的合流制为分流制

将合流制改为分流制可彻底解决城市污水对水体的污染，此方法由于雨水、污水分流，需要处理的污水量将相对减少，进入污水处理厂的水质、水量变化

也相对较小，所以有利于污水厂的运行管理。通常，在具有以下条件时，可考虑将合流制改造为分流制：

1) 住房内部有完善的卫生设备，便于生活污水与雨水分流。

2) 工厂内部可清浊分流，便于将符合要求的生产污水直接排入城市管道系统，将清洁的工业废水排入雨水管渠系统，或将其循环、循序使用。

3) 城市街道的横断面有足够的位置，允许设置由于改建成分流制而需增建的污水或雨水管道，并且在施工中不对城市的交通造成很大的影响。

4) 旧排水管渠输水能力基本上已不能满足需要，或管渠损坏渗漏已十分严重，需要彻底改建而设置新管渠。

在一般情况下，住房内部的卫生设备目前已日趋完善，将生活污水与雨水分流比较容易做到。但是，工厂内部的清浊分流，由于已建车间内工艺设备的平面位置和竖向布置比较固定，不太容易做到。由于旧城市的街道比较窄，而城市交通流量较大，地下管线又较多，使改建工程不仅耗资巨大，而且影响面广，工期相当长，在某种程度上甚至比新建的排水工程更为复杂，难度更大。

2. 保留合流制，改造为截流式合流制管渠

将合流制改为分流制可以完全控制混合污水对水体的污染，但是由于投资大、施工困难等原因而较难在短期内做到。目前旧合流制的改造多采用保留合流制，修建截流干管即改造成截流式合流制排水系统。从这种系统的运行情况看，截流式合流制排水系统并没有杜绝污水对水体的污染，而溢流的混合污水中不仅含有部分旱流污水，同时也来带有晴天沉积在管底的污物。根据有关资料介绍，1953—1954年，由伦敦溢流入泰吾士河的混合污水的 BOD_5 浓度高达 221mg/L，而进入污水处理厂的 BOD_5 也只有 239~281 mg/L。可见，溢流混合污水的污染程度仍然是相当严重的，足以造成对水体局部或全局污染。

3. 对溢流混合污水进行适当处理

随着城市建设的发展和人口的增长，从截流式合流制排水管渠中溢流的混合污水，将造成对自然水体的严重污染。所以，为保护水体，在规划设计时需要从以下几方面考虑：

1) 截流倍数的选用要适当提高，我国现用的截流倍数是以平均污水量为标准的，它实质上只有国外常用最大时污水量标准值的 50%~60%。《室外排水设计规范》建议采用的截流倍数 1~5 倍只相当于国外的 0.5~3 倍。根据国外经验及我国江河污染严重的情况看，所用 n_0 值应根据不同地区的水体稀释能力和自净能力作不同程度的提高。

2) 对溢流的混合污水进行适当的处理。处理措施包括细筛滤、沉淀以及其他必要的措施。

4. 对溢流的混合污水量采取有效的控制措施

为减少溢流混合污水对水体的污染，可利用公园、湖泊、小河及池塘等，作为限制暴雨进入管渠的临时蓄水池等蓄水措施，消减高峰径流量，达到减少混合污水的排放量。根据美国的研究结果，采用透水性路面或没有细料的沥青混合路面，可消减高峰径流量的 83%。这种作法是利用设计地区土壤有足够的透水性，而且地下水位较低的地区，采用提高地表持水能力和地表渗流能力的措施减少暴雨径流，降低溢流的混合污水量。若采用此种措施时，应定时清理路面防止阻塞。

城市旧合流制排水渠系统的改造是一项很复杂的工作，必须根据当地的具体情况，与城市规划相结合，在确保水体免受污染的条件下，充分发挥原有管渠系统的作用，使改造方案既有利保护环境，经济合理又切实可行。

如上所述，同一城市根据不同情况可能采用不同的排水体制。因此，在一个城市中就有可能出现合流制与分流制并存的情况。在这种情况下，存在两种管渠系统的连接方式问题。当合流制排水管渠系统中雨天的混合污水能全部经污水厂进行二级处理时，这两种管渠系统的连接方式比较灵活。当污水处理厂处理设备的能力有限，不能满足对雨天的全部混合污水进行二级处理而必须有部分混合污水直接溢流排入水体时，两种管渠系统之间的连接应保证全部污水和初期雨水经过处理，剩余雨水和部分混合污水经过溢流排放水体，而不宜采用先混合再溢流排放的连接方式。

思 考 题

1. 雨水管渠系统由哪几部分组成？各组成部分的作用是什么？
2. 雨水管渠系统布置的原则是什么？
3. 暴雨强度与哪些因素有关？为什么降雨历时越短，重现期越长，暴雨强度越大？
4. 分散式和集中式排放口的雨水管渠布置形式有何特点？适用什么条件？
5. 如何进行雨水口的布置？其基本要求是什么？
6. 雨水管渠设计流量如何计算？
7. 为什么在计算雨水管道设计流量时，要考虑折减系数？
8. 如何确定暴雨强度重现期 P、地面集水时间 t_1、管内流行时间 t_2 及径流系数 ψ？
9. 为什么雨水和合流制排水管渠要按满流设计？
10. 雨水径流调节有何意义？常用调节池有哪些布置形式？试说明工作原理。调节池容积如何计算？
11. 如何确定洪峰设计流量？
12. 如何进行排洪沟的设计？
13. 为什么旧合流制排水系统的改造具有必要性，如何进行改造？
14. 合流制排水管渠溢流井上、下游管渠的设计流量计算有何不同？如何合理确定截流

15. 极限强度法的基本假设条件是什么？与实际情况不符时如何解决？

16. 试述雨水管渠水力计算步骤？

17. 在进行雨水管渠设计流量计算时，若出现下游管渠的设计流量比上游小时，说明什么？应该采用什么方法解决？

18. 雨水管渠和污水管渠在水力计算中有哪些不同？

习 题

1. 从某市一场暴雨自记雨量记录中求得 5min、10min、15min、20min、30min、45min、60min、90min、120min 的最大降雨量分别是 13mm、20.7mm、27.2mm、33.5mm、43.9mm、45.8mm、46.7mm、47.3mm、47.7mm，试计算各降雨历时的最大平均暴雨强度 i（mm/min）和 $q[(L/s)hm^2]$ 值。

2. 已知某城市居住区面积为 28 hm^2，其中屋面面积占 26%，沥青道路面占 14%，级配碎石路面占 10%，非铺砌石路面占 15%，绿地占 35%，试计算该区的平均径流系数。

3. 某小区面积为 30.2 hm^2，其平均径流系数 $\psi_{av} = 0.56$，试分别计算设计重现期 $p = 5a$、3a、0.5a，设计降雨历时时 $t = 10min$ 的雨水设计流量各为多少？

4. 如图 9-30 所示，某工厂已有天然梯形断面砂砾石河床的排洪沟，其总长 L 为 540m，沟纵向坡度 I 为 4.5‰，排洪沟粗糙系数 $n = 0.025$，其边坡为 1：m = 1：1.5，沟底宽为 2.2m，沟顶宽为 6.7m，沟深为 1.5m。当采用设计重现潮为 50a 时，洪峰流量为 15.5m^3/s。试复核已有排洪沟的通水能力。

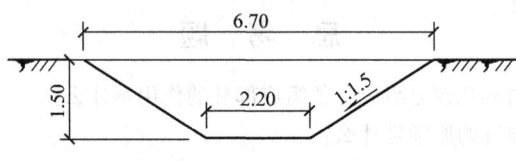

图 9-30 排洪沟断面图

5. 某居住小区部分雨水管道平面布置如图 9-31 所示。该市暴雨强度公式为 $q = \dfrac{500\,(1 + 1.67\lg p)}{t^{0.65}}$，设计重现期 $p = 1a$，平均径流系数 $\psi_{av} = 0.60$，地面集水时间 $t_1 = 10min$，折减系数 $m = 2.0$，采用钢筋混凝土管，粗糙系数 $n = 0.013$ 时的雨水设计流量各为多少？管道起点埋深为 1.50m，试进行雨水管道的水力计算。

6. 某城市某工业区拟采用合流制排水系统，平面布置如图 9-32 所示。其工业废水量、各设计管段长度和汇水面积见表 9-28、表 9-29，各检查井地面标高见表 9-30。该地区人口密度为 450 人/hm^2，生活污水量标准 120L/（人·d），截流倍数 $n_0 = 3$，设计重现期 $p = 1a$，地面集水时间 $t_1 = 10min$，平均径流系数 $\psi_{av} = 0.60$。该地区暴雨强度公式为 $q = \dfrac{10023\,(1 + 0.56\lg p)}{t + 36}$，管道起点埋深 1.4m，试进行干管 1~4 的水力计算。

第9章 雨水管渠的设计计算

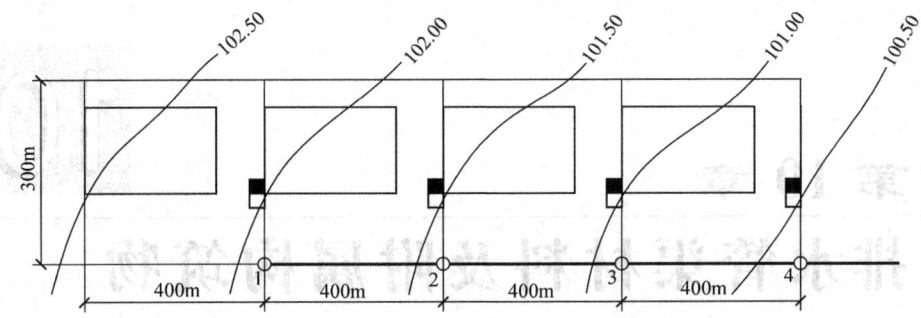

图 9-31　某居住小区部分雨水管道平面布置示意图

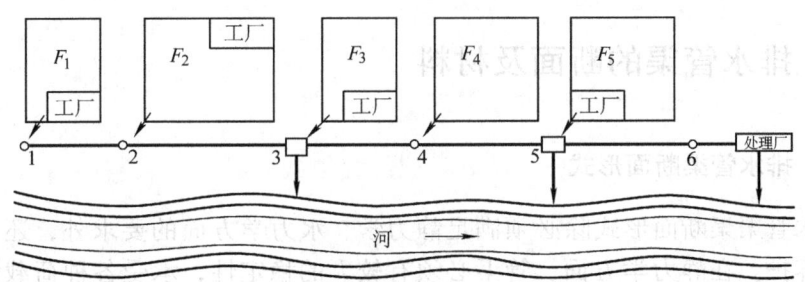

图 9-32　某市工业区合流管道平面布置示意图

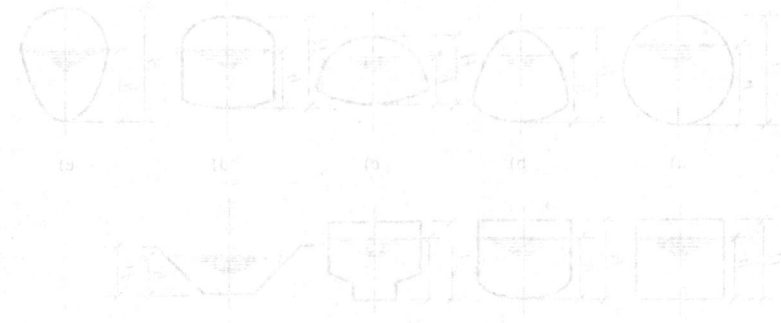

第 10 章 排水管渠材料及附属构筑物

10.1 排水管渠的断面及材料

10.1.1 排水管渠断面形式

排水管渠渠断面形式除必须满足静力学、水力学方面的要求外，还应经济和便于养护。在静力学方面，管渠必须有较大的稳定性，承受各种荷载时是稳定和坚固的。在水力学方面，管渠断面应具有最大的排水能力，并在一定的流速下不产生沉淀物。在经济方面，管渠单位长度造价应该是最低的。在养护方面，管道断面应便于冲洗和清通淤积。

常用的排水管渠断面形式有圆形、半椭圆形、马蹄形、拱顶矩形、蛋形、矩形、弧形及流槽的矩形、梯形等。图 10-1 为管渠断面示意图。

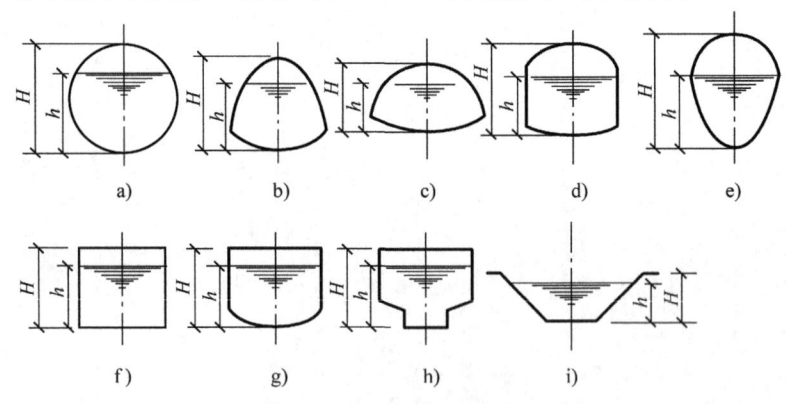

图 10-1 常用管渠断面
a) 圆形 b) 半椭圆形 c) 马蹄形 d) 带弧形流槽的拱顶矩形 e) 蛋形
f) 矩形 g) 带弧形流槽的矩形 h) 带低流槽的矩形 i) 梯形

(1) 圆形断面 当排水管道直径在小于 2m 时，并且地质条件较好，一般情况下，常选用圆形断面。由于该断面具有水力条件好，与其他形状断面比较，在流量、坡度及管内壁粗糙系数一定的条件下，指定的断面面积具有最大的水力半径和最大的流速。因为当面积一定时，以圆形周长为最短，湿周 χ 最小，水力半径 R 最大。此外，圆形管道的受力条件好，对外力的抵抗能力强，且便于运输、施工及维护管理。同时，圆形管便于预制，使用材料较经济。因此，圆形管在排水工程中被广泛采用。

(2) 半椭圆形断面 在土压力和活荷载较大时，可以较好的分配管壁压力，因而可以减少管渠的厚度，在污水量无大变化及管渠直径大于 2m 时，采用此种断面较为合适。

(3) 马蹄形断面 其高度小于宽度，在地质条件较差或地形平坦需减少埋深时，可采用此种断面形式。此外，由于这种断面下部较大，适宜输送流量变化不大的大流量污水。

(4) 蛋形断面 该断面由于底部较小，从理论上讲，在小流量时，仍可维持较大的流速，水力条件好，从而可减少淤积。但是，通过对管渠养护、管理的实践证明，此种断面的疏通工作比较困难，亦不便于制作、运输及施工。因此，目前采用较少。

(5) 矩形断面 矩形断面形式构造简单，施工方便，适用多种建筑材料建造，并能现场浇制或砌筑，具有使用灵活的特点，可根据需要调整其高度和宽度，以增大排水量。如某些工业企业的污水管渠、路面狭窄地区的排水管渠以及排洪沟通常采用此种断面形式。另外，为改善受力和水力条件，在矩形断面的基础上加以改进，一般是将矩形渠道底部用细石混凝土或水泥砂浆做成弧形流槽，可利用此流槽排除合流制系统中的非雨天时的城市污水，来获得较大的流

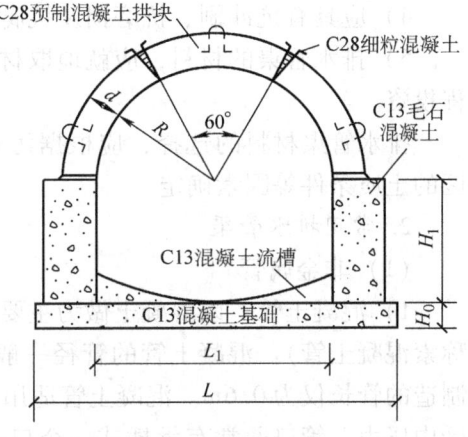

图 10-2 预制混凝土块拱形渠道

速，从而减少管渠淤积的可能。另外，也可将渠顶砌成拱形以更好的分配管壁压力。为加快施工进度，可加大预制块的尺寸。图 10-2 和图 10-3 为预制混凝土块拱形渠道和预制混凝土块污水渠道示意图。

(6) 梯形断面 在明渠排水中常用梯形断面。其形式、结构简单，便于施工，可用多种材料建造。它的边坡决定于土壤性质和铺砌材料。

10.1.2 排水管渠的材料

排水管渠的材料有：混凝土、钢筋混凝土、石棉水泥、陶土、铸铁、塑料等。

1. 对排水管渠材料的要求

1）必须具有足够的强度，以承受土壤压力及车辆行驶造成外部荷载和内部的水压，以保证在运输和施工过程中不致损坏。

2）应具有较好的抗渗性能，以防止污水渗出和地下水渗入。若污水从管渠中渗出，将污染地下水及附近房屋的基础；若地下水渗入管

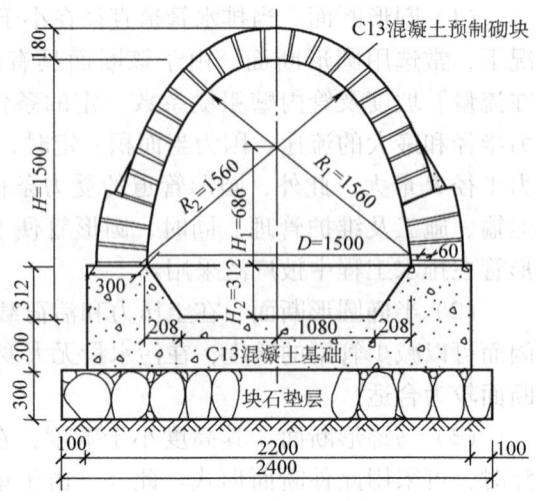

图 10-3 预制混凝土块污水渠道

渠，将影响正常的排水能力，增加排水泵站以及处理构筑物的负荷。

3）应具有良好的水力条件，管渠内壁应整齐光滑，以减少水流阻力，使排水畅通。

4）应具有抗冲刷、抗磨损及抗腐蚀的能力，以使管渠经久耐用。

5）排水管渠的材料，应就地取材，可降低管渠的造价，提高进度，减少工程投资。

排水管渠材料的选择，应根据污水性质，管道承受的内、外压力，埋设地区的土质条件等因素确定。

2. 常用排水管渠

（1）非金属管

1）混凝土管：以混凝土做为主要材料制成的圆形管材，称为混凝土管（又称素混凝土管）。混凝土管的管径一般小于 450mm。长度一般为 1m。用捣实法制造的管长仅为 0.6m。混凝土管适用于排除雨水、污水。用于重力流管，不承受内压力。管口通常有承插式、企口式、平口式三种形式。混凝土和钢筋混凝土排水管道的管口形式如图 10-4 所示。

制做混凝土的原料充足，可就地取材，制造价格较低，其设备、制造工艺简单，因此被广泛采用。缺点是，抗腐蚀性能差，耐酸碱及抗渗性能差，同时抗沉降、抗震性能也差，管节短、接头多、自重大。

混凝土一般在专门的工厂预制，也可在现场浇制。混凝土排水管的规格见表 10-1。

2）钢筋混凝土管：当排水管道的管径大于 500mm 时，为了增强管道强度，

第10章 排水管渠材料及附属构筑物

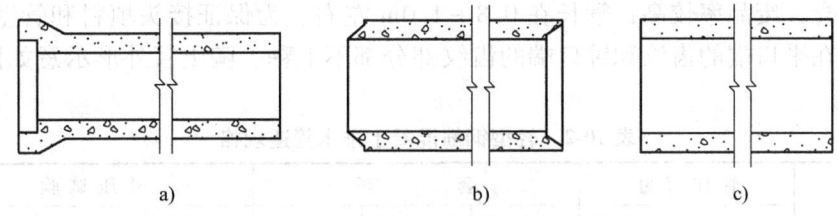

图 10-4 混凝土和钢筋混凝土排水管道的管口形式
a) 承插式 b) 企口式 c) 平口式

通常是加钢筋而制成钢筋混凝土管。当管径为 700mm 以上时，管道采用内外两层钢筋，钢筋的混凝土保护层为 25mm。钢筋混凝土管适用于排除雨水、污水。当管道埋深较大或敷设在土质条件不良的地段，以及穿越铁路、河流、谷地时都可以采用钢筋混凝土管。其管径从 500～1800mm，最大管径可达 2400mm，其管长在 1～3m 之间。若将钢筋加以预应力处理，便制成预应力钢筋混凝土管，但这种管材使用不多，只有在承受内压较高，或对管材抗弯、抗渗要求较高的特殊工程中采用。

表 10-1 混凝土排水管的规格

序号	公称内径 /mm	最小管长 /mm	管最小壁厚 /mm	外压试验/kPa	
				安全荷载	破坏荷载
1	200	1000	27	10	12
2	250	1000	33	12	15
3	300	1000	40	15	18
4	350	1000	50	19	22
5	400	1000	60	23	27
6	450	1000	67	27	32

钢筋混凝土管的管口有三种形式：承插式、企口式和平口式（图 10-4）。为便于施工，在顶管法施工中常用平口管。

钢筋混凝土管按照荷载要求，分为轻型钢筋混凝土管和重型钢筋混凝土管。其部分管道的技术条件及标准规格参见表 10-2、表 10-3。

3）陶土管：陶土管是用塑性耐火粘土制坯，经高温焙烧制成的。为了防止在焙烧过程中产生裂缝应加入耐火粘土（或掺入若干矿沙），经过研细、调和、制坯、烘干等过程制成。在焙烧过程中向窑中撒食盐，其目的在于食盐和粘土的化学作用而在管子的内外表面形成一种酸性的釉，使管子光滑、耐磨、耐腐蚀、不透水，能满足污水管道在技术方面的要求。特别适用于排除酸性、碱性废水。在世界各国被广泛采用。但陶土管质脆易碎、强度低不能承受内压，管节短，接口多。管径一般不超过 600mm，因为管径太大在烧制时易产生变形，难以接合，废品率较高；管长在 0.8~1.0m 左右。为保证接头填料和管壁牢固接合，在平口端的齿纹和钟口端的齿纹部分都不上釉。陶土管外形示意如图 10-5 所示。

表 10-2 轻型钢筋混凝土排水管道规格

公称内径 /mm	管体尺寸		套 环			外压试验		
	最小管长 /mm	最小壁厚 /mm	填缝宽度 /mm	最小管长 /mm	最小壁厚 /mm	安全荷载 /kPa	裂缝荷载 /kPa	破坏荷载 /kPa
200	2000	27	15	150	27	12	15	20
300	2000	30	15	150	30	11	14	18
350	2000	33	15	150	33	11	15	21
400	2000	35	15	150	35	11	18	24
450	2000	40	15	200	40	12	19	25
500	2000	42	15	200	42	12	20	29
600	2000	50	15	200	50	15	21	32
700	2000	55	15	200	55	15	23	38
800	2000	65	15	200	65	18	27	44
900	2000	70	15	200	70	19	29	48
1000	2000	75	18	250	75	20	33	59
1100	2000	85	18	250	85	23	35	63
1200	2000	90	18	250	90	24	38	69
1350	2000	100	18	250	100	26	44	80
1500	2000	115	22	250	115	31	49	90
1650	2000	125	22	250	125	33	54	99
1800	2000	140	22	250	140	38	61	111

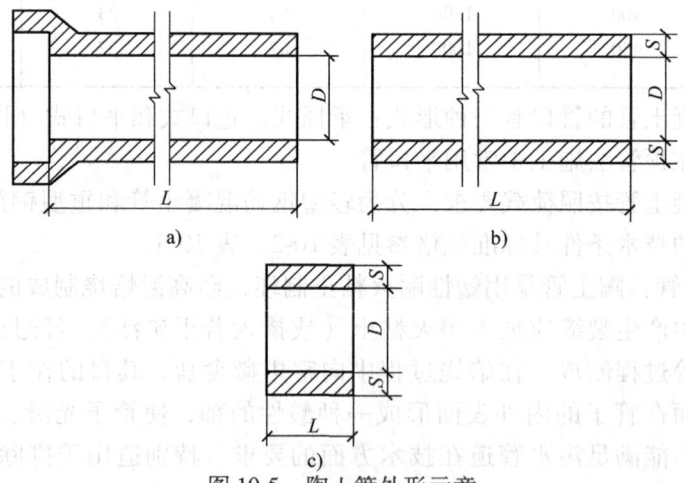

图 10-5 陶土管外形示意
a) 承插管　b) 直管　c) 管箍

第 10 章 排水管渠材料及附属构筑物

表 10-3 重型钢筋混凝土排水管道规格

公称内径/mm	管体尺寸		套环			外压试验		
	最小管长/mm	最小壁厚/mm	填缝宽度/mm	最小管长/mm	最小壁厚/mm	安全荷载/（kg/m²）	裂缝荷载/（kg/m²）	破坏荷载/（kg/m²）
300	200	58	15	150	60	3400	3600	4000
350	200	60	15	150	65	3400	3600	4400
400	200	65	15	150	67	3400	3800	4900
450	200	67	15	200	75	3400	4000	5200
500	200	75	15	200	80	3400	4200	6100
650	200	80	15	200	90	3400	4300	6300
750	200	90	15	200	95	3600	5000	8200
850	200	95	15	200	100	3600	5500	9100
950	200	100	18	250	110	3600	6100	11200
1050	200	110	18	250	125	4000	6600	12100
1350	200	125	18	250	175	4100	8400	13200
1550	200	175	18	250	60	6700	10400	18700

4）塑料排水管：由于塑料管具有表面光滑、水力性能好、水力损失小、耐磨蚀、不易结垢、质量轻、加工接口搬运方便、漏水率低及价格低等优点，因此，在排水管道工程中已得到应用和普及。其中聚乙烯（PE）管、高密度聚乙烯（HDPE）管和硬聚氯乙烯（UPVC）管的应用较广。但塑料管管材强度低、易老化。

(2) 金属管　金属管质地坚固，强度高，抗渗性能好，管壁光滑，水流阻力小，管节长，接口少，且运输和养护方便。但价格较贵，抗腐蚀性能较差。大量使用会增加工程投资，因此，在排水管道工程中一般采用较少。只有在外荷载很大或对渗漏要求特别高的场合下才采用。如排水管穿过铁路、高速公路以及邻近给水管道或房屋基础时，一般都用金属管。通常采用的金属管是铸铁管。连接方式有承插式和法兰式两种。

排水铸铁管经久耐用，有较强的耐腐蚀性，缺点是质地较脆，不耐振动和弯折，质量较大。连接方式有承插式和法兰式两种。

钢管可以用无缝钢管，也可以用焊接钢管。钢管的特点是能耐高压、耐振动、质量较轻、单管的长度大和接口方便，但耐腐蚀性差，采用钢管时必须涂刷耐腐蚀的涂料，并注意绝缘，以防锈蚀。钢管用焊接或法兰接口。

此外，在压力管线（如倒虹管和水泵出水管）或严重流砂、地下水位较高以及地震地区采用金属管材。因金属管材抗腐蚀性差，在用于排水管道工程时，应注意采取适当的防腐措施。

合理选择排水管道，将直接影响工程造价和使用年限，因此排水管道的选择是排水系统设计中的重要问题。主要可从以下三个方面来考虑：一是看市场供应情况；二是从经济上考虑；三是满足技术方面的要求。

在选择排水管道时，应尽可能就地取材，采用易于制造，供应充足的材料。在考虑造价时，不但要考虑管道本身的价格，而且还要考虑到施工费用和使用年限。例如，在施工条件较差（地下水位高、严重流砂）的地段，如果采用较长的管道可以减少管道接头，可降低施工费用，如在地基承载力较差的地段，若采用强度较高的长管，对基础要求低，可以减少敷设费用。

此外，有时管道在选择时也受到技术上的限制。例如，在有内压力的管段上，必须采用金属管或钢筋混凝土管，当输送侵蚀性的污水或管外有侵蚀性地下水时，则最好采用陶土管。

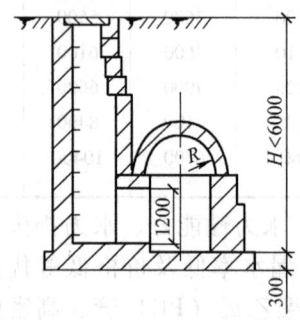

图 10-6 石砌拱形渠道

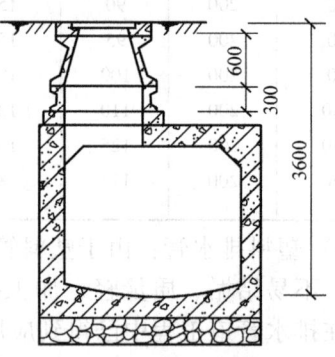

图 10-7 矩形钢筋混凝土渠道

（3）大型排水沟渠　一般大型排水沟渠断面多采用矩形、拱形、马蹄形等，其形式有单孔、双孔、多孔。建造大型排水沟渠常用的材料有砖、石、混凝土块和现浇钢筋混凝土等。在采用材料时，尽可能就地取材。其施工方法有：现场砌筑、现场浇筑、预制装配等。一般大型排水沟渠可由基础、渠底、渠身、渠顶等部分组成。在施工过程中通常是现场浇筑管渠的基础部分，然后再砌筑或装配渠身部分，渠顶部分一般是预制安装的。

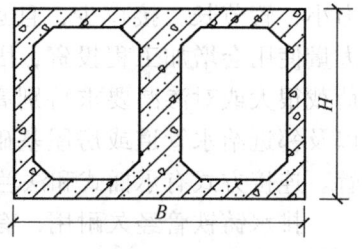

图 10-8 双孔矩形钢筋混凝土暗渠

此外，建造大型排水沟渠也有全部浇筑或全部预制安装的。石砌拱形渠道和矩形钢筋混凝土渠道示意如图 10-6～图 10-8 所示。

对于大型排水沟渠的选择，除了应考虑其受力、水力条件外，还应结合施工技术、材料的来源、经济造价等情况，经分析比较后，确定出适合设计地区具体实际情况，既经济又合理的沟渠。由于大型排水沟渠，其最佳过水断面往往显得窄而深，这不仅会使土方工程的单价提高，而且在施工过程中可能遇到地下水或流砂，势必会增加工程中施工的困难。因此，对大型排水沟渠应选用宽而浅的断面形式。

10.2 排水管渠系统上的附属构筑物

为保证及时有效地收集、输送、排除城市污水及天然降雨，保证排水系统正常的工作，在排水系统上除设置管渠以外，还需要在管渠上设置一些必要的构筑物。常用的构筑物有检查井、跌水井、水封井、溢流井、冲洗井、倒虹管、雨水口及出水口等。这些附属构筑物对排水系统的运行有很重要的影响，其中有些构筑物在排水系统中所需要的数量很多，它们在排水系统的总造价中占有相当的比例。例如，为便于管渠的维护管理，通常都应设置检查井，对于污水管道，一般在直线管段上每隔50m左右需要设置一个。此外，有些构筑物的造价很高，如倒虹管等。它们对排水工程的造价及将来的使用影响很大。因此，如何使这些构筑物在排水系统中建造的经济、合理，并能发挥最大的作用，是排水工程设计和施工中的重要课题之一。因此，须予以重视和慎重考虑。本节主要介绍这些构筑物的作用及构造。

10.2.1 检查井

为便于对排水管道系统进行定期检修、清通和连接上、下游管道，须在管道适当位置上设置检查井。当管道发生严重堵塞或损坏时，检修人员可下井进行操作疏通和检修。

检查井通常设置在管道的交汇、转弯和管径、坡度及高程变化处。在排水管道设计中，检查井在直线管径上的最大间距，可根据具体情况确定，一般情况下，检查井的间距按50m左右考虑。检查井间距如表10-4所示，表10-5为国内部分城市检查井间距，供设计时参考。

表10-4 直线管道上检查井间距

管别	管径或暗渠净高/mm	最大间距/m	常用间距/m
污水管道	≤400	40	20~35
	500~900	50	35~50
	1000~1400	75	50~65
	≥1500	100	65~80
雨水管道 合流管道	≤600	50	25~40
	700~1100	65	40~55
	1200~1600	90	55~70
	≥1800	120	70~85

注：管径或暗渠高于2000mm时，检查井最大间距可适当增大。

表 10-5　国内部分城市检查井间距

城　市	管径/mm	污水检查井间距/m	雨水（合流）检查井间距/m
北京	300～900 1500～1950	35～45 70～80	35～45 40～50
上海		35	35
天津	<800	30～40	40～50
南京		30	30
济南	300	30	30
广州	200～1200	30	30
杭州		50	30～50
沈阳			40
长春	300～600 600～1000	40 50	40 50
石家庄			40～50
郑州	900	60	50
哈尔滨		40～50	40～50

随着城市范围的扩大，排水设施标准的提高，有些城市出现管径大于2000mm的排水管渠，管渠的净高度可允许养护人员或机械进入管渠内检修养护，为此在不影响用户接管的前提下，检查井最大间距可适当增大。

检查井的平面形状一般为圆形，大型管渠的检查井也有矩形和扇形（图10-9～图10-11）。

按检查井的作用有雨水检查井和污水检查井。其构造和使用条件基本相同，只是井内的流槽高度有差别。

建造检查井的材料一般是砖、石、混凝土或钢筋混凝土。在国外多采用钢筋混凝土预制。近年来，美国已经开始采用聚合物混凝土预制的检查井。我国目前则多采用砖砌，以水泥浆抹面。

检查井由基础、井底、井身、井盖和井盖座等组成（图10-12）。

检查井的井底材料一般采用低标号混凝土，基础采用碎石、卵石、碎砖夯实或低标号混凝土。为使水流流过检查井时阻力小，井底应设连结上、下管道半圆形或弧形流槽，两侧为直壁。污水管道的检查井流槽顶与上、下游管道的管顶相平，或与0.85倍大管管径处相平。雨水管渠和合流管渠的检查井流槽顶可与0.5倍管径处相平。流槽两侧至检查井壁间的地板（称沟肩）应有一定宽度，一般应不小于20cm，以便养护人员井下立足，并应有0.02～0.05的坡度坡向流槽，以防止检查井内积水时淤泥沉积。在管道转弯或管道的交汇处，流槽中心线的弯曲半径应按转角大小和管径大小确定，并且不得小于大管的管径，

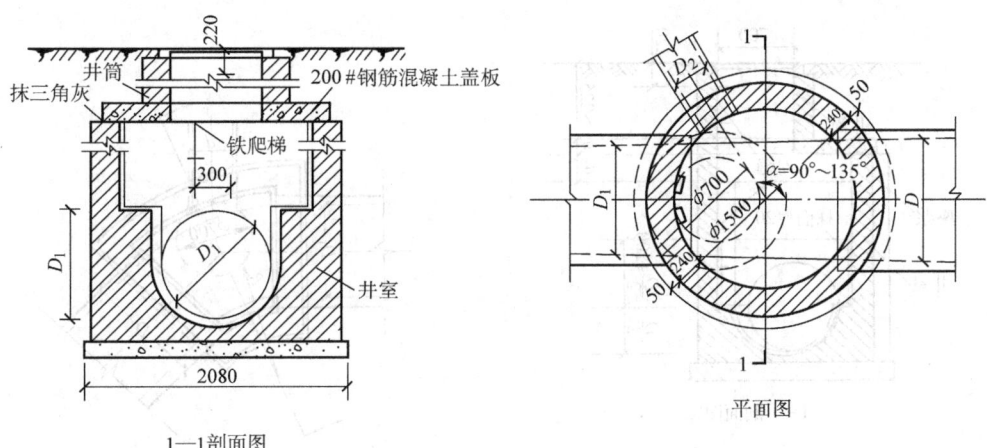

图 10-9 圆形污水检查井

其目的是为了使水流畅通。检查井井底各种流槽的平面形式如图 10-13 所示。

根据某些城市排水管道的养护经验，为有利于管渠的清淤，应每隔一定距离（约 200m 左右），将井底做成落底为 0.5~1.0m 的沉积槽。

检查井的井身构造与是否需要工人下井有密切关系。不需要下人的浅井，构造简单，一般为直壁筒形，井径一般在 500~700mm，如图 10-14 所示。而对于经常要检修的检查井，其井口大于 800mm 为宜。在构造上可分为工作室、渐缩部和井筒三部分（图 10-12）。

工作室是养护时工人进行临时操作的地方，因此不宜过分狭小，其直径不能小于 1m。高度在埋深许可时一般采用 1.8m 或更高些。为降低检查井造价，缩小井盖尺寸，井筒直径比工作室小，考虑到工人在检修时出入安全和方便，其直

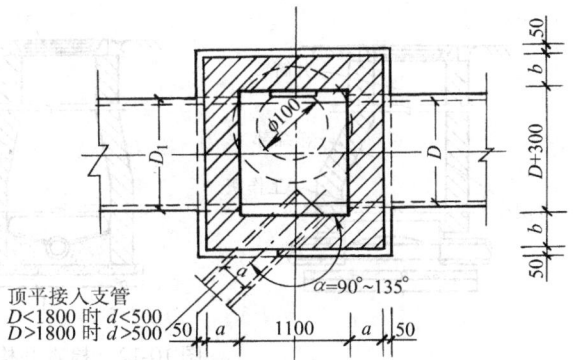

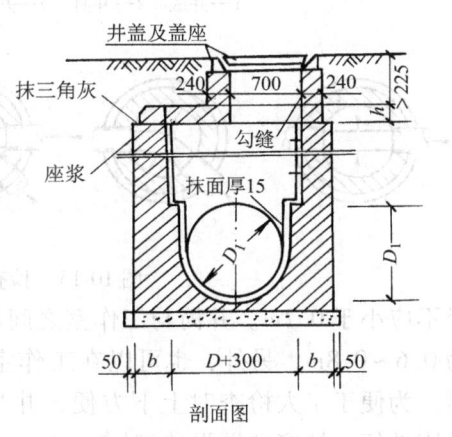

图 10-10 矩形污水检查井

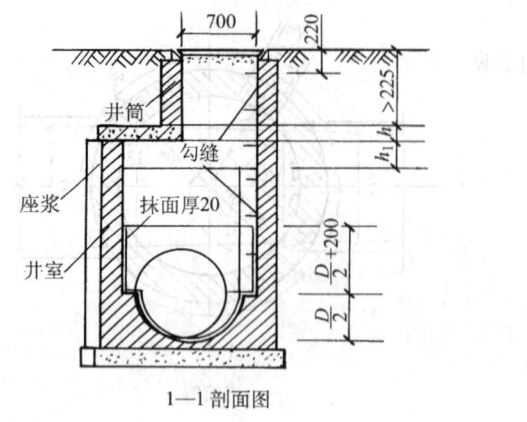
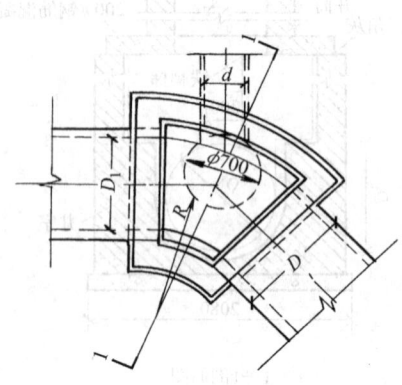

图 10-11　扇形雨水检查井

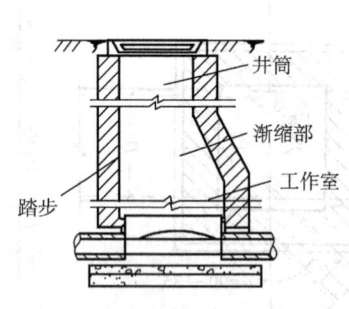
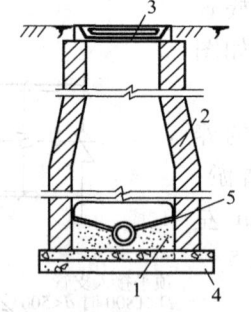
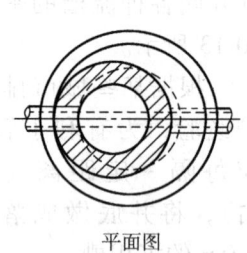

图 10-12　检查井构造图
1—井底　2—井身　3—井盖及盖座　4—井基　5—沟肩

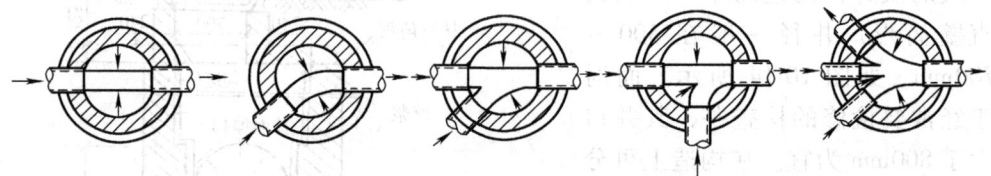

图 10-13　检查井底流槽的形式

径不应小于 0.7m。井筒与工作室之间可采用锥形渐缩部连接，渐缩部高度一般为 0.6~0.8m，另外，也可以在工作室顶偏向出水管道一边加钢筋混凝土盖板梁。为便于工人检查时上下方便，井身在偏向进水管的一边保持直立，并设有牢固性好、抗腐蚀性强的爬梯。

检查井的井盖形式常用圆形，其直径采用 0.65~0.70m，可采用铸铁或钢筋混凝土材料制造。在车行道上一般采用铸铁井盖和井座，为防止雨水流入，

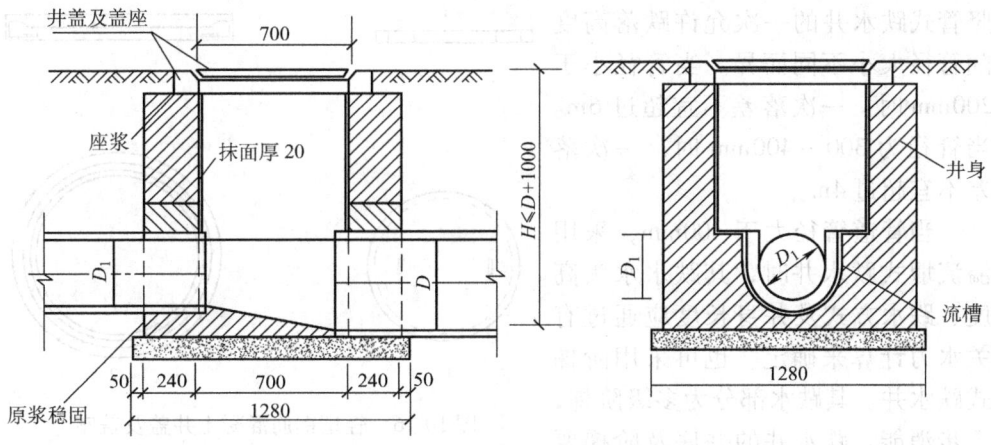

图 10-14 不需下人的检查井

盖顶略高出地面。在人行道或绿化地带内可采用钢筋混凝土制造的井盖及盖座，如图 10-15 和图 10-16 所示。

合流制管渠上可采用雨水检查井。当排除具有腐蚀性的工业废水的管渠，要采用耐腐蚀性管材和接口，同时也要采用耐腐蚀性检查井，即在检查井内作耐腐蚀衬里（如耐酸陶瓷衬里、耐酸瓷板衬里、玻璃钢衬里等），或采用花岗岩砌筑。

检查井尺寸的大小，应按管道埋深、管径和操作要求确定，详见《给水排水标准图集》。

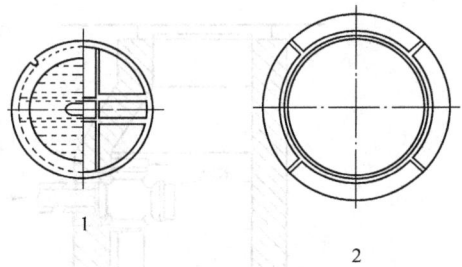

图 10-15 轻型铸铁井盖及盖座
1—井盖 2—盖座

为了防止检查井渗漏而影响建筑物基础，以及清通方便，要求井中心至建筑物外墙的距离应不小于 3m。接入检查井的支管数量不适宜超过 3 条。

10.2.2 跌水井

跌水井是设有消能设施的检查井。因地势或其他因素的影响，造成排水管道在某些地段的高程落差，当落差高度为 1~2m 时，宜设跌水井。当管道跌水高度在 1m 以内时，可不设跌水井，只需在检查井井底做成斜坡。跌水井不宜设在管道的转弯处，污水管道和合流管道上的跌水井，宜设排气通风管。

目前，常用的跌水井有竖管式、溢流堰式和阶梯式跌水井，如图 10-17~图 10-19 所示。

竖管式跌水井，一般可不做水力计算，它适用于管径 $D \leqslant 400mm$ 的管道。

竖管式跌水井的一次允许跌落高度随管径大小不同而异。当管径小于200mm时,一次落差不宜超过6m。当管径为300~400mm时,一次落差不宜超过4m。

当管道管径大于400mm,采用溢流堰式跌水井时,其跌水水头高度、跌水方式及井身长度应通过有关水力计算来确定。也可采用阶梯式跌水井。其跌水部分为多级阶梯,逐步消能。跌水井的井底及阶梯要考虑对水流冲刷的防护,应采取必要的加固措施。

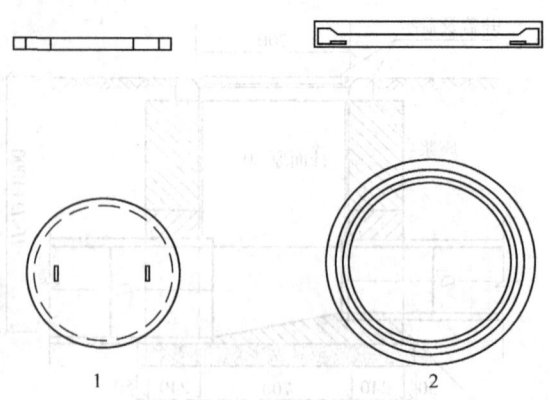

图 10-16 轻型钢筋混凝土井盖及盖座
1—井盖　2—盖座

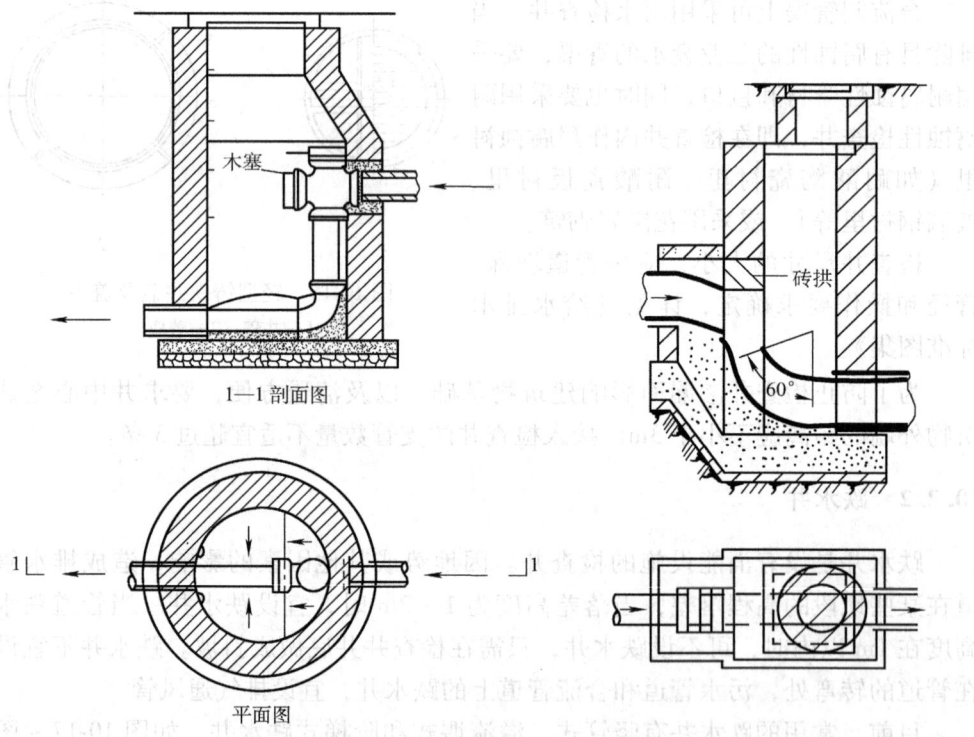

图 10-17 竖管式跌水井　　　　图 10-18 溢流堰式跌水井

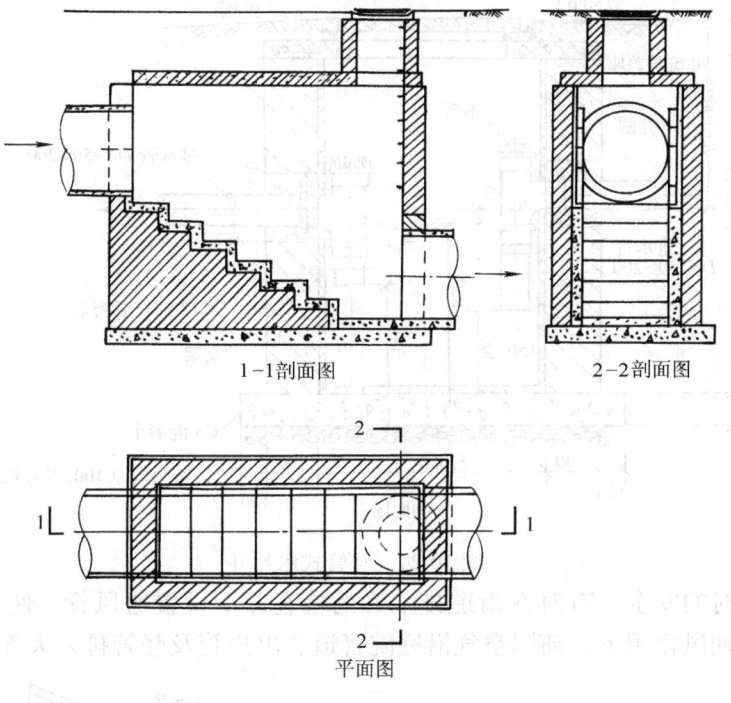

1—1剖面图　　　　　2—2剖面图

平面图

图 10-19　阶梯式跌水井

10.2.3　水封井

当工业废水中含有易燃的能产生爆炸或火灾的气体时，其废水管道系统中应设水封井。以阻隔易燃易爆气体的流通及阻隔水面游火，防止其蔓延。竖管式水封井示意如图 10-20 所示。

水封井应设在生产上述废水的生产装置、储罐区、原料储运场地、成品仓库、容器洗涤车间和废水排出口处，以及适当距离的干管上。

由于这类管道具有危险性，所以在定线时要注意安全问题。应设在远离明火的地方，不能设在车行道和行人众多的地段。

水封深度与管径、流量和污水中含易燃易爆物质的浓度有关，一般在 0.25m 左右。井上宜设通风管，井底宜设沉泥槽，其深度一般采用 0.5~0.6m。

10.2.4　换气井

换气井是一种设有通风管的检查井。如图 10-21 所示为换气井的形式之一。

由于污水中的有机物常在管道中沉积而厌氧发酵，发酵分解产生的甲烷、硫化氢、二氧化碳等气体，如与一定体积的空气混合，在点火条件下将会产生爆炸，甚至引起火灾。所以为了防止此类事件的发生，同时也为了保证工人在

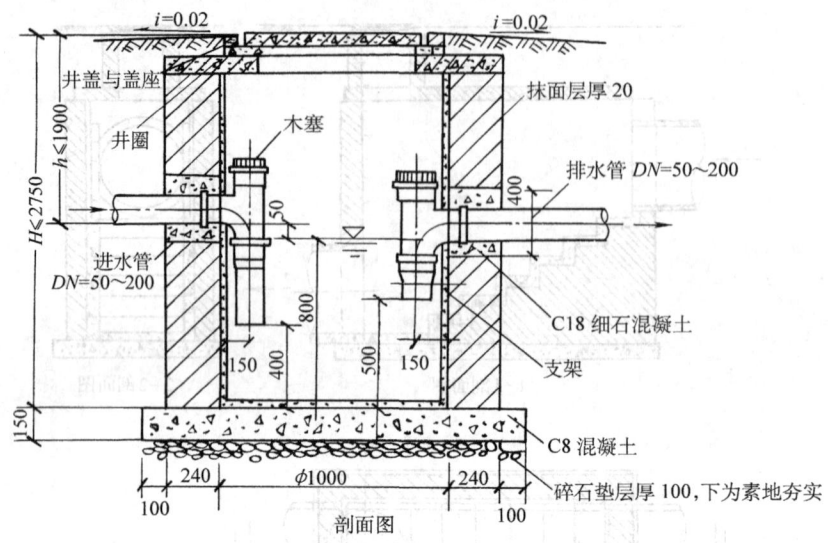

图 10-20 竖管式水封井

检修管道时的安全，有时在街道排水管的检查井上设置通风管。使有害气体在住宅管的抽风作用下，随同空气沿庭院管道、出户管及竖管排入大气中。

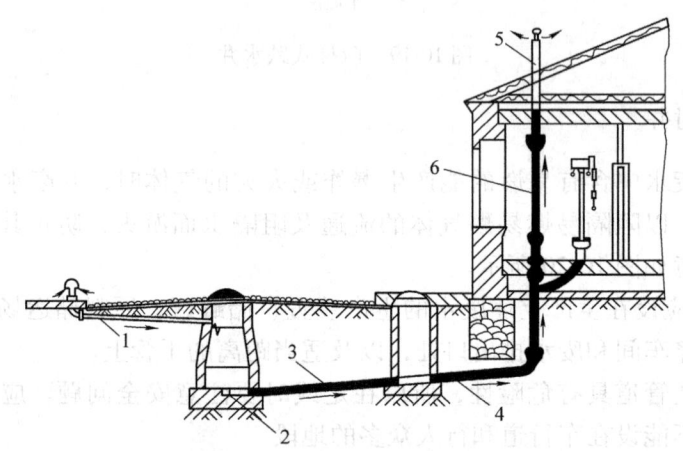

图 10-21 换气井形式之一
1—通风管　2—街道排水管　3—庭院管　4—用户管　5—透气管　6—竖管

10.2.5 冲洗井

当污水在管道内的流速不能保证自清时，为防止淤积可设置冲洗井。冲洗井有两种类型：人工冲洗和自动冲洗。自动冲洗井一般采用虹吸式，其构造复杂，且造价很高，目前已很少采用。

人工冲洗井的构造比较简单，是一个具有一定容积的检查井。冲洗井的出流管上设有闸门,井内设有溢流管以防止井中水深过大。冲洗水可利用污水、中水或自来水。用自来水时,供水管的出口必须高于溢流管管顶,以免污染自来水。

冲洗井一般适合用于管径不大于400mm的管道上。冲洗管道的长度一般为250m左右。冲洗井构造示意如图10-22所示。

10.2.6 雨水溢流井

在截流式合流制排水系统中,晴天时,管道中的污水全部送往污水厂进行处理,雨天时,管道中的混合污水仅有一部分送入污水厂处理,超过截流管道输水能力的那部分混合污水不作处理,直接排入水体。因此,在合流管道与截流干管的交汇处应设置溢流井,其作用是将超过溢流井下游输水能力的那部分混合污水,通过溢流井溢流排出。因此,溢

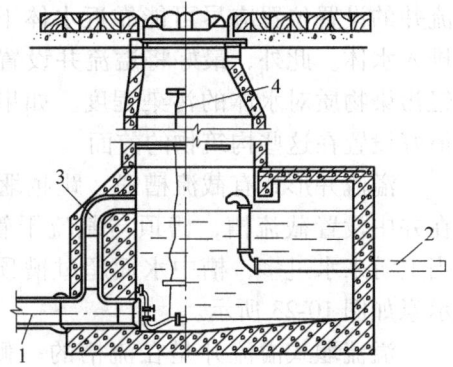

图 10-22 冲洗井
1—出流管 2—供水管 3—溢流管 4—拉阀的绳索

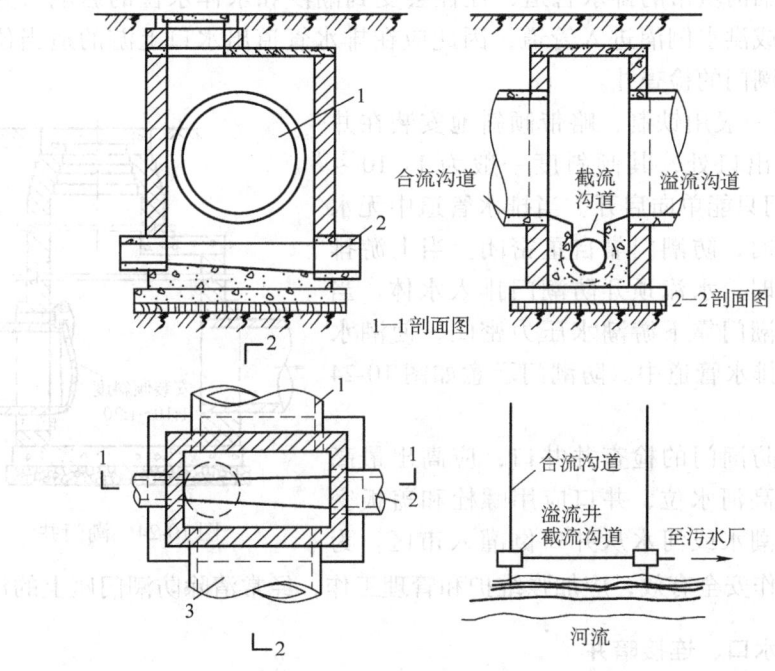

图 10-23 截流槽式溢流井示意
1—合流管道 2—截流干管 3—溢流管道

流井的设置位置应尽可能靠近水体下游，减少排放渠道长度，使混合污水尽快排入水体。此外，最好将溢流井设置在高浓度的工业污水进入点的上游，可减轻污染物质对水体的污染程度。如果系统中设有倒虹管及排水泵站，则溢流井最好设置在这些构筑物的前面。

溢流井形式有截流槽式、跳越堰式和溢流堰式等。其中最简单的溢流井是在井中设置截流槽，槽顶与截流干管管顶相平，或与上游截流干管管顶相平。当上游来水过多，槽中水面超过槽顶时，超量的水溢入水体。截流槽式溢流井示意如图10-23所示。

溢流堰式溢流井是在流槽的一侧设置溢流堰，流槽中的水面超过堰顶时，超量的水溢过堰顶，进入溢流管道后流入水体。其构造如图9-27所示。

在半分流制排水系统中，在截留干管与雨水管道的交汇处应设跳跃井。其作用是当小雨或初雨时，由于雨水流量不大，全部雨水被截流送往污水厂处理；当大雨时，雨水管道中的流量增到一定量后，雨水将越过截流干管，全部雨水直接排入水体。跳跃堰式溢流井构造如图9-28所示。

10.2.7 潮门井

临海、临河城市的排水管道，往往会受到潮汐和水体水位的影响。为防止涨潮时潮水或洪水倒灌进入管道，因此应在排水管道出水口上游的适当位置上设置装有防潮门的检查井。

防潮门一般用铁制，略带倾斜地安装在井中上游管道出口处，其倾斜度一般为1：10～1：20。防潮门只能单向启开。当排水管道中无水或水位较低时，防潮门靠自重密闭。当上游排水管道来水时，水流顶开防潮门排入水体。当涨潮时，防潮门靠下游潮水压力密闭，使潮水不会倒灌入排水管道中。防潮门示意如图10-24所示。

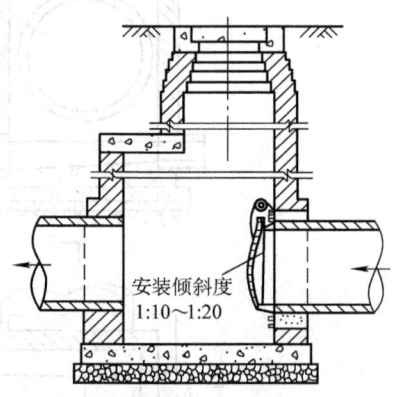

图10-24 潮门井

设置了防潮门的检查井井口，应高出最高潮水位或最高河水位，井口应用螺栓和盖板密封，以防止潮水或河水从井口倒灌入市区。为使防潮门工作安全有效，应加强维护和管理工作，经常清除防潮门座上的污物。

10.2.8 雨水口、连接暗井

雨水口是设在雨水管道或合流管道上，是用来收集地面雨水径流的构筑物。地面上的雨水经过雨水口和连接管流入管道上的检查井后进入排水管道。

雨水口的设置，应根据道路（广场）情况、街坊以及建筑情况、地形、土壤条件、绿化情况、降雨强度的大小及雨水口的泄水能力等因素决定。

雨水口的设置位置，应能保证迅速有效地收集地面雨水。一般应设在交叉路口、路侧边沟的一定距离处以及设有道路边石的低洼地方。防止雨水漫过道路造成道路及低洼地区积水而妨碍交通。在十字路口处，应根据雨水径流情况布置雨水口。

雨水口不适宜设在道路分水点上、地势较高的地方、道路转弯的曲线段、建筑物门口、停车站前及其他地下管道上等处。

雨水口的形式和设置数量，主要根据汇水面积上产生的径流量的大小和雨水口的泄水能力来确定。在截水点和径流量较小的地方一般设单箅雨水口，汇水点和径流量较大的地方一般设双箅雨水口，汇水距离较长、汇水面积较大的易积水地段常需设置三箅或选用联合式雨水口，在立交桥下道路最低点一般要设十箅左右，以上均按路拱中心线一侧的每个布置点计算。

雨水口的设置间距，应考虑道路纵坡和道路边石的高度。道路上雨水口的间距一般为 25~50m（视汇水面积大小而定）。在个别低洼和易于积水地段，应根据需要适当增加雨水口。

雨水口按进水箅在街道上的设置位置可分为三种形式：边沟雨水口（图10-25）、侧石雨水口（图10-26）以及两者相结合的联合式雨水口（图10-27）。

边沟雨水口的进水箅是水平的，一般宜低于路面 30~40mm，箅条与水流方向平行。该雨水口适用于道路坡度较小、汇水量较小、有道牙的路面上，其泄水能力按20L/s计算。如汇水量较大时，可采用双箅雨水口或多箅雨水口，双箅雨水口其泄水能力按30L/s计算。

侧石雨水口的进水箅设在道路的侧边石上，箅条与雨水流向呈正交，该雨水口适用于有道牙的路面以及箅条间隙容易被树叶等杂物堵塞的地方。侧石雨水口泄水能力按20L/s计算。

联合式雨水口是在道路边沟底和侧边石上都安放进水箅，进水箅呈折角式安放在边沟底和边石侧面的相交处。这种形式适用于有道牙的道路以及汇水量较大且箅条容易堵塞的地方。联合式雨水口泄水能力可按30L/s计算。为了提高雨水口的进水能力，扩大进水箅的进水面积保证进水效果，目前，我国许多城市已采用双箅联合式或三箅联合式雨水口。

经验证明，在选择雨水口形式时，应满足以下几个方面：①应满足进水量大，进水效果好的雨水口。铸铁平箅进水孔隙长边方向与雨水径流的方向一致时，进水效果好，其中750mm×450mm 的铁箅进水量较大，应用较广泛；②应选择构造简单，易于施工、养护，并且尽可能设计或选用装配式的；③应考虑安全、卫生。合流管道的雨水口宜加设防臭设施。按道路情况和泄水量的大小，

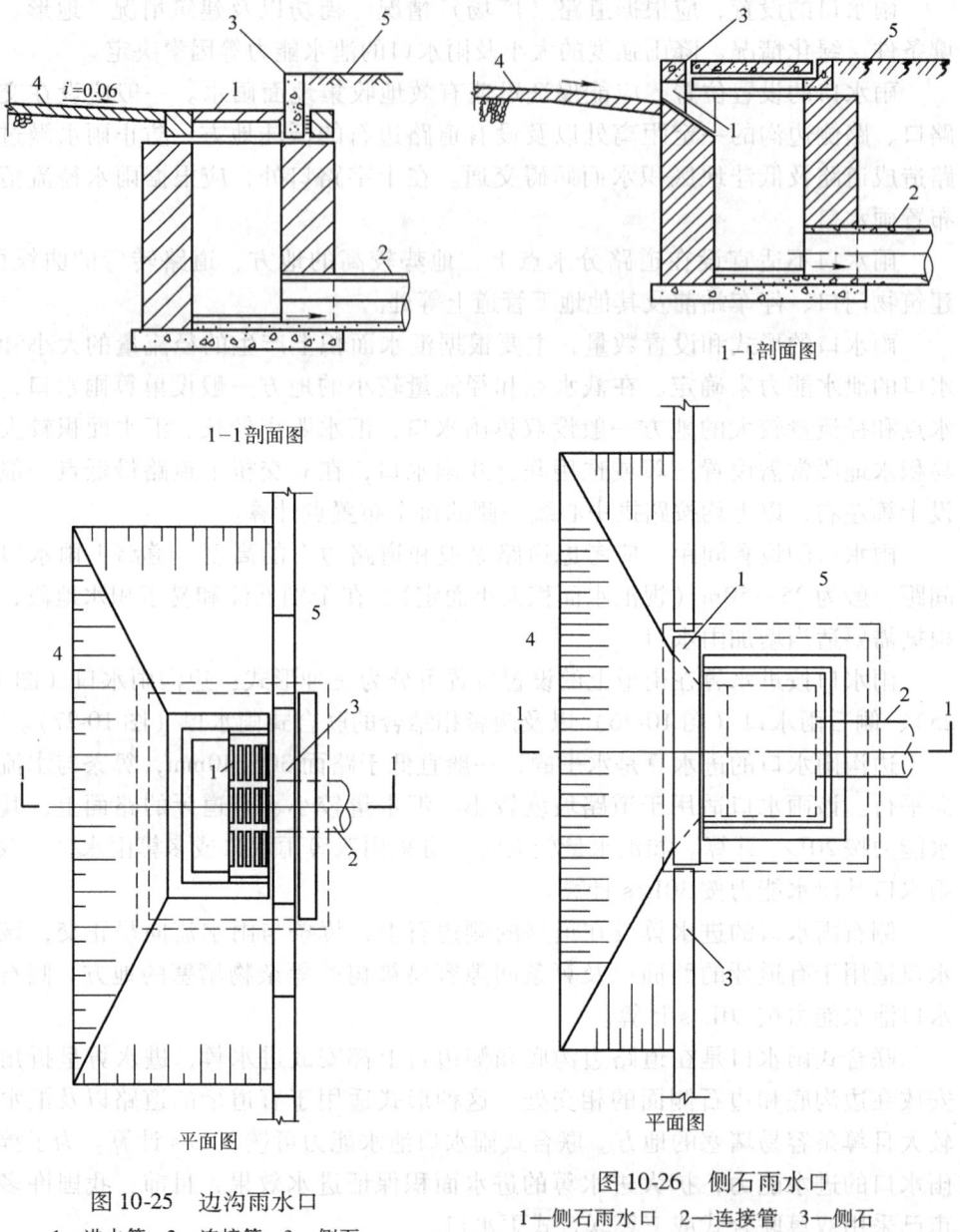

图 10-25 边沟雨水口
1—进水箅 2—连接管 3—侧石
4—道路 5—人行道

图 10-26 侧石雨水口
1—侧石雨水口 2—连接管 3—侧石
4—道路 5—人行道

还有其他形式的雨水口，在设计时可结合当地具体条件选用。

雨水口从构造上可由进水箅、连接管和井身三部分组成。

进水箅可用混凝土制品或铸铁制品，后者坚固耐用，进水能力强。

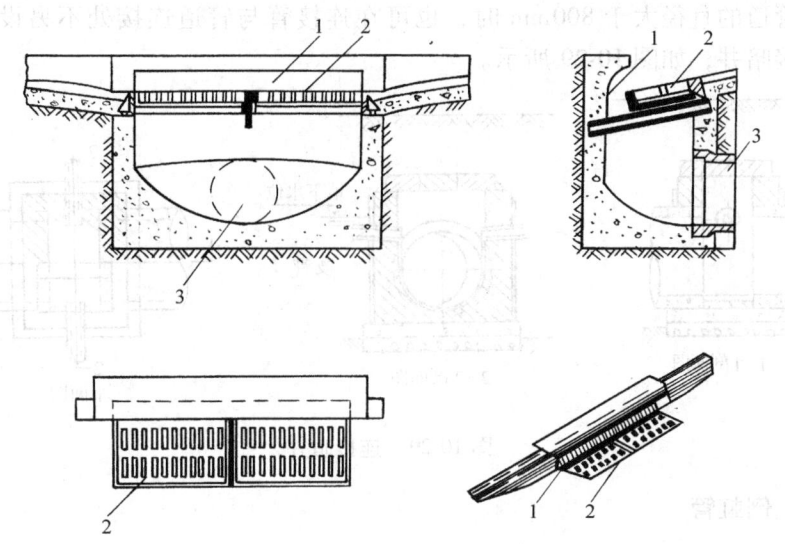

图 10-27 双箅联合式雨水口
1—边石进水箅 2—边沟进水箅 3—连接管

雨水口的井身,可用砖砌或用钢筋混凝土预制。井身高度一般不大于 1m,在寒冷地区,为防止冰冻,可根据经验适当加大。雨水口底部根据泥砂量的大小,可做成无沉泥井(图 10-25 ~ 图 10-27)或有沉泥井(图 10-28)的形式。

当道路的路面较差,地面上积秽很多的街道或菜市场等地方,泥砂、石屑等污染物容易随水流入雨水口,因此,为避免这些污染物进入管道而造成堵塞,常采用设置沉泥井式雨水口截留进入雨水口粗重杂质。为保证发挥其作用,对设有沉泥井的雨水口需要及时清除井底的截留物,否则不但失去截留作用,而且可能散发臭味。清掏方法可使用手动污泥夹、小型污泥装载车;也可使用抓泥车和吸泥车,其清掏积泥的效率更高。

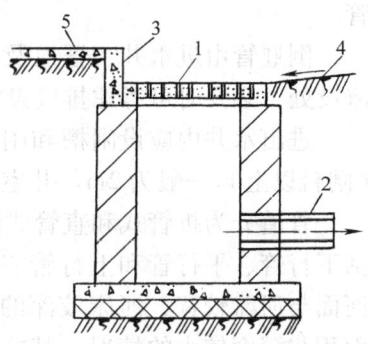

图 10-28 有沉泥井的雨水口
1—进水箅 2—连接管 3—侧石
4—道路 5—人行道

设有沉泥井的雨水口,井底积水是蚊虫滋生的地方,天暖多雨的季节要定时加药。

雨水口以连接管接入检查井,连接管管径应根据箅数及泄水量由计算确定。连接管的最小管径一般为 200mm,连接管坡度一般不小于 1%,雨水连接管的长度一般不宜大于 25m,连接管串联雨水口的个数不宜超过 3 个。

当管道的直径大于 800mm 时，也可在连接管与管道连接处不另设检查井，而设连接暗井，如图 10-29 所示。

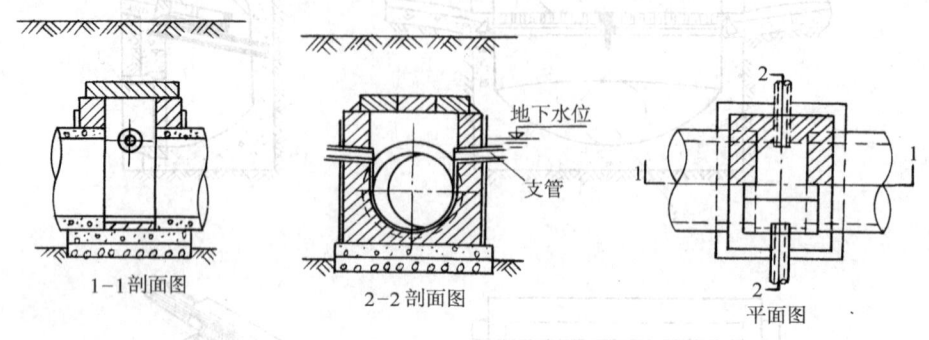

图 10-29　连接暗井

10.2.9　倒虹管

排水管道有时会遇到障碍物，如穿过河道、铁路等地下设施时，管道不能按原有坡度埋设，而是以下凹的折线方式从障碍物下通过，这种管道称为倒虹管。

倒虹管由进水井、管道及出水井三部分组成。倒虹管井应布置在不受洪水淹没处，必要时可考虑排气设施。

进出水井内应设闸槽和闸门。进水井内应备有冲洗设施。井的工作室高度（闸台以上）一般为 2m。井室入孔中心尽可能安排在各条管道的中心线上。

管道分为折管式和直管式两种，如图 10-30 和图 10-31 所示。折管式管道包括下行管、平行管和上行管三部分。这种倒虹管施工复杂、养护困难，适用于河面与河滩较宽、河床较深的情况。直管式适用于河面与河滩较窄，或障碍物面积与深度较小的情况，其施工养护较前者容易，直管式倒虹管在国外和我国华东地区应用广泛。

在进行倒虹管设计时应注意以下几方面：

1）确定倒虹管的路线时，应尽可能与障碍物正交通过，以缩短倒虹管的长度，并应符合与该障碍物相交的有关规定。

2）选择通过河道的地质条件好的地段，不易被水冲刷地段及埋深小的部位敷设。

3）穿过河道的倒虹管一般不宜少于两条，当近期水量不能达到设计流速时，可使用其中的一条，暂时关闭一条。穿过小河、旱沟和洼地的倒虹管，可敷设一条工作管道。穿过特殊重要构筑物（如地下铁道）的倒虹管，应敷设三条管道，其中二条工作，一条备用。

4）倒虹管一般采用金属管或钢筋混凝土管。管径一般不小于 200mm。倒虹

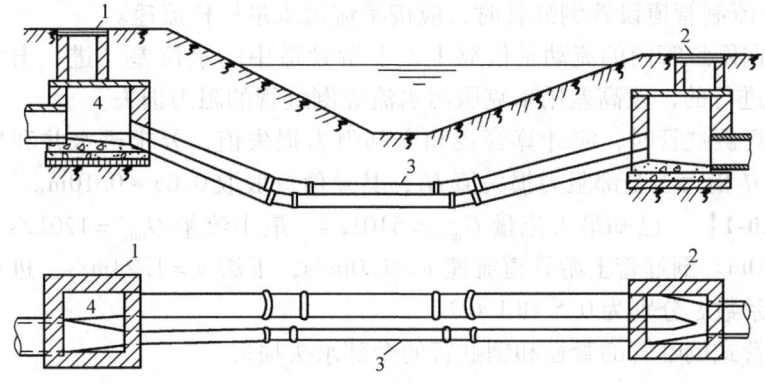

图 10-30 折管式倒虹管
1—进水井 2—出水井 3—沟管 4—溢流堰

管水平管的长度应根据穿越物的形状和远景发展规划确定,水平管的管顶距规划的河底一般不宜小于 0.5m,通过航运河道时,应与当地航运管理部门协商确定,并设有标志。遇到冲刷河床应采取防冲措施。

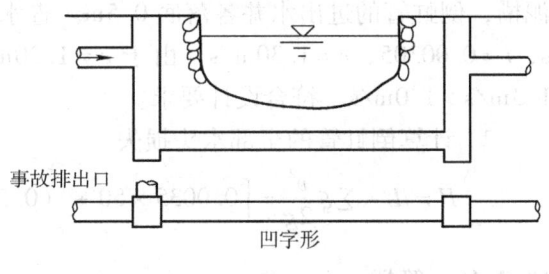

图 10-31 直管式倒虹管

5) 倒虹管采用复线时,其中的水流用溢流堰自动控制,或用闸门控制。溢流堰和闸门设在进水井中,用以控制水流。当流量不大时,井中水位低于堰口,污水从小管中流至出水井;当流量大于小管的输水能力时,井中水位上升,管渠内水就溢过堰口通过大管同时流出。

由于倒虹管的清通比一般管道困难得多,因此必须采取各种措施来防止倒虹管内污水的淤积。在设计时可采用以下措施:

1) 提高倒虹管内的设计流速。一般采用 1.2~1.5m/s,在条件困难时可适当降低,但不宜小于 0.9m/s,且不得小于上游管道内的流速。当流速达不到 0.9m/s 时,应采用定期冲洗措施,但冲洗流速不得小于 1.2m/s。

2) 为防止污泥在管内淤积,折管式倒虹管的下行、上行管与水平管的夹角一般不大于 30°。

3) 在进水井或靠近进水井的上游管道的检查井底部设沉泥槽,直管式倒虹管的进出水井中也应设沉泥槽。

4) 进水井应设事故排出口,当需要检修倒虹管时,使上游废水通过事故排出口直接排入水体。如因卫生要求不能设置时,则应设备用管线。

5) 合流制管道设置倒虹管时，应按旱流污水量校核流速。

污水在倒虹管内的流动是依靠上、下游管道中的水位差（进、出水井的水面高差）进行的，该高差用来克服污水流经倒虹管的阻力损失。

在计算倒虹管时，应计算管径和全部阻力损失值，要求进水井和出水井间水位高差 H 稍大于全部阻力损失值 H_1，其差值一般取 $0.05 \sim 0.10$ m。

【例 10-1】 已知最大流量 $Q_{max} = 510$ L/s，最小流量 $Q_{min} = 120$ L/s，倒虹管长度 $L = 50$ m。倒虹管上游管道流速 $v = 1.0$ m/s，下游 $v = 1.24$ m/s，进口与出口局部阻力系数 ξ 分别为 0.5 和 1.0。

求直管式倒虹管的管径和倒虹管的全部水头损失。

【解】

1）用一条水平敷设的工作管线，管径采用 700mm，倒虹管前检查井中设沉泥槽，倒虹管的进出水井各落底 0.5m。查水力计算表 $D = 700$ mm，$Q_{max} = 510$ L/s，$i = 0.00305$，$v = 1.30$ m/s，由于 $v = 1.30$ m/s > 0.9 m/s，也大于上游管道 $v = 1.3$ m/s > 1.0 m/s。符合设计要求。

2）计算倒虹管的全部水头损失

$$H = iL + \sum \xi \frac{v^2}{2g} = \left[0.0035 \times 50 + (0.5 + 1.0) \frac{1.30^2}{2 \times 9.8} \right] \text{m} = 0.282 \text{m}$$

10.2.10 管桥

当排水管道穿过谷地时，可不改变管道的坡度，采用栈桥或桥梁承托管道，这种设施称为管桥。管桥比倒虹管易于施工，检修维护方便，且造价低。管桥也可作为人行桥，无航运的河道，可考虑采用。但只适用于小流量污水。

管道在上桥和下桥处应设检查井，通过管桥时每隔 $40 \sim 50$ m 应设检修口。在上游检查井应设有事故排放口。

10.2.11 出水口

排水管渠出水口，是设在排水系统终点的构筑物，污水由出水口向水体排放。出水口的位置形式和出水口流速，应根据出水水质、水体的流量、水位变化幅度、水流方向、下游用水情况、稀释和自净能力、波浪状况、岸边变迁（冲淤）情况和夏季主导风向等因素确定，并要取得当地卫生主管部门和航运管理部门的同意。

在较大的江河岸边设置出水口时，应与取水构筑物、游泳区及家畜饮水区有一定卫生防护距离。并要注意不能影响下游城市居民点的卫生和饮用。

当在城市河流的桥、涵、闸附近设置雨水出水口时，应选其下游，同时要保证结构条件、水力条件所需的距离。

当在海岸设置污水出水口时，应考虑潮位的变化、水流方向、主导风向、波浪情况、海岸和海底高程的变迁情况、水产情况、是否是风景游览及游泳区等，选择适当的位置和形式，以保证出水口的使用安全，不影响水产、水运，保持海岸附近地带的环境卫生。

出水口设在岸边的称为岸边式出水口。为使污水与河水较好混合，同时为避免污水沿滩流泻造成环境污染，因此污水出水口一般采用淹没式，即出水管的管底标高低于水体的常水位。淹没式分为岸边式和河床分散式两种。图10-32和图10-33为岸边式出水口示意图。出水口与河道连接处一般设置护坡或挡土墙，以保护河岸，固定管道出口管的位置，底板要采取防冲加固措施。

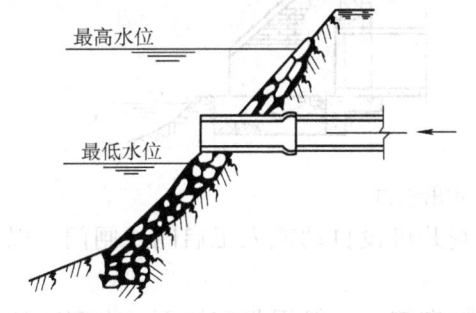

图10-32　采用护坡的出水口

图10-33　采用挡土墙的出水口

河床分散式出水口是将污水管道顺河底用铸铁管或钢管引至河心。用分散排出口将污水排入水体。为防止污泥在管道中沉淀淤积，在河底出水口总管内流速不小于0.7m/s。考虑三通管有堵塞的可能，应设事故出水口。

雨水出水口主要采用非淹没式，即管底标高高于水体最高水位以上或高于常水位以上，以防止河水倒灌。当出水口标高高于水体水面很多时，应考虑设单级或多级跌水设施消能，以防止冲刷。江心分散式出水口示意如图10-34所示。其翼墙可分为一字式和八字式两种。图10-35为一字式出水口，图10-36为八字式出水口。

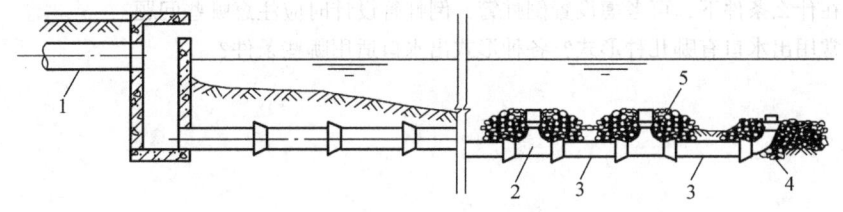

图10-34　江心分散式出水口

1—进水管渠　2—T形管　3—减缩管　4—弯头　5—石堆

此外，在受潮汐影响或洪水威胁的地区，出水口的数量应适当减少，在受

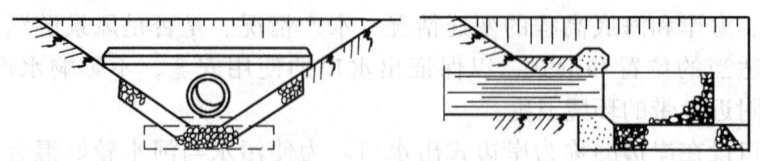

图 10-35　一字式出水口

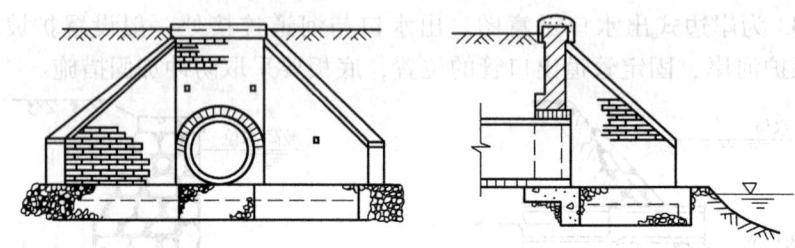

图 10-36　八字式出水口

短期洪水威胁的地区，在出水口前一个检查井可设自动或人工启闭式闸门，以防止倒灌。

出水口最好采用耐浸泡、抗冻胀的材料砌筑，一般用浆砌块石。在寒冷地区，出水口的基础线必须设在冰冻线以下。

思 考 题

1. 在选择排水管渠断面形式时，应必须满足哪些要求？在实际工程中为什么常用圆形断面？
2. 对排水管渠的材料有何要求？常用的排水管渠有哪几种？各有哪些优缺点？
3. 在排水管渠系统中，为什么要设置检查井？试说明其设置及构造。
4. 跌水井的作用是什么？常用跌水井有哪些形式？
5. 雨水口是由哪几部分组成的？有几种类型？试说明雨水口的作用、布置形式及各种形式雨水口的适用条件。
6. 在什么条件下，可考虑设置倒虹管？倒虹管设计时应注意哪些问题？
7. 常用出水口有哪几种形式？各种形式出水口适用哪些条件？

第11章 给水排水管道系统的技术管理和维护

11.1 给水排水管道系统档案管理

11.1.1 给水排水管道系统技术资料管理

在给水排水管道系统平面图上都需要标明泵站、管线、阀门、消火栓等的位置和尺寸。对于大中城市可以按照每一条街道一张图纸列卷归档。

给水排水管道系统的技术资料包括以下几部分：

1）管线图，标明管线的直径、位置、埋深以及阀门、消火栓、井室等的位置，用户接管的直径和位置等，它是给水排水管道系统管理的基本资料。

2）阀门和消火栓记录卡，包括安装年月日、地点、口径、型号、检修记录等。

3）给水排水管道穿越障碍物的构造详图。

4）竣工记录和竣工图。

管线是埋在地下的，一旦施工完毕，覆土以后就难以看到，因此应及时绘制竣工图，并将施工中的变更部分及时的在设计图样上修正。竣工图应在管沟回填土以前绘制，图中标明给排水管线的位置、管径、埋深、承插口方向、配件形式和尺寸、阀门型号和位置等。竣工图上的管线和配件位置可以用搭角线表示，标注出管线上的每一点和每一个配件与邻近目标的距离，便于及时进行养护和检修。同时对给水排水管道系统设计图和竣工图进行妥善管理，注意防潮、防火、防虫。

为适应快速发展的城市建设需要，通常市政管理部门将给水排水管道系统图形和信息存入计算机进行管理。在实际运用过程中，应建立备份以防止计算机病毒对系统的侵袭。

11.1.2 给水排水管网地理信息系统

地理信息系统（Geographic Information System 简称 GIS），广义来说，它是存储和处理与地理空间分布有关信息的集合，主要由以下四部分组成：信息获取与输入，数据存储与管理，数据转换与分析，成果生成与输出。

地理信息系统是 20 世纪 60 年代开始迅速发展起来的一门新技术，结合计算机、系统工程、经济管理等多学科的知识，属跨学科的技术系统。从 1962 年起，在加拿大政府的土地资源调查机构中开始地图数字化的试验，利用当时最先进的计算机设备和软件开发出世界上第一个具有实用价值的地理信息系统——加拿大地理信息系统（CGIS）。进入 80 年代后，随着和地理信息系统相关学科、技术，如计算机地图制图、摄影测量与遥控、数字图像处理、数据库管理系统、软件工程等的快速发展，地理信息系统在发达国家得到了广泛的应用，在发展中国家也正在得到重视和开发应用。

给水排水管网地理信息系统，具备上述地理信息系统的一般特征，同时由于给水排水管网特殊性，所以也具有与一般地理信息系统的不同之处，给水排水管网地理信息系统的功能体现在：

1）实现管网系统档案的数字化管理，形成科学、高效、丰富、详细的管网档案管理体系，建立管网系统中央数据库。

2）有效、真实地定位管道、阀门、水表等管网组件，为实际生产运行提供可靠的依据。

3）为管网系统规划、改建、扩建提供图样及数据依据，对管网的改扩建的规划、改扩建后的运行进行计算机模拟，辅助管网规划方案的优选。

4）为管网施工提供图样依据。准确定位管道的埋设位置、埋设深度、管道井、阀门井的位置、管道与其他地下管线的布置和相对位置等，以减少由于开挖位置不正确造成的施工浪费和开挖时对通信、电力、煤气等地下管道的损坏带来的经济损失甚至严重后果。

5）科学高效地进行爆管抢修等事故处理。

6）提供管网优化规划设计、实时运行模拟、状态参数校核、管网系统优化调度等技术性功能的软件接口，实现给水管网系统的优化、科学运行，降低供水企业成本。

从地理信息技术的角度可以将供水系统的数据分为两大类：空间数据和属性数据。给水排水管网地理信息系统整体框架如图 11-1 所示。

(1) 空间数据信息　空间数据是用来确定图形和制图特征的位置。主要反映以下两方面的信息：

1）在某个已知坐标系中的位置，也称几何坐标。

2) 实体间的空间相关性，即拓扑关系。

给水排水管网地理信息系统的空间数据信息主要包括与管网有关的各种基础地理特征信息（如：地形、地表特征等）和管网的本身的各种地理特征信息（如水表、管道、泵站、阀门、水厂等）。

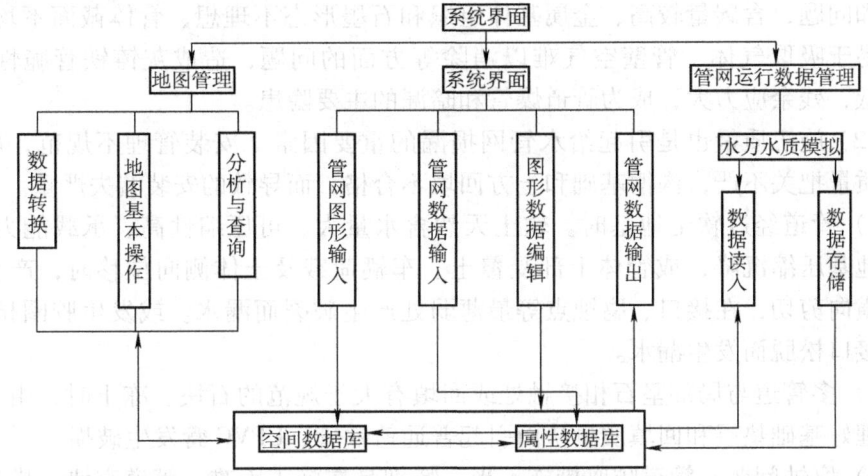

图 11-1　给水排水管网地理信息系统整体框架

（2）属性数据信息　属性数据信息是用来反映与几何位置无关的属性，它是与地理实体相联系的地理变量或地理意义，一般是经过抽象的概念，通过分类、命名、量算、统计等方法得到。

GIS 和联接的水力水质模型组成给水排水管网地理信息系统的核心部分。输入给水排水系统基础资料和相关数据，便可非常方便计算整个管网的流量和水力水质条件。通过 GIS 的功能管理空间数据库和属性数据库，空间数据与属性数据形成一种互动的关系。对空间数据和属性数据的编辑可以在同一步骤内完成。GIS 的这种基本特征使数据在经常性发生改变的环境下管理变得容易，当数据发生改变或者管线有新的信息需要编辑的时候，这些变化可以进行多次修改，其结果自动映射到数据库内和地图上，通过水力水质模型对系统重新进行模拟计算。

11.2　给水管网的检漏与监测

11.2.1　管网的检漏

1. 给水管网漏损的原因

检漏是管理部门的一项日常工作。减少漏水量既可降低给水成本，也等于新辟水源，经济意义很大。引起给水管网漏损的原因很多，主要可以分为以下几部分：

（1）旧城管网管材腐蚀老化、年久失修　旧城管网所用管材主要是灰口铸铁管和普通钢管，因年久失修，漏失甚是严重。灰铸铁管因其生产工艺本身的缺陷和问题，含碳量较高、金属基体组织和石墨形态不理想、管体截面不均匀、铁水易于吸取气体、管壁空气难以消除等方面的问题，造成灰铸铁管脆性大、强度低，残余应力大，成为管道爆管和暗漏的主要隐患。

（2）施工质量也是引起给水管网损漏的重要因素　安装管理不规范，所用材料质量把关不严，沟槽基础和土方回填不合格，而导致的安装漏失严重。

1）管道经过软土地基时。软土天然含水量大、可压缩性高、承载能力低，当软地基压缩沉降，或管体上部受覆土、车辆荷载及土体侧向位移时，产生纵向、横向剪切，在接口、腐蚀点等最薄弱处产生破裂而漏水。或发生胶圈挤脱、水泥接口松脱而发生漏水。

2）多管道与局部坚石相接触处或回填有大于规范的石块、冻土时，由于没有处理好基础垫层和回填质量从而引起普通铸铁管、UPVC管发生破损。

3）腐蚀问题。管道防腐措施不当，特别是在施工困难、管道交错、横过下水管等复杂地段改安的钢管或中小口径钢管，由于管内壁没做防腐，管外壁防腐层太薄，造成管道腐蚀。这样管道腐蚀穿孔时的漏水难以被检测到。

4）阀门安装、阀门井筑砌不规范，伸缩器不合格不能伸缩，造成阀门维护工作难以开展，发生漏水后难以维修。

5）表前附件漏水处理不及时，甚至长期跑、冒、滴、漏水。

（3）管网运行工况调配不合理，部分区域没有自动调压装置　对于工矿企业少、日变化系数大的城市，因夜间压力过大而造成的无为漏失。供水压力就某一处漏点而言，漏水量与压力成正比。供水压力持续高压或压力的骤变，均会引起存在爆管隐患的管道发生爆管事故。

（4）检漏设备不健全　检漏队伍未经正规培训，人员技术力量薄弱，检漏力度不大。

（5）爆管　市政施工、建筑施工时基槽开挖使管身两侧受土压力不均或直接破坏管道，车辆等外力辗压，均会造成管道发生意外爆管事故。

2. 检漏的方法

目前采用检漏的方法主要有音听法、相关分析检漏法、区域检漏法、区域装表法。现分别叙述四种方法的适用范围和使用规则。

（1）音听法　该法使用最久，一般地下管道的检漏可采用此法，用音听法检漏前应掌握被检查管道的有关资料，然后用电子音听器（或听棒）在可接触点（如消火栓、阀门）听音，以初步判断该点附近是否有管道漏水。采用音听法应选择寂静时段（一般为深夜），在沿管段的地面上，每隔1m左右，用音听器听音。当现场条件适合应用相关仪，可用该仪器复核漏水点。

（2）相关分析检漏法　该法一般是使用在二接触点距离不大于200m，$DN \leqslant 400$的金属管，尤其是深埋的或经常有外界噪声的管段的情况下，二个探测器必须直接接触管壁或阀门、消火栓等附属设备，探测器与相关仪间的信号传输，可采用有线或无线传输的方式。通常相关分析法与音听法结合使用，可复核漏水点位置。

（3）区域检漏法　该法适用于居民区和深夜很少用水的地区，采用该检漏法时，区内管网阀门必须均能关闭严密，检测范围宜选择2～3km管长或2000～5000户居民为一个检漏小区，检漏宜在深夜进行，应关闭所有进入该小区的阀门，留一条管径为DN50的旁通管使水进入该区，旁通管上安装连续测定流量计量仪表。当旁通管最低流量小于$0.5\sim0.1\text{m}^3/(\text{km}\cdot\text{h})$时，可认为符合要求，不再检漏。超过上述标准时，可关闭区内部分阀门，进行对比，以确定漏水管段，然后再用音听法确定漏水位置。

（4）区域装表法　该法一般用在单管进水的居民区，以及一、二个进水管外其他与外区联系的阀门均可关闭的地区。进水管应安装水表，水表应考虑小流量时有较高精度，检测时应同时抄该用户水表和进水管水表，当二者差小于3%～5%时，可认为符合要求，不再检漏，当超过时，应采用其他方法检查漏水点。

（5）采用区域检漏兼区域装表检漏时，在检漏区同时具有区域装表法及区域检漏的装置。当进水量与用户水量之比超过规定要求时，采用区域检漏法检漏。

当初步确定管网存在漏点后，需对漏水点的确切位置，进行逐步缩小其存在范围，由区域缩小到线段，然后用仪器确定为点。缩小范围的方法有两种：

1）用流量计显示法缩小范围。由近及远，逐步开起阀门，观察流量计，哪段无流量显示，说明此段无漏点。哪段流量计开始计量水流量，说明漏点在此管线段。

2）通过声波消失方法缩小范围。由远及近，逐步关闭阀门，产生振动声波，说明管线存在漏点。

对于漏点的精确定位主要靠两种仪器设备：相关分析仪和频率分析型检漏仪。

a. 相关分析仪定位。相关分析仪工作原理是当给水管道存在漏点，漏水声会沿管道传播，在两端放置的传感器会收到漏水信号。如果漏水点正好在中间，信号同时到达。如果不是在中间，会先后得到时间差T_d。设总距离D，声波传播速度是V则可以求得漏水点到B传感器的距离L：

$$L = (D - VT_d)/2$$

管线长度的输入误差,通常是由于地下管线走向不明(如管线转向、埋深变浅、变深等)而引起,这种情况时,充分利用管线探测器,配合管线图查明地下管线走向十分必要。

b. 频率分析型检漏仪定位。在听漏过程中,人耳能辨别泄漏噪声的大小,而无法定量区别其频率。利用接地探头,沿管线上方间隔 0.5m 选点,垂直管线平行位移三点,大管道采用 S 形选点,逐点进行监测,通过地面音强、音频的探测分析,来精确定位。其关键在于不同漏点,选择不同频带,如选择正确,能提高漏点定位精度,减少误差。

漏水点产生漏水声的频率与管网破裂大小、管径、管材有关。通常,塑料管的漏水声为低频信号而钢管或铸铁管的漏水声为高频信号。技术人员在对漏点定位时,必须掌握漏点所在管线的管径、管材等参数,以便正确选择滤波频带,这样就可以把泄漏噪声的主频率突出出来,其目的是放大泄漏噪声信号,抑制干扰噪声信号,使技术人员能快速精确定位漏点位置。

11.2.2 管道水压和流量测定

1. 水压的测定

测定管网的水压,应在有代表的测压点进行。测压点的选定既要能真实反映水压情况,又要均匀合理布局,使每一测压点能代表附近地区的水压情况。测压点以设在大中口径的干管线上为主,不宜设在进户支管上或有大量用水的用户附近。测定水压时可将压力表安装在消火栓或给水龙头上,定时记录水压,能有自动记录压力仪器则更好,可以得出 24h 的水压变化曲线。

测定水压有助于了解管网的工作情况和薄弱环节。根据测定的水压资料,按 0.5~1.0m 的水压差,在管网平面图上绘出等水压线,由此反映各条管线的负荷。整个管网的水压线最好均匀分布,如某一地区的水压线过密,表示该处管网的负荷过大,说明所用的管径偏小。水压线的密度程度可作为今后放大管径或增敷管线的依据。

由等水压线标高减去地面标高,得出各点的自由水压,即可以绘出等自由水压线图,据此可以了解管网内是否存在低水压区。

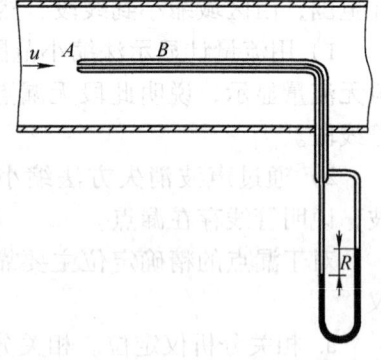

图 11-2 测速管

2. 流量的测定

流量的测量可以通过以下四种仪器测定:

(1)测速管 测速管又称皮托(Pitot)管,如图 11-2 所示,它是由两根弯成直角的同心套管组成,内管管口正对着管道中流体流动方向,外管的管口是封闭的，在外管前端壁面四周开有若干测压小孔。为了减小误差，测速管的前端经常做成半球形以减少涡流。测速管的内管与外管分别与 U 形压差计相连。

内管所测的是流体在 A 处的局部动能和静压能之和，称为冲压能。

内管 A 处

$$\frac{p_A}{\rho} = \frac{p}{\rho} + \frac{1}{2}u^2$$

由于外管壁上的测压小孔与流体流动方向平行，所以外管仅测得流体的静压能，即外管 B 处

$$\frac{p_B}{\rho} = \frac{p}{\rho}$$

U 形压差计实际反映的是内管冲压能和外管静压能之差，即

$$\frac{\Delta p}{\rho} = \frac{p_A}{\rho} - \frac{p_B}{\rho} = \left(\frac{p}{\rho} + \frac{1}{2}u^2\right) - \frac{p}{\rho} = \frac{1}{2}u^2$$

则该处的局部速度为

$$u = \sqrt{\frac{2\Delta p}{\rho}} \tag{11-1}$$

将 U 形压差计公式代入，可得

$$u = \sqrt{\frac{2Rg(\rho_0 - \rho)}{\rho}} \tag{11-2}$$

由此可知，测速管实际测得的是流体在管截面某处的点速度，因此利用测速管可以测得流体在管内的速度分布。若要获得流量，可对速度分布曲线进行积分。也可以利用皮托管测量管中心的最大流速 u_{max}，利用图 11-3 所示的关系查取最大速度与平均速度的关系，求出管截面的平均速度，进而计算出流量，此法较常用。

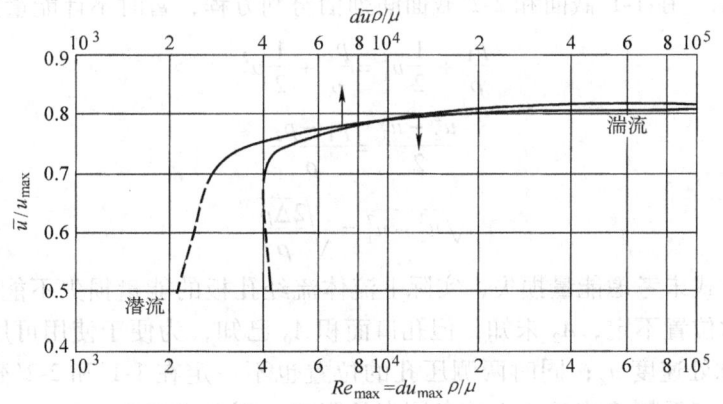

图 11-3 $\bar{u}/u_{max}$ 与 Re 的关系

（2）孔板流量计 孔板流量计属于差压式流量计，是利用流体流经节流元件产生的压力差来实现流量测量的。孔板流量计的节流元件为孔板，即中央开

有圆孔的金属板,其结构如图 11-4 所示。将孔板垂直安装在管道中,以一定取压方式测取孔板前后两端的压差,并与压差计相连,即构成孔板流量计。

在图 11-4 中,流体在管道截面 1-1′前,以一定的流速 u_1 流动,因后面有节流元件,当到达截面 1-1′后流束开始收缩,流速即增加。由于惯性的作用,流束的最小截面并不在孔口处,而是经过孔板后仍继续收缩,到截面 2-2′达到最小,流速 u_2 达到最大。流束截面最小处称为缩脉。随后流束又逐渐扩大,直至截面 3-3′处,又恢复到原有管截面,流速也降低到原来的数值。

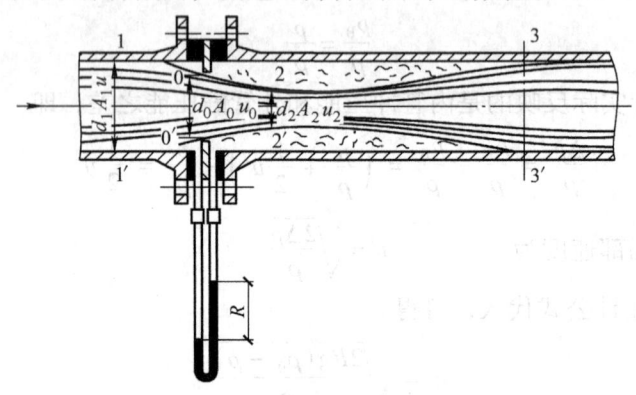

图 11-4 孔板流量计

流体在缩脉处,流速最高,即动能最大,而相应压力就最低,因此当流体以一定流量流经小孔时,在孔前后就产生一定的压力差 $\Delta p = p_1 - p_2$。流量愈大,Δp 也就愈大,所以利用测量压差的方法就可以测量流量。

孔板流量计的流量与压差的关系,可由连续性方程和伯努利方程推导。如图 11-4 所示,在 1-1′截面和 2-2′截面间列伯努利方程,暂时不计能量损失,有

$$\frac{p_1}{\rho} + \frac{1}{2}u_1^2 = \frac{p_2}{\rho} + \frac{1}{2}u_2^2$$

变形得

$$\frac{u_2^2 - u_1^2}{2} = \frac{p_1 - p_2}{\rho}$$

或

$$\sqrt{u_2^2 - u_1^2} = \sqrt{\frac{2\Delta p}{\rho}}$$

由于上式未考虑能量损失,实际上流体流经孔板的能量损失不能忽略不计;另外,缩脉位置不定,A_2 未知,但孔口面积 A_0 已知,为便于使用可用孔口速度 u_0 替代缩脉处速度 u_2;同时两测压孔的位置也不一定在 1-1′和 2-2′截面上,所以引入一校正系数 C 来校正上述各因素的影响,则上式变为

$$\sqrt{u_0^2 - u_1^2} = C\sqrt{\frac{2\Delta p}{\rho}} \tag{11-3}$$

根据连续性方程,对于不可压缩性流体得

第 11 章 给水排水管道系统的技术管理和维护

$$u_1 = u_0 \frac{A_0}{A_1}$$

将上式代入式（11-3），整理后得

$$u_0 = \frac{C}{\sqrt{1-\left(\frac{A_0}{A_1}\right)^2}} \sqrt{\frac{2\Delta p}{\rho}} \tag{11-4}$$

令

$$C_0 = \frac{C}{\sqrt{1-\left(\frac{A_0}{A_1}\right)^2}}$$

则

$$u_0 = C_0 \sqrt{\frac{2\Delta p}{\rho}} \tag{11-5}$$

将 U 形压差计公式代入式（11-5）中，得

$$u_0 = C_0 \sqrt{\frac{2Rg(\rho_0-\rho)}{\rho}} \tag{11-6}$$

根据 u_0 即可计算流体的体积流量

$$V_S = u_0 A_0 = C_0 A_0 \sqrt{\frac{2Rg(\rho_0-\rho)}{\rho}} \tag{11-7}$$

及质量流量

$$m_S = C_0 A_0 \sqrt{2Rg\rho(\rho_0-\rho)} \tag{11-8}$$

式中 C_0 称为流量系数或孔流系数，其值由实验测定。C_0 主要取决于管道流动的雷诺数 Re、孔面积与管道面积比 A_0/A_1，同时孔板的取压方式、加工精度、管壁粗糙度等因素也对其有一定的影响。对于取压方式、结构尺寸、加工状况均已规定的标准孔板，流量系数 C_0 可以表示为

$$C_0 = f\left(Re, \frac{A_0}{A_1}\right) \tag{11-9}$$

式中 Re 是以管道的内径 d_1 计算的雷诺数，即

$$Re = \frac{d_1 \rho u_1}{\mu}$$

对于按标准规格及精度制作的孔板，用角接取压法安装在光滑管路中的标准孔板流量计，实验测得的 C_0 与 Re、A_0/A_1 的关系曲线如图 11-5 所示。从图中可以看出，对于 A_0/A_1 相同的标准孔板，C_0 只是 Re 的函数，并随 Re 的增大而减小。当增大到一定界限值之后，C_0 不再随 Re 变化，成为一个仅取决于 A_0/A_1 的常数。选用或设计孔板流量计时，应尽量使常用流量在此范围内。常用的 C_0 值为 0.6~0.7。

用式（11-6）或式（11-7）计算流体的流量时，必须先确定流量系数 C_0，

但 C_0 又与 Re 有关，而管道中的流体流速又是未知，故无法计算 Re 值，此时可采用试差法。即先假设 Re 超过 Re 界限值 ReC，由 A_0/A_1 从图 11-5 中查得 C_0，然后根据式（11-6）或式（11-7）计算流量，再计算管道中的流速及相应的 Re。若所得的 Re 值大于界限值 ReC，则表明原来的假设正确，否则需重新假设 C_0，重复上述计算，直至计算值与假设值相符为止。

由式（11-6）可知，当流量系数 C_0 为常数时

$$V_S \propto \sqrt{R}$$

或

$$R \propto V_S^2$$

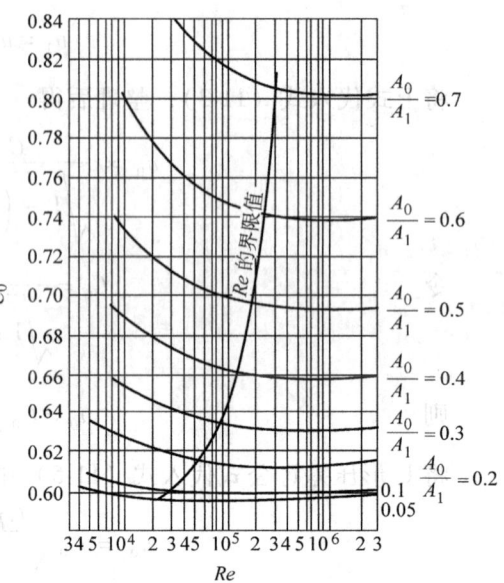

图 11-5　标准孔板的流量系数

表明 U 形压差计的读数 R 与流量的平方成正比，即流量的少量变化将导致读数 R 较大的变化，因此测量的灵敏度较高。此外，由以上关系也可以看出，孔板流量计的测量范围受 U 形压差计量程的限制，同时考虑到孔板流量计的能量损失随流量的增大而迅速的增加，故孔板流量计不适于测量流量范围较大的场合。

孔板流量计安装时，上、下游需要有一段内径不变的直管作为稳定段，上游长度至少为管径的 10 倍，下游长度为管径的 5 倍。

孔板流量计结构简单，制造与安装都方便，其主要缺点是能量损失较大。这主要是由于流体流经孔板时，截面的突然缩小与扩大形成大量涡流所致。如前所述，虽然流体经管口后某一位置（图 11-5 中的 3-3′截面）流速已恢复与孔板前相同，但静压力却不能恢复，产生了永久压力降，即 $\Delta p_f = p_1 - p_3$。此压力降随面积比 A_0/A_1 的减小而增大。同时孔口直径减小时，孔速提高，读数 R 增大，因此设计孔板流量计时应选择适当的面积比 A_0/A_1 以期兼顾到 U 形压差计适宜的读数和允许的压力降。

（3）文丘里（Venturi）流量计　孔板流量计的主要缺点是能量损失较大，其原因在于孔板前后的突然缩小与突然扩大。若用一段渐缩、渐扩管代替孔板，所构成的流量计称为文丘里流量计或文氏流量计，如图 11-6 所示。当流体经过文丘里管时，由于均匀收缩和逐渐扩大，流速变化平缓，涡流较少，故能量损失比孔板大大减少。

文丘里流量计的测量原理与孔板流量计相同，也属于差压式流量计。其流

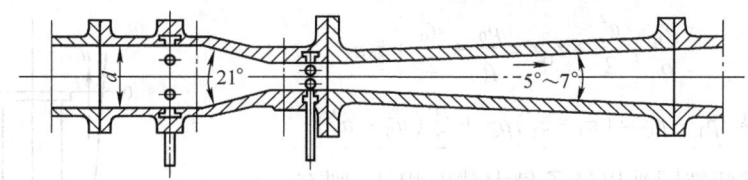

图 11-6 文丘里流量计

量公式也与孔板流量计相似，即

$$V_S = C_V A_0 \sqrt{\frac{2Rg(\rho_0 - \rho)}{\rho}} \tag{11-10}$$

式中　C_V——文丘里流量计的流量系数（约为 0.98～0.99）；

　　　　A_0——喉管处截面积（m²）。

由于文丘里流量计的能量损失较小，其流量系数较孔板大，因此相同压差计读数 R 时流量比孔板大。文丘里流量计的缺点是加工较难、精度要求高，因而造价高，安装时需占去一定管长位置。

（4）转子流量计　转子流量计的结构与测量原理如图 11-7 所示，是由一段上粗下细的锥形玻璃管（锥角约在 4°左右）和管内一个密度大于被测流体的固体转子（或称浮子）所构成。流体自玻璃管底部流入，经过转子和管壁之间的环隙，再从顶部流出。

管中无流体通过时，转子沉在管底部。当被测流体以一定的流量流经转子与管壁之间的环隙时，由于流道截面减小，流速增大，压力随之降低，于是在转子上、下端面形成一个压差，将转子托起，使转子上浮。随转子的上浮，环隙面积逐渐增大，流速减小，压力增加，从而使转子两端的压差降低。当转子上浮至某一定高度时，转子两端面压差造成的升力恰好等于转子的重力时，转子不再上升，而悬浮在该高度。转子流量计玻璃管外表面上刻有流量值，根据转子平衡时其上端平面所处的位置，即可读取相应的流量。

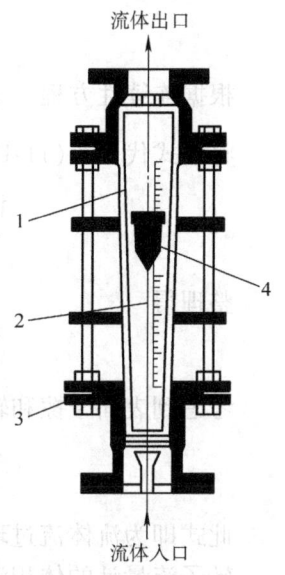

图 11-7 转子流量计
1—锥形硬玻璃管　2—刻度
3—突缘填函盖板　4—转子

转子流量计的流量方程可根据转子受力平衡导出。

在图 11-8 中，取转子下端截面为 1-1′上端截面为 0-0′，用 V_f、A_f、ρ_f 分别表示转子的体积、最大截面积和密度。当转子处于平衡位置时，转子两端面压差造成的升力等于转子的重力，即

$$(p_1 - p_0)A_f = \rho_f V_f g \tag{11-11}$$

p_1、p_0 的关系可在 1-1′和 0-0′截面间列伯努利方程获得

$$\frac{p_1}{\rho} + \frac{u_1^2}{2} + z_1 g = \frac{p_0}{\rho} + \frac{u_0^2}{2} + z_0 g$$

整理得 $p_1 - p_0 = (z_0 - z_1)\rho g + \frac{\rho}{2}(u_0^2 - u_1^2)$

将上式两端同乘以转子最大截面积 A_f，则有

$$(p_1 - p_0)A_f = A_f(z_0 - z_1)\rho g + A_f \frac{\rho}{2}(u_0^2 - u_1^2) \tag{11-12}$$

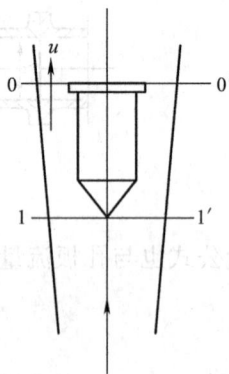

图 11-8　转子流量计流动示意图

由此可见，流体作用于转子的升力 $(p_1 - p_0)A_f$ 由两部分组成：一部分是两截面的位差，此部分作用于转子的力即为流体的浮力，其大小为 $A_f(z_0 - z_1)\rho g$ 即 $V_f \rho g$；另一部分是两截面的动能差，其值为 $A_f \frac{\rho}{2}(u_0^2 - u_1^2)$。

将式(11-11)与式(11-12)联立，得

$$V_f(\rho_f - \rho)g = A_f \frac{\rho}{2}(u_0^2 - u_1^2) \tag{11-13}$$

根据连续性方程

$$u_1 = u_0 \frac{A_0}{A_1}$$

将上式代入式(11-13)中，有

$$V_f(\rho_f - \rho)g = A_f \frac{\rho}{2} u_0^2 \left[1 - \left(\frac{A_0}{A_1}\right)^2\right]$$

整理得

$$u_0 = \frac{1}{\sqrt{1 - \left(\frac{A_0}{A_1}\right)^2}} \sqrt{\frac{2V_f(\rho_f - \rho)g}{\rho A_f}} \tag{11-14}$$

考虑到表面摩擦和转子形状的影响，引入校正系数 C_R，则有

$$u_0 = C_R \sqrt{\frac{2(\rho_f - \rho)V_f g}{\rho A_f}} \tag{11-15}$$

此式即为流体流过环隙时的速度计算式，C_R 又称为转子流量计的流量系数。转子流量计的体积流量为

$$V_S = C_R A_R \sqrt{\frac{2(\rho_f - \rho)V_f g}{\rho A_f}} \tag{11-16}$$

式中，A_R 为转子上端面处环隙面积。

转子流量计的流量系数 C_R 与转子的形状和流体流过环隙时的 Re 有关。对于一定形状的转子，当 Re 达到一定数值后，C_R 为常数。

由式(11-15)可知，对于一定的转子和被测流体，V_f、A_f、ρ_f、ρ 为常数，当 Re 较大时，C_R 也为常数，故 u_0 为一定值，即无论转子停在任何一个位置，

其环隙流速 u_0 是恒定的。而流量与环隙面积成正比即 $V_S \propto A_R$，由于玻璃管为下小上大的锥体，当转子停留在不同高度时，环隙面积不同，因而流量不同。

当流量变化时，力平衡关系式（11-11）并未改变，也即转子上、下两端面的压差为常数，所以转子流量计的特点为恒压差、恒环隙流速而变流通面积，属于截面式流量计。与之相反，孔板流量计则是恒流通面积，而压差随流量变化，为差压式流量计。

转子流量计上的刻度，是在出厂前用某种流体进行标定的。一般液体流量计用 20℃ 的（密度为 1000kg/m³）标定，而气体流量计则用 20℃ 和 101.3kPa 下的空气（密度为 1.2kg/m³）标定。当被测流体与上述条件不符时，应进行刻度换算。

假定 C_R 相同，在同一刻度下，有

$$\frac{V_{S2}}{V_{S1}} = \sqrt{\frac{\rho_1(\rho_f - \rho_2)}{\rho_2(\rho_f - \rho_1)}} \quad (11\text{-}17)$$

式中，下标 1 表示标定流体的参数，下标 2 表示实际被测流体的参数。

对于气体转子流量计，因转子材料的密度远大于气体密度，式 (11-17) 可简化为

$$\frac{V_{S2}}{V_{S1}} \approx \sqrt{\frac{\rho_1}{\rho_2}} \quad (11\text{-}18)$$

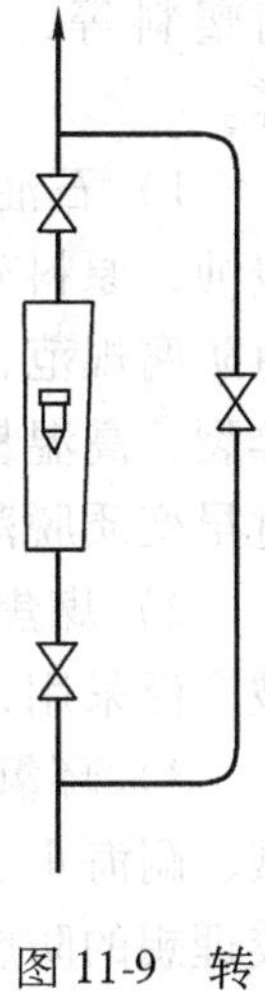

图 11-9 转子流量计安装示意图

转子流量计必须垂直安装在管路上，为便于检修，应设置如图 11-9 所示的支路。

转子流量计读数方便，流动阻力很小，测量范围宽，测量精度较高，对不同的流体适用性广。缺点是玻璃管不能经受高温和高压，在安装使用过程中玻璃容易破碎。

11.3 给水管道的防腐与维修

11.3.1 管道防腐

常用的防腐蚀技术分物理法和电化学法两种。物理法能阻止或减缓腐蚀反应的进行；电化学法通过表面绝缘可把需保护的表面与腐蚀介质隔开。现有电化学法和物理法均可单独应用，但把两种防腐蚀方法结合起来效果将更理想。

1. 物理法

物理法又称为覆盖防腐蚀法，分有机材料涂层和无机材料涂层两种，有机材料涂层又分两种：薄涂层和厚涂层。各种广泛使用的涂料和包扎薄带属于薄

涂层，厚度为 100~500μm；热敷沥青质膜，聚乙烯（PE）涂层，厚度>1mm，属厚涂层。

用在管道上的防腐涂料有石油沥青、煤焦油沥青、环氧沥青、聚氨酯石油沥青、煤焦油磁漆（CTE）、环氧粉末（FBE）、底胶加聚烯烃（POA）、环氧底漆加底胶加聚烯烃（POE）、环氧粉末加改性聚烯烃（POF）。国内现在主要防腐涂料是石油沥青、煤焦油沥青、聚氨酯石油沥青、煤焦油磁漆、FBE 以及内衬塑料等，国外目前常用的各类防腐涂料为 CTE、FBE、POA、POE、POF 等。

1）石油沥青具有良好的粘结性、不透水性和绝缘性，能够耐多种腐蚀介质侵蚀，原料充足、成本低、技术成熟，只要在施工中严格执行石油沥青工艺管道防腐规范，可以得到较好的防腐效果。但石油沥青耐温变性能较差，低温易碎裂，高温易流淌，易受微生物侵蚀，吸水率高，易老化，使石油沥青防腐层过早变质脱落，失去保护作用，造成管道腐蚀破坏。

2）煤焦油沥青以其使用寿命长，吸水率低，不受细菌吞噬，成本低等优点被广泛采用，但其机械强度和低温韧性差。

3）环氧煤沥青其性能优于石油沥青，具有一次成膜厚、涂层致密、耐盐碱、耐海水、耐潮湿，与金属粘结好、抗微生物侵蚀、耐阴极剥离的优点，是较理想的防腐涂料，只是目前应用较少。

4）聚氨酯石油沥青可用于管道或建筑构件等，石油沥青层的常温补口补伤，同时也大量的用于石油沥青层的大修。

5）国产聚氨酯石油沥青橡胶能消化管道表面的潮气，有优良的理化性和厚涂层的许多特殊性能，常温施工，短时间干燥，单组份结构，不用固化剂，简化了施工程序，吸水率低，固化后有强防水性，有优良的耐化学介质性能，涂层富有高伸缩性，从而保证了补口补伤的质量，其应用领域极其广泛。

6）煤焦油磁漆的粘结力强，吸水率低，绝缘性能好，耐细菌侵蚀，耐石油及其产品溶解，抗土壤应力，抗植物根茎穿透，耐阴极剥离，使用寿命长，防腐性能优于石油沥青。

7）熔结环氧能阻挡氧的传输，能透过阴极保护电流，与钢铁基体有良好的粘结力，特别是在较低温度和较高温度下仍具有较好的抗物理损伤、耐腐蚀和抗水渗透性能。

随着管道铺设技术的不断提高和管道使用环境的恶化，开发防腐、绝缘、综合力学性能高、粘结力强的涂层材料是管道防腐的趋势，塑料粉末涂料以其特有的性能在管道防腐工程领域发挥了巨大作用。

在国外塑料粉末涂料已成为管道防腐的首选材料，在国内塑料防腐管道已开始应用。目前用于管道防腐的塑料粉末有热塑性和热固性两大类。热塑性塑料分子链为直链或带有支链结构，众多分子链靠分子间力积聚在一起，受热后软化、溶解，冷却后可恢复原状，多次反复化学性能不变。热塑性粉末涂料是由热塑性树脂、颜料、增塑剂和稳定剂等成分干混或溶解混合，粉碎或分级得到的。热固性塑料分子结构为网状，各分子之间由化学链连接，受热后塑化或软化，发生化学变化，并固化定形，固化后再次受热不发生软化或熔化，强热则分解。热固性塑料粉末由热固性树脂、固化剂、颜料、填料和助剂等组成。目前应用广泛、性能好的塑料粉末主要有以下几种：

1）聚乙烯粉末是一种应用最广泛、价格最低的热塑性塑料，由乙烯单体加聚而成的碳、氢两元素的高分子化合物，为白色石蜡状粉末，聚乙烯在80℃以下有优良的耐腐蚀性，能耐各种酸、碱、盐溶液，耐热、耐水、绝缘，但聚乙烯易发生光氧化、热氧化和卤化反应，耐环境氧化性能较差。在聚乙烯原料中加入适当的流平剂、防老化剂等添加剂制成粉末，即可作为管道防腐涂料。聚乙烯粉末管道涂层绝缘物理化学性能稳定，耐腐蚀、耐水，使用寿命长，防护效果好，但涂层粘结力较差，不耐阴极剥离，使用温度范围小。

2）聚苯硫醚（PPS）粉末是近年来新开发的粉末涂料，是一种白色对苯基硫的聚合物，交联前为链状高分子结构，带有支链，无结晶熔点，呈热塑性，经化学交联处理后呈热固性塑料特征。PPS具有良好的耐腐性，能耐无机酸碱等侵蚀，在175℃以下不溶于任何溶剂，具有良好的热稳定性，极好的粘结性能，对钢材、玻璃、陶瓷都有很好的粘结力，耐蠕变性好，电绝缘性能好。

3）环氧树脂（EP）粉末是一种典型的热固性塑料，未交联的环氧树脂本身呈热塑性，性能也很差，加入固化剂交联固化后，才能获得较好的材料性能，其熔融粘度低，涂膜流平性好，涂层致密无气孔，表面光滑，防腐性强。由于环氧树脂内的烃基对被涂物附着力好，涂层粘结力高，另外涂膜硬度高，耐划伤性、耐剥离性、绝缘性、化学稳定性也很好，环氧树脂结构中的双酚骨架和柔韧的醚链使涂层抗弯曲、力学性能高，同其他粉末涂料相比，防护性能最好。但环氧粉末耐候性不好，粉化后涂层防腐性能没有多大变化。

4）环氧/聚乙烯双涂层保持各自原有的长处，克服或改善原来的不足，得到原先所没有的良好性能。聚乙烯涂层化学性能稳定，耐水、绝缘性能强，有效防止湿气、水分和氧的侵蚀，但涂层与钢管表面的附着性及耐阴极剥离性能差，使用温度较低，一般不超过80℃。环氧粉末能耐高温，可在177~260℃下使用，有极好的粘结力，抗剪强度可达15~25MPa，但环氧涂层能吸收少量水分，吸水率为0.05~0.1%，也允许微量氧透过，屏蔽作用较差。环氧/聚乙烯两种涂料之间的最佳组合作用及各自所提供的优良性能使涂层具有更卓越的防护性能，更长的使用寿命。

涂层是隔开腐蚀介质，但绝对的隔开是不可能的，因为一切有机物质都具有一定的吸水性和透气性，时间长了易老化。

2. 电化学法

电化学法是排流法和阴极保护法的总称，其中尤以排流法更为经济有效。

（1）排流法　当金属管道遭受来自杂散电流的电化学腐蚀时，管道的腐蚀处为阳极电位。如果在该处管道和电源（如变电站的负极或钢轨）之间，用低电阻导线（排流线）连接起来，使杂散电流不经过土壤而直接回到变电站去，就可以防止腐蚀，这就是排流法。

排流法防腐蚀的效率很高，费用较低，是普遍采用的方法。埋设金属管道和变电站负极连接起来进行排流时，若只有一个变电站电源，而且不可能从电源流入逆电流的情况下，两者可以直接用排流线连接，这称为直接排流法。设施费用很低，但电气机车轨道和地下管道排列都比较复杂，而且变电站数量往往较多，运转情况变化很大，管道处的电位经常变动，弄不好管道会变成阴极区而产生逆向电流，为此在排流回路里增加一个二极管，二极管的加入使得排流设备具备了单向导通的功能，故称为选择排流。

（2）阴极保护法　阴极保护是从电化学腐蚀原理出发，从根本上杜绝腐蚀的发生，使被保护体成为阴极而阻止腐蚀。实现保护的方式分牺牲阳极法和外加电流法两种。

一般采用的原则：

1）工程规模大宜采用外加电流，工程规模小宜采用牺牲阳极。

2）防腐蚀层质量优良宜用牺牲阳极，也可用外加电流。

3）高电阻率土壤不宜采用牺牲阳极。

4）相邻地下构筑物密集时，不宜采用外加电流，这样容易造成干扰，但是对于区域管网共同纳入保护时，可以采用外加电流。

在我国阴极保护起步较晚，由于各主管部门对管线运行的安全意识和对防腐重要性的认识存在较大的差异，很多管线只施加了防护涂层而未采取阴极保护措施。20世纪70年代后期，北京、上海等大城市对地下管道引进了阴极保护技术，并在小范围内应用。随后在全国进行了推广。目前物理防护和化学防护联合使用是最经济有效的措施。因为到目前为止还没有这样一种防护层，它在长时间的使用中，能很好的把金属管道与电解质（土壤）完全隔离，而有效地防止腐蚀。另一方面，如果只用阴极保护法而不涂盖防护层时，虽然可以防止管道腐蚀，但所需电流过大，在经济上是不合理的。两种方法同时使用，阴极保护使涂层缺陷处和有毛细孔处的钢管免遭腐蚀，延长涂层的使用寿命；涂层则可以降低阴极保护所需要的保护电流，扩大阴极的保护范围，减少阳极安装数量，使阴极保护电流均匀分布在钢管表面，提高阴极保护的效果。

11.3.2 刮管涂料

由于过去在设计、施工、管材等方面的种种原因，使给水系统存在着亟待解决的问题。原敷设的无内衬管道已基本腐蚀，管道内壁结垢现象严重，当水压水量波动时就容易形成"红水"（铁锈水），产生给水的二次污染，严重影响了企事业单位和居民的生产生活。

为了保证管道的输水能力和水质，对旧管的内壁进行刮管和补做防腐层。

1. 刮管的方法主要有以下四种

（1）高压射流法 这种方法，可以不需要断管面利用管道本身的一些附属设备进行除垢。使用的喷头直径很小，喷射出水流的除垢效果距离喷头越近越好。所以清洗管道的口径适合中、小型管道。

（2）机械刮管 机械刮管的施工长度，一般每次可刮管 100~150m，对于较长距离的管道要分成若干个清洗段，分别断开，逐段实施，从而增加人工开挖工程量和施工停水时间。机械刮管涂衬每进行一个工作段，需要断管、刮管、涂衬、水泥砂浆养护、冲管等多道工序，一般要 5~7 天才能完成。

（3）弹性冲管器法（Poly-Pig 清管法） Poly-Pig 意思是利用充气的特制工具来刮掉管道内壁附着物。使用 Poly-Pig 清洗管道，可针对软硬不同的锈蚀、结垢，选用不同形式的清管器，既可除掉管道内的锈蚀结垢物，也能对新排管道通水前进行清除，并且节水、高效。Poly-Pig 清管方法适用于 DN700 以上的各种口径管道除垢工作，一次清管长度可由几十米到几千米，只要管道没有变径，可通过任何角度的弯管和阀门（除蝶阀外），进行长距离清管。清管时施工停水时间短，一般 100m 的管道，只用一天就可以清洗干净，并恢复供水。弱点是目前国内还没有与其配套的衬里技术。

（4）空气脉冲法 这种方法利用气水混合物不断变换压力使管道内壁附着物脱落，这是一种特别适合城市供水管道内除锈的方法。

除锈是管道翻新的基础。另外，从外地成功经验看，单纯利用一种方法的效果都不太理想。故应针对管道内结垢成分进行调研后，才能找出一种行之有效的方法。

2. 管道补做防腐层

旧管道刮管除锈后的管道衬里可使旧管道恢复原有输水能力，延长管道的使用寿命，这项工作是非常必要的。但刮管以后如不进行涂衬的管道，通水后的腐蚀速度是非常快的。

（1）水泥砂浆衬里 水泥砂浆衬里靠自身的结合力和管壁支托，结构牢靠，其粗糙系数比金属管小，对管壁能起到物理性能保障外，也能起到防腐的化学性能，因水泥与金属管壁接触，形成很高的 pH 值。

（2）环氧树脂涂衬法　环氧树脂具有耐磨性、柔软性、紧密性，使用环氧树脂和硬化剂混合后的反应型树脂，可以形成快速、强劲、耐久的涂膜。

环氧树脂的喷涂方法一次喷涂的厚度为 0.5~1mm，便可满足防腐要求。使用速硬性环氧树脂涂衬后，经过 2h 的养护，清洗排水后便可使管道投入运行。

（3）内衬软管法　用内衬软管法来解决旧管道防腐的方法，有滑衬法、反转衬法、"袜法"及用 Poly-Pig 拖带聚胺脂薄膜的方法等。这些方法都能形成"管中有管"的防腐形式，防腐效果非常好，在长距离无支管的情况下特别适用，但不适合城市给水管网系统。

利用不开挖技术对管道进行翻新，在保证管道使用寿命的前提下改善水质，是一种行之有效的城市地下管道施工技术。根据经验，非开挖技术与新敷设管线造价相当，但避免了对建成区的破坏，对环境影响也较小。旧管道内沉积和锈蚀的日益严重，不仅降低了供水能力，还导致管道内水质恶化。因此，加强给水管道的科学管理，正确解决管道内的沉积锈蚀，利用管道的刮管与涂衬，是提高效益、节约资金、搞好服务的一项重要措施，它既能改善供水水质，又可延长管道的使用寿命，有不容忽视的经济效益和社会效益。

11.4　给水管道的水质管理和供水调度

11.4.1　给水管网运行调度任务及系统组成

1. 给水管网运行调度任务

水是生命之源，是人类和一切生物赖以生存和发展的物质基础。城市集中了大量的社会财富，对一个国家的国民经济起着举足轻重的作用。而城市给水系统是城市基础设施的一个重要组成部分，它关系到城市的生存和发展。随着经济建设的深入、城市规模的不断扩大以及城市给水管网的复杂程度不断提高，城市给水系统的运行调度的重要性尤为突出。由于城市给水管网系统的复杂性以及用水量的随机性，依靠传统的供水调度方式，使得供水电耗大为增加。据有关资料统计：若只要目前全国城市给水系统节电 5%，则全国每年就可以节电 2 亿度以上。进入 20 世纪以后，随着经济的发展，人口的增长和城市的规模化，世界各地的许多大中型城市不同程度地出现了供水危机，加上全球性的能源危机，各国政府及科学家们已把城市给水系统的规划、运行、调度和管理等问题的研究作为支持社会经济可持续发展的重要战略。

城市给水管网运行调度的重要任务是在保证城市供水水质和水量安全可靠的前提下，使单位供水量的能耗降低到最低限度；并当供水管网服务区内出现异常情况时，如发生火灾、管网破裂、水质突发性被污染、控制设备失控等，

第11章 给水排水管道系统的技术管理和维护

合理调度系统的运行，以便将损失降低到最低限度。

国外从20世纪60年代就开始研究城市供水系统的运行调度，并在近年来不断加深研究，在调度的方法和建模等方面取得了一定的成就。在国内有关这方面的研究虽然起步较晚，但近年来在理论和实践方面也取得突飞猛进的发展，并成功地应用于工程实践。

根据技术应用的深度和系统完善程度，可以将城市给水的调度分为如下三个发展阶段：

1）人工经验调度：主要依据为区域水压分布，利用增加或减少工作水泵的台数，使管网中各区域水的压力能保持在设定的服务压力范围之内。本方法调度简单，但调度实施滞后时间长，调度效果差，只适应于简单的城市供水管网的调度。

2）计算机辅助调度：还是依据区域水压分布和需水量的大小，通过建立数学模型，利用计算机求解供水能量最少的目标函数，得出最优调度方案。在保证管网系统服务质量的前提下，确定各个泵站开启水泵的型号、台数和变速泵的转速，使得供水系统供水费用最低。本方法调度效果好，但自动化程度低，调度方案的实施在时间上仍然存在着滞后现象，不能做到城市供水管网的实时调度。

3）全自动化调度与控制：这是当今城市供水管网运行调度的发展方向。主要通过对供水管网运行状态的遥测遥控系统（即SCADA），实现城市供水管网调度与控制的最优化、自动化和智能化；实现与水厂制水过程控制系统、供水企业管理系统的一体化进程。

20世纪70年代以来，由于计算机技术的发展，特别是微型计算机问世，出现了新一代的自动控制系统，一般称之为集散控制系统。这种系统具有集中操作管理，分散控制的功能，应用了微机处理机、CRT图像显示技术、以及数据通信技术。到了80年代，由于计算机技术和自动控制技术的迅速发展，在城市供水管网运行调度方面得到了重要应用，主要利用四项基础技术：计算机技术（Computer）、通信技术（Communication）、控制技术（Control）和传感技术（Sensor），简称3C+S技术。这就是现代城市供水SCADA系统的前身。

城市供水SCADA（Supervisory Control and Data Acquisition）系统也即监控和数据采集系统，又称计算机四遥系统，指遥测（Telemetering）、遥控（Telecontrol）、遥讯（Telesingal）、遥调（Teleadjusting）技术。它与地理信息系统（GIS）、管网模拟仿真系统、运行调度等软件配合，可以组成完善的供水管网调度管理系统。

城市供水SCADA系统，是利用网络技术、通信技术以及数据采集和遥控系统，结合给水处理工艺、数理统计和现代控制等理论，根据对整个给水管网监测到的水压、流量、水质等数据进行分析和处理后，通过遥控设备，实时地对各水厂的加药、消毒设备，给水管网中的各自动调节阀和加压泵站，储水池水位以及各二级泵站的水泵进行运行调度，以达到在满足给水管网的水压、水量、水质等各项条件的前提下，单位供水量的能耗降低到最大限度。

国外于20世纪60年代初开始对遥测、遥控进行了较为系统的研究，较早的有西门子公司、美国的Interlution公司、意大利的LogoSystem等。20世纪70年代以来，由于计算机技术的发展，特别是微型计算机问世，出现了新一代的自动控制系统，一般称之为集散控制系统。这种系统是指具有集中操作管理，分散控制的功能，采用分级结构的以微处理机、CRT图象显示技术、数据通信（如电网、燃气输配、给水、城市供热等网络）中的应用，形成了通常称之为监控及数据采集系统（SCADA）。

我国于20世纪70年代末开始引进微型计算机技术和设备，80年代中期开始引进SCADA技术，在城市供水行业也有一些单位引进或开发SCADA技术，并建立了一定水平的SCADA系统。使之服务于城市供水管网的运行调度，并且得到了迅速发展，目前初步形成了较为完善的一级调度的SCADA系统，并取得较为满意的调度效果。

2. 给水管网运行调度系统组成

城市给水管网运行调度系统作为生产过程和事物管理自动化最为有效的计算机软硬件系统之一，它包含两个层次的含义：一是数据采集系统，即智能数据采集系统，也就是通常所说的下位机；另一个是数据处理和显示系统，即上位机HMI（Human Machine Interface）系统（图11-10）。

下位机通常指硬件层面上的，即各种数据采集设备，如各种RTU、FTU、PLC及各种智能控制设备等。这些智能采集设备与生产过程和事务管理的设备或仪表相结合，实时感知设备各种参数的状态，并将这些状态信号转换成数字信号，并通过特定数字通信网络（主要是无线网络）传递到HMI系统中。上位机HMI系统在接受这些信息后，以适当的形式如声音、图形、图像等方式显示出来，以达到监视供水管网运行状况的目的。同时HMI接受的数据经过处理后，可以了解供水管网运行工况，告知各种设备工作的状态（正常或异常等），这些处理后的数据可能会保存到数据库中，也可能通过网络系统传输到不同的监控平台上，还可能与别的系统（如MIS，GIS）结合形成功能更加强大的系统；HMI还可以以自动和人工并联的方式，将控制信号发送到下位机中，调节控制设备的工作状态，如自动阀门的开启度、各水厂的水泵工作台数、变频调速器的转速以及供水水质的控制设备等，以达到城市给水管网优化调度的目的。

一般来说，城市给水管网运行调度系统主要由下列几个方面组成：

（1）调度事件系统　包括监控与数据采集系统（SCADA）、营业收费系统、

第 11 章 给水排水管道系统的技术管理和维护

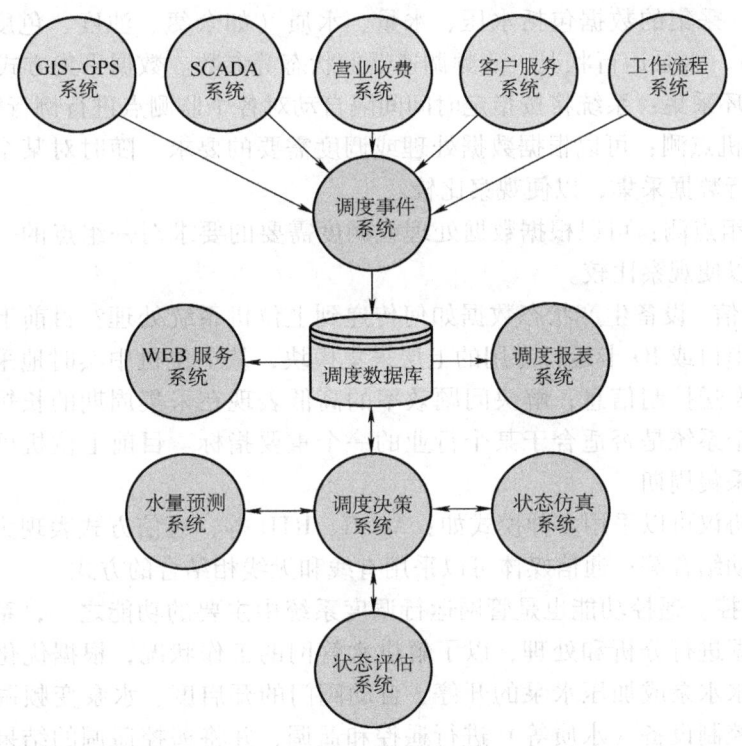

图 11-10 城市给水管网运行调度系统的组成

客户服务系统、工作流程系统、地理信息系统—全球定位系统（GIS—GPS）。

（2）调度数据库系统 包括 Web 服务系统和调度报表系统，主要功能有：

1）给水管网基本信息数据管理。主要包括增加、删除、修改管网基本信息，如管径、管长、阀门、泵站以及基本地理信息等。

2）给水管网约束数据管理。给水管网约束数据主要是指供水管网在正常的运行工况条件下，各主要生产设备、监测点、控制设备、水质指标等参数的变化范围规定数值，系统必须提供对这些数据的设定与维护的功能。

3）数据报表生成与数据查询功能：可以根据需要生成、打印或查询相关的各种类型历史或当前数据的数据表，如管网压力、管段流量、用水量变化情况、各供水厂的供水量、水质状况以及供水电耗等数据。

（3）调度决策系统 包括水量预测系统、状态仿真系统、状态评估系统。其主要功能有：

1）用水量预测。根据以往经验数据、气候变化情况、人员流动情况和节假日等因素的变化对用水量作出准确的预测，是对市给水管网运行进行正确调度的重要依据。

2）数据采集（遥测）。数据采集功能是管网运行调度系统中最基本也是主要的功能,采集的数据包括水压、水量、水质(如余氯、浊度、色度、pH 值、电导率等)、水泵运行状况、变频调速器的状态等参数。数据采集方式可分为:

a. 循环采集:系统将按指定时间间隔自动对各个监测点进行例行数据采集。

b. 随机点测:可以根据数据处理或调度需要的要求,随时对某个点的某些数据项进行数据采集,以便观察比较。

c. 分组点测:可以根据数据处理或调度需要的要求对一组点的一组数据进行采集,以便观察比较。

3)遥信。设备生产状态数据如何传递到上位机系统处理?目前上位机通常通过标准串口或 IO 卡运行专用的上层采集模块,从下位机中实时地采集设备各种参数和发送控制信息;解决问题效率的高低表现在采集周期的长短上,这也是衡量一个系统是否适合于某个行业的一个重要指标。目前上位机可达到平均毫秒级的采集周期。

通信协议可以采用多种模式如:ASCII、RTU 等;通信方式表现为同步、异步和主被动结合等;通信媒体可以采用有线和无线相结合的方式。

4)遥控。遥控功能也是管网运行调度系统中主要的功能之一,系统利用采集到的数据进行分析和处理,以了解供水管网的工作状况,根据优化调度的原则,对供水水泵或加压水泵的开停、自动阀门的开启度、水泵变频调速的工频以及其他控制设备(水质等)进行遥控和遥调,并将遥控遥调的结果反馈到上位机上来。

5)事故智能报警系统

a. 对给水管网的主要生产和控制设备工作状态异常时,提供声音、图形等方式报警。

b. 在某一时刻采集到的数据出现异常(主要与该工况正常工况数据比较)时,提供声音、图形等方式报警,并显示异常范围区域。

c. 当确定供水管网中某一管段发生事故(主要指爆管)时,能在显示屏上显示最优化关阀方案,并能打印出停水用户名单。

11.4.2 给水管网调度 SCADA 系统

1. 给水管网调度 SCADA 系统组成

现代城市给水 SCADA 系统不但具有对供水管网的监控和数据采集功能,即具有管理信息化的功能,也还具有城市供水系统的优化调度和控制自动化的功能,而且向着决策智能化方向发展。随着 SCADA 系统的发展与广泛应用,对地理信息的要求越来越高,使得与地理信息系统(GIS)有机地结合起来。城市供水 SCADA 系统一般采用多层体系结构,一般可分 3~4 层:

(1)设备层 包括传感监测仪表、控制执行设备和人机接口等。设备层的设备安装于生产控制现场、管网关键节点，直接与生产设备和操作工人相联系，是水厂工作情况、供水管网运行状态与数据的直接感知者，是调度与控制的最终实施者。此外，还负责现场指示、显示与操作。在现代供水 SCADA 系统中，设备层也逐渐走向智能化和网络化。

给水管网 SCADA 系统的设备层中具有分散程度高的特点，往往需要使用一些自带通信接口的智能化监测和控制执行设备。设备层采集和接受信息一般都利用无线电传送。

（2）控制层　负责调度与控制指令的实施。控制层向下与设备层联接，接受设备层提供的运行过程状态信息，向设备层给出执行指令。对于具有一定规模的供水管网 SCADA 系统，控制层往往设有多个控制站（又称控制器或下位机），控制站之间联成控制网络，可以实现数据交换。控制层是供水 SCADA 系统可靠性的主要保证者，每个控制站应做到可以独立运行，至少要保证整个生产过程不中断。

城市管网 SCADA 系统的控制层一般由可编程控制器（PLC）或远方终端（RTU）组成，其中有些控制站既属于管网控制系统的一部分，又属于水厂生产过程控制系统的组成部分。

（3）调度层　实现监控系统的监视与调度决策。调度层往往是由多台计算机（微机或工作站）联成的局域网组成，一般分为监控站、维护站（工程师站）、决策站（调度站）、数据站（服务器）等。其中监控站向下联接多个控制站，调度层各站可以通过局域网透明地使用各控制站的数据与画面；维护站可以实时地修改（需要受权）各监控站及控制层的数据与程序；决策站可以实现和监控站的整体优化和宏观决策（如调度指令、领导指示）等；数据站可以与信息层共用计算机或服务器，也可以设专用服务器。

城市给水管网 SCADA 系统的调度层可以与水厂过程控制系统的监控层合并建设。

（4）信息层　提供全球范围信息服务与资源共享，包括与供水企业内部网络共享管理信息与水厂过程控制信息。信息层一般以广域网（如国际互联网 Internet）作为信息载体，使得一个 SCADA 系统的所有信息可以发布到全世界任何地方，也可以从全世界任何地方进行远程调度和维护。也就是说，全世界信息系统、控制系统可以联成一个网。当然这只是现代 SCADA 系统发展的大趋势，目前要达到这一步尚有一定距离。

2. 城市给水 SCADA 系统结构

一个城市的给水 SCADA 系统结构随城市供水特点、城市规模、企业经济技术条件的不同而有所区别。但一般来说，一个 SCADA 系统由中心控制室、远程终端 RTU（Remove Terminal Unit）（包括水厂、泵站、管网监测、自动阀门等）、系统通信网络和企业内部网组成，如图 11-11 所示。

（1）中心控制室　调度中心主控台是系统的控制中心，用无线通信的方式同各终端组成一对多点的星形网络，两台互为热备份工业计算机完成数据通信，通过集线器完成与服务器的数据传输。监视器可通过图形用户界面 GUI 访问 SCADA 数据库中的所有的数据，并通过报表方式显示测控信息，使用历史数据和趋势数据。大屏幕投影仪用于系统，应用图形的高清晰度实时显示与监视。所有的报警事件均能通过网络打印机在线自动打印，并附有时间标签、报警原因以及受影响区域的用户清单。调度中心的重要任务是：

1）实时显示、查询各泵站的状态信息和管网状态信息（包括压力、流量、水质等）。

2）对远程控制终端（RTU）进行遥控操作，包括控制水泵的开启、变频调速工频的改变、自动阀门的开启度、水质控制设备等。

3）日常事务处理。

（2）远程终端（RTU）设备　远程终端（RTU）设备主要包括两部分内容：一是远程数据采集设备，主要有压力监测设备、水质监测设备和流量监测设备；一是远程控制设备，主要有变频调速器、自动阀门、自动切换开关、水质控制设备以及制水控制设备等。

1）数据采集远程终端（RTU）。实时地或周期性地从 RTU 中采集数据是 SCADA 系统的最基本功能。在城市供水调度系统中，数据采集几乎都采用问答（Polling）运行方式。RTU 有两种可选用的响应方式；第一种方式是发送所需点或点集的实际值或状态。另一种方式是仅发送前一次查询请求以来状态发生过变化或数据值超过一预定定义的增量变化范围的点或点集。调度系统宜采用第二种方式，此方式的优点是减少了主站处理过程中的时间。通信线

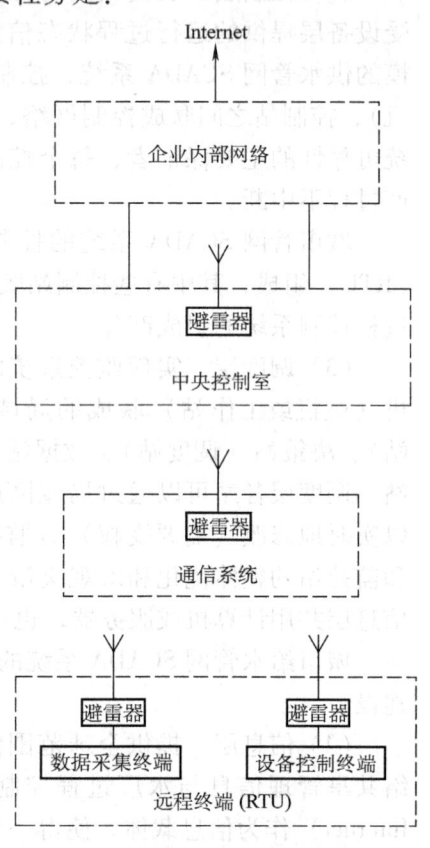

图 11-11　城市供水 SCADA 系统结构图

路的平均负荷也比第一种方式要小。数据采集功能具体要求应包括：能对被测目标进行连续的监测，RTU 远程组态，校核因传送所引进的数据错误，能进行实时报警，提供自动补漏数据的措施，自动存储历史数据。分为管网数据采集终端和水厂数据采集终端。

2）控制远程终端（RTU）。控制远程终端（RTU）是指操作远距离设备的

第11章 给水排水管道系统的技术管理和维护

运行。这个过程包括：被控设备的选择以及执行如断开或闭合这样的命令。正确的选择和操作是供水系统的优化调度和供水安全的关键。因此需采用选择—确认选择—操作前校核的操作步骤。

控制远程终端（RTU）主要包括：自动阀门、水质控制设备、水泵站（一泵站、二泵站及加压泵站）等。

a. 泵站计算机远程监控系统。由于城市用水量是随时间变化的，为了保证城市供水安全可靠，对整个城市给水系统进行优化调度，同时达到节能和降低管网漏损的目的，实现城市供水要求，使供水量和供水压力始终随用水量的变化而变化，即实现分时段恒压供水。

a）可编程序控制器（PLC）控制的变频调速给水系统原理。根据所需要的系统功能控制逻辑，主要考虑如何实现水泵恒压自动供水，使流量得以平滑调节和如何实现循环检测功能。采用"平移调节"的方法，即当某台水泵的供水量不满足用水量时用变频器调整其转速，直至满足用水量；当仍不满足用水量时 PLC 将该泵切换至工频运行，然后变频器启动其他水泵，调整供水量到满足用水量，依次类推，实现"分段调整，平移调节"，从而实现 0—全流量的平滑调节，而且可利用变频器实现电机的软启动，节省能源，提高系统的运行稳定性。

b）PLC 泵站 RTU 终端结构。泵站 RTU 采用可编程控制器（PLC），由其构成的泵站 RTU 控制系统如图 11-12 所示。每座泵站 RTU 控制每台水泵及其相应的电动阀门和变频器，遥测各运行参数，遥信泵和电动阀门的开停信号和状态信号等。泵站有就地/自动/远方控制功能，控制泵的开停、水泵的组合、变频器频率、阀门的开启和关闭，并与无线接口进行通信、解释执行调度中心发来的指令。

b. 系统控制过程

a）泵站 RTU 自控子程序。当系统开始工作时，水压传感器把实测水压值变成控制标准电流（4～20mA）输入模拟块，经 A/D 模数转换后，进入 PLC 与设定压力值比较，对比较得出的电压差进行 PID（比例、积分、微分）运算，并以结果控制变频器的输出频率，以调整变频泵机的转速，使一泵（如 1 号）变频运行，确保不同流量变化下，水厂出口压力保持恒定。当流量继续增加，变频器输出频率继续增

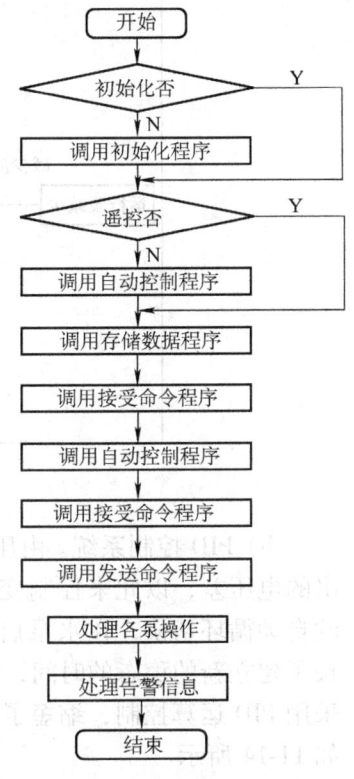

图 11-12 泵站 RTU 主程序流程图

大,输出频率增至工频50Hz时,延时确认,PLC发出指令,1号泵由变频运行转为工频运行,同时另一泵(如2号)接入变频器启动运行,由此类推。如果用水量下降,水压则升高,通过自动调节,变频器输出频率减少,水压即可回落。当变频器输出频率减少到启动频率量时,PLC发出指令,切断1号泵,由此类推。水泵启停顺序为:同型水泵,先开先停;不同型水泵,流量增加先开小泵,后开大泵,流量减少,先停小泵,后停大泵,这样有助于延长水泵寿命。PLC程序流程图如图11-13所示。

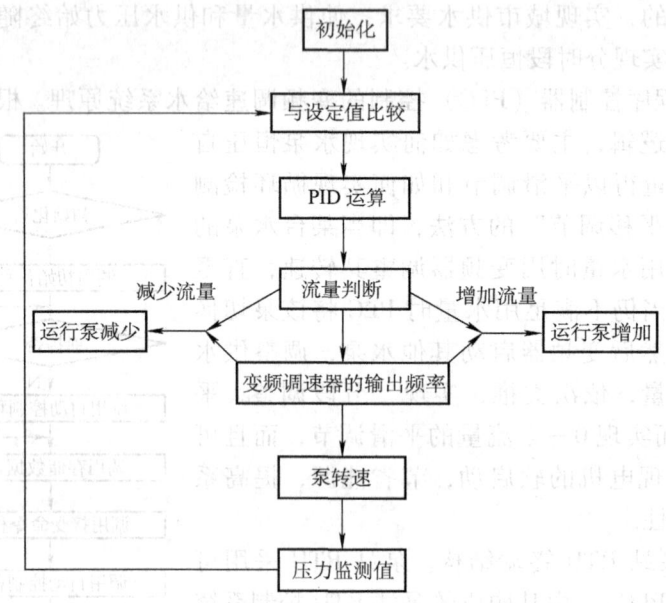

图11-13 PLC程序流程图

b) PID控制系统。由压力传感器测定的管网检测值与设定的目标值比较得出的电压差,以此来控制变频器的输出频率,调整水泵的转速。由于多台水泵的自动循环切换,在水泵启动、停止过程中,必然造成管网压力波动,不仅延长了建立新的稳态的时间,也易引起供水压力的振荡,降低供水系统的稳定性,采用PID运算控制,缩短了系统响应时间,提高稳压精度。PID控制系统方框图如11-14所示。

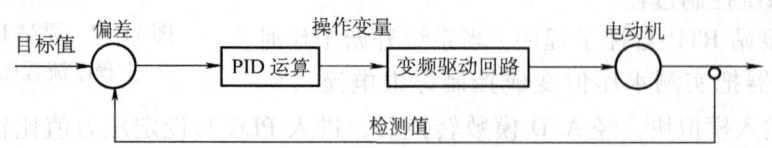

图11-14 PID控制系统方框图

c) 单泵开、停自动控制。调度中心向泵站RTU发出开泵命令后,泵站RTU

第11章 给水排水管道系统的技术管理和维护

对开泵条件进行一一检测，如水泵是否处于停泵状态，且停泵时间 >6min，清水池水位是否处于预警水位心以上，管路上阀门是否具备开泵条件等。

d) 泵站 RTU 主程序流程。泵站 RTU 的主程序流程如图 11-12 所示。

泵站内各水泵均编组运行，其中只有一台水泵进行变频调速运行，另外有一台水泵留作备用，按一定的时间自动启动备用泵。PLC 根据出口压力与设定压力的差值，控制泵的编组运行及调速水泵的转速。当一台水泵发生故障时，亦能将备用水泵自动投入，把故障水泵退出检修。

c. 泵站 RTU 可编程控制器应用软件。泵站 RTU 可编程序控制器应用软件集数据采集、遥信、遥控、自控于一体，其具体功能如下：

a) 泵站运行参数的采集（包括模拟量、开关量和累计量）。
b) 与调度中心保持联络，实时传送数据。
c) 解释执行调度中心的遥控指令。
d) 自动控制水泵的运行，并确保泵与电动阀联动。
e) 自动对故障源定位并告警。
f) 设定出口水压和服务时间，在 PLC 装置设有时钟编程，使压力设定值按编程设定时间自动切换供水压力。
g) 与调度中心自动校时。

为了防止水锤，PLC 应用软件中设有水泵压力管上电动阀的开、关控制程序，它与水泵的启、停有机地联系在一起，以满足水泵一般的操作规程。程序过程为：当水泵接到启动的指令时，同时接通电动阀，在时间继电器的作用下，水泵启动后 30s 时打开电动阀，使之正常供水。同样，当泵接到关闭的指令时，首先关闭电动阀，30s 后自动关闭水泵。

(3) 网络　网络是城市供水 SCADA 系统重要组成部分之一，也是关键的部分，网络设计合理与否，直接影响到系统的可靠性与稳定性。

网络平台可采用客户机/服务器模式（Client/Server），同传统的文件服务器和主机终端模式相比，整个系统中服务器和客户机的工作负荷分配合理，大大减少网络通信量，同时从网络与数据库系统的发展趋势看，客户机/服务器体系结构的先进性与成熟性是比较理想的选择。网络以 SWITCH 为核心，拓扑结构为星形，并留有 Internet 接口。网络系统以服务器和交换机为核心构成网络信息中心，主干网带宽为 100M 或更高，子网带宽为 10M 或更高。各子系统可分别通过集线器（HUB）以 100M 或者更高的带宽上联至网络交换机。

(4) 通信系统　目前 SCADA 系统的通信方式主要有两种：有线和无线。主要用于远程终端 RTU（数据采集和控制）与中心控制室之间的通信。

有线网络传送抗干扰性强、可靠性高、稳定性好，但成本高、维护困难以及灵活性差。

有线网通信技术的研究目前有了突破性进展，特别是互联网络的发展使有线网的应用走向更深层次，可利用率更高，发展前景较好，所以目前有些城市（如天津保税区）供水 SCADA 系统采用有线方式进行通信。在有线通信中，SCADA 控制中心与 MD1000 站控系统的通信采用双以太局域网，通过 DNP3 完成；而控制中心 RTU 的通信则利用 Modem，通过 RS232 共享器完成，这样的设计保证了系统的可靠性。

无线通信网络灵活又经济，随着智能设备的开发和利用，无线通信传输方式将成为最主要和最有效的数据传输控制方式。

对于城市供水 SCADA 调度系统，由于单次传输的数据量较少，因此，电台和数据终端的联接采用"全透明"方式是合适的。目前，国产多数应用系统采用的 1200Byte/s 数据传输速率已经满足系统要求，差错控制采用检错重传方式，检错采用纵横校验或 CRC 校验方式。提高数据传输速率必须解决信道带宽和 MODEM 协议限制，今后有向高速率发展的趋势。由于空间信道干扰（长时间）越来越严重，传输纠错有必要采用更高级的方法，当然，这会降低一定的传输效率。对于城市点对点固定通信信号受阻挡衰减大的问题，实际组网中可采用多种组网方法来解决，如增设中继站、有线电话网、DDN 网、端站数据再生等方法。

11.4.3 用水量预测

1. 概述

为了适应高速发展的经济和人口对水资源不断增长的需求，许多发达国家从 20 世纪 60 年代起，开始重视对未来国民经济各部门用水发展前景的预测。1965 年美国开始进行全国水资源评价工作，于 1968 年完成了评价报告，这是美国进行的第一次国家级水资源评价报告。20 世纪 70 年代以来，世界各国陆续开展了中长期需水量的预测工作：1977 年联合国世界水会议在阿根廷马德普拉塔召开，并号召世界各国要进行一次专门的国家级水资源评价活动；1978 年美国又开始进行第二次水资源评价，并重新对各类用水进行了需求预测；1987 年联合国世界环境与发展委员会出版了《我们共同的未来》，1992 年《21 世纪议程》诞生，使水资源研究开始围绕着面向未来的可持续发展这一中心问题蓬勃展开，从而推动了中长期需水量预测研究的深入进行。

在国内，直至 20 世纪 80 年代初，国内不少专家开始预测我国中长期需水量。从 1992 年下半年开始，中国科学院水问题联合中心组织完成了"中国水资源开发利用在国土整治中的地位与作用"这一重大课题，并参加《中国二十一世纪议程》的编制，从如何解决我国的水资源持续利用出发，开展了新的中长期需水量预测研究。

第 11 章 给水排水管道系统的技术管理和维护

从城市中长期需水量的预测方法来看，人们通常使用简单指数外推法、变增长系数的指数增长模型、生长曲线外推预测法、累积预测法、指标推算法和回归分析预测法等。目前在国内外灰色预测模型应用得比较广泛和成熟：用线性两次拟合建立了等维灰数递补灰色用水量预测模型；用非线性灰色微分方程进行拟合，建立了非线性灰色预测模型；应用灰色理论，引入了使平均相对误差为最小的灰元作为方程的指数，建立了灰色非线性常微分方程模型；有基于灰色 $GM(1,1,t)$ 模型，提出并建立了一种新的灰色幂级数模型，简称 $GPSM(1)$。神经网络也可用于中长期需水量预测，选取能充分体现用水量变化规律的等维信息数据文件，合理选取期望输出，建立了城市需水量预测的神经网络等维信息模型。

用水量预测的技术方法从传统的预测方法发展到现在的人工智能预测算法。这些方法按照对用水历史数据的处理方式的差异可分为时间序列法、结构分析法和系统方法三大类。其中时间序列法包括移动平均法、指数平滑法、趋势外推法、季节变动法、博克斯－詹金斯法；结构分析法包括回归分析法等；系统方法包括灰色预测、人工神经网络等。

2. 用水量预测的方法

（1）多元回归分析 回归分析预测是城市需水量预测的一种常用方法。这种方法将气象因素诸如温度、湿度、天气状况以及节假日等作为解释性变量，进行回归分析得出需水量预测模型。由于供水系统的复杂性，用水量与这些因素不是简单的线性关系，城市用水量随气温、天气状况、节假日等因素具有很强的非线性关系，根据城市用水量的影响因素及特点，通过逐步回归分析方法剔除次要影响因素，利用统计预测理论，建立日需水量的实用动态模型，具有较好的预测精度。

回归分析法在预测中主要用以解决下面的问题：

1）分析所获得的统计数据，确定几个特定变量之间的数学关系形式，即建立回归模型。

2）对回归模型的参数进行估计和统计检验，分析影响因素对预测对象的影响程度，确定预测模型。

3）利用确定的回归模型和自变量预报值对预测对象未来可能值做出预测，并分析预测结果的误差范围及精度。

a. 回归分析理论回归模型。预测对象作为因变量 y，各影响因素作为自变量 x_i ($i=1,2,\cdots,n$)，从理论上可表述为

$$y = \beta_0 + \beta_1 x_1 + \beta_2 x_2 + \cdots + \beta_n x_n + \varepsilon \tag{11-19}$$

式中：β_0 是回归常数，β_i ($i=1,2,\cdots,n$) 是回归系数；ε 是除 x_i ($i=1,2,\cdots,n$) 以外可以忽略的随机因素，$\varepsilon_i \sim (0,\sigma^2)$ 且相互独立。

由于有限的样本数据，式中的 β_i ($i = 0, 1, \cdots, n$) 不可能得到精确值，只能通过对 y 及 x 的大量实际观察值的统计处理，得到其估计值。

b. 回归分析实际回归模型。根据一定的估计规则，对因变量 y 和自变量 x 的实际观察值经过统计处理，得到 β_0, β_1, $\cdots$, β_n 的估计值 b_0, b_1, $\cdots$, b_n，则 y 与 x 之间的关系可以实际表述为

$$y = b_0 + b_1 x_1 + b_2 x_2 + \cdots + b_n x_n + e \tag{11-20}$$

若有 m 个实际观察值（样本数据），因变量 y 的每一个观察值与其相应的自变量 x 之间的关系表述为

$$\begin{cases} y_1 = b_0 + b_1 x_{11} + b_2 x_{12} + \cdots + b_n x_{1n} \\ y_2 = b_0 + b_1 x_{21} + b_2 x_{22} + \cdots + b_n x_{2n} \\ \cdots \cdots \\ y_m = b_0 + b_1 x_{m1} + b_2 x_{m2} + \cdots + b_n x_{mn} \end{cases} \tag{11-21}$$

令

$$Y = \begin{pmatrix} y_1 \\ y_2 \\ \vdots \\ y_m \end{pmatrix}, X = \begin{pmatrix} 1 & x_{11} & \cdots & x_{1n} \\ 1 & x_{21} & \cdots & x_{2n} \\ \vdots & \vdots & \cdots & \vdots \\ 1 & x_{m1} & \cdots & x_{mn} \end{pmatrix}, B = \begin{pmatrix} b_0 \\ b_1 \\ \vdots \\ b_n \end{pmatrix}$$

则式（11-21）可写成矩阵形式

$$Y = XB \tag{11-22}$$

c. 回归分析模型参数估计。最小二乘法是预测中常用的参数估计方法，选择参数 b_0, b_1, $\cdots$, b_n 使因变量 y 的实际观察值与由模型得到的回归估计值 $\hat{y}$ 之间的离差平方和最小，即

$$\sum_{i=1}^m e_i^2 = \sum_{i=1}^m (y_i - \hat{y}_i)^2 = \sum_{i=1}^m (y_i - b_0 - b_1 x_{i1} - b_2 x_{i2} - \cdots - b_n x_{in})^2 \to \min \tag{11-23}$$

欲满足式（11-23），由极值原理，b_0, b_1, $\cdots$, b_n 应是方程组（11-24）的解

$$\begin{cases} \dfrac{\partial e^2}{\partial b_0} = -2 \sum_{i=1}^m (y_i - b_0 - b_1 x_{i1} - b_2 x_{i2} - \cdots - b_n x_{in}) = 0 \\ \dfrac{\partial e^2}{\partial b_1} = -2 \sum_{i=1}^m (y_i - b_0 - b_1 x_{i1} - b_2 x_{i2} - \cdots - b_n x_{in}) x_{i1} = 0 \\ \cdots \\ \dfrac{\partial e^2}{\partial b_n} = -2 \sum_{i=1}^m (y_i - b_0 - b_1 x_{i1} - b_2 x_{i2} - \cdots - b_n x_{in}) x_{in} = 0 \end{cases} \tag{11-24}$$

式（11-24）称为正规方程组。经整理，正规方程组左端的系数矩阵用 C 表示，右端的常数项矩阵 D 也可用矩阵 X 和 Y 来表示，C、D 形式分别如下

$$C = \begin{pmatrix} m & \sum_{i=1}^{m} x_{i1} & \cdots & \sum_{i=1}^{m} x_{in} \\ \sum_{i=1}^{m} x_{i1} & \sum_{i=1}^{m} x_{i1}^{2} & \cdots & \sum_{i=1}^{m} x_{i1}x_{in} \\ \vdots & \vdots & \cdots & \vdots \\ \sum_{i=1}^{m} x_{in} & \sum_{i=1}^{m} x_{i1}x_{in} & \cdots & \sum_{i=1}^{m} x_{in}^{2} \end{pmatrix} = X^{T}X \quad D = \begin{pmatrix} \sum_{i=1}^{m} y_{i} \\ \sum_{i=1}^{m} x_{i1}y_{i} \\ \vdots \\ \sum_{i=1}^{m} x_{in}y_{i} \end{pmatrix} = X^{T}Y$$

因此，正规方程组式（11-24）用矩阵形式表示为 $(X^TX)B = X^TY$，即

$$CB = D \tag{11-25}$$

由式（11-25），当 A 满秩的情况下，求得参数 β_0，β_1，$\cdots$，β_n 的最小二乘估计值

$$B = C^{-1}D = (X^TX)^{-1}X^TY \tag{11-26}$$

（2）时间序列分析（TSA）　　时间序列是指按照时间次序排列的一系列观测数据，它可以看成是线性（或非线性系统）对不相关的或相互独立的白噪声输入响应的一种实现形式，尽管每次的观测是在独立条件下获得的，但是这些观测数据之间都是相互依赖的，具有"记忆"的特征。

对于一个系统来说，其基本的特征是它的状态输入、输出和干扰，当这些特征随时间变化时，即称之为动态系统，而时间以离散的形式变化时，即为离散时间动态系统，其有关的变量（状态，输入，输出和干扰变量）可以用时间序列来描述。时间序列分析就是基于系统输入、输出随机时间序列数据，找到其随时间变化规律，建立系统输入和输出变量之间的统计模型，尽管时间序列数据本身具有随机性，但在统计意义下的时间序列模型是确定性模型，它描述了系统的输入和输出数据之间的确定性的依赖关系，是进行动态系统分析、预报、滤波、控制的前提和基础。

时间序列模型可分为确定型时序模型和随机型时序模型。若事物的发展过程具有某种确定的形式，随时间变化的规律可以用时间 t 的某种确定函数关系加以描述，并建立确定函数模型，这类时序称为确定型时序模型。时间序列平滑法、趋势外推法、季节变动预测法都属于确定型时间序列预测方法；若事物的发展过程是一个随机过程，无法用时间 t 的确定函数关系加以描述称为随机型时序，建立的与随机过程相适应的模型为随机型时序模型。马尔可夫法、博克斯-詹金斯法为随机型时间序列的预测方法。在时间序列分析中经常用的是博克斯-詹金斯法。

博克斯-詹金斯法是以美国学者 George Box 和英国统计学家 Gwilym Jenkins 的名字命名，也简称为 *B-J* 模型或 *ARMA* 模型。它将预测对象随时间变化形成的序列，看作是一个随机序列。也就是说，除去纯属偶然原因引起的个别序列值外，时间序列是依赖于时间 t 的一族随机变量。其中，单个序列值的出现具有不确定性，但整个序列的变化，却呈现一定的规律性。B-J 方法的基本思想就是，这一串随时间变化而又相互关联的数字序列，可以用相应的数学模型加以近似描述。通过对相应数学模型的分析研究，能更本质地认识这些动态数据内在结构和复杂特性，从而达到在最小方差意义下的最佳预测。

$ARMA(n, m)$ 模型的一般形式为

$$y_t = \phi_1 y_{t-1} + \phi_2 y_{t-2} + \cdots + \phi_n y_{t-n} + \theta_1 e_{t-1} + \theta_2 e_{t-2} + \cdots + \theta_m e_{t-m} \tag{11-27}$$

式中 $\{y_t\}$——平稳时间序列；

$\{e_t\}$——白噪声序列；

$\varphi_1, \cdots, \varphi_n, \theta_1, \cdots, \theta_m$——实系数，$\varphi_n \theta_m \neq 0$。

对于 $m=0$ 或 $n=0$ 时，可得到 $ARMA$ 模型的两种特殊形式：自回归模型 $AR(n)$ 和自回归滑动平均模型 $MA(m)$。

$AR(n)$ 的一般形式为

$$y_t = \phi_1 y_{t-1} + \phi_2 y_{t-2} + \cdots + \phi_n y_{t-n} + e_t \tag{11-28}$$

$MA(m)$ 的一般形式为

$$y_t = \theta_1 e_{t-1} + \theta_2 e_{t-2} + \cdots + \theta_m e_{t-m} + e_t \tag{11-29}$$

$AR(n)$、$MA(m)$、$ARMA(n, m)$ 对序列的测量数据进行拟合和预报都是基于平稳序列，时序的平稳性指一个时间序列的统计特征不随时间推移而变化，即满足下面三个条件，这个时间序列就被称为二阶平稳时间序列：①对于任意的时间 t，其均值恒为一常数，即 $E(y_t) = \mu_1$；②$E(y_t^2) = \mu_2$，μ_2 是与 t 无关常数，且 $\mu_2 < +\infty$；③对于任意的时间 t 和 s，$E[y_t y_s]$ 只是 $(t-s)$ 的函数。

也可以这样说，如果一个时间序列无明显的上升或下降趋势，各观察值围绕其均值上下波动，对所有的时间点，序列具有同样的均值、方差，对任何二时间点 t 和 s 之间序列的协方差只取决于时间间隔，而与在时间轴上 t 和 s 的位置无关，那么此时间序列为二阶平稳序列。

在实际问题中所得到的时间序列的统计特性往往是非平稳的，因此在实际时间序列的建模过程中首先要将非平稳序列转化为平稳序列。

1) 趋势性的消除。趋势性是指事物在一段时间内表现的一种变动倾向，按某种规律上升、下降或停留在某一水平上，通过差分可以消除时序的这种趋势性。若差分算子记作 ∇，那么对时间序列进行 d 阶差分，把原序列变换成平稳序列，差分后的平稳序列 Z_t 与原序列之间的关系可表示为

$$Z_t = \nabla^d Y_t = \nabla(\cdots \nabla(Y_t - Y_{t-1}))\quad (t>d) \tag{11-30}$$

2）季节性的消除。季节性是指时间序列在某一固定时间间隔上，重复出现前面的某种特性。如月用水量的变化包含很明显的周期性规律。时间序列的这种特性称作时序的季节性。时序的季节性也可以通过差分的方法加以消除，差分的基本原理和前面一样，只是其根据季节周期差分，而不是逐期差分。若序列经过 d 阶差分后，季节性基本消除，则差分后序列 W_t 与原序列有关系

$$W_t = \nabla_s^d Y_t = \nabla_s(\cdots \nabla_s(Y_t - Y_{t-s})) \tag{11-31}$$

式中　S——季节周期的长度 $(t>D_s)$。

（3）人工神经网络（ANN）　人工神经网络是 20 世纪 40 年代发展起来的十分热门的交叉学科，它涉及生物、电子、计算机、数学和物理等学科，有非常广泛的应用前景。人工神经网络是由大量类似于神经元的处理单元相互联结而成的非线性复杂网络系统。它通过模仿人脑神经网络处理的方式完成类似于人脑的信息处理功能。人工神经网络具有很强的自学习能力，自动发现和把握事物发展的规律，而且它还具有很强的非线性映射功能，可以把学习到的复杂的数学关系，建立成具有丰富内涵的网络模型。在需水量预测中常用到 BP 网络模型，该模型的特点是利用误差的反向传输算法，实现网络的自学习功能。

神经网络技术和模糊技术结合是一个具有发展前景而且研究比较热门的方向。对城市供水系统的复杂性、非线性、时变化性与受多因素影响的特点，引入了模糊逻辑系统（FLS）和人工神经网络（ANN），用一种改进的最近邻聚类算法，建立了城市短期、中长期需水量预测模型，有较好的预测精度。

人工神经网络是基于神经科学的研究成果发展起来的新兴边缘学科。它是以工程技术手段模拟人脑神经网络的结构与功能特征的一种模糊系统，它在给定大量输入/输出信号的基础上，利用大量的非线性并行处理器来模拟人脑众多的神经元，利用处理器间灵活的连接关系来模拟人脑神经元间的突触行为，建立系统的非线性输入/输出模型。它具有高度的非线性映射能力、全新的联想学习能力以及很强的容错能力。

人工神经网络的运行方式有前馈式网络和反馈式网络。前馈式网络采用分层网络结构形式，实现从输入层结点状态空间到输出层状态空间的非线性映射，广泛用于模式映射、分类特征抽取等方面；反馈式网络采用相互联接型网络结构形式，所在节点既可接受输入，又是计算单元，同时向外界输出，反馈式网络广泛用于优化计算和联想记忆。

神经网络的学习算法，典型的有无导师的 Hebb 规则，有导师的 Delta 规则，Hopfield 能量最小准则，误差反向传播的广义 Delta 规则等。在城市需水量预测中应用得最多的是 BP 网络（Back-Propagation Network）。

BP 网络是利用实际输出与期望输出之差对网络的各层连接权值和各节点的

阈值由后向前逐层校正的一种多层前馈型神经网络。

1）多层网络结构。典型的 BP 网络是由输入层、隐含层和输出层构成，各层之间各个神经元由权值实现权连接，隐含层和输出层设有阈值，如图 11-15 所示。

2）传递函数。对于各神经元，其传递函数常取 S 型函数

$$f(x) = 1/(1 + e^{-x}) \quad (11-32)$$

3）误差函数。对第 p 个样本，误差计算公式为

$$E_p = \sum_i (t_{pi} - o_{pi})^2/2 \quad (11-33)$$

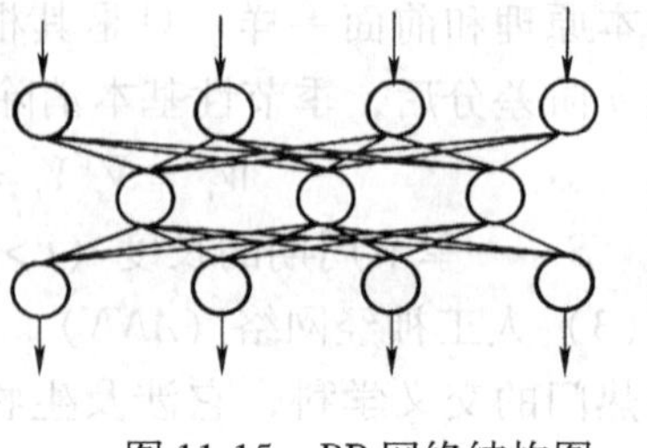

图 11-15　BP 网络结构图

式中　t_{pi}——期望输出；

o_{pi}——网络的计算输出。

BP 网络按有教师学习方式进行训练，学习算法由正向传播和反向传播组成。算法的指导思想是，对网络权值的修正与阈值的修正，使误差函数沿负梯度方向下降。前向传播方式为：对于一个输入样本，先向前传播到隐含层，经激活函数后，再把隐含层的输出信息传播到输出层。而后向传播方式为：按减少期望输出与实际输出误差的原则，从输出层经各中间层、最后回到输入层逐层修正各连接权值和节点阈值。这样经过样本的不断训练，网络对输入模式响应的正确率也不断提高，直到达到精度要求，一个训练好的神经网络就形成了。当一组新的样本输入时，能立即获得对应的输出结果。

BP 网络三层节点表示为：输入节点：x_j，隐节点：y_i，输出节点：o_l，输入节点与隐节点间的网络权值为 w_{ij}，隐节点与输出节点间的网络权值为 T_{li}。当输出节点的期望输出为 t_l 时，模型的计算公式如下：

a. 隐节点的输出：$y_i = f(\sum_j w_{ij}x_j - \theta_i) = f(net_i)$　　　　　(11-34)

式中　　　　　　　　　　$net_i = \sum_j w_{ij}x_j - \theta_i$

b. 输出节点的计算输出：$o_l = f(\sum_j T_{il}y_i - \theta_l) = f(net_l)$　　　　　(11-35)

式中　　　　　　　　　　$net_l = \sum_j T_{il}y_i - \theta_l$

c. 输出节点的误差公式

$$E = \frac{1}{2}\sum_l (t_l - o_l)^2 = \frac{1}{2}\sum_l (t_l - f(\sum_j T_{il}y_i - \theta_l))^2$$

$$= \frac{1}{2}\sum_l (t_l - f(\sum_j T_{il}f(\sum_j w_{ij}x_j - \theta_i) - \theta_l))^2 \quad (11-36)$$

d. 对输出节点的公式推导

第 11 章　给水排水管道系统的技术管理和维护

$$\frac{\partial E}{\partial T_{li}} = \sum_{k=1}^{n} \frac{\partial E}{\partial o_k} \frac{\partial o_k}{\partial T_{li}} = \frac{\partial E}{\partial o_l} \frac{\partial o_l}{\partial T_{li}} \quad (11\text{-}37)$$

E 是多个 O_k 的函数，但只有一个 O_l 与 T_{li} 有关，各 O_k 间相互独立。

式中

$$\frac{\partial E}{\partial o_l} = \frac{1}{2} \sum_k -2(t_k - o_k) \frac{\partial o_k}{\partial o_l} = -(t_l - o_l)$$

$$\frac{\partial o_l}{\partial T_{li}} = \frac{\partial o_l}{\partial net_l} \frac{\partial net_l}{\partial T_{li}} = f'(net_l) y_i$$

则

$$\frac{\partial E}{\partial T_{li}} = -(t_l - o_l) f'(net_l) y_i \quad (11\text{-}38)$$

设输入节点误差 $\delta_l = -(t_l - o_l) f'(net_l)$

则

$$\frac{\partial E}{\partial T_{li}} = -\delta_l y_i \quad (11\text{-}39)$$

e. 对隐节点的公式推导

$$\frac{\partial E}{\partial w_{ij}} = \sum_l \sum_i \frac{\partial E}{\partial o_l} \frac{\partial o_l}{\partial y_i} \frac{\partial y_i}{\partial w_{ij}} \quad (11\text{-}40)$$

E 是多个 o_l 的函数，针对某个 w_{ij}，对应一个 y_i，它与所有的 o_l 有关（上式只存在对 l 的求和），式中

$$\frac{\partial E}{\partial o_l} = \frac{1}{2} \sum_k -2(t_k - o_k) \frac{\partial o_k}{\partial o_l} = -(t_l - o_l)$$

$$\frac{\partial o_l}{\partial y_i} = \frac{\partial o_l}{\partial net_l} \frac{\partial net_l}{\partial y_i} = f'(net_l) \frac{\partial net_l}{\partial y_i} = f'(net_l) T_{li}$$

$$\frac{\partial y_i}{\partial w_{ij}} = \frac{\partial y_i}{\partial net_i} \frac{\partial net_i}{\partial w_{ij}} = f'(net_i) x_j$$

则

$$\frac{\partial E}{\partial w_{ij}} = -\sum_l (t_l - o_l) f'(net_l) T_{li} f'(net_i) x_j = -\sum_l \delta_l T_{li} f'(net_i) x_j \quad (11\text{-}41)$$

设隐节点误差为 $\delta_i' = f'(net_i) \sum_l \delta_l T_{li}$

则

$$\frac{\partial E}{\partial w_{ij}} = -\delta_i' x_j \quad (11\text{-}42)$$

由于权值的修正 ΔT_{li}，ΔW_{ij} 正比于误差函数沿梯度下降，则有

$$\Delta T_{li} = -\eta \frac{\partial E}{\partial T_{li}} = \eta \delta_l y_i \quad (11\text{-}43)$$

$$\delta_l = (t_l - o_l) f'(net_l) \quad (11\text{-}44)$$

$$\Delta w_{ij} = -\eta' \frac{\partial E}{\partial w_{ij}} = \eta' \delta_i x_j \quad (11\text{-}45)$$

$$\delta_i = f'(net_i) \sum_l \delta_l T_{li} \quad (11\text{-}46)$$

f. 阈值的修正

阈值 θ 也是一个变化值，在修正权值的同时也修正它，原理同权值的修正一样，推导过程在此略。

(4) 灰色模型　　灰色系统理论是研究解决灰色系统分析、建模、预测、决策和控制的理论。灰色系统理论认为，尽管客观事物或系统表象复杂、数据离乱，但它总是有整体功能和有序的，具有某种内在规律，关键在于怎样用适当的方法去挖掘和利用它。灰色预测法就是一种对含有不确定因素的系统进行预测的方法。由供水系统实际情况可知：需水量的增长受经济发展、产业结构、居民收入水平、气候等诸多因素的影响，其中一些因素是确定的，而一些因素则不确定，故可把它看作一个灰色系统。用灰色系统建模信息少、运算方便、建模的精度较高，因而在城市需水量预测领域有着广泛的应用。

灰色系统是指部分信息已知、部分信息未知的系统。灰色系统理论认为，无论客观系统内部怎样复杂，其子系统是相互关联的、有序的、并具有整体性；尽管离散的数据表面上杂乱无章，但这些作为反映系统行为的数据点总是隐含着某种规律性。灰色系统不追究个别因素的作用效果，而力求体现各因素综合作用的效应，通过对原始数据的处理，生成灰色模块，建立微观方程的动态预测模型，进行灰色预测，削弱随机因素的影响，使其内在的规律性体现出来。

灰色系统结合运用数学方法，把一般系统论、信息论、控制论的观点和方法延伸到社会、经济、生态等抽象系统，研究解决灰色系统分析、建模、预测、决策和控制问题。

1) GM (1, 1) 模型。在预测中用到 GM 模型一般为 GM (1, 1) 模型。

GM (1, 1) 灰色预测模型，它是只包含一个变量的一阶微分方程构成的模型，将原始数据序列表示为

$$X^{(0)} = \{x^{(0)}(1), x^{(0)}(2), \cdots, x^{(0)}(n)\} \tag{11-47}$$

定义 AGO: $X^{(1)} = X^{(0)} D = \{x^{(1)}(1), x^{(1)}(2), \cdots, x^{(1)}(n)\}$ (11-48)

式中：D 为一次累加生成算子，表示如下运算：

$$x^{(1)}(k) = x^{(0)}(k)d = \sum_{i=1}^{k} x^{(0)}(i) \quad k = 1, 2, \cdots, n$$

式中　$X^{(1)}$——由原始数据数列 $X^{(0)}$ 构成的一阶灰色模块。

用上式灰色模块构成微分方程

$$\frac{dx^{(1)}}{dt} + ax^{(1)} = b \tag{11-49a}$$

按导数定义有

$$\frac{dx}{dt} = \lim_{\Delta t \to 0} \frac{x(t + \Delta t) - x(t)}{\Delta t}$$

以离散形式表示，微分项可写成

$$\frac{dx^{(1)}}{dt} = \frac{\Delta x^{(1)}}{\Delta t} = \frac{x^{(1)}(k+1) - x^{(1)}(k)}{k+1-k}$$
$$= x^{(1)}(k+1) - x^{(1)}(k) = \alpha^{(1)}[x^{(1)}(k+1)]$$

(11-49b)

式中，$\alpha^{(1)}$ 为一次累减生成算子，表示如下运算

$$\alpha^{(1)} x(i) = x(i) - x(i-1) \quad i = 1, 2, \cdots, n$$

对微分方程式（11-49b）中 x 取值时刻 k 和 $k+1$ 的平均值，即

$$\frac{1}{2}[x^{(1)}(k+1) + x^{(1)}(k)]$$

则式（11-49a）可写成

$$\alpha^{(1)}[x^{(1)}(k+1)] + \frac{1}{2}a[x^{(1)}(k+1) + x^{(1)}(k)] = b \quad (11\text{-}50)$$

写成矩阵形式有

$$\begin{bmatrix} x^{(0)}(2) \\ x^{(0)}(3) \\ \vdots \\ x^{(0)}(n) \end{bmatrix} = \begin{bmatrix} -\frac{1}{2}[x^{(1)}(1) + x^{(1)}(2)] & 1 \\ -\frac{1}{2}[x^{(1)}(2) + x^{(1)}(3)] & 1 \\ \vdots & \vdots \\ -\frac{1}{2}[x^{(1)}(n-1) + x^{(1)}(n)] & 1 \end{bmatrix} \begin{bmatrix} a \\ b \end{bmatrix} \quad (11\text{-}51)$$

令

$$Y_n = \begin{bmatrix} x^{(0)}(2) \\ x^{(0)}(3) \\ \vdots \\ x^{(0)}(n) \end{bmatrix}, \alpha = \begin{bmatrix} a \\ b \end{bmatrix},$$

$$B = \begin{bmatrix} -\frac{1}{2}[x^{(1)}(1) + x^{(1)}(2)] & 1 \\ -\frac{1}{2}[x^{(1)}(2) + x^{(1)}(3)] & 1 \\ \vdots & \vdots \\ -\frac{1}{2}[x^{(1)}(n-1) + x^{(1)}(n)] & 1 \end{bmatrix}$$

则式（11-51）可表示为矩阵式

$$Y_n = B\alpha \quad (11\text{-}52)$$

将方程（11-52）改写为

$$Y_n = B\hat{\alpha} + E \quad (11\text{-}53)$$

式中 E ——误差项；

$\hat{\alpha}$——最小二乘估计值。

欲使 $Min \| Y_n - B\hat{\alpha} \|^2 = Min\ (Y_n - B\hat{\alpha})^T (Y_n - B\hat{\alpha})$

求得方程（11-53）的最小二乘解为 $\hat{\alpha} = (B^T B)^{-1} B^T Y_n = \begin{bmatrix} \hat{a} \\ \hat{b} \end{bmatrix}$

代回式（11-49a）：$\dfrac{dx^{(1)}}{dt} + \hat{a} x^{(1)} = \hat{b}$

解得
$$\hat{x}^{(1)}(t) = \left[x^{(0)}(0) - \frac{\hat{b}}{\hat{a}} \right] e^{-\hat{a}t} + \frac{\hat{b}}{\hat{a}} \tag{11-54}$$

写成离散形式为
$$\hat{x}^{(1)}(t+1) = \left[x^{(0)}(1) - \frac{\hat{b}}{\hat{a}} \right] e^{-\hat{a}t} + \frac{\hat{b}}{\hat{a}} \tag{11-55}$$

式（11-55）即为模型的时间响应方程。

经累加之后的序列（11-55），已失去其原来的物理意义，因此，在利用该模型进行预测时，还须对 AGO 生成的序列进行逆变换还原。

定义 I—AGO：$\alpha^{(1)} X^{(1)} = X^{(0)}$

式中 $\alpha^{(1)}$——一次累减生成算子。

则可得 GM（1，1）预测模型方程为
$$\hat{x}^{(0)}(k+1) = \hat{x}^{(1)}(k+1) - \hat{x}^{(1)}(k) \tag{11-56}$$

2）GM（1，1）的使用范围

a. 序列光滑性检验。处处可导是光滑连续函数的特性，而序列是由离散的单个点构成的，根本无导数可言，因此不能用导数研究序列的光滑性。若某序列具有与光滑连续函数大致相近的特征，便认为此序列是光滑的。

定义：设序列称 $X = (x(1), x(2), \cdots, x(n))$

$$\rho(k) = \frac{x(k)}{\sum\limits_{i=1}^{k-1} x(i)} \quad k = 2, 3, \cdots n \tag{11-57}$$

为序列 X 的光滑比。

若序列 X 满足：

① $\rho(k+1)/\rho(k) < 1 \quad k = 2, 3, \cdots, n-1$

② $\rho(k) \in [0, \varepsilon] \quad k = 3, 4, \cdots, n$

③ $\varepsilon < 0.5$

则称 X 为准光滑序列。

b. 灰指数规律检验。一般的非负准光滑序列经过累加生成后，都会减少随机性，呈现出近似的指数增长规律，原始序列越光滑，生成后的指数规律也越明显。

定义：设序列 $X = (x(1), x(2), \cdots x(n))$，称

$$\sigma(k) = \frac{x(k)}{x(k-1)} \quad k = 2,3,\cdots,n \tag{11-58}$$

为序列 X 的级比。

设序列 $X = (x(1), x(2), \cdots x(n))$，定义：

① $\forall k, \sigma(k) \in (0, 1]$ 则称序列 X 具有负的灰指数规律。

② $\forall k, \sigma(k) \in (1, b]$ 则称序列 X 具有正的灰指数规律。

③ $\forall k, \sigma(k) \in [a, b], b - a = \delta$ 则称序列 X 具有绝对灰度为 δ 的灰指数规律。

④ $\delta < 0.5$ 时，称序列 X 具有准指数规律。

11.4.4 给水管网水质控制

1. 影响管网水质的因素

（1）出厂水水质状况　包括两个方面，一是水质的合格率，二是水质的稳定性。如果出厂水的合格率不高，将直接影响管网水的质量，这种情况主要表现在一些县级水厂中，如出厂水没有氯或加氯量不够，在管网里就可能使细菌、大肠杆菌等微生物大量繁殖，影响管网水质。又如出厂水铁含量超标而水又有腐蚀性时，会使管内产生铁锈，造成腐蚀，特别是在流量偏低或水呈滞流状态时，铁锈易沉积，一旦管内水流方向、速度发生变化时，就有可能造成局部时间的红水现象。

水的浊度是反映水质优劣的重要指标，水中的一些污染物本身就是微粒，是致病细菌和微生物的保护体和寄生体。如果由于水厂净化处理不彻底、滤池故障、清水池未能定时清洗或水位太低时将沉泥带出使出厂水的浊度增高，相应地有机物的含量也增高，那么就有可能导致管网内细菌和病毒大量生长繁殖形成生物膜，从而影响水质。

水的稳定性与水中重碳酸钙、碳酸钙和二氧化碳之间的的平衡有关，反应式为：$Ca(HCO_3)_2 = CaCO_3 + CO_2 + H_2O$。如果水中游离 CO_2 含量比平衡量少时，则产生 $CaCO_3$ 沉淀；如超过平衡量时，则产生酸腐蚀，当水中 pH 值小于 6.5 且水中铁的含量超过 $3mg/L$ 或管道为金属管时，将导致自氧型铁细菌和金属腐蚀，进而造成细菌、浊度、色度、铁等指标的上升。另外，水的不稳定性也会导致其他微生物的生长繁殖，造成管网中的生物性污染。

（2）输配水管网状况　从出厂水到用户终端要经过漫长的管网和蓄水措施，往往需要几个小时，甚至几天。管网实际上是一个大的反应器，继续进行出厂水未完成的反应及水与管壁物质的反应。这些反应有生物性的、物理性的、

化学性的，除了受出厂水水质影响外，与输配水管道的材质、使用年限、施工等因素有一定的关系。

目前我国常用的输配水管材有：铸铁管、钢管、球墨铸铁管、给水塑料管（UPVC 管、PE 管等）、压力水泥管、玻璃钢管、铝塑复合管、衬里钢管（PVC 衬里、PE 粉末树脂衬里）等，虽然建设部已禁止铸铁管的使用，但是目前在国内城市地下已铺设的管道中，铸铁管仍占相当大的比例。当出厂水具有腐蚀性或管道使用年限过长时，铸铁管内壁就会腐蚀结垢沉积，锈蚀物中含有大量的铁、铅、锌和各种细菌及藻类，当管道内水流速度、方向或水压发生突变时，就会造成短时间的水质恶化，出现铁、锰、色度、浊度和细菌等指标值的大幅度上升，同样作为主要给水管材的镀锌钢管也存在着类似的问题（早在 20 多年前，日本、新加坡等国就已开始禁止镀锌钢管的使用，上海已从 1999 年 10 月 1 日起，逐步淘汰镀锌钢管）。有研究表明，对于未作防腐处理的金属管道，当年限超过 5~10 年时，污垢就已达到了恶化水质的程度，对于防腐处理较差的金属管道，3~5 年就开始出现腐蚀现象，管道使用年限越长，腐蚀越严重，水质状况越糟。近年来随着水泥砂浆衬里技术的应用和非金属管道的推广，这种情况有所改观，如济宁市城区建设路、光河路、火炬路铺设的球面三角形墨铁铸管、吴泰闸水厂二期工程铺设的玻璃钢管、UPVC 管，其管内水质状况较好。但是检测结果也显示，（球墨铸铁管）水泥砂浆衬里会造成溶解性物质含量的提高，硬度发生变化，NH_3 渗出，管内水被碱化。另一方面，水的不稳定性也会影响内衬的水泥砂浆，当水中 CO_2 超平衡量浓度达到 7mg/L 时会导致砂浆受损、砂粒流失，在一定程度上也影响了水质。非金属管道如 UPVC 管在使用初期也存在防腐剂、固化剂渗入水中的情况。

此外由于管道施工不规范，未能保证与其他管道（尤其是排水管道）交叉时的最小间距，新铺管道冲洗消毒不彻底；管道安装或维修时停水作业；管道渗漏未能及时发现检修；树状管道铺设过长，造成末端滞水；与自备水源或非饮用水管道连接时没有采取防污措施；直接用泵从管网上抽水造成负压时的污水侵入；消火栓不常使用或检修而形成死水；有些阀门、水表、管件长期浸泡在水中，一旦损坏，就可能使污水进入管道中，这些因素也对管网水造成了不同程度的污染。

（3）二次供水设施状况　目前，部分城市二次供水设施，如蓄水池、高位水箱等卫生状况不甚理想，存在不少问题，一旦这些设施内的水由于管网失压等原因倒流入管网，就会使局部管网水质恶化。

首先设计施工不合理。如用户用水量小而蓄水池或高位水箱容积较大，使水在水池或水箱中滞留时间较长，生活与消防共用蓄水池，形成消防死水区；工艺管道布局不合理；水池（箱）底未设计坡度，某些微生物或有机物易于沉积，水池（箱）内壁粗糙易导致青苔等微生物附壁生长；只设一个通气管或不设通气管；水池或水箱的通风孔、人孔密闭性差，导致尘、虫、鼠入内；溢流管未设存水弯，水池的溢流管、排水管直接与市政排水检查井相连，容易造成污水倒流或间接污染，水池位置设置不当，与排水检查井、化粪池距离太近，周围卫生环境差，极易受污染。

其次，选材不当。目前蓄水构筑物多为水池和水箱，水池大多采用钢筋混凝土结构，有的未作内衬处理，使水泥中有害成分析出，有的水池内壁涂料采用水泥涂料、聚胺涂料及一般环氧树脂涂料，这些涂料均对水质造成不同程度的影响，水箱中仍有不少焊接钢板水箱在使用，焊接钢板水箱防腐多以防锈漆为主，其附着力差，一般3~6个月就脱落，尤其不抗水力冲刷，脱落的漆会直接影响水质，经过其浸泡水进行分析，有机物种类多于其他涂料，且含致癌物质，冷镀锌防腐层也存在着附着力差、脱落物使水中锌含量增高的现象。

另外，运行管理不善。缺乏二次供水管理可供操作的行政规章和管理体系；没有建立起二次供水专职管理机构和专业服务公司；一些用户没有专人维护管理二次供水设施；有的蓄水池上倒满了垃圾，有的蓄水池、水箱人孔盖破损或无盖，致使池（箱）内蚊虫孳生、藻类漂浮；有的蓄水池、水箱自投入使用后，两年多没有清洗消毒。

正是由于上述原因，使得水池、水箱内浊度、色度、氨氮、亚硝酸盐、耗氧量、大肠菌群、细菌总数等指标发生显著的变化。根据对某市城区20座蓄水池和16座高位水箱的水质检测结果表明，浊度平均值5.2NTU，细菌总数平均值173个m/L，大肠菌群平均值5.4个/L，亚硝酸盐平均值0.65mg/L，余氯值均接近于零，大大超过了饮用水卫生标准，水质严重恶化。

（4）加氯消毒状况　为了保证出厂水和管网水的水质，消毒是必不可少的环节。由于氯具有较强的持续性消毒作用、价格低等因素，在我国氯仍是主要的消毒剂。但是目前有两种极端情况出现在一些水厂中：一种情况是一些水厂，尤其是县级水厂，由于经济等原因，没有对出厂水进行消毒。即使这些水厂出厂水水质较好，管网水质也很难保证，因为余氯的持续性消毒作用能较好地抵制管网中细菌、病毒等微生物的生长繁殖，保持水质的稳定；另一种情况是有些水厂加氯量偏大，这可能是认识上的误区，认为加氯量越多，消毒效果越好，但是加氯量越多，副作用也越大，这往往被人所忽视。研究表明：当水中含有腐蚀酸、富里酸等有机物时，加氯后就会产生卤代烃类有机物，目前在用氯消毒的饮用水中，已检测出500多种有机氯化物，其中有的是致癌或可疑致癌的，氯的加注量越高，加注点越在前面（尤其是沉淀前加氯），产生的卤代烃越多，副作用也越大。因此加氯消毒虽然使出厂水和管网水符合了微生物指标，保持了水的新鲜和稳定，但同时如果加氯不合理，就会使水质越来越远离毒理学指标的要求,同样不利于人体健康。

(5) 其他因素　这主要指由于一些用户终端引起的污染,如用管道直接冲洗的蹲式大便器,当管道堵塞、大便器内水位达到溢流水位时,如果管道内水压突然下降成负压,就有可能使粪便虹吸倒流管中;又如消火栓的皮管淹没在水中,或卫生器具上的水龙头安装位置太低(在溢流水位以下),都有可能使污水倒流而污染管网水质。

2. 改善管网水质的主要措施

(1) 提高出厂水水质和稳定性,严格控制浊度超标　由于不稳定或水质不好的出厂水直接导致管网水质的变化,因此提高和稳定出厂水水质就显得尤为重要。

城市水源的严重污染,使水中有机污染物的含量大大的增加,经传统常规处理工艺(混凝、沉淀、过滤、消毒)处理净化的水,有的已不符合饮用水标准,可增加预处理和深度处理工艺,如臭氧法、活性炭法、生物活性炭法、接触氧化法、光氧化法等。对含铁量高的地下水,可增加特殊处理工艺,如氧化法、碱化法等。含氟量高的地下水可采用沉淀法、离子交换法。同时加强净水过程的全面质量控制工作,合理加药,实现投注加药自动化,以提高供水水质。尤其是要严格控制水的浊度指标,因为降低水的浊度,不仅可以满足感官要求,而且对降低管网中病毒、细菌和有机物的含量是非常重要的,有研究资料表明,当水中的浊度为 2.5NTU 时,水中有机物去除了 27.3%,浊度降至 1.5NTU 时,有机物去除了 60%,浊度降至 0.5NTU 时,有机物去除了 79.6%,浊度降至 0.1NTU 时,绝大多数有机物予以去除,致病微生物的含量也大大地降低。西方发达国家把浊度降至 0.1NTU 甚至接近 0,就是这个原因。另一方面有机物含量的降低,也减少了加氯消毒后有机卤代烃的含量。

在水质稳定性方面,水厂出厂水要进行稳定性处理,必须进行较长时间的测定与小范围试验,必须有一套工艺设施。但要在短时间内完成这一技术措施还有一定难度。目前在改善水质稳定性方面比较现实的做法是推行调整 pH 值法,即水在出厂前投加稳定剂,把 pH 值调整至 7~8.5,提高水的稳定性,这种方法在欧美等发达国家已得到了广泛的应用,并且取得了很好的效果。

(2) 更新或改造供水管道系统,加强管网管理　就是从管材选择、设计施工、维护管理等方面进行改进完善。

在管材方面首先要选用产品质量较好的厂家,管道要有较好的内壁,既能抗腐蚀又不析出有害物质。新铺设的管道或对旧管道更新改造的管道,可采用预应力钢筋混凝土管、给水塑料管、玻璃钢管、球墨铸铁管等;100mm 以下的可采用给水塑料管、衬里钢管、铝塑复合管、薄壁不锈钢管等,应逐步减少镀锌钢管的使用;管道上的阀门等附件要推广采用橡胶衬里的球面三角形软件、环氧树脂喷涂的铸件和不锈钢配件；在做金属管道衬里时，可加丙烯酸树脂分散剂（占硝浆干重3%）或采用蒸汽养护，以增强抗酸性水的能力、抗腐蚀能力，此外施压法衬里比喷压法衬里质量好，砂子失落量小。

在设计施工方面，应严格遵守给水工程设计、施工规范，做到合理设计、合理施工，如给水管道与其他管（尤其是排水管）交叉时，要保证规范要求的最小间距，与自备水源或非饮用水管道连接时，应采取空气隔断装置等措施，防止饮用水的污染；由于环状管网比树状管线水质条件好，如经济条件许可，管线尽可能采取环状，即使采用树状，管线也不宜太长，以免末端滞水，如果管线延伸太长，应考虑在中途加氯和定期冲洗；推行管道不停水引接分支管和维修作业，减少管道停水机率，减少管内流向、流速的剧变；泄水阀安装位置要合理，不要淹没在水中；管道安装或抢修完毕后要彻底冲洗消毒；打水钻时，施工要小心，防止管道碎片落入管中；禁止用泵直接从管网抽水，确需加压时，最好增设蓄水池，以免管网产生负压，使污物浸入，卫生器具的安装要规范、合理。

在维护管理方面，调整与控制管网的流态，减少低流速管段，消除死水管段，对使用年限太长的供水管道进行更新改造或刮管涂衬；其次要定期冲洗管道，这可作为一项经常性运行的措施，冲洗周期根据当地客观情况而定，但两年至少一次，对管网末端冲洗周期一年不少于一次，济宁水司在这方面做得比较好，每年8月份对市区所有主干管道集中冲洗一次，管网末端则根据具体情况进行区域冲洗；此外尽量降低管网漏水机率，加强管网检漏工作，及时抢修漏水管道；定期对水表、阀门、消火栓进行检查保养，对淹没在水中的阀门、水表要及时清理，阀门要每隔一两年人为地活动活动，消火栓要经常冲洗；用泵抽水加压时，对备用泵要经常检查，防止由于备用泵长期不用造成污染。

（3）完善二次供水设施的设计与施工，加强管理 在设计施工方面，改进水池（箱）的工艺结构，避免了出现死水区，使水形成推流式流动状态，并保持一定流速；消防水池（箱）与生活水池（箱）宜分开建设，如果合建可采取隔离措施，生活用水部分可进入消防系统，但消防系统水不可进入生活水系统，消防水的卫生问题可通过定期排放用于它用，以定期更新；生活水池（箱）容积不宜过大，以满足一天用水量的40%~60%为宜；进、出水管的设置要合理，进水管要设置水位控制阀，尽量不要设溢流管，如设溢流管应设存水弯，放空管（排水管）应采取间接排水不应与市政排水设施直接相连；水池（箱）内空气流通，通气管宜采用罩形或下弯管形；人孔要采用密闭式。在材质方面，水池一般多为水泥材料，为防止水泥中有害成分析出，要做好内衬处理，内壁和底部要光滑平整；水箱宜采用装配式不锈钢水箱、玻璃钢水箱、搪瓷钢板水箱、热浸镀锌钢板水箱，若要使用焊接水箱，则应做好焊接钢板的防腐处理，选用对水质无影响的防腐涂料。

在管理方面，制定城市二次供水管理的行政规章制度，建立二次供水管理体制，如郑州市人民政府颁布实施的《郑州市城市饮用水二次供水设施管理办法》，操作性很强，有效地解决了郑州市城区的二次供水问题。其次要设置专门管理机构，对二次供水设施中的设计院、选材、施工进行审查、监理，保证二次供水设施的设计、施工符合技术规范要求。同时会同卫生防疫部门，加强水质监测，监督用户对水箱、水池进行清洗、消毒，每年不少于一次，建立二次供水设施档案，健全周期监督管理制度。

（4）合理加氯　　合理加氯的基本原则是：在保证消灭水中细菌、病毒和其他微生物的前提下，应尽量降低氯的投加量，加氯点尽量往后道工序移，在给水系统上尽可能实现多点加氯，为了有利于保持管网的余氯，可使出厂水余氯呈氯胺状态，和出厂水充分混合，保持 30min 以上的接触时间。同时要增强水质检测手段，加强对出厂水氯含量和管网余氯量的连续监测，提高加氯自动化程度，这是实现合理加氯的关键。如管道过长余氯不足时，要考虑中途加氯，此外，当水中铁、锰含量高时，不宜用氯消毒，以免其析出造成黑褐色水，因此也要逐步试验推广新型消毒剂，如臭氧等，作为氯的替代产品，以便更好地提高水质。

（5）加强管网水质的测定和预测　　为了掌握管网水质变化动态，供水企业应按规定对管网采样点设置余氯连续测定仪、浊度测定仪、细菌测定仪，超过一定数值就报警，实现管网水质的在线监测。现在水质预报软件已经问世，它根据生物可降解有机物、细菌、余氯、pH 值、水温等参数与水质变化的关系，可以预报管网中的余氯、细菌等指标的变化，为改善管网水质提供决策依据。

11.4.5　给水管网水质安全评价

水质的安全评价主要是基于饮用水的安全性。这种评价主要分为三方面：①水质感官性状问题。即水质感官性状良好，即水的外观、色、嗅和味等。饮用水的感官性状是很重要的。一般饮用者不应察觉水有颜色，而且也应无异常的气味和味道，水呈透明状，不浑浊，也无用肉眼可以看到的异物。感官性状不良的水，会使人产生厌恶感和不安全感。如果发现饮用水出现浑浊，有颜色或异常味道，往往就表示饮用水受到了污染，应立即采取措施进行处理。②微生物学风险。微生物是水传播疾病的重要原因。微生物是一些肉眼看不见的微小生物的总称。包括属于原核类的细菌、放线菌、支原体、立克次氏体、衣原体和蓝细菌（过去称蓝藻或蓝绿藻），属于真核类的真菌（酵母菌和霉菌）、原生动物和显微藻类，以及属于非细胞类的病毒、类病毒和朊病毒等。饮用水中的病原体包括细菌、病毒以及寄生型原生动物和蠕虫，其污染来源主要是人畜粪便。理想的饮用水不应含有已知致病微生物,也不应有人畜排泄物污染的指示菌。在发展中国家,饮用水的微生物污染仍然是饮用水卫生的最大威胁。③化学风险。根据国外调查,在饮用水中已鉴定出数百种化学物质,其中绝大多数为有机化合物。饮用水中有毒化学物质污染带给人们的健康危害与微生物污染不同。一般而言,微生物污染可造成传染病的暴发,而化学物质引起健康问题往往是由于长期接触所致的有害作用,特别是蓄积性毒物和致癌物质的危害。只有在极特殊的情况下,才会发生大量化学物质污染而引起急性中毒。饮用水中能对人体健康产生影响的化学物质主要分为无机离子和有机物两大类。在进行水质安全性评价时,应充分考虑这些物质的安全效应。

此外,饮用水安全评价还包括放射性风险。人类某些实践活动可能使环境中的天然辐射强度有所增高,特别是随着核能的发展和同位素新技术的应用,很可能产生放射性物质对环境的污染问题。因此,有必要对饮用水中的放射性指标进行评价。

值得提出的是,由于水体富营养化程度的加剧,导致微污染物质的产生,仅用管网余氯深度来作为管网水质的评价标准是不科学的。

11.5 排水管渠系统的管理和维护

11.5.1 管理和维护的任务

排水管渠在建成通水后,为保证其正常工作,必须经常进行维护和管理。排水管渠内常见的故障有以下几种:污物淤塞管道;过重的外荷载、地基不均匀沉陷或污水的侵蚀作用,使管渠损坏、裂缝或腐蚀等。

维护管理的主要任务有:①验收排水管渠;②监督排水管渠使用规则的执行;③经常检查、冲洗或清通排水管渠,以维护其通水能力,防止污水倒灌;④修理管渠及其构筑物,并处理意外事故等。

排水管渠系统的管理维护工作,一般由城市建设机关专设部门(如养护工程管理处)领导,按照行政区划设养护管理所,下划若干养护工程队(班),分片负责。整个城市排水系统的管理维护组织一般可以分为管渠系统、排水泵站和污水处理厂三部分。工厂内的排水系统,一般由工厂自行负责管理和维护。在实际工作中,管渠系统的管理维护应实行岗位责任制,分片包干。同时,可以根据管渠中沉淀污物可能性的大小,划分成若干维护等级,以便对其中水力条件较差,排入管渠的脏物较多,易于淤积的管渠段给予重点维护。实践证明,这样分工可以大大提高维护工作的效率,是保证排水管渠系统全线正常工作的行之有效的办法。

11.5.2 管渠的清通

排水管道中，由于居民乱泼乱倒污水排入大量杂物、基建工地水泥砂浆等问题，发生沉淀、淤积。淤积过多就会造成管道堵塞，一旦堵塞，就必须及时进行清理、疏通，否则就会造成污水溢流，污染环境，造成经济损失，给人民生活带来麻烦。

目前主要有以下几种方法解决排水管道中的淤积问题：

1. 绞车清通法（亦称机械清通法）

这是我国各地普遍采用的一种方法。这种方法，首先是先用竹片穿过需要清通的管道段，竹片一端系上钢丝绳，绳上系住清通工具的一端。在清通管段的两端检查井上各设一台绞车，当竹片穿过管段后，将钢丝绳系在一台绞车上，清通工具的另一端通过钢丝绳系在另一台绞车上，然后再利用绞车来回往复绞动钢丝绳，带动清通工具将淤泥刮到下游检查井内，从而使管道得到清通。绞车的动力可以是靠人力手动，也可以是机动，这要根据实际情况而定。机械清通的操作示意如图11-16所示。

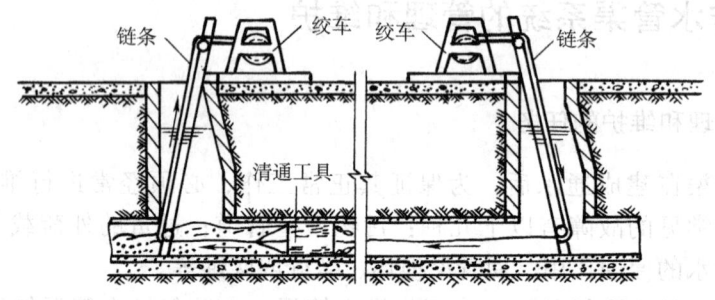

图 11-16　机械清通操作示意图

这种方法适用于各种直径的下水管道，特别是对管道淤塞比较严重、淤泥已粘结密实，用水力清通效果不好时，采取这种方法效果很好。但这种方法美中不足的是，需从一个井口向另一个井口送竹片，需要人工下井完成。如井下工作条件恶劣，工作环境不佳，会给工人工作带来极大不便，甚至还可能引发事故，所以，一定要注意安全。至于清淤的工具，其种类繁多，有胶皮刷（图11-17a）、铁簸箕（图11-17b）；有钢丝刷（图11-18a）、铁牛（图11-18b）；有弹簧刀（图11-19）和锚式清通器（图11-20）；还有骨形松土器（图11-21）等，选用哪种可根据实际情况定。这是一种老式清通方法，虽然具有一定的历史年限，但还是目前最常用的。

第 11 章 给水排水管道系统的技术管理和维护

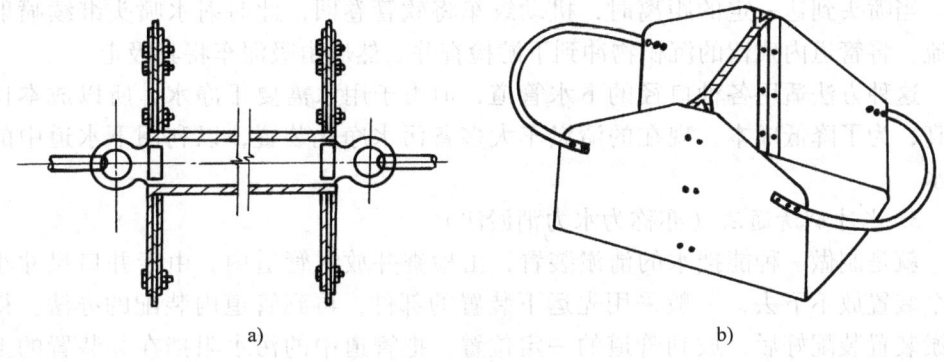

图 11-17 胶皮刷及铁簸箕
a) 胶皮刷　b) 铁簸箕

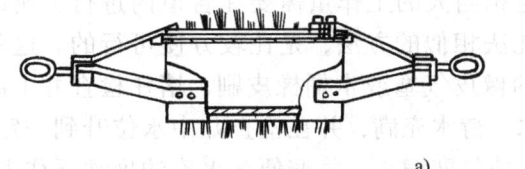

a)

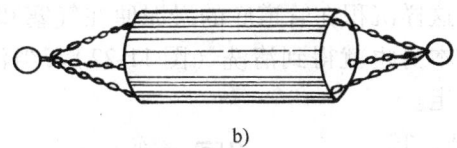

b)

图 11-18 钢丝刷及铁牛
a) 钢丝刷　b) 铁牛

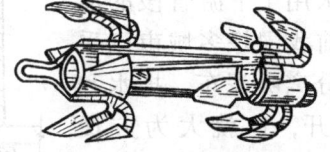

图 11-19 弹簧刀　　　　图 11-20 锚式清通器

2. 高压水射流清通法（也叫水力清通法）

这是一种广泛应用的管道清通法。主要是用一台高压喷射车，装备有大型水罐、机动卷管器、高压水泵、射水喷头等。操作时由汽车发动机驱动高压泵，将水加压后送入射水喷嘴。靠射水产生的反作用力，使射水喷头和胶管一起向相反方向，同时也清洗管道

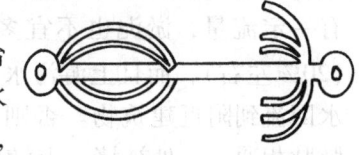

图 11-21 骨形松土器

壁。当喷头到达一定的距离时，机动绞车将软管卷回，此时射水喷头继续喷射水流，将管道内残留的沉积物冲到下游检查井。然后由吸泥车将其吸走。

这种方法适用各种口径的下水管道，但由于用水需要干净水，所以成本比较高，为了降低成本，现在的清淤车大多备污水净化装置，以利用下水道中的污水。

3. 水冲刷清通法（亦称为水力消淤法）

就是制做一种能挡水的清淤装置，由检查井放入管道内。由于井口尺寸小整个装置放不下去，一般采用先运下装置的部件，再到管道内装配的办法。待清淤装置装配好后，放到管道的一定位置，把管道中的污水阻挡在其装置的上游，当水位达到一定高度后便放水，使上游水形成水流来清除管道内的沉积物。沉积物冲走后，这个装置就向下游移动一段位置，再进行集水清淤。

这种方法优点很明显，但相当大的工作量需要在管道内进行，所以人们不太喜欢。另外，还有一种与此法相似的方法，是比较方便可行的。这就是先用一个一端由钢丝系在绞车上的橡皮气塞或木桶橡皮刷，堵住检查井下游的管段进口。使检查井上游管段充水，待水充满，并在检查井中水位升到一定高度后，突然放走气塞中的部分空气，使气塞缩小，气塞便在水流的推动下往下游移动，而刮走污泥。同时水流在上游较大水压作用下，以较大的流速把污物可以从气塞底部冲向下游管段，这样沉积在管道底的淤泥便在气塞和水流的冲刷作用下，排向下游检查井，管道本身也就得到清洗（图 11-22）。当污物排到下游检查井后，可用吸泥车吸出运走。

污泥含水量非常高，它实际上是一种含泥的水。为了减少污泥的运输量和收回其中的水用于下游管段的清通，目前我国好多城市已采用泥水分离吸泥车，把水和泥分离开，这就大为方便了。采用此方法应注意的是，管道内的污水本身必须有一定流量，淤泥也不宜多

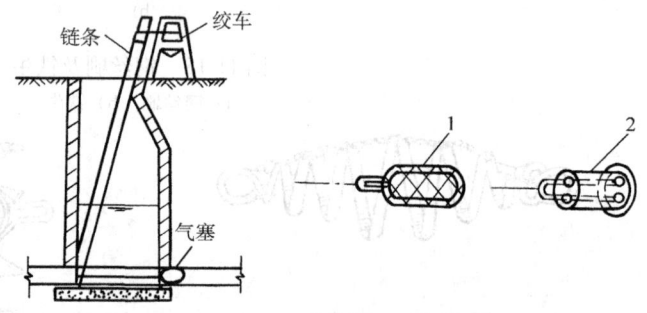

图 11-22　水力消淤操作示意图
1—橡皮气塞　2—木桶橡皮刷

（20%左右），而且上游污水不能从其他支管流走，同时还必须保证不使上游的水回流到附近建筑物。否则，虽然在某处管道内用上了气塞，但由于管道系统脉脉相通，一处被堵，上游的污水还可以流向别的管段，这就无法在该管道积水，气塞也就无法向下游移。这样就只好采用水力冲洗车或从别的地方运水冲洗，既费工又费水。

11.5.3 排水管渠的修理

系统地检查管渠的淤塞及其损坏情况，有计划地安排管渠的修复，是维护工作的重要内容之一。当发现管渠系统有损坏时，应及时修复，以防损坏处扩大而造成事故。管渠的修理也有大修和小修之分，应根据各地的经济条件来划分。修理内容包括检查井、雨水口顶盖等的修理与更换；检查井内踏步的更换；砖块脱落后的修复；局部管渠段损坏后的修复；由于出户管的增加需要添建的检查井及管渠；或由于管渠本身损坏严重、淤塞严重，无法清通时所需的整段开挖翻修。

当进行检查井的改建、添建或整段管渠翻修时，常常需要断绝污水的流通，应采取措施，例如安装临时水泵将污水从上游检查井抽送到下游检查井，或者临时将污水引入雨水管渠中。修理项目应尽量在短时间内完成，如能在夜间进行更好。在需要较长时，应与相关交通部门取得联系，设置路障，夜间操作时应挂红灯。

11.5.4 排水管道渗漏检测

排水管道渗漏的检测方法与给水管网的检漏方法大同小异。其中对排水管道渗漏的主要检测方法是直接观察法。直接观察法又称实地观察法，是从地面上观察管道的漏水迹象，如地面或沟内有污水渗出，检查井中有水流出，局部地面下沉，局部地面积雪融化，某处花、草、木特别茂盛，晴天地面潮湿较重等情况，可以直接确定漏水的地点。

思 考 题

1. 给水排水管道系统技术档案资料包括哪些？
2. 给水排水管网地理信息系统的组成。
3. 给水排水管道水压和流量测定方法有哪些？如何测定？
4. 给水管道和排水管渠的维护措施有哪些？
5. 给水管网调度 SCADA 系统的组成、功能和作用？
6. 影响给水管网 SCADA 调度系统效果的因素有哪些？
7. 常用的城市用水量的预测方法有哪些？各有何特点？
8. 给水管网水质影响因素有哪些？
9. 给水管网水质控制措施？
10. 排水管渠系统管理和维护的任务是什么？
11. 排水管道的清通方法有哪些？
12. 排水管渠修理的内容有哪些？

附　　录

附录 A　排水管道与其他管线(构筑物)的最小净距

名　称	水平净距/m	垂直净距/m	名　称	水平净距/m	垂直净距/m
建筑物	见注3		乔木	见注5	
给水管	见注4	0.15 见注4	地上柱杆	1.5	
排水管	1.5	0.15	道路侧石边缘	1.5	
煤气管 低压	1.0	0.15	铁路	见注6	
煤气管 中压	1.5		电车路轨	2.0	轨底1.2
煤气管 高压	2.0		架空管架基础	2.0	
煤气管 特高压	5.0		油管	1.5	0.25
			压缩空气管	1.5	0.15
			氧气管	1.5	0.25
			乙炔管	1.5	0.25
热力沟管	1.5		电车电缆		0.50
电力电缆	1.0		明渠渠底		0.50
			涵洞基础底		0.15
通讯电缆	1.0	直埋0.5 穿埋0.15			

注：1. 表列数字除注明者外，水平净距均指外壁净距，垂直净距系指下面管道的外顶与上面管道距基础底间净距。

2. 采取充分措施(如结构措施)后，表列数字可以减小。

3. 与建筑物水平净距，管道埋深浅于建筑物基础时，一般不小于2.5m(压力管不小于5.0m)；管道埋深深于建筑物基础时，按计算确定，但不小于3.0m。

4. 与给水管水平净距，给水管管径小于或等于200mm时，不小于1.5m，给水管管径大于200mm时，不小于3.0m；与生活给水管交叉时，污水管道、合流管道在生活给水管道下面的垂直净距不应小于0.4m。当不能避免在生活给水管道上面穿越时，必须予以加固。加固长度不应小于生活给水管道的外径加4m。

5. 与乔木中心距离不小于1.5m；如遇现状高大乔木时，则不小于2.0m。

6. 穿越铁路时应尽量垂直通过，沿单行铁路敷设时应距路堤坡脚或路堑坡顶不小于5m。

附录 B　铸铁管水力计算表

Q		DN/mm									
		50		75		100		125		150	
(m³/s)	(L/s)	v	$1000i$	v	$1000i$	v	$1000i$	v	$1000i$	v	$1000i$
1.80	0.50	0.26	4.99								
2.16	0.60	0.32	6.90								
2.52	0.70	0.37	9.09								
2.88	0.80	0.42	11.6								
3.24	0.90	0.48	14.3								
3.60	1.0	0.53	17.3	0.21	0.92						
3.96	1.1	0.58	20.6	0.23	2.31						
4.32	1.2	0.64	24.1	0.26	2.76						
4.68	1.3	0.69	27.9	0.28	3.20						
5.04	1.4	0.74	32.0	0.30	3.69						
5.40	1.5	0.79	36.3	0.33	4.22	0.20	1.17				
5.76	1.6	0.85	40.9	0.35	4.77	0.21	1.31				
6.12	1.7	0.90	45.7	0.37	5.34	0.22	1.45				
6.48	1.8	0.95	50.8	0.39	5.95	0.23	1.61				
6.84	1.9	1.01	56.2	0.42	6.59	0.25	1.77				
7.20	2.0	1.06	61.9	0.44	7.28	0.26	1.94				
7.56	2.1	1.11	67.9	0.46	7.98	0.27	2.11				
7.92	2.2	1.17	74.0	0.49	8.71	0.29	2.29				
8.28	2.3	1.22	80.3	0.51	9.47	0.30	2.48				
8.64	2.4	1.27	87.5	0.53	10.3	0.31	2.66	0.20	0.902		
9.00	2.5	1.33	94.9	0.56	11.1	0.32	2.88	0.21	0.966		
9.36	2.6	1.38	103	0.58	11.9	0.34	3.08	0.215	1.03		
9.72	2.7	1.43	111	0.60	12.8	0.35	3.30	0.22	1.11		
				0.63	13.8						

(续)

Q		DN/mm								
		50		75		100		125		150
(m³/s)	(L/s)	v	1000i	v	1000i	v	1000i	v	1000i	v	1000i
10.08	2.8	1.48	119	0.65	14.7	0.36	3.52	0.23	1.18		
10.44	2.9	1.54	128	0.67	15.7	0.38	3.75	0.24	1.25		
10.80	3.0	1.59	137	0.70	16.7	0.39	0.98	0.25	1.33		
11.16	3.1	1.64	146	0.72	17.7	0.40	4.23	0.26	1.41		
11.52	3.2	1.70	155	0.74	18.8	0.42	4.47	0.265	1.49		
11.23	3.3	1.75	165	0.77	19.9	0.43	4.73	0.27	1.57		
12.24	3.4	1.80	176	0.79	21.0	0.44	4.99	0.28	1.66		
12.60	3.5	1.86	186	0.81	22.2	0.45	5.26	0.29	1.75	0.20	0.723
12.96	3.6	1.91	197	0.84	23.2	0.47	5.53	0.30	1.84	0.21	0.755
13.32	3.7	1.96	208	0.86	24.5	0.48	5.81	0.31	1.93	0.212	0.794
13.68	3.8	2.02	219	0.88	25.8	0.49	6.10	0.315	2.03	0.22	0.834
14.04	3.9	2.07	231	0.91	27.1	0.51	6.39	0.32	2.12	0.224	0.874
14.40	4.0	2.12	243	0.93	28.4	0.52	6.69	0.33	2.22	0.23	0.909
14.76	4.1	2.17	255	0.95	29.7	0.53	7.00	0.34	2.31	0.235	0.952
15.12	4.2	2.23	268	0.98	31.1	0.55	7.31	0.35	12.42	0.24	0.995
15.48	4.3	2.28	281	1.00	32.5	0.56	7.63	0.36	2.53	0.25	1.04
15.84	4.4	2.33	294	1.02	33.9	0.57	7.96	0.364	2.63	0.252	1.08

Q		DN/mm								
		50		75		100		125		150		200
(m³/s)	(L/s)	v	1000i	v	1000i	v	1000i	v	1000i	v	1000i
16.20	4.5	2.39	308	1.05	35.3	0.58	8.29	0.37	2.74	0.26	1.12
16.56	4.6	2.44	321	1.07	36.8	0.60	8.63	0.38	2.85	0.264	1.17
16.92	4.7	2.49	335	1.09	38.3	0.61	8.97	0.39	2.96	0.27	1.22

(续)

Q		50		75		100		125		150		200	
(m³/s)	(L/s)	v	1000i	v	1000i	v	1000i	v	1000i	v	1000i	v	1000i
17.28	4.8	2.55	350	1.12	39.8	0.62	9.33	0.40	3.07	0.275	1.26		
17.64	4.9	2.60	365	1.14	41.4	0.64	9.68	0.41	3.20	0.28	1.31		
18.00	5.0	2.65	380	1.16	43.0	0.65	10.0	0.414	3.31	0.286	1.35		
18.36	5.1	2.70	395	1.19	44.6	0.66	10.4	0.42	3.43	0.29	1.40		
18.72	5.2	2.76	411	1.21	46.2	0.68	10.8	0.43	3.56	0.30	1.45		
19.08	5.3	2.81	427	1.23	48.0	0.69	11.2	0.44	3.68	0.304	1.50		
19.44	5.4	2.86	443	1.26	49.8	0.70	11.6	0.45	3.80	0.31	1.55		
19.80	5.5	2.92	459	1.28	51.7	0.72	12.0	0.455	3.92	0.315	1.60		
20.16	5.6	2.97	476	1.30	53.6	0.73	12.3	0.46	4.07	0.32	1.65		
20.52	5.7	3.02	493	1.33	55.3	0.74	12.7	0.47	4.19	0.33	1.71		
20.88	5.8			1.35	57.3	0.75	13.2	0.48	4.32	0.333	1.77		
21.24	5.9			1.37	59.3	0.77	13.6	0.49	4.47	0.34	1.81		
21.60	6.0			1.39	61.5	0.78	14.0	0.50	4.60	0.344	1.87		
21.96	6.1			1.42	63.6	0.79	14.4	0.505	4.74	0.35	1.93		
22.32	6.2			1.44	65.7	0.80	14.9	0.51	4.87	0.356	1.99	0.20	0.505
22.68	6.3			1.46	67.8	0.82	15.3	0.52	5.03	0.36	2.08	0.206	0.518
23.04	6.4			1.49	70.0	0.83	15.8	0.53	5.17	0.37	2.10	0.21	0.531
23.40	6.5			1.51	72.2	0.84	16.2	0.54	5.31	0.373	2.16	0.212	0.545
23.76	6.6			1.53	74.4	0.86	16.7	0.55	5.46	0.38	2.22	0.215	0.559
24.12	6.7			1.56	76.7	0.87	17.2	0.555	5.62	0.384	2.28	0.22	0.577
24.48	6.8			1.58	79.0	0.88	17.7	0.56	5.77	0.39	2.34	0.222	0.591
24.84	6.9			1.60	81.3	0.90	18.1	0.57	5.92	0.396	2.41	0.225	0.605
25.20	7.0			1.63	83.7	0.91	18.6	0.58	6.09	0.40	2.46	0.228	0.619
25.56	7.1			1.65	86.1	0.92	19.1	0.59	6.24	0.41	2.53	0.23	0.634
25.92	7.2			1.67	88.6	0.93	19.6	0.60	6.40	0.413	2.60	0.235	0.653
26.28	7.3			1.70	91.1	0.95	20.1	0.604	6.56	0.42	2.66	0.238	0.668
26.64	7.4			1.72	93.6	0.96	20.7	0.61	6.74	0.424	2.72	0.24	0.683
27.00	7.5			1.74	96.1	0.97	21.2	0.62	6.90	0.43	2.79		

(续)

Q		DN/mm										
		50		75		100		125		150		200
(m³/s)	(L/s)	v	$1000i$	v	$1000i$	v	$1000i$	v	$1000i$	v	$1000i$	v	$1000i$
27.36	7.6			1.77	98.7	0.99	21.7	0.63	7.06	0.436	2.86	0.244	0.698
27.72	7.7			1.79	101	1.00	22.2	0.64	7.25	0.44	2.93	0.248	0.718
28.08	7.8			1.81	104	1.01	22.8	0.65	7.41	0.45	2.99	0.25	0.734
28.44	7.9			1.84	107	1.03	23.3	0.654	7.58	0.453	3.07	0.254	0.749
28.80	8.0			1.86	109	1.04	23.9	0.66	7.75	0.46	3.14	0.257	0.765
29.16	8.1			1.88	112	1.05	24.4	0.67	7.95	0.465	3.21	0.26	0.781
29.52	8.2			1.91	115	1.06	25.0	0.68	8.12	0.47	3.28	0.264	0.802
29.884	8.3			1.93	118	1.08	25.6	0.69	8.30	0.476	3.35	0.267	0.819
30.24	8.4			1.95	121	1.09	26.2	0.70	8.50	0.48	3.43	0.27	0.835

Q		DN/mm										
		75		100		125		150		200		250		300
(m³/s)	(L/s)	v	$1000i$	v	$1000i$	v	$1000i$	v	$1000i$	v	$1000i$	v	$1000i$	v	$1000i$
30.60	8.5	1.98	123	1.10	26.7	0.704	8.68	0.49	3.49	0.273	0.851				
30.96	8.6	2.00	126	1.12	27.3	0.71	8.86	0.493	3.57	0.277	0.874				
31.32	8.7	2.02	129	1.13	27.9	0.72	9.04	0.50	3.65	0.28	0.891				
31.68	8.8	2.05	132	1.14	28.5	0.73	9.25	0.505	3.73	0.283	0.908				
32.04	8.9	2.07	135	1.16	29.2	0.75	9.44	0.51	3.80	0.287	0.930				
32.40	9.0	2.09	138	1.17	29.9	0.745	9.63	0.52	3.91	0.29	0.942				
33.30	9.25	2.15	146	1.2	31.3	0.77	10.1	0.53	4.07	0.30	0.989				
34.20	9.5	2.21	154	1.23	33.0	0.79	10.6	0.54	4.28	0.305	1.04				
35.10	9.75	2.27	162	1.27	34.7	0.81	11.2	0.56	4.49	0.31	1.09	0.20	0.384		
36.00	10.0	2.33	171	1.30	36.5	0.83	11.7	0.57	4.69	0.32	1.13	0.20	0.384		
36.90	10.25	2.38	180	1.33	38.4	0.85	12.2	0.59	4.92	0.33	1.19	0.21	0.400		

(续)

Q		DN/mm											
		75		100		125		150		200		250		300	
(m³/s)	(L/s)	v	1000i	v	1000i	v	1000i	v	1000i	v	1000i	v	1000i	v	1000i
37.80	10.5	2.44	188	1.36	40.3	0.87	12.8	0.60	5.13	0.34	1.24	0.216	0.421		
38.70	10.75	2.50	197	1.40	42.2	0.89	13.4	0.62	5.37	0.35	1.30	0.22	0.438		
39.60	11.0	2.56	207	1.43	44.2	0.91	14.0	0.63	5.59	0.354	1.35	0.226	0.456		
40.50	11.25	2.62	216	1.46	46.2	0.93	14.6	0.64	5.82	0.36	1.41	0.23	0.474		
41.40	11.5	2.67	226	1.49	48.3	0.95	15.1	0.66	6.07	0.37	1.46	0.236	0.492		
42.30	11.75	2.73	236	1.53	50.4	0.97	15.8	0.67	6.31	0.38	1.52	0.24	0.510		
43.20	12.0	2.79	246	1.56	52.6	0.99	16.4	0.69	6.55	0.39	1.58	0.246	0.529		
44.10	12.25	2.85	256	1.59	54.8	1.01	17.0	0.70	6.82	0.394	1.64	0.25	0.552		
45.00	12.5	2.91	267	1.62	57.1	1.03	17.7	0.72	7.07	0.40	1.70	0.26	0.572		
45.90	12.75	2.96	278	1.66	59.4	1.06	18.4	0.73	7.32	0.41	1.76	0.262	0.592		
46.80	13.0	3.02	289	1.69	61.7	1.08	19.0	0.75	7.60	0.42	1.82	0.27	0.612		
47.70	13.25			1.72	64.1	1.10	19.7	0.76	7.87	0.43	1.88	0.272	0.632		
48.60	13.5			1.75	66.6	1.12	20.4	0.77	8.14	0.434	1.95	0.28	0.653		
49.50	13.75			1.79	69.1	1.14	21.2	0.79	8.43	0.44	2.01	0.282	0.674		
50.40	14.0			1.82	71.6	1.16	21.9	0.80	8.71	0.45	2.08	0.29	0.695		
51.30	14.25			1.85	74.2	1.18	22.6	0.82	8.99	0.46	2.15	0.293	0.721	0.20	0.301
52.20	14.5			1.88	76.8	1.20	23.3	0.83	9.30	0.47	2.21	0.30	0.743	0.21	0.312
53.10	14.75			1.92	79.5	1.22	24.1	0.85	9.59	0.474	2.28	0.303	0.766	0.212	0.320
54.00	15.0			1.95	82.2	1.24	24.9	0.86	9.88	0.48	2.35	0.31	0.788	0.22	0.338
55.80	15.5			2.01	87.8	1.28	26.6	0.89	10.5	0.50	2.50	0.32	0.834	0.23	0.358
57.60	16.0			2.08	93.5	1.32	28.4	0.92	11.1	0.51	2.64	0.33	0.886	0.233	0.377
59.40	16.5			2.14	99.5	1.37	30.2	0.95	11.8	0.53	2.79	0.34	0.935	0.24	0.398
61.20	17.0			2.21	106	1.41	32.0	0.97	12.5	0.55	2.96	0.35	0.985	0.25	0.421
63.00	17.5			2.27	112	1.45	33.9	1.00	13.2	0.56	3.12	0.36	1.04	0.255	0.443
64.80	18.0			2.34	118	1.49	35.9	1.03	13.9	0.58	3.28	0.37	1.09	0.26	0.464
66.60	18.5			2.40	125	1.53	37.9	1.06	14.6	0.59	3.45	0.38	1.15		

（续）

Q		DN/mm															
		75		100		125		150		200		250		300		450	
(m³/s)	(L/s)	v	1000i	v	1000i	v	1000i	v	1000i	v	1000i	v	1000i	v	1000i	v	1000i
68.40	19.0			2.47	132	1.57	40.0	1.09	15.3	0.61	3.62	0.39	1.20	0.27	0.486		
70.20	19.5			2.53	139	1.61	42.1	1.12	16.1	0.63	3.80	0.40	1.26	0.28	0.509		
72.00	20.2			2.60	146	1.66	44.3	1.15	16.9	0.64	3.97	0.41	1.32	0.283	0.532		

Q		DN/mm															
		100		125		150		200		250		300		350		400	
(m³/s)	(L/s)	v	1000i	v	1000i	v	1000i	v	1000i	v	1000i	v	1000i	v	1000i	v	1000i
73.8	20.5	2.66	1554	1.70	46.5	1.18	17.7	0.66	4.16	0.42	1.38	0.29	0.556	0.213	0.264		
75.60	21.0	2.73	161	1.74	48.8	1.20	18.4	0.67	4.34	0.43	1.44	0.30	0.580	0.22	0.275		
77.40	21.5	2.79	169	1.78	51.2	1.23	19.3	0.69	4.53	0.44	1.50	0.304	0.604	0.223	0.286		
79.20	22.0	2.86	177	1.82	53.6	1.26	20.2	0.71	4.73	0.45	1.57	0.31	0.629	023	0.300		
81.00	22.5	2.92	185	1.86	56.1	1.29	21.2	0.72	4.93	0.46	1.63	0.32	0.655	0.234	0.311		
82.80	23.0	2.99	193	1.90	58.6	1.32	22.1	0.74	5.13	0.47	1.69	0.325	0.681	0.24	0.323		
84.60	23.5			1.95	61.2	1.35	23.1	0.76	5.35	0.48	1.77	0.33	0.707	0.244	0.335		
86.40	24.0			1.99	63.8	1.38	24.1	0.77	5.56	0.49	1.83	0.34	0.734	0.25	0.347		
88.20	24.5			2.03	66.5	1.41	25.1	0.79	5.77	0.50	1.90	0.35	0.765	0.255	0.362		
90.00	25.0			2.07	69.2	1.43	26.1	0.80	5.98	0.51	1.97	0.354	0.793	0.26	0.375	0.20	0.204
91.80	25.5			2.11	72.0	1.46	27.2	0.82	6.21	0.52	2.05	0.36	0.821	0.265	0.388	0.207	0.211
93.60	26.0			2.15	74.9	1.49	28.3	0.84	6.44	0.53	2.12	0.37	0.850	0.27	0.401	0.21	0.218
95.40	26.5			2.19	77.8	1.52	29.4	0.85	6.67	0.54	2.19	0.375	0.879	0.275	0.414	0.215	0.225
97.20	27.0			2.24	80.7	1.55	30.5	0.87	6.90	0.55	2.26	0.38	0.910	0.28	0.430	0.22	0.233
99.00	27.5			2.28	83.8	1.58	31.6	0.88	7.14	0.56	2.35	0.39	0.939	0.286	0.444	0.223	0.240
100.8	28.0			2.32	86.8	1.61	32.8	0.90	7.38	0.57	2.42	0.40	0.969	0.29	0.458	0.227	0.248
102.6	28.5			2.36	90.0	1.63	34.0	0.92	7.62	0.58	2.50	0.403	1.00	0.296	0.472		

（续）

Q		100		125		150		200		DN/mm 250		300		350		400		450	
(m³/s)	(L/s)	v	1000i	v	1000i	v	1000i	v	1000i	v	1000i	v	1000i	v	1000i	v	1000i	v	1000i
104.4	29.0			2.40	93.2	1.66	35.2	0.93	7.87	0.59	2.58	0.41	1.03	0.30	0.486	0.23	0.256		
106.2	29.5			2.44	96.4	1.69	36.4	0.95	8.13	0.61	2.66	0.42	1.06	0.31	0.803	0.235	0.264		
108.0	30.0			2.48	99.6	1.72	37.7	0.96	8.40	0.62	2.75	0.424	1.10	0.312	0.518	0.24	0.271		
109.8	30.5			2.53	103	1.75	38.9	0.98	8.66	0.63	2.83	0.43	1.13	0.32	0.533	0.243	0.280		
111.6	31.0			2.57	106	1.78	40.2	1.00	8.92	0.64	2.92	0.44	1.17	0.322	0.548	0.247	0.288	0.172	
113.4	31.5			2.61	110	1.81	41.5	1.01	9.19	0.65	3.00	0.45	1.20	0.33	0.563	0.25	0.296	0.20	0.176
115.2	32.0			2.65	113	1.84	42.8	1.03	9.46	0.66	3.09	0.453	1.23	0.333	0.582	0.255	0.304	0.204	0.181
117.0	32.5			2.69	117	1.86	44.2	1.04	9.74	0.67	3.18	0.46	1.27	0.34	0.597	0.26	0.313	0.207	0.187
118.8	33.0			2.73	121	1.89	45.6	1.06	10.0	0.68	3.27	0.47	1.30	0.343	0.613	0.263	0.322	0.21	0.192
120.6	33.5			2.77	124	1.92	47.0	1.08	10.3	0.69	3.36	0.474	1.34	0.35	0.629	0.267	0.330	0.214	0.196
122.4	34.0			2.82	128	1.95	48.4	1.09	10.6	0.70	3.45	0.48	1.37	0.353	0.646	0.27	0.339	0.217	0.201
124.2	34.5			2.86	132	1.98	49.8	1.11	10.9	0.71	3.54	0.49	1.41	0.36	0.665	0.274	0.346	0.22	0.206
126.0	35.0			2.90	136	2.01	51.3	1.12	11.2	0.72	3.64	0.495	1.45	0.364	0.682	0.28	0.355	0.223	0.211
127.8	35.5			2.94	140	2.04	52.7	1.14	11.5	0.73	3.74	0.50	1.49	0.37	0.699	0.282	0.364	0.226	0.216
129.6	36.0			2.98	144	2.06	54.2	1.16	11.8	0.74	3.83	0.51	1.52	0.374	0.716	0.286	0.373	0.23	0.223
131.4	36.5			3.02	148	2.09	55.7	1.17	12.1	0.75	3.93	0.52	1.56	0.38	0.733	0.29	0.382	0.233	0.228
133.2	37.0					2.12	57.3	1.19	12.4	0.76	4.03	0.523	1.60	0.385	0.754	0.294	0.392	0.236	0.233
135.0	37.5					2.15	58.8	1.21	12.7	0.77	4.13	0.53	1.64	0.39	0.772	0.30	0.401	0.24	0.238
136.8	38.0					2.18	60.4	1.22	13.0	0.78	4.23	0.54	1.68	0.395	0.789	0.302	0.411	0.242	0.242
138.6	38.5					22.21	62.0	1.24	13.4	0.79	4.33	0.545	1.72	0.40	0.808	0.306	0.420	0.245	0.249
140.4	39.0					2.24	63.6	1.25	13.7	0.80	4.44	0.55	1.76	0.405	0.826	0.31	0.430	0.248	0.254
142.2	39.5					2.27	65.3	1.27	14.1	0.81	4.54	0.56	1.81	0.41	0.848	0.314	0.440	0.25	
144.0	40.0					2.29	66.9	1.29	14.4	0.82	4.63	0.57	1.85	0.42	0.866	0.32	0.450		

(续)

Q		DN/mm														
		150		200		250		300		350		400		450		500		600	
(m³/s)	(L/s)	v	1000i	v	1000i	v	1000i	v	1000i	v	1000i	v	1000i	v	1000i	v	1000i	v	1000i
147.6	41	2.35	70.3	1.32	15.2	0.84	4.87	0.58	1.93	0.43	0.904	0.33	0.471	0.26	0.267	0.21	0.160		
151.2	42	2.41	73.8	1.35	15.9	0.86	5.09	0.59	2.02	0.44	0.943	0.334	0.492	0.264	0.278	0.214	0.167		
154.8	43	2.47	77.4	1.38	16.7	0.88	5.32	0.61	2.10	0.45	0.986	0.34	0.513	0.27	0.289	0.22	0.174		
158.4	44	2.52	81.0	1.41	17.5	0.90	5.56	0.62	2.19	0.46	1.03	0.35	0.534	0.28	0.302	0.224	0.181		
162.0	45	2.58	84.7	1.45	18.3	0.92	5.79	0.64	2.29	0.47	1.07	0.36	0.557	0.283	0.314	0.23	0.188		
165.6	46	2.64	88.5	1.48	19.1	0.94	6.04	0.65	2.38	0.48	1.11	0.37	0.579	0.29	0.326	0.234	0.196		
169.2	47	2.70	92.4	1.51	19.9	0.96	6.27	0.66	2.48	0.49	1.15	0.374	0.602	0.293	0.338	0.24	0.203		
172.8	48	2.75	96.4	1.54	20.8	0.99	6.53	0.68	2.57	0.50	1.20	0.38	0.625	0.30	0.353	0.244	0.211		
176.4	49	2.81	100	1.58	21.7	1.01	6.78	0.69	2.67	0.51	1.25	0.39	0.649	0.31	0.365	0.25	0.218		
180.0	50	2.87	105	1.61	22.6	1.03	7.05	0.71	2.77	0.52	1.30	0.40	0.673	0.314	0.378	0.255	0.228		
183.6	51	2.92	109	1.64	23.5	1.05	7.30	0.72	2.87	0.53	1.34	0.41	0.697	0.32	0.393	0.26	0.236		
187.2	52	2.98	113	1.67	24.4	1.07	7.58	0.74	2.99	0.54	1.39	0.414	0.722	0.33	0.406	0.265	0.244		
190.8	53	3.04	118	1.70	25.4	1.09	7.85	0.75	3.09	0.55	1.44	0.42	0.747	0.333	0.420	0.27	0.252		
194.4	54			1.74	26.3	1.11	8.13	0.76	3.20	0.56	1.49	0.43	0.773	0.34	0.433	0.275	0.260		
198.0	55			1.77	27.3	1.13	8.41	0.78	3.31	0.57	1.54	0.44	0.799	0.35	0.449	0.28	0.269		
201.6	56			1.80	28.3	1.15	8.70	0.79	3.42	0.58	1.59	0.45	0.826	0.352	0.463	0.285	0.277		
205.2	57			1.83	29.3	1.17	8.99	0.81	3.53	0.59	1.64	0.454	0.853	0.36	0.477	0.29	0.286		
208.8	58			1.86	30.4	1.19	9.29	0.82	3.64	0.60	1.70	0.46	0.876	0.365	0.494	0.295	0.295	0.20	0.122
212.4	59			1.90	31.4	1.21	9.58	0.83	3.77	0.61	1.75	0.46	0.905	0.37	0.509	0.30	0.304	0.21	0.127
216.0	60			1.93	32.5	1.23	9.91	0.85	3.88	0.62	1.81	0.48	0.932	0.38	0.524	0.306	0.315	0.212	0.130
219.6	61			1.96	33.6	1.25	10.2	0.86	4.00	0.63	1.86	0.485	0.960	0.383	0.539	0.31	0.324	0.216	0.134
223.2	62			1.99	34.7	1.27	10.6	0.88	4.12	0.64	1.91	0.49	0.989	0.39	0.557	0.316	0.333	0.22	0.137
226.8	63			2.03	35.8	1.29	10.9	0.89	4.25	0.65	1.97	0.50	1.02	0.40	0.572	0.32	0.343	0.223	0.142
230.4	64			2.06	37.0	1.31	11.3	0.91	4.37	0.67	2.03	0.51	1.05	0.402	0.588	0.326	0.352	0.226	0.145
234.0	65			2.09	38.1	1.33	11.7	0.92	4.50	0.68	2.09	0.52	1.08	0.41	0.606	0.33	0.362	0.23	0.150
237.6	66			2.12	39.3	1.36	12.0	0.93	4.64	0.69	2.15	0.525	1.11	0.415	0.622	0.336	0.372	0.233	0.153
241.2	67			2.15	40.5	1.38	12.4	0.95	4.76	0.70	2.20	0.53	1.14	0.42	0.639	0.34	0.382	0.237	0.158
244.8	68			2.19	41.7	1.40	12.7	0.96	4.90	0.71	2.27	0.54	1.17	0.43	0.658	0.346	0.392	0.24	0.161
248.4	69			2.22	43.0	1.42	13.1	0.98	5.03	0.72	2.33	0.55	1.20	0.434	0.674	0.35	0.402	0.244	0.166
252.0	70			2.25	44.2	1.44	13.5	0.99	5.17	0.73	2.39	0.56	1.23	0.44	0.691	0.356	0.412	0.248	0.171

（续）

Q (m³/s)	Q (L/s)	DN/mm																	
		150		200		250		300		350		400		450		500		600	
		v	1000i	v	1000i	v	1000i	v	1000i	v	1000i	v	1000i	v	1000i	v	1000i	v	1000i
255.6	71		59.2	2.28	45.5	1.46	13.9	1.00	5.30	0.74	2.46	0.565	1.27	0.45	0.708	0.36	0.425	0.25	0.175
259.2	72		60.7	2.31	46.8	1.48	14.3	1.02	5.45	0.75	2.52	0.57	1.30	0.453	0.729	0.367	0.435	0.255	0.180
262.8	73		62.2	2.35	48.1	1.50	14.7	1.03	5.59	0.76	2.59	0.58	1.33	0.46	0.746	0.37	0.446	0.26	0.183
266.4	74		63.7	2.38	49.4	1.52	15.1	1.05	5.74	0.77	2.65	0.59	1.37	0.465	0.764	0.377	0.457	0.262	0.189
270.0	75		65.2	2.41	50.8	1.54	15.5	1.06	5.88	0.78	2.71	0.60	1.40	0.47	0.785	0.38	0.468	0.265	0.192
273.6	76		66.8	2.44	52.1	1.56	15.9	1.07	6.02	0.79	2.78	0.605	1.43	0.48	0.803	0.387	0.479	0.27	0.198
277.2	77		68.3	2.48	53.5	1.58	16.3	1.09	6.17	0.80	2.85	0.61	1.46	0.484	0.821	0.39	0.490	0.272	0.201
280.8	78		69.9	2.51	54.9	1.60	16.7	1.10	6.32	0.81	2.92	0.62	1.50	0.49	0.840	0.397	0.501	0.276	0.207
284.4	79		71.5	2.54	56.3	1.62	17.2	1.12	6.48	0.82	2.99	0.63	1.54	0.50	0.858	0.40	0.513	0.28	0.211
288.0	80		73.1	2.57	57.8	1.64	17.6	1.13	6.63	0.83	3.06	0.64	1.58	0.503	0.880	0.407	0.524	0.283	0.216

Q (m³/s)	Q (L/s)	DN/mm																			
		200		250		300		350		400		450		500		600		700		800	
		v	1000i	v	1000i	v	1000i	v	1000i	v	1000i	v	1000i	v	1000i	v	1000i	v	1000i	v	1000i
291.6	81	2.60	59.2	1.66	18.1	1.15	6.79	0.84	3.13	0.645	1.61	0.51	0.899	0.41	0.536	0.286	0.220	0.21	0.104		
295.2	82	2.64	60.7	1.68	18.5	1.16	6.94	0.85	3.20	0.65	1.64	0.516	0.922	0.42	0.550	0.29	0.226	0.213	0.107		
298.8	83	2.67	62.2	1.70	19.0	1.17	7.10	0.86	3.28	0.66	1.68	0.52	0.941	0.423	0.562	0.293	0.230	0.216	0.110		
302.4	84	2.70	63.7	1.73	19.4	1.19	7.26	0.87	3.35	0.67	1.72	0.53	0.961	0.43	0.574	0.297	0.235	0.218	0.112		
306.0	85	2.73	65.2	1.75	19.9	1.20	7.41	0.88	3.42	0.68	1.76	0.534	0.981	0.433	0.586	0.30	0.241	0.22	0.114		
309.6	86	2.77	66.8	1.77	20.4	1.22	7.58	0.89	3.50	0.684	1.80	0.54	1.00	0.44	0.598	0.304	0.245	0.223	0.116		
313.2	87	2.80	68.3	1.79	20.8	1.23	7.76	0.90	3.57	0.69	1.83	0.55	1.02	0.443	0.610	0.308	0.2551	0.226	0.119		
316.8	88	2.83	69.9	1.81	21.3	1.24	7.94	0.91	3.65	0.70	1.87	0.553	1.04	0.45	0.623	0.31	0.256	0.228	0.121		
320.4	89	2.86	71.5	1.83	21.8	1.26	8.12	0.93	3.73	0.71	1.91	0.56	1.07	0.453	0.635	0.315	0.261	0.23	0.123		
324.0	90	2.89	73.1	1.85	22.3	1.27	8.30	0.94	3.80	0.72	1.95	0.57	1.09	0.46	0.648	0.32	0.266	0.234	0.126		
327.6	91	2.93	74.8	1.87	22.8	1.29	8.49	0.95	3.88	0.724	1.98	0.572	1.11	0.463	0.661	0.322	0.272	0.236	0.128		
331.2	92	2.96	76.4	1.89	23.3	1.30	8.68	0.96	3.96	0.73	2.03	0.58	1.13	0.47	0.674	0.325	0.276	0.24	0.131		
334.8	93	2.99	78.1	1.91	23.8	1.32	8.87	0.97	4.05	0.74	2.07	0.585	1.16	0.474	0.690	0.33	0.282	0.242	0.134		
338.4	94	3.02	79.8	1.93	24.3	1.33	9.06	0.98	4.12	0.75	2.12	0.59	1.18	0.48	0.703	0.332	0.287	0.244	0.136		

(续)

Q		DN/mm																		
		200		250		300		350		400		450		500		600		700		800
(m³/s)	(L/s)	v	1000i	v	1000i	v	1000i	v	1000i	v	1000i	v	1000i	v	1000i	v	1000i	v	1000i	v	1000i
342.0	95			1.95	24.8	1.34	9.25	0.99	4.20	0.76	2.16	0.60	1.20	0.484	0.716	0.336	0.291	0.247	0.139		0.08
345.6	96			1.97	25.4	1.36	9.45	1.00	4.29	0.764	2.20	0.604	1.23	0.49	0.730	0.34	0.2998	0.25	0.141		0.0827
349.2	97			1.99	25.9	1.37	9.65	1.01	4.37	0.77	2.24	0.61	1.25	0.494	0.743	0.343	0.304	0.252	0.144		0.0856
352.8	98			2.01	26.4	1.39	9.85	1.02	4.46	0.78	2.29	0.62	1.27	0.50	0.757	0.347	0.311	0.255	0.147		0.0885
356.4	99			2.03	27.0	1.40	10.0	1.03	4.54	0.79	2.33	0.622	1.29	0.504	0.771	0.35	0.315	0.257	0.149		0.0915
360.0	100			2.05	27.5	1.41	10.2	1.04	4.62	0.80	2.37	0.63	1.32	0.51	0.784	0.354	0.322	0.26	0.152	0.20	0.0945
367.2	102			2.09	28.6	1.44	10.7	1.06	4.80	0.81	2.46	0.64	1.37	0.52	0.813	0.36	0.333	0.265	0.157	0.203	0.0976
374.4	104			2.14	29.8	1.47	11.1	1.08	4.98	0.83	2.55	0.65	1.42	0.53	0.844	0.37	0.345	0.27	0.163	0.207	0.101
381.6	106			2.18	30.9	1.50	11.5	1.10	5.16	0.84	2.64	0.67	1.47	0.54	0.873	0.375	0.357	0.275	0.168	0.21	0.104
388.8	108			2.22	32.1	1.53	12.0	1.12	5.34	0.86	2.73	0.68	1.52	0.55	0.903	0.38	0.369	0.28	0.175	0.215	0.107
396.0	110			2.26	33.3	1.56	12.4	1.14	5.53	0.88	2.83	0.69	1.57	0.56	0.933	0.39	0.381	0.286	0.180	0.22	0.110
403.2	112			2.30	34.5	1.58	12.9	1.16	5.72	0.89	2.92	0.70	1.62	0.57	0.963	0.40	0.394	0.29	0.186	0.223	0.114
410.4	114			2.34	35.8	1.61	13.3	1.18	5.91	0.91	3.02	0.72	1.68	0.58	0.997	0.403	0.406	0.296	0.192	0.227	0.117
417.6	116			2.38	37.0	1.64	13.8	1.21	6.09	0.92	3.12	0.73	1.73	0.59	1.03	0.41	0.419	0.30	0.197	0.23	0.120
424.8	118			2.42	38.3	1.67	14.3	1.23	6.31	0.94	3.22	0.74	1.79	0.60	1.06	0.42	0.432	0.307	0.204	0.235	0.124
432.0	120			2.46	39.6	1.70	14.8	1.25	6.52	0.95	3.32	0.75	1.84	0.61	1.09	0.424	0.445	0.31	0.210	0.24	0.127
439.2	122			2.51	41.0	1.73	15.3	1.27	6.74	0.97	3.43	0.77	1.90	0.62	1.13	0.43	0.458	0.32	0.216	0.243	0.131
446.4	124			2.55	42.3	1.75	15.8	1.29	6.96	0.99	3.53	0.78	1.96	0.63	1.16	0.44	0.474	0.322	0.222	0.247	0.134
453.6	126			2.59	43.7	1.78	16.3	1.31	7.19	1.00	3.64	0.79	2.02	0.64	1.20	0.45	0.487	0.33	0.229	0.25	0.138
460.8	128			2.63	45.1	1.81	16.8	1.33	7.42	1.02	3.75	0.80	2.09	0.65	1.23	0.453	0.501	0.333	0.236	0.255	0.140
468.0	130			2.67	46.5	1.84	17.3	1.35	7.65	1.03	3.85	0.82	2.15	0.66	1.27	0.46	0.515	0.34	0.242	0.26	0.144
475.2	132			2.71	48.0	1.87	17.9	1.37	7.89	1.05	3.96	0.83	2.21	0.67	1.30	0.47	0.530	0.343	0.249	0.263	
482.4	134			2.75	49.4	1.90	18.4	1.39	8.13	1.07	4.08	0.84	2.27	0.68	1.34	0.474	0.544	0.35	0.256	0.267	
489.6	136			2.79	50.9	1.92	19.0	1.41	8.38	1.08	4.19	0.85	2.34	0.69	1.38	0.48	0.559	0.353	0.262	0.27	
496.8	138			2.83	52.4	1.95	19.5	1.43	8.62	1.10	4.31	0.87	2.40	0.70	1.41	0.49	0.573	0.36	0.270	0.274	
504.0	140			2.88	53.9	1.98	20.1	1.46	8.88	1.11	4.43	0.88	2.46	0.71	1.45	0.495	0.588	0.364	0.277	0.28	

附录 C 给水管径简易估算

管径/mm	计算流量/(L/s)	用水定额 50 L/(人·d) K=2.0	用水定额 60 L/(人·d) K=1.8	用水定额 80 L/(人·d) K=1.7	用水定额 100 L/(人·d) K=1.6	用水定额 120 L/(人·d) K=1.5	用水定额 150 L/(人·d) K=1.4	用水定额 200 L/(人·d) K=1.3	备 注
1	2	3	4	5	6	7	8	9	10
50	1.3	1120	1040	830	700	620	530	430	1. 流速：当 D ≥400mm 时，v ≥ 1.0m/s；当 D ≤ 350mm 时，v ≤ 1.0m/s 2. 本表可根据用水人口数及用水定额查得管径，或根据标准管井、服务人口用水量查得
75	1.3~3.0	1120~2600	1040~2400	830~1900	700~1600	620~1400	530~1200	430~100	
100	3.0~5.8	2600~5000	2400~4600	1900~3700	1600~3100	1400~2800	1200~4200	1900~3400	
125	5.8~10.25	5000~8900	4600~8200	3700~6500	3100~5500	2800~4900	2400~4200	1900~3400	
150	10.25~17.5	8900~15000	8200~14000	6500~11000	5500~9500	4900~8400	4200~7200	3400~5800	
200	17.5~31.0	15000~27000	14000~25000	11000~20000	9500~17000	8400~15000	7200~12700	5800~10300	
250	31.0~48.5	27000~41000	25000~38000	20000~30000	17000~26000	15000~23000	12700~20000	10300~16000	
300	48.5~71.00	41000~61000	38000~57000	30000~45000	26000~28000	23000~34000	20000~29000	16000~24000	
350	71.00~111	61000~96000	57000~88000	45000~70000	28000~60000	34000~58000	29000~45000	24000~37000	
400	111~159	96000~145000	88000~135000	70000~107000	60000~91000	58000~81000	45000~70000	37000~56000	
450	159~196	145000~170000	135000~157000	107000~125000	91000~106000	81000~94000	70000~81000	56000~65000	
500	196~284	170000~246000	157000~228000	125000~181000	106000~154000	94000~137000	81000~137000	81000~117000	
600	284~384	246000~332000	228000~307000	181000~244000	154000~207000	137000~185000	137000~157000	95000~128000	
700	384~505	332000~446000	307000~412000	244000~328000	207000~279000	185000~247000	157000~212000	128000~171000	
8000	505~635	446000~549000	412000~507000	328000~404000	279000~343000	247000~304000	212000~261000	171000~211000	
900	635~785	549000~679000	507000~628000	404000~506000	343000~425000	304000~377000	261000~323000	211000~261000	
1000	785~1100	679000~852000	628000~98000	506000~780000	425000~595000	377000~529000	323000~453000	261000~366000	

附录 D 钢筋混凝土圆管水力(不满流 $n=0.014$)计算图

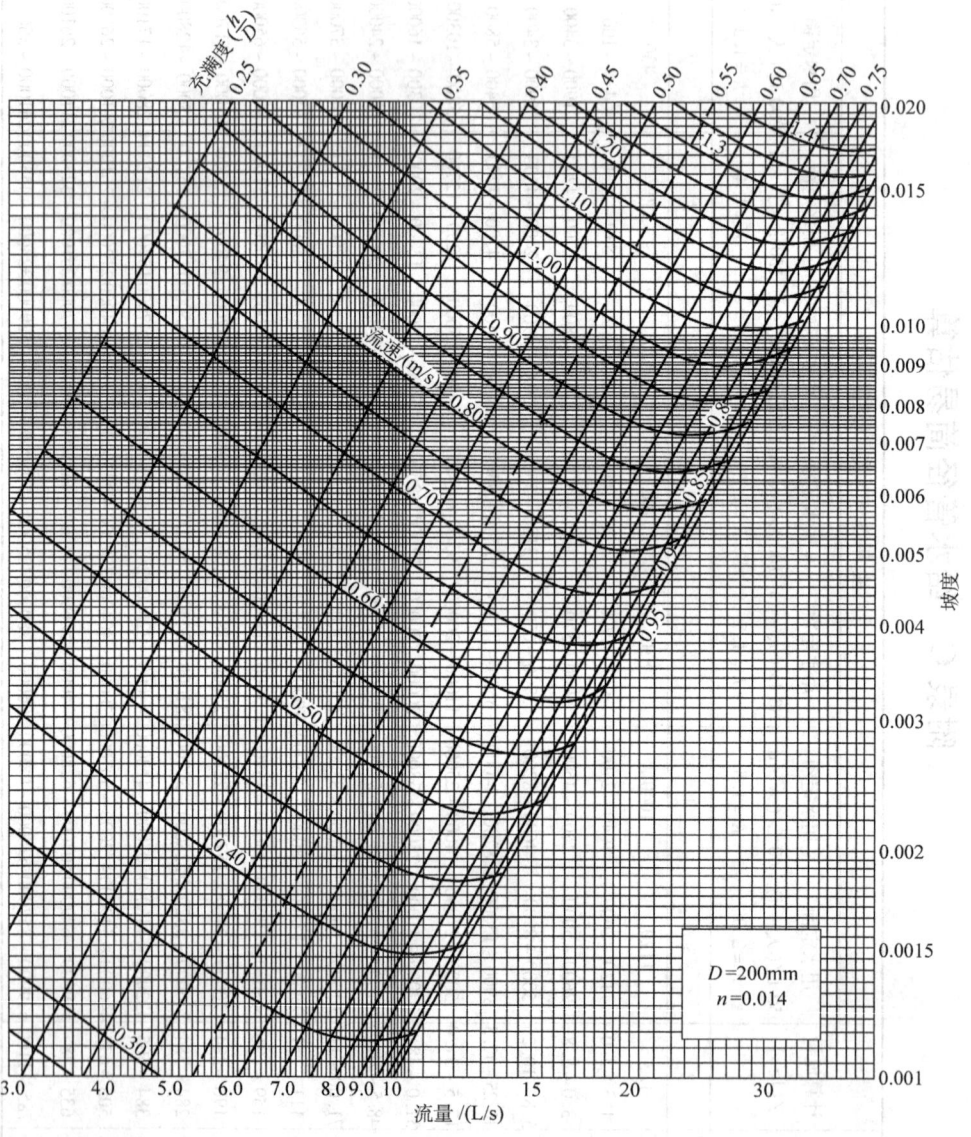

图 D-1

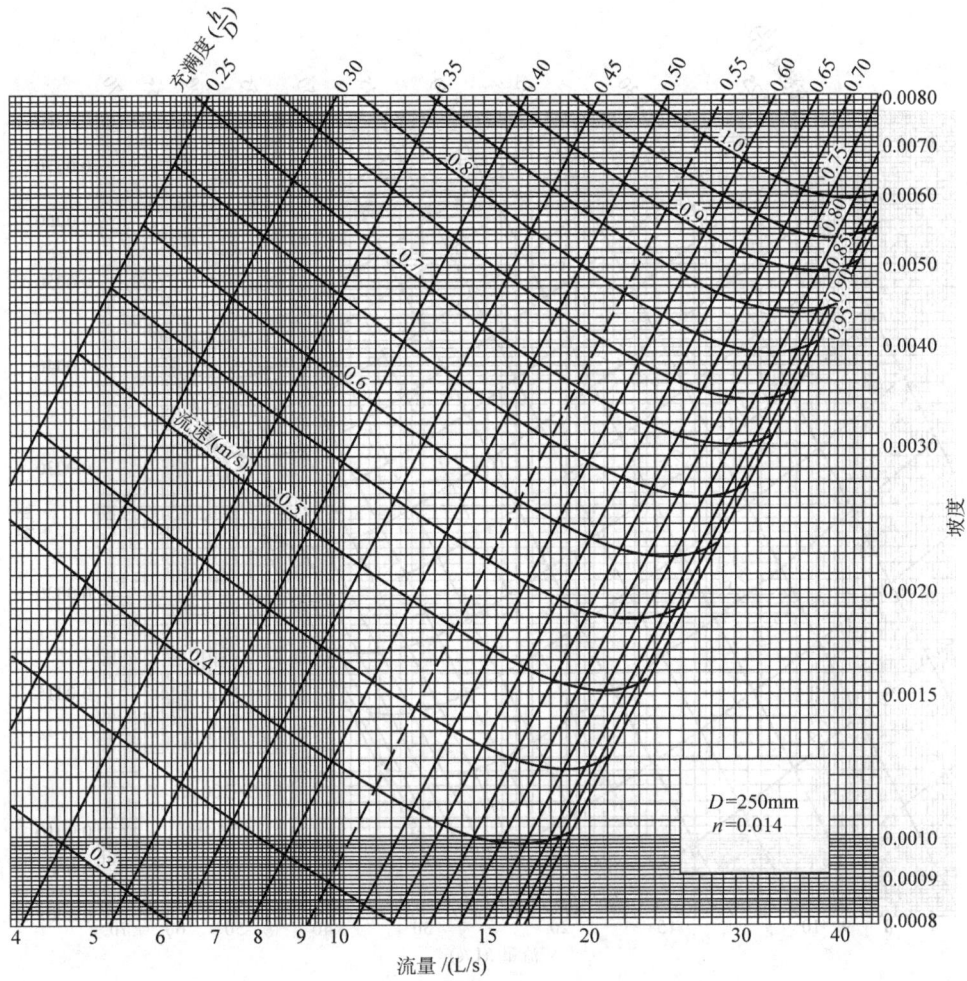

图 D-2

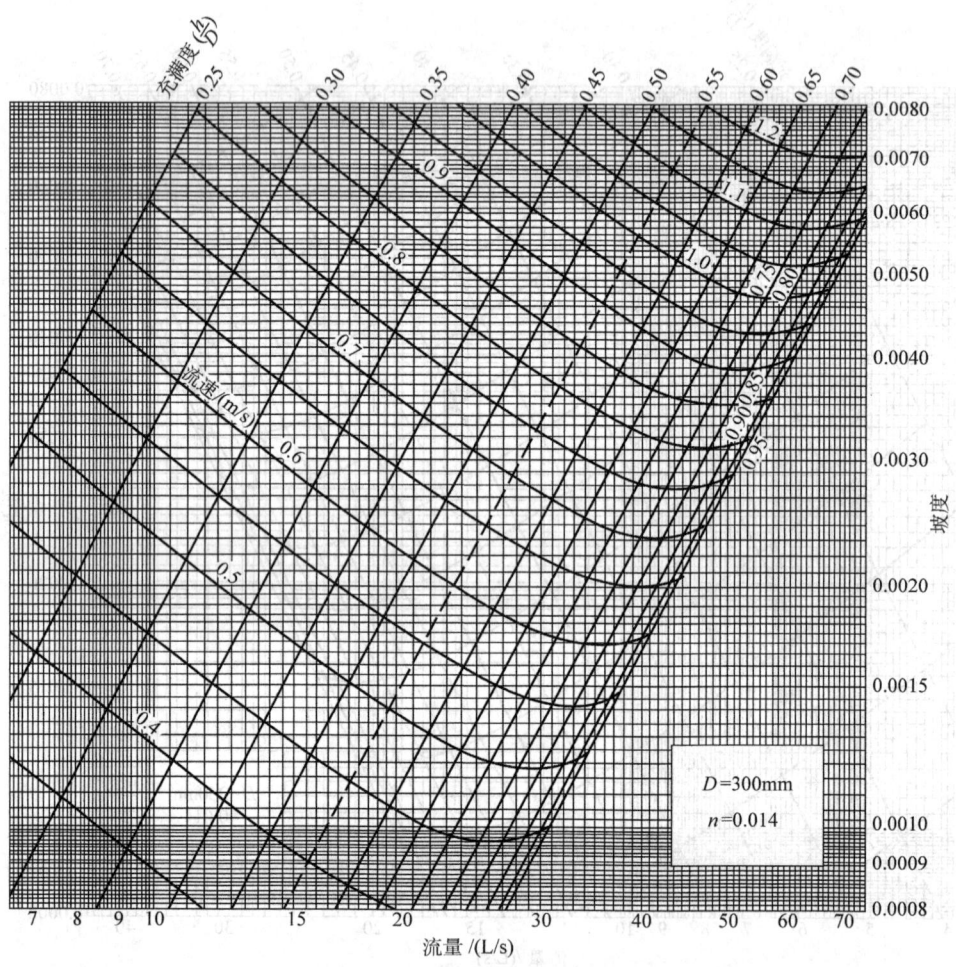

图 D-3

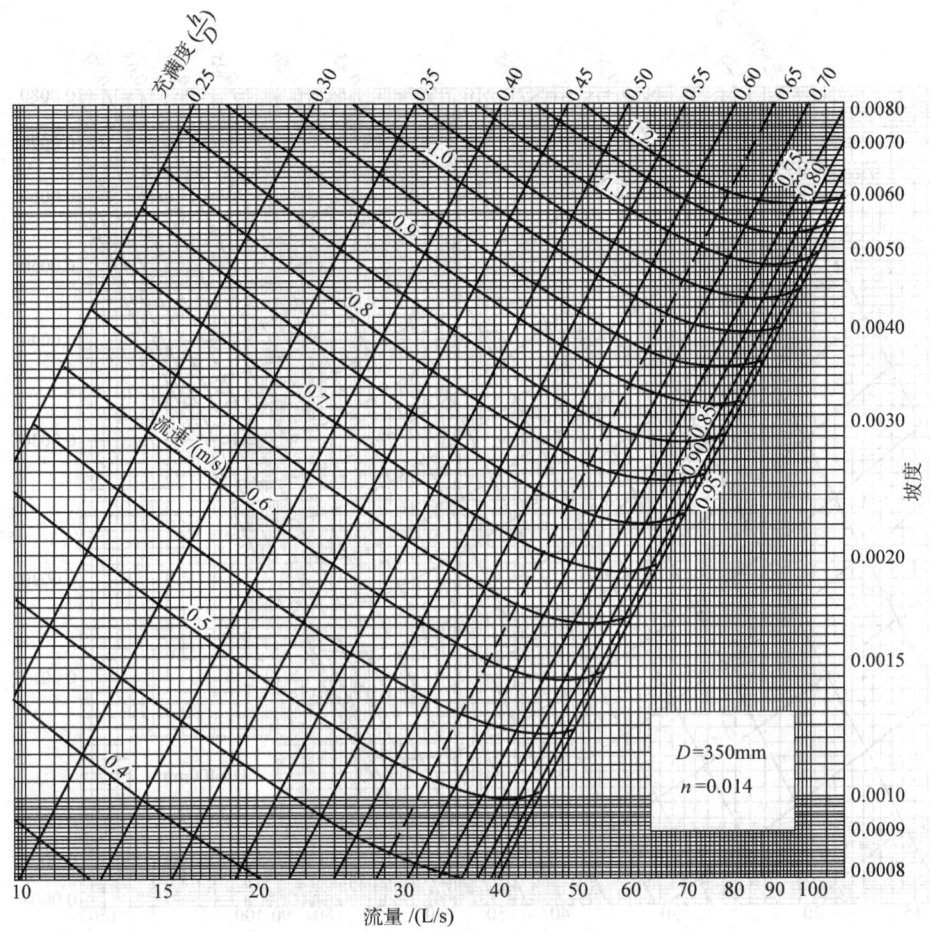

图 D-4

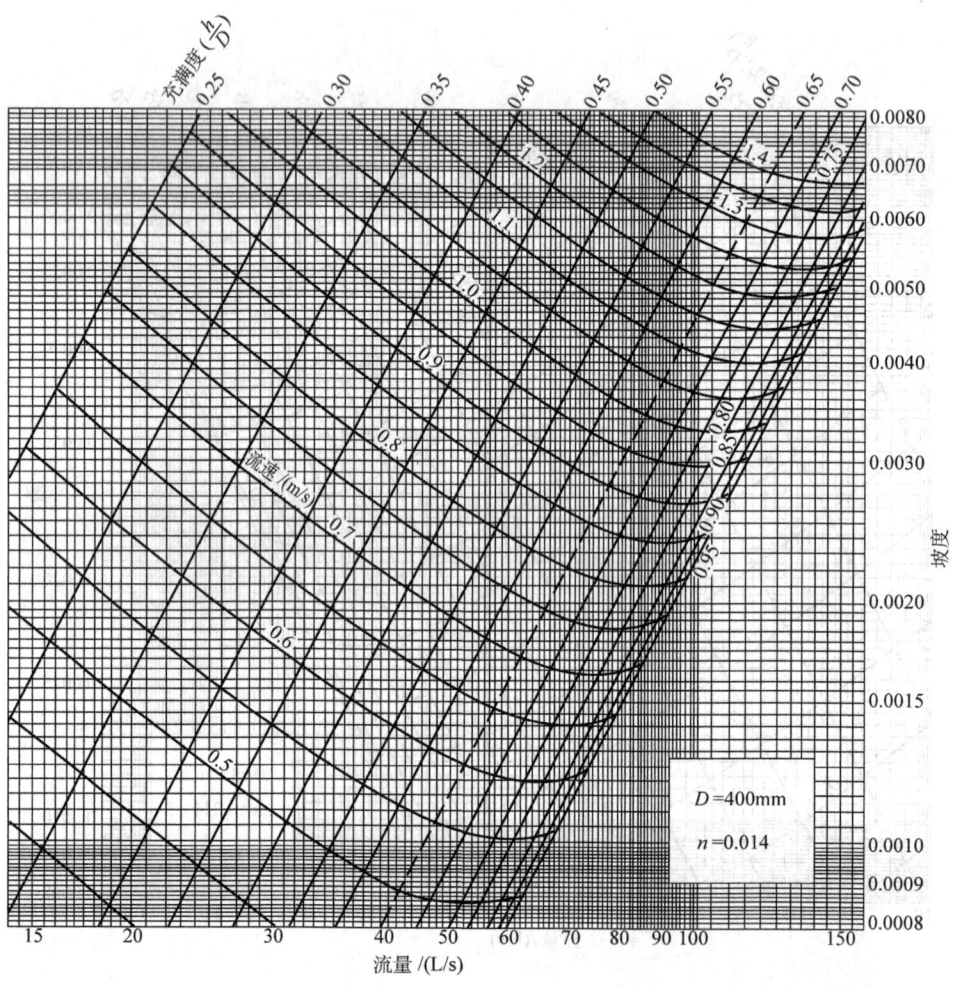

图 D-5

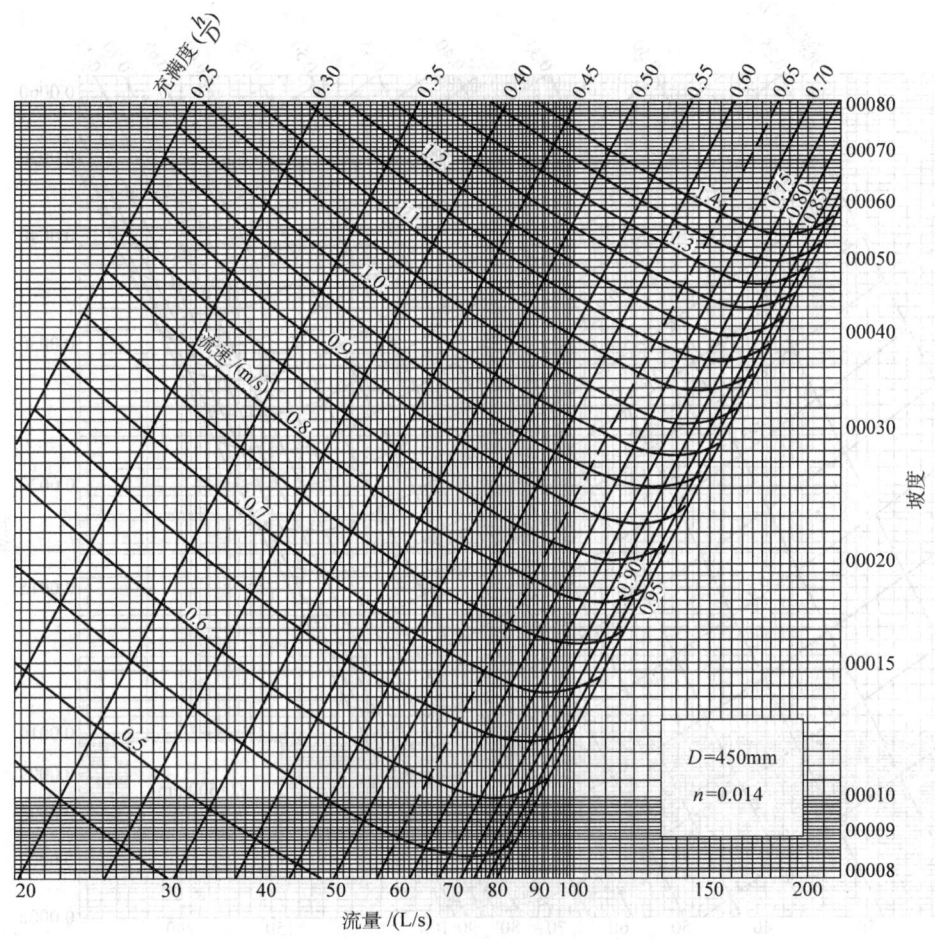

图 D-6

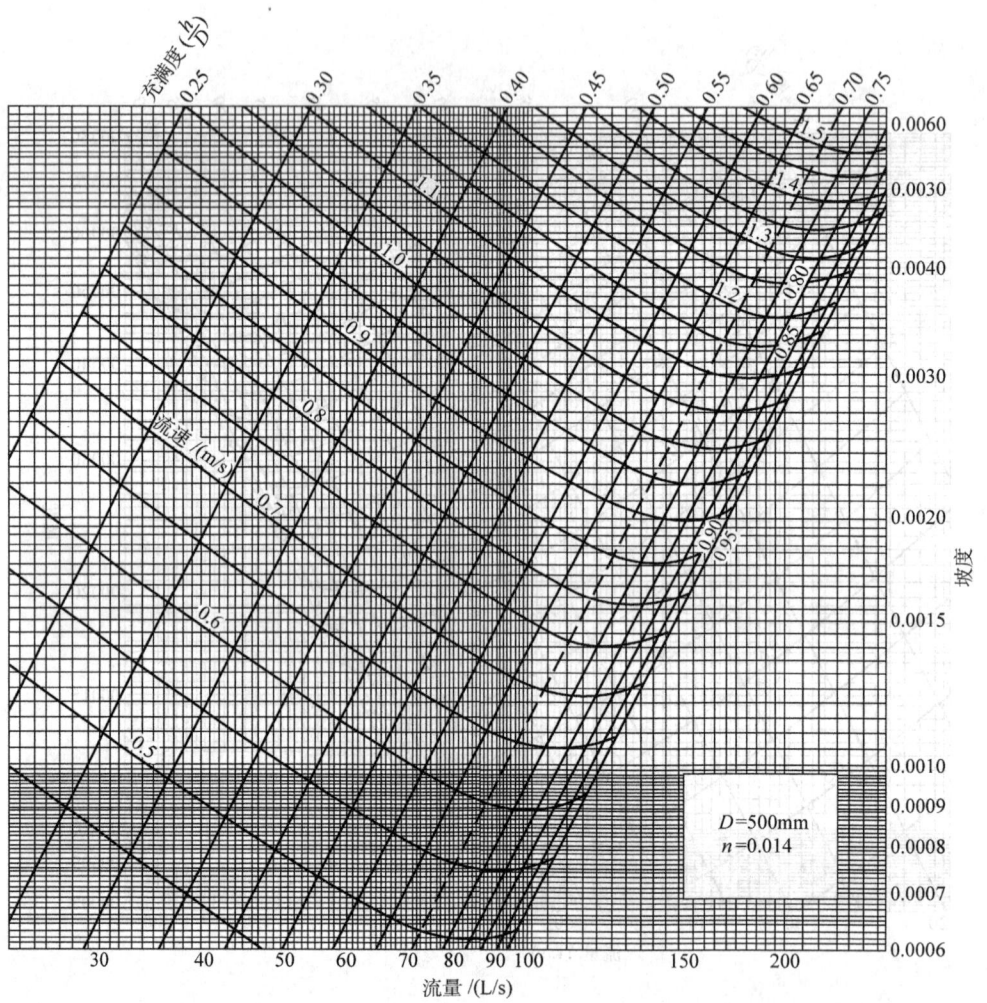

图 D-7

附 录 **361**

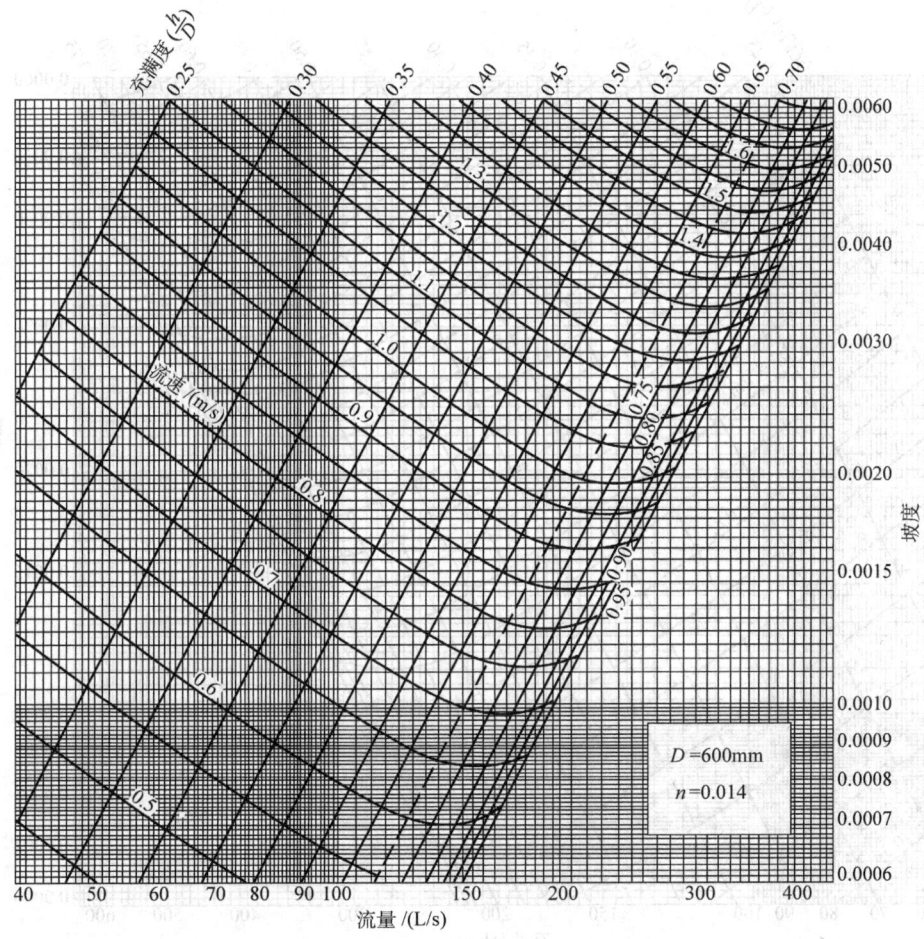

图 D-8

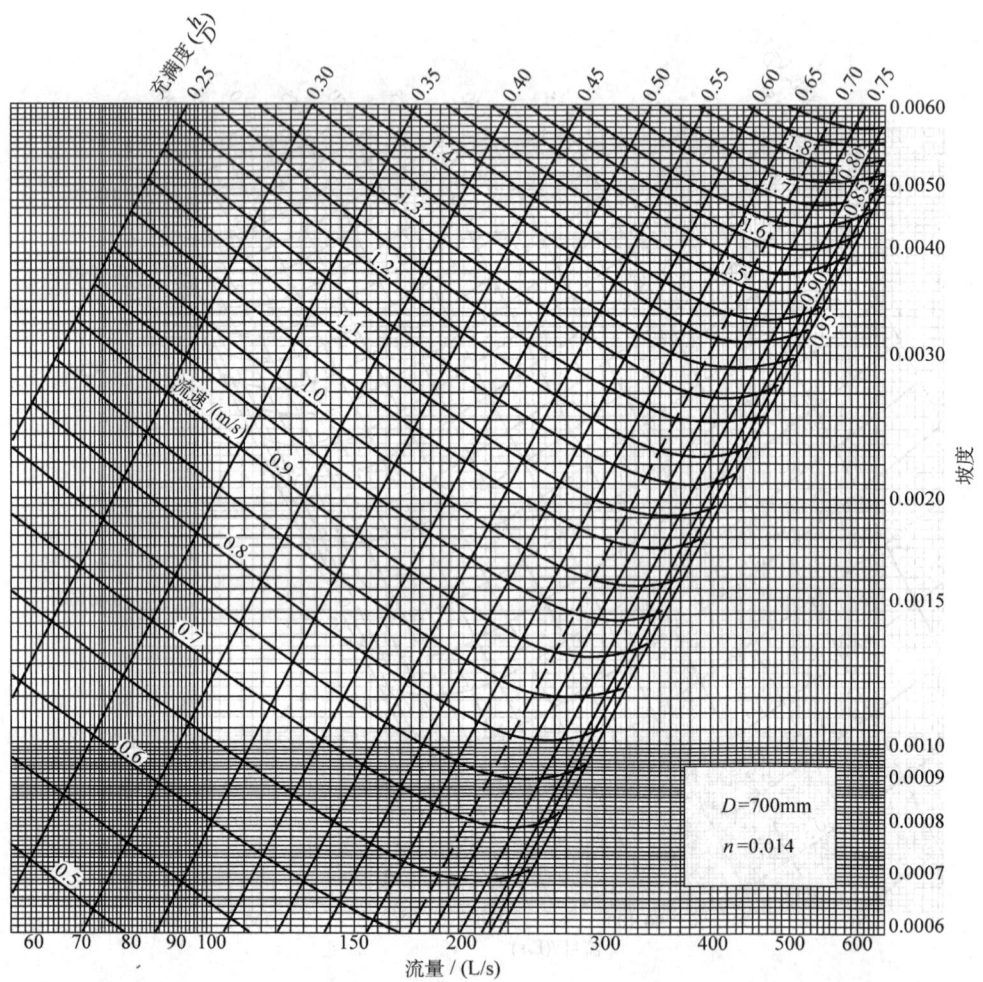

图 D-9

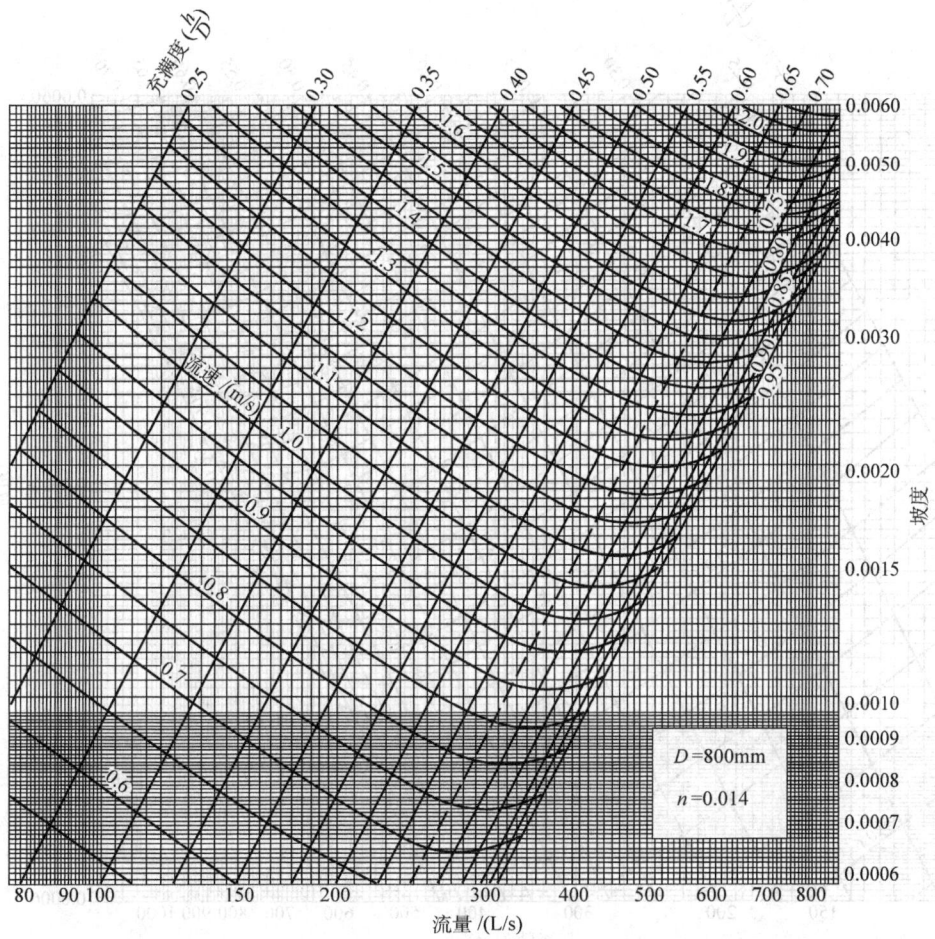

图 D-10

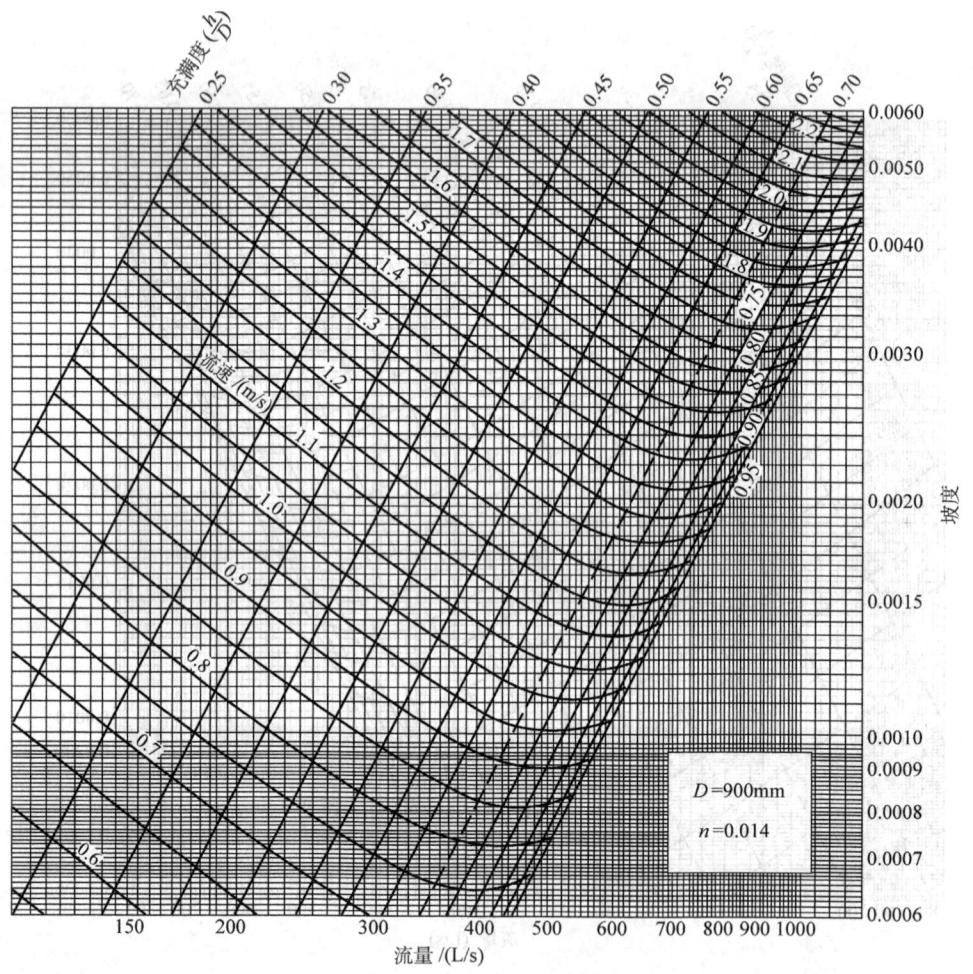

图 D-11

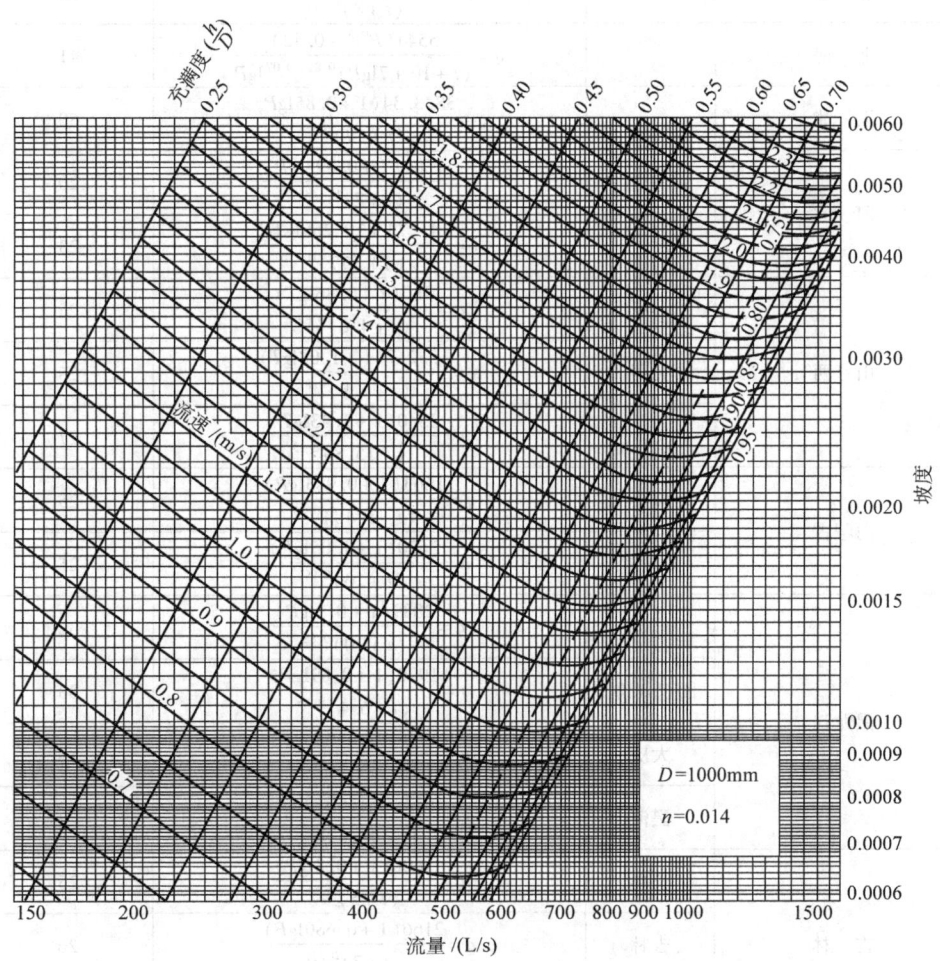

图 D-12

附录 E　我国部分城市暴雨强度公式

省、自治区、直辖市	城市名称	暴雨强度公式	资料记录年数/a
北京		$q = \dfrac{2001(1 + 0.811\lg P)}{(t+8)^{0.711}}$	40
上海		$q = \dfrac{5544(P^{0.3} - 0.42)}{(t + 10 + 71\lg P)^{0.82 + 0.07\lg P}}$	41
天津		$q = \dfrac{3833.34(1 + 0.85\lg P)}{(t+17)^{0.85}}$	50
河北	石家庄	$q = \dfrac{1689(1 + 0.898\lg P)}{(t+7)^{0.729}}$	20
河北	保定	$i = \dfrac{14.973 + 10.266\lg TE}{(t + 13.877)^{0.776}}$	23
山西	太原	$q = \dfrac{880(1 + 0.86\lg T)}{(t+4.6)^{0.62}}$	25
山西	大同	$q = \dfrac{1532.7(1 + 1.08\lg T)}{(t+6.9)^{0.87}}$	25
山西	长治	$q = \dfrac{3340(1 + 1.43\lg T)}{(t+15.8)^{0.93}}$	27
内蒙古	包头	$q = \dfrac{1663(1 + 0.985\lg P)}{(t+5.40)^{0.85}}$	25
内蒙古	海拉尔	$q = \dfrac{2630(1 + 1.05\lg P)}{(t+10)^{0.99}}$	25
黑龙江	哈尔滨	$q = \dfrac{2889(1 + 0.9\lg P)}{(t+10)^{0.88}}$	32
黑龙江	齐齐哈尔	$q = \dfrac{1920(1 + 0.891\lg P)}{(t+6.4)^{0.86}}$	33
黑龙江	大庆	$q = \dfrac{1820(1 + 0.91\lg P)}{(t+8.3)^{0.77}}$	18
黑龙江	黑河	$q = \dfrac{1611.6(1 + 0.9\lg P)}{(t+5.65)^{0.824}}$	22
吉林	长春	$q = \dfrac{1600(1 + 0.81\lg P)}{(t+5)^{0.76}}$	25
吉林	吉林	$q = \dfrac{2166(1 + 0.680\lg P)}{(t+7)^{0.831}}$	26
吉林	海龙	$i = \dfrac{16.4(1 + 0.899\lg P)}{(t+10)^{0.867}}$	30
辽宁	沈阳	$q = \dfrac{1984(1 + 0.771\lg P)}{(t+9)^{0.77}}$	26
辽宁	丹东	$q = \dfrac{1221(1 + 0.668\lg P)}{(t+7)^{0.605}}$	31
辽宁	大连	$q = \dfrac{1900(1 + 0.66\lg P)}{(t+8)^{0.8}}$	10

（续）

省、自治区、直辖市	城市名称	暴雨强度公式	资料记录年数/a
辽宁	锦州	$q = \dfrac{2322(1 + 0.875\lg P)}{(t+10)^{0.79}}$	28
山东	潍坊	$q = \dfrac{4091.17(1 + 0.824\lg P)}{(t+16.7)^{0.87}}$	20
	枣庄	$i = \dfrac{65.512 + 52.455\lg TE}{(t+22.378)^{1.069}}$	15
江苏	南京	$q = \dfrac{2989.3(1 + 0.671\lg P)}{(t+13.3)^{0.8}}$	40
	徐州	$q = \dfrac{1510.7(1 + 0.514\lg P)}{(t+9)^{0.64}}$	23
	扬州	$q = \dfrac{8248.13(1 + 0.641\lg P)}{(t+40.3)^{0.95}}$	20
	南通	$q = \dfrac{2007.34(1 + 0.752\lg P)}{(t+17.9)^{0.71}}$	31
安徽	合肥	$q = \dfrac{3600(1 + 0.76\lg P)}{(t+14)^{0.84}}$	25
	蚌埠	$q = \dfrac{2550(1 + 0.77\lg P)}{(t+12)^{0.774}}$	24
	安庆	$q = \dfrac{1986.8(1 + 0.777\lg P)}{(t+8.404)^{0.689}}$	25
	淮南	$q = \dfrac{2034(1 + 0.71\lg P)}{(t+6.29)^{0.71}}$	26
浙江	杭州	$q = \dfrac{10174(1 + 0.844\lg P)}{(t+25)^{1.038}}$	24
	宁波	$i = \dfrac{18.105 + 13.90\lg TE}{(t+13.265)^{0.778}}$	18
江西	南昌	$q = \dfrac{1386(1 + 0.69\lg P)}{(t+1.4)^{0.64}}$	7
	赣州	$q = \dfrac{3173(1 + 0.56\lg P)}{(t+10)^{0.79}}$	8
福建	福州	$i = \dfrac{6.162 + 3.881\lg TE}{(t+1.774)^{0.567}}$	24
	厦门	$q = \dfrac{850(1 + 0.745\lg P)}{t^{0.514}}$	7
河南	安阳	$q = \dfrac{3680 P^{0.4}}{(t+16.7)^{0.858}}$	25
	开封	$q = \dfrac{5075(1 + 0.61\lg P)}{(t+19)^{0.92}}$	16
	新乡	$q = \dfrac{1102(1 + 0.623\lg P)}{(t+3.20)^{0.60}}$	21
	南阳	$i = \dfrac{3.591 + 3.9970\lg TM}{(t+3.434)^{0.416}}$	28

(续)

省、自治区、直辖市	城市名称	暴雨强度公式	资料记录年数/a
湖 北	汉口	$q=\dfrac{983(1+0.65\lg P)}{(t+4)^{0.56}}$	
	老河口	$q=\dfrac{6400(1+1.059\lg P)}{t+23.36}$	25
	黄石	$q=\dfrac{2417(1+0.79\lg P)}{(t+7)^{0.7655}}$	28
	沙市	$q=\dfrac{684.7(1+0.8541\lg P)}{t^{0.526}}$	20
湖 南	长沙	$q=\dfrac{3920(1+0.68\lg P)}{(t+17)^{0.86}}$	20
	常德	$i=\dfrac{6.890+6.251\lg TE}{(t+4.367)^{0.602}}$	20
	益阳	$q=\dfrac{914(1+0.882\lg P)}{t^{0.584}}$	11
广 东	广州	$q=\dfrac{2424.17(1+0.533\lg T)}{(t+11.0)^{0.668}}$	31
	佛山	$q=\dfrac{1930(1+0.58\lg P)}{(t+9)^{0.66}}$	16
海 南	海口	$q=\dfrac{2338(1+0.4\lg P)}{(t+9)^{0.65}}$	20
广 西	南宁	$q=\dfrac{10500(1+0.707\lg P)}{t+21.1P^{0.119}}$	21
	桂林	$q=\dfrac{4230(1+0.402\lg P)}{(t+13.5)^{0.841}}$	19
	北海	$q=\dfrac{1625(1+0.437\lg P)}{(t+4)^{0.57}}$	18
	梧州	$q=\dfrac{2670(1+0.466\lg P)}{(t+7)^{0.72}}$	15

（续）

省、自治区、直辖市	城市名称	暴雨强度公式	资料记录年数/a
陕西	西安	$q = \dfrac{1008.8(1 + 1.475\lg P)}{(t + 14.72)^{0.704}}$	22
	延安	$q = \dfrac{932(1 + 1.292\lg P)}{(t + 8.22)^{0.7}}$	22
	宝鸡	$q = \dfrac{1838.6(1 + 0.94\lg P)}{(t + 12)^{0.932}}$	20
	汉中	$q = \dfrac{434(1 + 1.04\lg P)}{(t + 4)^{0.518}}$	19
宁夏	银川	$q = \dfrac{242(1 + 0.83\lg P)}{t^{0.477}}$	6
甘肃	兰州	$q = \dfrac{1140(1 + 0.96\lg P)}{(t + 8)^{0.8}}$	27
	平凉	$q = \dfrac{4.452 + 4.841\lg TE}{(t + 2.570)^{0.668}}$	22
青海	西宁	$q = \dfrac{308(1 + 1.39\lg P)}{t^{0.58}}$	26
新疆	乌鲁木齐	$q = \dfrac{195(1 + 0.82\lg P)}{(t + 7.8)^{0.63}}$	17
四川	成都	$q = \dfrac{2806(1 + 0.803\lg P)}{(t + 12.8 P^{0.231})^{0.768}}$	17
	重庆	$q = \dfrac{2822(1 + 0.775\lg P)}{(t + 12.8 P^{0.076})^{0.77}}$	8
	渡口	$q = \dfrac{2495(1 + 0.49\lg P)}{(t + 10)^{0.84}}$	14
	雅安	$q = \dfrac{1272.8(1 + 0.63\lg P)}{(t + 6.64)^{0.56}}$	30
贵州	贵阳	$i = \dfrac{6.853 + 4.195\lg TE}{(t + 5.168)^{0.601}}$	13
	水城	$i = \dfrac{42.25 + 62.60\lg P}{t + 35}$	19
云南	昆明	$i = \dfrac{8.918 + 6.183\lg TE}{(t + 10.247)^{0.649}}$	16
	下关	$q = \dfrac{1534(1 + 1.035\lg P)}{(t + 9.86)^{0.762}}$	18

注：1. 表中 P、T 代表设计降雨的重现期；TE 代表非年最大值法选样的重现期；TM 代表年最大值法选择的重现期。

2. i 的单位是 mm/min，q 的单位是 L/(s·ha)。

3. 此附录摘自参考文献[10] 表1-73。

附录 F 钢筋混凝土圆管水力（满流 $n=0.013$）计算图

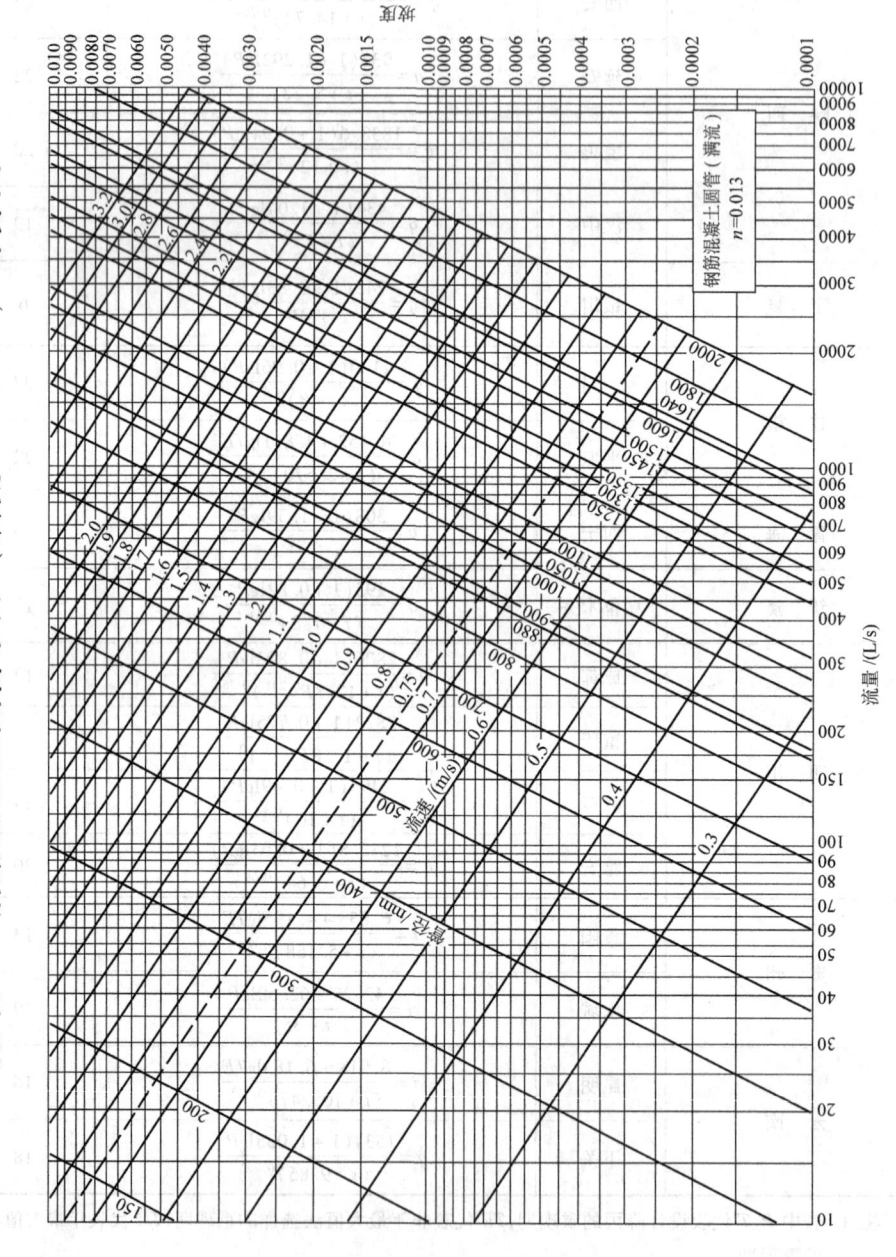

参考文献

[1] 严煦世,范瑾初. 给水工程[M]. 4版. 北京:中国建筑工业出版社,1999.
[2] 孙慧修. 排水工程:上册[M]. 4版. 北京:中国建筑工业出版社,1999.
[3] 严煦世,刘遂庆. 给水排水管网系统[M]. 北京:中国建筑工业出版社,2002.
[4] 高廷耀,顾国维. 水污染控制工程:上册[M]. 北京:高等教育出版社,1999.
[5] 张启海. 城市给水工程[M]. 北京:中国水利水电出版社,2002.
[6] 周玉文,赵洪宾. 排水管网设计和计算[M]. 北京:中国建筑工业出版社,2000.
[7] 崔福义,彭永臻. 给水排水工程仪表与控制[M]. 北京:中国建筑工业出版社,1999.
[8] 于尔杰,张杰. 给水排水工程快速设计手册2:排水工程[M]. 北京:中国建筑工业出版社,1996.
[9] 李田,胡汉宇. 给水排水工程快速设计手册5:水利计算表[M]. 北京:中国建筑工业出版社,1994.
[10] 北京市政工程设计研究总院. 给水排水设计手册,第5册:城市排水[M]. 2版. 北京:中国建筑工业出版社,2004.
[11] 北京市政工程设计研究总院. 给水排水设计手册,第7册:城市防洪[M]. 2版. 北京:中国建筑工业出版社,2004.
[12] 邢丽贞. 给排水管道设计与施工[M]. 北京:化学工业出版社,2004.
[13] 李天荣. 城市工程管线系统[M]. 重庆:重庆大学出版社,2002.
[14] 吴俊奇,付婉霞,曹秀琴. 给水排水工程[M]. 北京:中国水利水电出版社,2004.

信息反馈表

尊敬的老师：

您好！感谢您多年来对机械工业出版社的支持和厚爱！为了进一步提高我社教材的出版质量，更好地为我国高等教育发展服务，欢迎您对我社的教材多提宝贵意见和建议。另外，如果您在教学中选用了《**给水排水管道系统**》（张奎、张志刚主编），欢迎您提出修改建议和意见。索取课件的授课教师，请填写下面的信息，发送邮件即可。

一、基本信息

姓名：_____ 性别：____ 职称：_____ 职务：_____

邮编：_____ 地址：_____

学校：_____

任教课程：_____ 电话：_____—_____（H）_____（O）

电子邮件：_____ 手机：_____

二、您对本书的意见和建议

（欢迎您指出本书的疏误之处）

三、您对我们的其他意见和建议

请与我们联系：

100037　机械工业出版社·高等教育分社　刘涛　收

Tel：010—8837 9542（O），6899 4030（Fax）

E-mail：ltao929@163.com

http://www.cmpedu.com（机械工业出版社·教材服务网）

http://www.cmpbook.com（机械工业出版社·门户网）

http://www.golden-book.com（中国科技金书网·机械工业出版社旗下网上书店）